INTERNATIONAL
ECONOMICS
THEORY & POLICY
TENTH EDITION

クルーグマン国際経済学

理論と政策 原書第10版

P.R. クルーグマン/M. オブストフェルド/M. J. メリッツ［著］
山形浩生・守岡 桜［訳］

丸善出版

International Economics

THEORY AND POLICY

TENTH EDITION

Paul R. Krugman
Maurice Obstfeld
Marc J. Melitz

Authorized translation from the English language edition, entitled INTERNATIONAL ECONOMICS: THEORY AND POLICY, 10th Edition, ISBN: 0133423646 by KRUGMAN, PAUL R.; OBSTFELD, MAURICE; MELITZ, MARC J., published by Pearson Education, Inc., Copyright © 2015.

JAPANESE translation rights arranged with PEARSON EDUCATION, INC. through JAPAN UNI AGENCY, INC., TOKYO JAPAN

訳者まえがき

本書はPaul R. Krugman, Maurice Obstfeld, Marc J. Melitz, *International Economics*, 10th Edition (Pearson, 2015) の全訳となる．翻訳にあたっては，原著出版社からの pdf ファイルと International 版ペーパーバックを参照している．ただし International 版は，いくつかのコラムが違っている．その場合にはオリジナル版の方を優先している．また，原文に見られた明らかなミスは修正している．

本書は 30 年近くも前の 1988 年に初版が刊行されてからすでに第 10 版．今や国際経済学の標準的な教科書といっていい．貿易理論に加え国際金融の話を大きな柱として設け，その両者の関連性にも十分に注意を払った本書は，画期的なものだった．

そしてまた，本書の初版が登場した 1980 年代から，世界経済と国際金融制度は急激なグローバル化を見せ，そしてそれにともない，幾多の世界経済危機，通貨危機が世界を襲うようになった．この教科書は，各種の事件を理論面から説明するとともに，そうしたグローバル経済のできごとがまさに次の理論的展開を生み出し，それがすかさず次の版に反映されるという，真の意味でのリアルタイムなガイドとなっている．本書に影響され，貿易理論と国際金融理論を二本柱とした入門教科書はいくつか登場してきた．でも，これだけの時事性とリアルタイム性を保ち続けてきた教科書は，ほぼ類がない．本書自体が常に変わり続け，現実の世界と格闘をつづけるダイナミックなものとなっている．その躍動感が，この教科書の大きな魅力だ．

しかもその執筆者たちが，まさに現実面でも理論面でもこの国際経済学分野の最先端と格闘し続けている第一人者たちだ．教科書執筆なんて第一線を退いた大御所による小遣い稼ぎといった見方もあるけれど，本書はまさに現役バリバリのトップ学者が，その最先端の成果を惜しみなくぶちこんだものとなっている．

ポール・クルーグマンは，この教科書初版時点では，規模の経済と多様性に基づいた，新貿易理論（本書貿易編の第 7 章）の創始者として名声をとどろかせていた気鋭の学者だ．また同時に為替の投機攻撃分析をめぐる国際金融理論でも名をあげていた．経済地理などの分野でも新機軸を切り拓き，2008 年にはノーベル経済学賞を受賞し，大経済学者としての名声を不動のものとした後でも，日本のデフレ研究をはじめ新しい分野で大きな成果をあげ続けている．これらは本書の後半で頻出する大きなトピックだ．

モーリス・オブストフェルドもまた，初版の時点から一貫して国際貿易理論と国際金融の分野で最先端を走る気鋭の学者だ．2014 年にはオバマ大統領の経済諮問チームに加わり，2015 年の本書刊行直後には，国際通貨基金 (IMF) の主任エコノミストとなった．まさに本書の内容と実務政策とをつなぐ存在となっている．その能力は特に本書の金融編で大きく活かされている．

そして3人目のマーク・メリッツは，一つ前の第9版から参加している．かれはクルーグマンの新貿易理論に続き，企業の異質性（貿易する企業は限られており，生産性の高い企業しか輸出しない）に注目した新々貿易理論の若手旗手の一人だ（本書貿易編の第8章）．これはそれまで国レベルで議論されていた貿易を，やっと現実に近い企業レベルにまで下ろした大きな理論的ブレークスルーとして，今まさに急速な発展を遂げている分野だ．かれの参加で，この教科書の理論的な先端性が担保されるとともに，執筆陣も大きく若返りがはかられている．

翻訳にあたっては，理論的な最先端とリアルタイムな時事性をあわせもった，本書の躍動感をできる限り伝えようとした．そのため，経済学の教科書的な用語を重視しつつも，一般に新聞や時事媒体で使われる表現を優先したところもある．用語の統一もある程度は配慮したものの，不自然になるほど徹底はしていない．

例えばtradeという用語は，英語では国内でも外国とのやりとりでも使う．ところが日本語だと前者は取引だし，後者は貿易だ．それをあえて統一はしていない．また円やドルの為替レートが上がったり下がったりするのを，増価/減価と表現するのが教科書的なお約束ではある．でも一般の経済メディアでは，円高やドル安といった表現の方がずっと多い．本書の訳では，それをある程度混在させている．

また，原著では学生や教師用に，各種データや練習問題などを満載した会員制の学習支援サイトがある．残念ながらこの邦訳ではそこまで対応はできていない．ただし，一部の章に用意されたオンラインの補遺は翻訳し，以下のサポートサイトから参照できるようにした．

http://pub.maruzen.co.jp/space/International_economics/appendix/

原文は平易で特に迷う部分もなかったものの，誤変換や思わぬミスもまだ残っているかもしれない．ご指摘いただければ幸いだ．見つかったものについても，上のサポートサイトで随時公開する．

2016年9月　深圳/東京にて

訳者代表　山　形　浩　生

まえがき

2007～08 年に勃発した世界金融危機から何年もたっているのに，先進国の経済はいまだに成長が遅すぎて，完全雇用を回復できずにいる．途上国の市場は，多くの例で驚異的な所得増大を示してはいるけれど，相変わらず世界資本の浮き沈みに翻弄されやすい．そして最後に，2009 年からずっとユーロ圏で厳しい経済危機が続き，ヨーロッパの共通通貨の未来すら疑問視されている．

だからこの第 10 版は，グローバル経済の出来事がいかに各国の経済の成否や政策，政治論争に影響するかを，これまでになく切実に認識させられている時期に登場することになる．第二次世界大戦が終わった頃の世界は，国同士の貿易や金融や通信のつながりですら限られていた．でも 21 世紀になって十年以上たった現在，話はすっかり変わっている．グローバル化がドーンとやってきた．輸送費や通信費が低下し，政府の貿易障壁が世界的な協議で撤廃され，生産活動のアウトソーシングが広がり，外国の文化や製品に対する認知度が高まるにつれて，財やサービスの国際貿易は着実に拡大してきた．新しく優れた通信技術，特にインターネットは，各国の人々が情報を手に入れてやりとりする方法を一変させた．通貨，株，債券などの金融資産の国際取引は，国際的な製品貿易よりさらに急速に拡大した．このプロセスは，富の保有者に便益をもたらす一方で，金融不安定性の感染リスクもつくり出す．こうしたリスクは最近の世界金融危機で実現してしまい，危機は国境を越えて急激に広がって，世界経済にすさまじいコストをかけた．でもここ数十年の国際状況変化すべての中で，最大のものはやはり中国の台頭だろう――これはすでに，今後 21 世紀における経済と政治パワーの国際バランスを塗り替えつつある．

今日の世界経済のようすを予見できたら，1930 年代の恐慌期に生きていた世代はどんなに驚いたことだろう！　それでも，国際論争を引き起こし続けている経済的な懸念事項は，1930 年代のものと大して変わっていないし，それどころか 2 世紀以上前に経済学者たちが初めて分析を行った頃とも大差ない．保護主義と比べて，国同士の自由貿易にはどんなメリットがあるんだろうか？　なぜ各国は貿易黒字や貿易赤字を計上するんだろうか，そしてそうした不均衡は長期的にどう解決されるんだろうか？　開放経済の銀行や通貨危機を引き起こすものは，そして経済の間に金融感染を引き起こすものは？　そして国際金融不安定性に政府はどう対処すべきか？　政府はどうやって失業やインフレを避ければいいのか，その際に為替レートはどんな役割を果たし，各国は経済的な目標実現にあたり，お互いにどのように協力すればいいのか？　国際経済学ではいつものことながら，出来事や発想が相互にからみ合う中で，新しい分析手法も登場した．そしてこうした分析上の進歩は，一見するとえらく難解に見えても，最終的には間違いなく政府の政策や国際交渉や，人々の日常生活で大きな役割を果たすことになる．グローバル化はあらゆる国の市民たちに，自分たちの運命を左右する世界的な経済的影響力について，空前の規模で認識させるにいたった．そしてグローバル化はもはや止めようがない．

第 10 版の変更点

この版の変更点として，国際経済学という 1 巻本と，貿易部分と金融部分を別々の巻に分けた本とを提供することにした．このように巻を分けたのは，教授たちが国際経済学の講義で何をカバーするかに応じて，ニーズにいちばん適した本を使えるようにするためだ．2 学期にわたる経済学講義で使う 1 巻本でも，本を半分ずつ，それぞれ貿易と金融の問題に分けるという標準的なやり方に従っている．国際経済学で，貿易と金融の部分はしばしば，同じ教科書の中ですら無関係な話として扱われるけれど，どちらのサブ分野でも似たような主題や手法が何度も出てくる．貿易と金融分野につながりが出てきたときには，必ずそのつながりを強調するようにした．その一方で，本書の両半分がそれぞれ完全に独立するようにもした．だから貿易理論の 1 学期講義なら，第 2 章から 12 章まで使えばいいし，国際金融経済学に関する 1 学期講義なら，第 13 章から 22 章まで使えばいい．先生や学生たちの都合に合わせて，今は講義の範囲や長さに応じて，貿易だけの巻を使ったり，金融だけの巻を使ったりすればいい．

内容は全面的に更新して，いくつかの章は大幅に改訂した．こうした改訂は，利用者からの示唆や，国際経済学の理論面と実践面での重要な展開に対応したものだ．最も広範な改訂は以下のとおり：

- **第 5 章　資源と貿易：ヘクシャー＝オリーン・モデル**　この版では，南北貿易，技術変化，アウトソーシングが賃金格差に与える影響についての説明を拡充した．ヘクシャー＝オリーン・モデルの実証的な証拠の説明部分はかき直し，新しい研究を前面に出した．この部分ではまた，中国の輸出パターンがヘクシャー＝オリーン・モデルの予想と整合するかたちで変化してきたことを示す，新しいデータもとり入れている．
- **第 6 章　標準貿易モデル**　この章はアメリカと中国の交易条件がどう変わってきたかを示す新しいデータを使って更新した．
- **第 8 章　グローバル経済の企業：輸出判断，アウトソーシング，多国籍企業**　国際貿易での企業の役割を強調する記述を改訂した．またアメリカでのオフショア化（外国生産）がアメリカの失業に与える影響を分析した新しい事例研究も追加した．

- **第 9 章　貿易政策のツール**　この章では，貿易制限がアメリカ企業に与える影響についての記述を更新した．今回の章は，最近 EU と中国の間で太陽電池パネルをめぐって生じた貿易政策紛争や，2009 年アメリカ復興再投資法に記述された「バイ・アメリカン（アメリカ製品を買おう）」制限の影響について述べている．
- **第 12 章　貿易政策をめぐる論争**　新しい事例研究で，バングラデシュでの衣料工場の倒壊（2013 年 4 月）を扱い，バングラデシュの衣料輸出国としての急成長がもたらす費用と便益の緊張関係を論じる．
- **第 17 章　短期的な産出と為替レート**　2007～09 年の世界金融危機を機に，世界中の多くの国は財政的な景気刺激策をとった．その後間もなく，財政乗数の規模に関する学術研究が復活したけれど，そのほとんどは閉鎖経済を扱ったもので，本章のモデルで強調されている為替レートの影響を無視している．この版では，開放経済の財政乗数に関する新しい事例研究を追加した．最近の学術文献は，ゼロ下限金利制約での財政政策を重視したものとなっているので，その議論に合わせて我々のモデルで流動性の罠を説明する．
- **第 18 章　固定為替レートと外国為替介入**　この章はこの版から，為替市場介入などの手段で増価した水準に抑えられている為替レートに対する「インフロー攻撃」についての議論を追加した．こうした現象は，中国などでみられる．新しい事例研究では，スイスフランの為替レートをユーロに対してキャップしようという方針について論じている．
- **第 19 章　国際金融システム：歴史のおさらい**　この版では国際収支の議論を補うものとして，開放経済での異時点間予算制約の詳細な導出を加えた（このかなり専門的な内容を扱いたくない教官は，飛ばしても話のつながりは失われない）．異時点間分析は，ニュージーランドの継続的な外国借り入れの持続可能性分析に応用されている．加えて，この章での世界経済における最近の出来事の記述も更新した．
- **第 20 章　金融グローバル化：機会と危機**　この版では，第 20 章と 21 章の順番を入れ替えて，最適通貨圏やユーロ危機を扱う前に国際資本市場の話をカバーするようにした．なぜかというと，ユーロ危機は相当部分が銀行の危機でもあって，国際銀行業務とその問題を事前にしっかり理解していないと，学生たちはこれを理解できないからだ．このアプローチに合わせて，この版の第 20 章は銀行のバランスシートと銀行の脆弱性について詳しく扱い，特に銀行資本と資本規制を重視する．本書の初版からずっと，我々は銀行規制のグローバルな文脈を強調してきた．この版では，「金融のトリレンマ」を扱う．これは各国の政策立案者が，金融開放性，金融安定性，自国の金融政策コントロールという三つの考えられる目的のうち，最大でも二つしか選べないというものだ．
- **第 21 章　最適通貨圏とユーロ**　ユーロ圏の危機は，本書の第 9 版が印刷にまわってから急激に悪化した．この新版では，ユーロ諸国での銀行連合など，密接な政策協調をもたらすイニシアチブに関する新しい材料を使い，ユーロ危機の記述を最新のものにした．最適通貨圏についての理論的な議論も，ユーロ危機の教訓を反映したものとなっている．

- **第 22 章　発展途上国：成長，危機，改革**　発展途上国への資本フローに関する説明は，この版ではこうしたフローの規模の小ささに関する最近の研究や，そうした資本が高成長の途上国よりも低成長の途上国を選びがちだというパラドックスめいた傾向についても扱う．途上国への資本配分の理論と，国同士の所得分布の理論との密接なつながりを指摘する．

こうした構造的な変更に加え，本書は各種の面で更新して現代とのつながりを維持するようにした．だから，アメリカにいる外国生まれの労働者の教育水準を検討し，それが人口全体とどう違うかも調べる（第 4 章）．中国がらみの最近の反ダンピング紛争も検討する（第 8 章）．統計にみられる世界的な経常収支黒字の原因も考える（第 13 章）．ジンバブエのハイパーインフレの発生と収束も説明する（第 15 章）．国際銀行規制のインフラ発展を検討し，バーゼル III や金融安定化委員会なども扱う（第 20 章）．

本書について

本書をかこうと思ったのは，1970 年代に学部生やビジネスマンに国際経済学を教えた体験のせいだ．教えるにあたり，主な課題が二つあると思った．一つは，このダイナミックな分野でのわくわくする知的な進歩をどう伝えようかということだ．もう一つは，国際経済学理論の発達が，これまで変貌する世界経済を理解する必要性から生じたものであり，国際経済政策の実際の問題を分析する必要があって発展してきたのだということをどう伝えるかということだった．

それまで刊行されていた教科書を見ると，こうした課題に十分に応えきれていなかった．国際経済学の教科書は，生徒たちが怖気をふるうほど多数の特殊モデルや仮定をつきつけ，そこから基本的な教訓を引き出すのは難しかった．そうした特殊モデルの多くはすでに陳腐化していたので，生徒たちはそうした分析が現実世界にどう関係しているのかわからずじまいだった．結果として，多くの教科書は授業で扱ういささか古くさい内容と，目下の研究や政策論争にあふれる，わくわくするような問題との間にギャップを残してしまう．国際経済問題の重要性——そして国際経済学講義の履修者数——が増えるにつれて，このギャップも拡大した．

この本は，目下の出来事に光をあて，国際経済学の興奮を教室にもたらすため，最新の分析フレームワークを理解できるかたちで提供しようとしたものだ．国際経済学の実体経済面と金融経済面のどちらを分析する際にも，我々のアプローチは，壮大な伝統的洞察とともに，最新の知見やアプローチを伝えるための，単純で統合されたフレームワークを一歩ずつ構築することだった．生徒たちが国際経済学の根底にある論理を把握して維持しやすくするため，それぞれの段階で，理論的な展開の前に関連するデータや政策問題を示すことにした．

経済学カリキュラムでの本書の位置づけ

生徒たちが国際経済学を最もしっかり理解するのは，抽象モデルについての抽象理論のかたまりとしてではなく，世界経済の出来事に重要なかたちでむすびついた分析手法として提示されたときだ．だから我々の狙いは，理論的な厳密さよりは，概念とその応用を強調することだ．だからこの本は経済学についての深い知識は想定していない．経済学入門の講義を履修した生徒なら，この本が読めるはずだけれど，もっと進んだミクロ経済学やマクロ経済学の講義を履修した生徒でも，新しい材料はたっぷり得られるはずだ．きわめて先進的な生徒たちへの挑戦として，専門的な補遺や数学的な補遺も含めた．

本書の特色

本書は国際経済学での最近の最も重要な発展をカバーしつつ，この分野の核を伝統的に形成してきた長年の理論的・歴史的な洞察をもないがしろにしないようにした．この包括性を実現するため，最近の理論が世界経済の展開への対応として，以前の発見からどのように発展してきたかを強調している．本書の実物貿易の部分（第 2 章から 12 章）と金融の部分（第 13 章から 22 章）は，理論中心の核となる何章かがあって，それに続いてその理論を過去や現在の主要な政策問題に適用する章が続く形式になっている．

第 1 章では，この本が国際経済学の主要なテーマをどう扱うかについて，少々細かく説明する．ここでは，ほかの教科書の著者たちがこれまで系統だったかたちで扱ってこなかった，いくつかのテーマを強調しておこう．

収穫逓増と市場構造

国際的な取引の促進における比較優位の役割と，それに伴う厚生増大の話をする前に，理論と実証研究の最前線を訪れて，貿易の重力モデルを説明しよう（第 2 章）．それから第 7 章と 8 章では，収穫逓増と商品の差別化が貿易と厚生にどう影響するか説明して，研究の最前線に戻ってくる．この議論で検討するモデルは，同じ産業内での貿易や，動学的な規模の経済による貿易パターン変化といった，現実の重要な側面をとらえたものだ．そしてこうしたモデルは，相互に利益のある貿易は，比較優位に基づかなくてもいいのだということを示している．

国際貿易での企業

第 8 章では，国際貿易における企業の役割に注目した，刺激的な新しい研究もまとめている．この章では，グローバル化に直面したときに，企業によって影響が違うのだという点を強調している．一部の企業は拡大し，一部の企業は縮小するので，全体としての生産は同じ産業部門の中でももっと効率的な生産者の方にシフトし，全体としての生産性は上がり，これにより貿易による利得が生まれる．自由貿易環境で拡大する企業は，生産活動の一部をアウトソーシング（委託生産）したり，海外生産を行ったりするインセンティブもありそうだ．これもこの章で説明する．

貿易政策の政治と理論

第 4 章を皮切りに，貿易が所得分配に与える影響こそは，自由貿易制限の重要な政治要因なのだと強調している．これを強調することで，なぜ貿易政策の標準的な厚生分析による処方箋が，実際の世界ではほとんど通用しないのかが明確になる．第 12 章では，政府が活発な通商政策を採用して，重要とみなされる経済セクター奨励を行うべきだという一般的な考え方を検討する．この章では，こうした貿易政策の理論的な議論について，ゲーム理論からの単純な発想に基づいた議論をする．

為替レート決定のアセットアプローチ

開放経済マクロ経済学の説明で中心となるのが，現代の外国為替市場と各国金利や期待による為替レート決定だ．我々が開発するマクロ経済学モデルの主要な中身は，金利パリティ関係で，後にそこにリスクプレミアムを追加する（第 14 章）．このモデルを使って検討するテーマとしては，為替レートの「オーバーシュート」，インフレ目標，実質為替レートのふるまい，固定為替レート下の国際収支危機，外国為替市場への中央銀行介入の原因と結果などだ（第 15 章から 18 章）．

国際マクロ経済政策協調

国際金融の経験に関する本書の議論（第 19 章から 22 章）で強調したいのは，為替レート方式の違いでそこに参加する各国の政策協調問題も違ってくるということだ．両大戦の間の時期に，黄金をかき集めようと各国が必死に競争した結果が示すように，近隣窮乏政策は自滅的なものになりかねない．これに対して現在の変動為替相場制は，各国の政策立案者たちが各国の相互依存性を認識し，強調して政策を形成するよう求めるものとなっている.

世界資本市場と発展途上国

第20章では，世界の資本市場についての幅広い議論をする．ここでは，国際ポートフォリオ分散がもつ厚生上の意味や，国際的に活動する銀行など金融機関のきちんとした監督の問題を扱っている．第22章は，長期的な成長の見通しと，中進国や新興工業国の具体的なマクロ経済安定問題と自由化問題を集中的に扱う．この章では，エマージング市場の危機を振り返り，借り手である発展途上国と，先進国の貸し手と，国際通貨基金 (IMF) などの公的金融機関との相互作用を歴史的に整理する．第22章では，中国の為替レート政策を検討し，発展途上国での貧困持続に関する最近の研究も振り返る.

学習のための仕掛け

本書は，いろいろ学習のための仕掛けを使うことで，説明の中で生徒たちの興味を持続させて，その内容を理解する手助けをしている.

事例研究

すでに説明した内容を裏づけ，それが現実世界にどう適用できるか示し，理論的な議論にしばしば伴う重要な歴史的情報を示すという三重の役割を果たすのが事例研究だ.

囲み記事（コラム）

あまり中心的ではなくても，文中の論点について特に赤裸々な例示となる話題はコラムとして扱う．例えば，アメリカのトマス・ジェファソン大統領による1807〜09年の禁輸措置（第3章），バナナ貿易をめぐる争いのおかげで，自国では寒すぎてバナナなんかつくれない国々の間に敵対関係が生じてしまったという驚異のお話（第10章），ノンデリバラブルフォワード取引の市場（第14章），発展途上国による外為準備高の急速な増大（第22章）などだ.

グラフ

200点以上のグラフに，説明文をつけて，本文の議論を強化し，生徒が中身を振り返るのに役立てている.

まとめと重要用語

それぞれの章の最後には，主なポイントを振り返る「まとめ」をつけた．「重要用語」

は本文中に初めて出てきたときには太字のゴシック体でかかれ，章末にまとめてある．学生が内容を復習しやすいように，「重要用語」は「まとめ」の中では太字にしてある．（注：原書の本文中でイタリックで強調されているところは，本書では太字の明朝体で表した）

練習問題

各章の後，学生の理解を試してしっかりしたものとするための練習問題をつけた．問題は，定型の計算問題から，教室での議論向けの「大きな構図」を尋ねる問題までさまざまだ．多くの問題では生徒に対し，学習内容を現実世界のデータや政策問題にあてはめてもらう．

もっと勉強したい人のために

教科書をほかの読み物で補いたい講師と，自力でもっと深く勉強したい生徒のために，それぞれの章には説明つきの参考文献一覧をつけた．そこには確立した古典から，最近の問題についての最新の検討までいろいろ載せてある．

謝辞

誰よりも大恩あるのが本プロジェクト担当の購買編集者クリスティーナ・マツルゾだ．またプログラムマネージャのキャロリン・フィリップスと，プロジェクトマネージャのカーラ・トンプソンにも感謝する．インテグラ＝シカゴとヘザー・ジョンソンのプロジェクトマネージャとしての努力は重要かつ効率的なものだった．またピアソン社のメディアチームにも感謝したい——デニス・クリントン，ノエル・ロッツ，コートニー・カマウフ，メリッサ・ホーニッグ——みんなこの第10版のためのMyEconLab教材に尽力してくれた．最後に，これまでの9つの版を実に優れたものにしてくれたほかの編集者たちにも感謝する．

またタチヤナ・クラインバーグとサンディル・フラシュワヨの見事な研究支援についても名前をあげておきたい．カミール・フェルナンデスはすばらしい後方支援をいつもながら提供してくれた．有益な示唆とやる気の支援の面では，ジェニファー・コッブ，ギータ・ゴビナス，ヴラディミール・フラサニ，フィルップ・スワゲルに感謝する．

また過去と現在の査読をしてくれた以下のレビューアたちに，その助言と洞察について感謝する：

Jaleel Ahmad, *Concordia University*
Lian An, *University of North Florida*
Anthony Paul Andrews, *Governors State University*

Myrvin Anthony, *University of Strathclyde, U.K.*
Michael Arghyrou, *Cardiff University*
Richard Ault, *Auburn University*
Amitrajeet Batabyal, *Rochester Institute of Technology*
Tibor Besedes, *Georgia Tech*
George H. Borts, *Brown University*
Robert F. Brooker, *Gannon University*
Francisco Carrada-Bravo, *W.P. Carey School of Business, ASU*
Debajyoti Chakrabarty, *University of Sydney*
Adhip Chaudhuri, *Georgetown University*
Jay Pil Choi, *Michigan State University*
Jaiho Chung, *National University of Singapore*
Jonathan Conning, *Hunter College and The Graduate Center, The City University of New York*
Brian Copeland, *University of British Columbia*
Kevin Cotter, *Wayne State University*
Barbara Craig, *Oberlin College*
Susan Dadres, *University of North Texas*
Ronald B. Davies, *University College Dublin*
Ann Davis, *Marist College*
Gopal C. Dorai, *William Paterson University*
Robert Driskill, *Vanderbilt University*
Gerald Epstein, *University of Massachusetts at Amherst*
JoAnne Feeney, *State University of New York at Albany*
Robert Foster, *American Graduate School of International Management*
Patrice Franko, *Colby College*
Diana Fuguitt, *Eckerd College*
Byron Gangnes, *University of Hawaii at Manoa*
Ranjeeta Ghiara, *California State University, San Marcos*
Neil Gilfedder, *Stanford University*
Amy Glass, *Texas A&M University*
Patrick Gormely, *Kansas State University*
Thomas Grennes, *North Carolina State University*
Bodil Olai Hansen, *Copenhagen Business School*
Michael Hoffman, *U.S. Government Accountability Office*
Henk Jager, *University of Amsterdam*
Arvind Jaggi, *Franklin & Marshall College*
Mark Jelavich, *Northwest Missouri State University*
Philip R. Jones, *University of Bath and University of Bristol, U.K.*
Tsvetanka Karagyozova, *Lawrence University*
Hugh Kelley, *Indiana University*

Michael Kevane, *Santa Clara University*
Maureen Kilkenny, *University of Nevada*
Hyeongwoo Kim, *Auburn University*
Stephen A. King, *San Diego State University, Imperial Valley*
Faik Koray, *Louisiana State University*
Corinne Krupp, *Duke University*
Bun Song Lee, *University of Nebraska, Omaha*
Daniel Lee, *Shippensburg University*
Francis A. Lees, *St. Johns University*
Jamus Jerome Lim, *World Bank Group*
Rodney Ludema, *Georgetown University*
Stephen V. Marks, *Pomona College*
Michael L. McPherson, *University of North Texas*
Marcel Mérette, *University of Ottawa*
Shannon Mitchell, *Virginia Commonwealth University*
Kaz Miyagiwa, *Emory University*
Shannon Mudd, *Ursinus College*
Marc-Andreas Muendler, *University of California, San Diego*
Ton M. Mulder, *Erasmus University, Rotterdam*
Robert G. Murphy, *Boston College*
E. Wayne Nafziger, *Kansas State University*
Steen Nielsen, *University of Aarhus*
Dmitri Nizovtsev, *Washburn University*
Terutomo Ozawa, *Colorado State University*
Arvind Panagariya, *Columbia University*
Nina Pavcnik, *Dartmouth College*
Iordanis Petsas, *University of Scranton*
Thitima Puttitanun, *San Diego State University*
Peter Rangazas, *Indiana University-Purdue University Indianapolis*
James E. Rauch, *University of California, San Diego*
Michael Ryan, *Western Michigan University*
Donald Schilling, *University of Missouri, Columbia*
Patricia Higino Schneider, *Mount Holyoke College*
Ronald M. Schramm, *Columbia University*
Craig Schulman, *Texas A&M University*
Yochanan Shachmurove, *University of Pennsylvania*
Margaret Simpson, *The College of William and Mary*
Enrico Spolaore, *Tufts University*
Robert Staiger, *University of Wisconsin-Madison*
Jeffrey Steagall, *University of North Florida*
Robert M. Stern, *University of Michigan*

Abdulhamid Sukar, *Cameron University*
Rebecca Taylor, *University of Portsmouth, U.K.*
Scott Taylor, *University of British Columbia*
Aileen Thompson, *Carleton University*
Sarah Tinkler, *Portland State University*
Arja H. Turunen-Red, *University of New Orleans*
Dick vander Wal, *Free University of Amsterdam*
Gerald Willmann, *University of Kiel*
Rossitza Wooster, *California State University, Sacramento*
Bruce Wydick, *University of San Francisco*
Jiawen Yang, *The George Washington University*
Kevin H. Zhang, *Illinois State University*

いただいた示唆や変更案すべてを採用はできなかったものの，レビューアたちの知見は本書の改訂にとても有益だった．当然ながら，本書に残るすべての欠点については，我々だけが責任を負う．

P.R. クルーグマン
M. オブストフェルド
M.J. メリッツ
2013 年 10 月

目　次

第Ⅱ部　国際貿易政策　229

第9章　貿易政策のツール　230

第10章　貿易政策の政治経済　263

第11章　発展途上国の貿易政策　309

第12章　貿易政策をめぐる論争　325

●数学補遺

●索　引

【掲載写真クレジット一覧】

第 3 章　p.38: AP Images; p.41: North Wind/North Wind Picture Archives

第 8 章　p.198: Carlos Osorio/AP Images; p.208: Si Wei/Color China Photo/ AP Images; p.217: © 2004 Drew Dernavich/The New Yorker Collection/ www.cartoonbank.com

第 9 章　p.241: Courtesy of Subaru of America, Inc.; p.245: Jockel Finck/ AP Images; p.249: Rachel Youdelman/Pearson Education, Inc.; p.253: McClatchy-Tribune Information Services/Alamy

下巻目次　第Ⅲ部　為替レートと開放経済マクロ経済学　351

第17章　短期的な産出と為替レート　502

第20章　金融のグローバル化：機会と危機　661

第21章　最適通貨圏とユーロ　704

●数学補遺

CHAPTER 1

はじめに

国際貿易と国際金融の研究こそが，今のようなかたちでの経済学分野の出発点だといえる．経済史研究者たちは，スコットランドの哲学者デビッド・ヒュームの論説「貿易収支について」が，経済モデルの初の本当の検討だと述べる．ヒュームがこの論説を刊行したのは1758年，友人のアダム・スミスが『国富論』を刊行した20年近く前だ．そして19世紀初頭のイギリス貿易政策に関する論争は，経済学をとりとめのない定式化されない分野から，その後ずっとモデル志向の学問に変えるにあたり，大きな役割を果たした．

それでも，国際経済学の勉強は今や空前の重要性をもっている．21世紀初頭，国々は財やサービスの貿易，お金のフロー，お互いの経済への投資を通じて，かつてないほど密接につながっている．アメリカを含むあらゆる国の政策立案者やビジネスリーダーたちは，今や世界の裏側で急速に変わったりする経済的な命運について注目する必要がある．

基本的な貿易統計をいくつか見るだけでも，国際経済関係がもつ空前の重要性についての感じはつかめる．図1.1は1960年から2012年にかけて，アメリカの輸出入が国内総生産に対してどのくらいの割合になっているかを示したものだ．このグラフでまっさきにわかる特徴は，輸出も輸入も長期的には上昇トレンドにあるということだ．国際貿易は経済全体に比べ，重要性がざっと3倍に増えている．

同じくすぐにわかるのは，輸出も輸入も増えているけれど，輸入の方がもっと増えていて，輸出を輸入が大きく上まわるようになっていることだ．アメリカはどうやってこうした輸入財の代金を支払っているんだろうか？　答は，そのお金は資本の大量流入で供給されているということだ——アメリカ経済の一部を保有したいと思っている外国人が支払っている訳だ．これほどの規模の資本流入は，昔は考えられなかった．今はそれが当然と思われている．つまり輸出入のギャップは国際的なつながりの高まりについて，別の側面を示している——この場合は各国の資本市場のつながりが高まっているということだ．

図 1.1
アメリカ国民所得の比率で示した輸出と輸入（灰色の部分はアメリカの不況期）

輸入も輸出もアメリカ経済に対する比率で増えているけれど，輸入の方が大きく増えている．

出典：アメリカ経済分析局，2013．research.stlouisfed.org

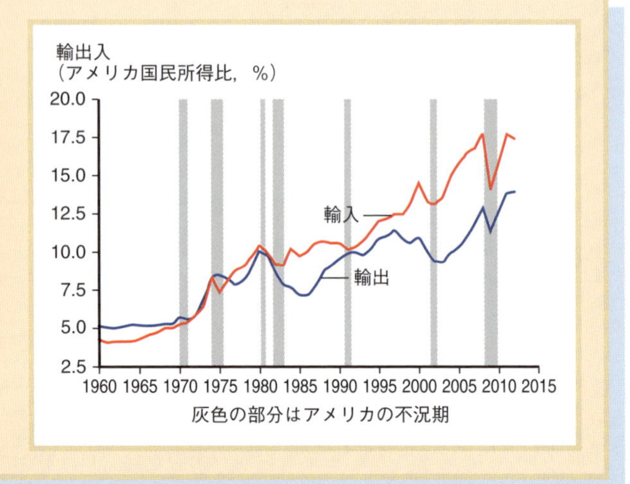

最後に，輸出も輸入も2009年に激減したことに注目しよう．この減少は2008年に始まった世界経済危機の反映だし，世界貿易と世界経済の全体的な状態との密接なつながりを明確に示している．

国際経済関係は，アメリカにとって重要だけれど，ほかの国にとってはもっと重要だ．図1.2は，一部の国について輸出入の平均がGDPに対してどのくらいの比率かを示したものだ．アメリカは，その規模と資源の多様性のおかげで，ほかのほとんどの国よりも貿易依存度が低い．

図 1.2
2011年における輸出入の国民所得比

国際貿易はアメリカに比べ，ほかの国ではもっと重要だ．

出典：OECD

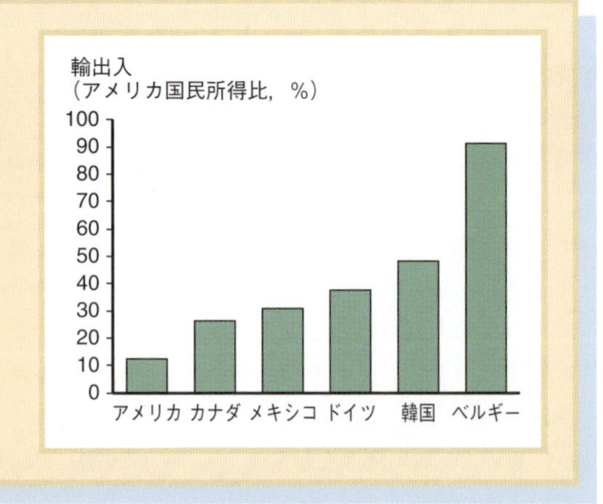

この教科書は，国際経済学の主要な概念や手法を紹介し，現実世界からもってきた実例でそれを浮き彫りにする．その相当部分は古い思想を扱っているけれど，それは現在でも一貫して有効なものだ．デビッド・リカードによる19世紀の貿易理論や，デビッド・ヒュームによる18世紀の金融分析ですら，21世紀の世界経済にも十分に適用できる．その一方で，分析をなるべく最新のものにしようと努力もした．特に，2007年に始まった経済危機は，世界経済に大きな新しい課題を噴出させた．そうした課題の一部には既存の分析が使えたけれど，一部の重要な概念は考え直しを迫られた．さらに，古い問題に対する新しいアプローチも登場している．例えば金融政策や財政政策の変化が与える影響などだ．我々は，最近の研究で登場した主要なアイデアを伝えようとする一方で，古いアイデアの有用性も強調している．

学習目標

この章を読み終わったら，こんなことができるようになる．

- 国際経済問題と国内経済問題とを区別できる．
- 国際経済学で7つのテーマがくり返し登場する理由を説明し，その重要性を議論できる．
- 国際経済学の貿易面と金融面とを区別できる．

国際経済学って何を扱うの？

国際経済学は，ほかの経済学と同じ基本的な分析手法を使う．国際貿易だろうと国内取引だろうと，個人の動機やふるまいは同じだからだ．フロリダにあるグルメ食品店は，メキシコからのコーヒー豆も，アメリカ国内のハワイからのコーヒー豆も扱う．そのコーヒー豆を店までもってきた出来事の連鎖も大差はないし，アメリカ国内から出荷された豆よりも，メキシコからきた輸入コーヒー豆の方が移動距離は短い！　それでも，国際経済学は新しい違う概念も導入する．というのも国際貿易や国際投資は独立国の間で行われるからだ．アメリカとメキシコは独立主権国だ．フロリダ州とハワイ州は違う．メキシコからフロリダへのコーヒー出荷は，アメリカ政府が輸入を制限する輸入割当を設定したら妨害されかねない．メキシコのコーヒー豆は，メキシコペソがドルに対していきなり価値が下がったら，突然安くなるかもしれない．これに対し，こうした出来事はアメリカ国内の通商ではどちらも起こり得ない．憲法が州の間の取引に対する制約を禁止しているからだし，またアメリカの州はすべて同じ通貨を使っているからだ．

すると国際経済学の対象は，独立国の間の経済的なやりとりをめぐる特別な問題から生じる課題ということになる．国際経済学の勉強では，7つのテーマが何度も繰り返し出てくる：(1) 貿易の利益，(2) 貿易のパターン，(3) 保護主義，(4) 国際収支，(5) 為替レートの決定，(6) 国際政策協調，(7) 国際資本市場.

貿易の利益

誰でも，ある程度の国際貿易は有益だとは知っている――例えば，誰もノルウェーが自分でオレンジを育てるべきだとは思わない．でも多くの人は，自分の国でつくれる財を貿易すると有益なのかどうか疑問に思っている．アメリカはできる限りアメリカ製品を買って，アメリカで職をつくり出すのに貢献すべきじゃないの？

たぶん国際経済学すべての中で，最大の最も重要な洞察というのは，**貿易から利益が得られる**，ということだろう――つまり各国がお互いに財やサービスを売ると，その取引はほとんどあらゆる場合に両方にとって利益となる．国際貿易が有益な状況の幅は，ほとんどの人が想像しているよりもずっと広い．例えば，両国の生産性や賃金の間に大きな格差があったら貿易は有害だというのはありがちな誤解だ．一方では，技術的にあまり発達していない国，例えばインドなどのビジネスマンたちは，自分たちの経済を国際貿易に開放したら，自国産業は競合できずに大惨事になると心配することが多い．逆に技術的に進んでいて労働者たちが高賃金を得ている国々の人々は，あまり進んでいない低賃金国と貿易すると，自分たちの生活水準が引き下げられてしまうのではと怖がることが多い――ある大統領候補は，アメリカがメキシコと自由貿易協定を結んだら，「大きな吸い込む音」がやってくると警告した．

でもこの教科書で示す，貿易の原因についての最初のモデル（第3章）は，片方の国があらゆるものの生産で効率が高く，効率性の低い国が低賃金でしか競争できない場合ですら，貿易は双方の国に利益をもたらせることを示す．また貿易は，地元にたくさんある資源を多めに使って製造される財を輸出し，地元にあまりない資源をたくさん使う製品を輸入することで，便益をもたらすことも見よう（第5章）．国際貿易はまた，国がもっと限られた財の生産に特化できるようにして，大規模生産の高い効率性をもたらしてくれる．

また国際貿易の便益は，実体のある財に限られたものではない．国際移民と国際的な資金の貸し借りも，相互に便益のある貿易の一種だ――最初のものは，労働と財やサービスとの貿易で（第4章），2番目のものは現在の財を，将来の財の約束と引き替えに取引するものだ（第6章）．最後に，株や債券などのリスク資産の国際的なやりとりは，各国ともその富を分散化し，所得の変動性を減らすことですべての国に利益をもたらす（第20章）．こうした目に見えないかたちの貿易だって，2月のカナダの市場に南米からの新鮮な果物をもたらすような貿易と同じくらい，本物の利益をもたらしている．

国は通常，国際貿易で利益を得るけれど，国際貿易が**その国の中で**特定の集団に損害を与えることは十分にあり得る――つまり，国際貿易は所得分配に大きく影響するということだ．貿易が所得分配に与える影響は，昔から国際貿易理論家たちの懸念事項で，かれらはこう指摘している:

> 国際貿易は，輸入品と競合する産業に「特殊（固有）」な資源，つまりほかの産業で別の活用ができない資源の所有者には不利に作用する．こうした例としては，特殊な機械（例えば繊維輸入で価値が減った動力紡績機），専門技能をもった労働者（例えば海産物輸入で漁獲の価値が下がってしまった漁師）などがある．
>
> 貿易はまた，広範なグループ間の所得分配も変えてしまえる．例えば労働者と資本の所有者との間での分配などだ．

こうした懸念は，アメリカの低技能労働者の実質賃金低下――国全体としては成長を続けているのに――がますます明らかになるにつれて，教室から実世界政策論争の中心に移ってきた．多くの評論家は，この展開が国際貿易の発達のせいだと述べる．特に低賃金国からの製造業製品輸出が増えてきたのが大きな要因だとされる．この主張を評価するのが国際経済学者の重要な仕事だったので，これが第4章から6章までの主要テーマとなる．

貿易のパターン

国際貿易の影響を論じたり，政府の政策変更を提言したりするのであれば，理論が実際に観察できる国際貿易を説明できるだけの精度がないと，経済学者としては発言に自信がもてない．結果として，国際貿易のパターン――誰が何を誰に対して売るか――を説明しようとする試みは，国際経済学者たちの大きな関心事となってきた．

貿易パターンの一部は理解しやすい．ブラジルがコーヒーを輸出し，サウジアラビアが石油を輸出する理由は，気候と資源で明らかに説明がつく．でも貿易のパターンの多くはずっとわかりにくいものだ．なぜ日本は自動車を輸出し，アメリカは飛行機を輸出するのか？　19世紀初期，イギリスの経済学者デビッド・リカードは労働生産性の国際的な差に基づく貿易の説明を提案して，この説明は今でも強力な洞察となっている（第3章）．でも20世紀になると，別の説明もいくつか提案された．最も影響力が大きい説明は，資本，労働，土地といったその国の資源の相対的な供給と，そうした資源要素が各種の財に相対的にどれだけ使われるかについての相互作用とを貿易パターンに結びつけるものだ．この理論は第5章で示す．そして貿易の規模とパターンについて正確な実証的予測を生み出すには，この基本モデルをどう拡張する必要があるかを論じる．また，国際経済学者たちは，かなりのランダムな要素や規模の経済が国際貿易のパターンに影響すると示唆する理論も提起している．これは第7章と8章で展開する．

どのくらい貿易するのがいいの？

貿易の利益という発想が，国際経済学で最も重要な理論的概念だけれど，最も重要な政策的テーマとなると，どれだけの貿易を許容すべきかという，決着がつきそうにない論争だろう．16 世紀に今のような国民国家が生まれて以来，政府は国内産業の繁栄に対して国際競争が与える影響を心配し，輸入品に制限を設けて外国からの競争から国内産業を守ってあげようとするか，輸出に補助金を出して世界での競争を手伝おうとしてきた．国際経済学の最も一貫した仕事の筆頭が，いわゆる保護主義的な政策の影響を分析することだった――そして絶対とはいわないものの，通常は保護主義を批判して国際貿易の自由化による長所を示してきた．

1990 年代には，どれだけの貿易を認めるべきかという論争が新しい方向に向かった．第二次世界大戦後，アメリカ主導の先進民主主義国は，国際貿易の障壁を取り除くという広範な政策を追及していた．この政策は，自由貿易は繁栄のための力というだけでなく，世界平和促進の大きな力でもあるという見方を反映したものだった．1990 年代前半には，いくつか大規模な自由貿易協定が交渉された．最も顕著なものが，1993 年にアメリカ，カナダ，メキシコの間で結ばれた，北米自由貿易協定 (NAFTA) と，1994 年の世界貿易機構 (WTO) をもたらした通称ウルグアイラウンドだ．

でもその後，「グローバル化 (グローバリゼーション)」に反対する国際政治運動が多くの支持者を得るようになった．1999 年に，伝統的な保護主義者と新しいイデオローグたちとの混成デモ隊がシアトルでの大規模な国際貿易会合を妨害したことで，この運動は悪名を馳せた．反グローバル化運動は，何はなくとも自由貿易支持者に対し，自分たちの見方の新しい説明方法を探すよう強制した．

歴史的な重要性と，保護主義問題の現代的な重要性との両方に見合う形で，この教科書の 4 分の 1 ほどはこの問題に割かれている．長年かけて，国際経済学者たちは国際貿易に影響する政策の影響を見きわめるための，単純ながら強力な分析フレームワークを開発してきた．このフレームワークで貿易政策の影響が予測できるし，政府介入が経済にとってよい影響をもたらす場合を見きわめる費用便益分析も可能にする．このフレームワークは第 9 章と 10 章で提示し，それを使ってその 2 章とそれに続く二つの章で，多くの政策問題について論じる．

でも現実世界では，政府が経済学者の費用便益分析の指示どおりに動くとは限らない．だからといって分析が役立たずという訳ではない．経済分析は，輸入制限枠や輸出への補助金といった政府行動で，誰が得をして誰が損をするかを示し，国際貿易政策に関わる政治を理解しやすくしてくれる．この分析から得られる重要な洞察は，貿易政策を決めるにあたっては，**国同士の**利害対立よりも，**各国内部での**利害対立の方が重要なことが多いということだ．第 4 章と 5 章は，貿易が通常は各国の国内できわめて強い所得分配効果をもつことを示す．第10章から12章は，国際貿易についての政策決定要因としては，国全体としての各種利益指標よりは，国内の各種利益団体の相対的な力関係の方が大きいことを明らかにする．

国際収支

1998年に中国と韓国は，それぞれ400億ドルずつという巨額の貿易黒字を出していた．中国の場合，貿易黒字はいつものことだ——この国は数年にわたり巨額の黒字を計上し，アメリカも含む多くの国から，中国がルール違反をしているという苦情を受けていた．では，貿易黒字はよいことで，貿易赤字は悪いことなんだろうか？　韓国人たちにいわせると，そうはならない．かれらの貿易黒字は，経済金融危機により押しつけられたものであり，そんな黒字を出さねばならなかったことを韓国人たちはおおいに恨んでいた．

この比較は，ある国の**国際収支**の意味を理解するためには，経済分析の文脈の中に置かなくてはならないという事実を浮き彫りにしている．これは各種具体的な文脈で登場する．多国籍企業の海外直接投資を論じる場合（第8章），国際取引を国民所得勘定に関連づける場合（第13章），国際金融政策のほぼあらゆる文脈を論じる場合（第17章から22章）．保護主義問題と同じく，国際収支はアメリカにとって中心的な問題となった．これは，アメリカが1982年以来毎年のように巨額の貿易赤字を出し続けているからだ．

為替レートの決定要因

2010年9月，ブラジルの財務相グイド・マンテグナは世界が「国際通貨戦争のただ中」にあると宣言したことで新聞の見出しを飾った．この発言が出たのは，ブラジル通貨レアルの急騰で，2009年冒頭には45セント以下だったのに，この発言時点では60セント近くに上がっていた（そしてその後数カ月で65セントに達する）．マンテグナは富裕国——特にアメリカ——がこの為替上昇を仕組んだと糾弾していた．このレアル高でブラジルの輸出業者は大打撃を受けていたからだ．でもレアル高騰は短命に終わった．通貨は2011年半ばに下落し始め，2013年夏にはたった45セントに逆戻りしていた．

国際経済学とほかの経済学分野との大きな違いは，各国が通常は，自前の通貨をもっているという点だ——多くのヨーロッパ諸国が共有しているユーロが目立つのは，それがまさにとても例外的なものだからだ．そしてレアルの例が示すように，通貨の相対価値は時間とともに変化するし，その変動はとても激しいこともある．

歴史的な理由から，為替レート決定要因の研究は，国際経済学の中で比較的新しい部分だ．現代経済史の大半を通じて，為替レートは市場で決まるのではなく，政府行動で固定されていた．第一次大戦前には，世界の主要通貨の価値は黄金を基準に固定されていた．第二次大戦後の一世代は，ほとんどの通貨の価値は米ドルを基準に固定されていた．為替レートを固定する国際通貨システムの分析は，今でも重要な主題だ．第18章は，固定レートシステムの仕組みにあてた．19章は別の為替レートシステムの歴史的なパフォーマンスを扱い，21章はヨーロッパ通貨連合などの通貨圏の経済学を見る．でも今のところは，世界の最も重要な為替レートは刻一刻と変動する．だから変わりゆく為替レートの役割が相変わらず国際経済学の物語の中心にある．第14章から17章は変動為替レートの現代理論に注目する．

国際政策協調

国際経済は，独立主権国家で構成され，それぞれが自由に独自の経済政策を追求できる．残念ながら，統合された世界経済では，ある国の経済政策はほかの国の政策にも影響する．例えば，ドイツのブンデスバンクが1990年に金利を引き上げたら――これは東西ドイツ再統合のインフレ的な影響の可能性を抑えるための手だてだった――それが西ヨーロッパのほかの部分に不景気を引き起こした．国ごとの目標の違いはしばしば利益背反をもたらす．各国の目標が似ていても，政策を協調し損ねたら損失に苦しみかねない．国際経済学の根本的な問題は，各国にあれこれ命令できる世界政府がない中で，各国の国際貿易や金融政策の間に容認できる程度の調和を生み出すにはどうしたらいいかを決めることだ．

70年近くにわたり，国際貿易政策は関税および貿易に関する一般協定(GATT)とよばれる国際合意が仕切ってきた．1994年以来，貿易ルールは国際組織世界貿易機構(WTO)が施行してきた．この機関はアメリカを含む各国に対し，その政策が事前に決めた合意に違反していたらそれを指摘する．この仕組みの根拠について第9章で検討し，世界経済の中での国際貿易に関する今のルールが，今後生き残れるか，あるいは生き残るべきかについて考える．

国際貿易政策についての協力は，十分に確立した伝統だ．これに対して国際マクロ経済政策の協調はもっと新しく，もっと不確実性の高い話題となる．国際マクロ経済協調の原理を構築しようという試みは1980年代や1990年代にさかのぼるものだし，いまだに論争の的だ．それでも，国際マクロ経済協調の試みは現実世界でますます増えてきた．国際マクロ経済協調とその経験の深まりは19章で振り返る．

国際資本市場

2007年に，アメリカの住宅ローン証券――大量の住宅ローンのプールから得られる収入に対する受益権――を買った投資家たちは，激しいショックに直面した．住宅価格が下落すると，住宅ローンのデフォルトが激増し，安全だとお墨つきを得ていた投資が，実はきわめて高リスクだと判明した．こうした受益権の多くは金融機関が保有していたので，住宅市場暴落はやがて銀行危機になった．そしてここが肝心なところだけれど，それはアメリカの銀行危機にとどまらなかった．他国の銀行，特にヨーロッパの銀行もまた，こうした証券をたくさん買っていたのだった．

話はそこでは終わらなかった．ヨーロッパはまもなく独自の住宅価格暴落に直面する．そして暴落は主に南欧で起きていたのに，多くの北部ヨーロッパの銀行——例えばスペインの相手にお金を貸したドイツの銀行など——も，金融面がもたらす影響に大幅に大きく曝されていることが明らかになってきた．

高度な経済ならすべて，広範な資本市場が存在する．資本市場とは，個人や企業が現在のお金を，将来支払うという約束と交換しようとするときの一連の取り決めだ．1960 年代以来の国際貿易の重要性増大に伴い，個別国の資本市場を結ぶ**国際資本市場**の成長が生じた．だから 1970 年には，原油の豊かな中東諸国は，原油収入をロンドンやニューヨークの銀行に預け，その銀行はそのお金をアジアや南米諸国の政府や企業に融資した．1980 年代を通じ，日本は急増する輸出からの儲けのほとんどをアメリカへの投資に変え，日本企業が大量にアメリカに子会社をつくったりした．最近では，中国が自分の輸出の儲けを各種の外国資産に変えている．例えば中国政府が国際準備金として保有するドルなどだ．

国際資本市場は国内の資本市場と重要な点で違っている．まず，多くの国が外国投資にかける特別な規制に対応しなくてはならない．また，国内市場の規制を回避する機会を与えたりもする．1960 年代以来，巨大な国際資本市場が台頭し，その筆頭は驚異的なロンドンユーロドル市場で，ここでは何十億ドルもが毎日のように，アメリカとまったく関係なしに取引されている．

国際資本市場にはいくつか特別なリスクがつきまとう．一つのリスクは通貨変動だ．ユーロがドルに対して下落したら，ユーロ債券を買ったアメリカの投資家たちはキャピタルロスをこうむる．別のリスクは国のデフォルトだ：国はあっさり借金を踏み倒すかもしれない（単純に払うお金がないからという理由などで）．そして債権者たちは，その相手国を訴えたくてもどうしようもないかもしれない．最近では，債務がきわめて多いヨーロッパ諸国のデフォルトの恐れが大きな懸念になっている．

国際資本市場の重要性増大と，そこから生じる新しい問題は，これまでにないほどの注目を必要とする．この教科書では，2 章かけて国際資本市場から生じる問題を扱う．一つはグローバル資産市場の仕組みについて（第 20 章），もう一つは発展途上国の外貨借入についてだ（第 22 章）．

国際経済学：貿易と金融

国際経済の経済学は，二つの広いサブ分野に分割できる：**国際貿易**の研究と，**国際的な金融**の研究だ．国際貿易分析は，主に国際経済の実物取引に注目する．つまり，物理的な財の移動や，経済リソースの実体的なコミットメントを扱う訳だ．国際金融分析は，国際経済の**金融側**に注目する．これはつまり，米ドルを外国が買ったりするような金融取引の話だ．国際貿易上の課題の例は，ヨーロッパの補助金つき農業製品輸出をめぐる，アメリカとヨーロッパの紛争がある．国際金融の課題としては，ドルの外国為替価値が自由に変動していいのか，それとも政府の行動によって安定させた方がいいのかという論争などだ．

現実世界では，貿易課題と金融課題の間に単純な一線というのはない．ほとんどの国際貿易には金銭取引が伴うし，この章であげた例がすでに示すように，多くの金融的な出来事は貿易にも重要な影響をもたらす．それでも，国際貿易と国際金融の区別は便利だ．この教科書の前半は国際貿易問題を扱う．第Ⅰ部（第2章から8章）は国際貿易の分析理論を展開し，第Ⅱ部（第9章から12章）は貿易理論を政府の貿易政策分析にあてはめる．教科書の後半は，国際金融問題を扱う．第Ⅲ部（第13章から18章）は国際金融理論を展開し，第Ⅳ部はこの分析を国際金融政策にあてはめる．

第Ⅰ部

国際貿易理論

CHAPTER 2

世界貿易の概観

2013 年に世界全体では，74 兆ドルの財やサービスが生産されている．この全体のうち，30% 以上が国境を越えて売買された．財やサービスの世界貿易は 23 兆ドルを超えている．ずいぶん大量の輸出や輸入だ．

今後の章では，なぜ各国が自分たちの生産物をほかの国に売るのか，なぜ消費するものの相当部分を他国から買うのかについて分析する．また，国際貿易の費用と便益を検討し，貿易を制限したり奨励したりする政策の動機や影響も見る．

でもそういう話に入る前に，まずは誰が誰と貿易しているのか記述しよう．各種 2 カ国間の貿易価値を理解するには，**重力モデル**という実証的な関係が役立つ．そしてこれは，今日のグローバル経済の中でさえ，国際貿易を制約し続けている障害に光をあててくれる．

それから変貌する世界貿易の構造に目を向けよう．これから見るように，最近の数十年で国際的に売買される世界生産量のシェアが大幅に増えたけれど，特にそれは世界の経済的な重心がアジアに動いたことと，その貿易の中身を構成する財の種類の大変化とが特徴となっている．

学習目標

この章を読み終わったら，こんなことができるようになる．

- 2 カ国間の貿易額が，両国の経済規模に依存していることを述べ，その関係の理由を説明できる．
- 距離と国境が貿易を減らすことを議論できる．
- 国際的な生産の中で貿易されるものの比率が時代とともにどう変動したのか，なぜグローバル化の時代が二つあるのかを説明できる．
- 国際的に貿易されている財やサービスの構成が時代とともにどう変わったかを説明できる．

誰が誰と貿易するの？

図 2.1 は，2012 年におけるアメリカとトップ 15 位までの財の貿易総額——輸出額と輸入額の合計——を示したものだ（サービス貿易のデータは，取引相手がこれほどはっきり分けられない．サービス貿易の重要性増大と，その貿易がもたらした問題については本章で後で説明する）．これらを合計すると，この 15 カ国だけで 2012 年のアメリカ貿易額の 69% に達する．

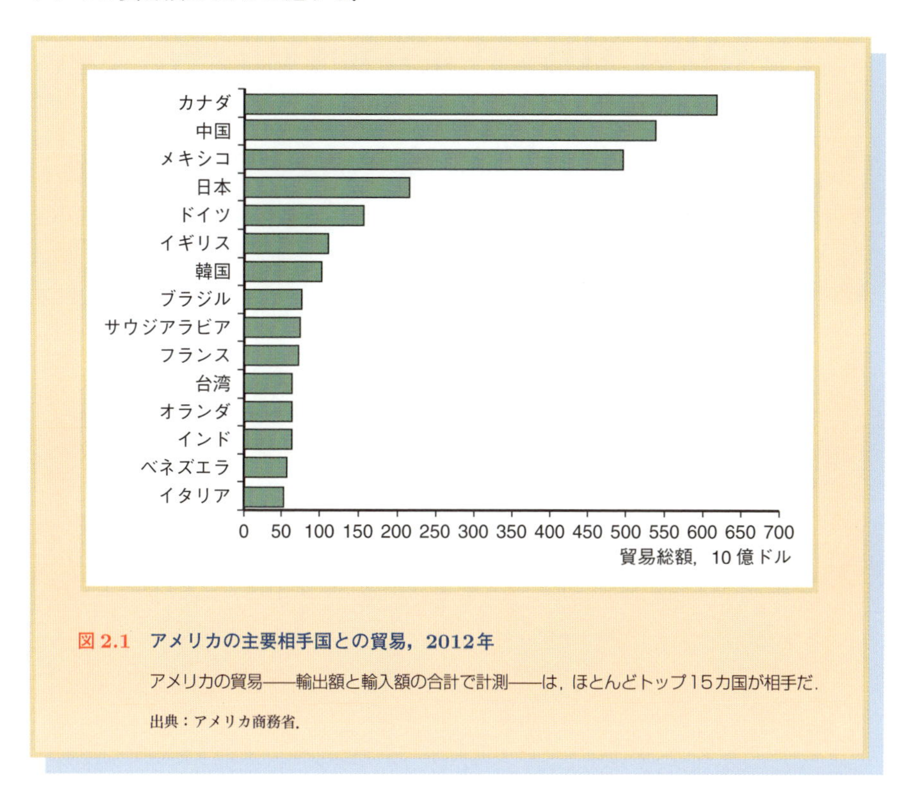

図 2.1　アメリカの主要相手国との貿易，2012年

アメリカの貿易——輸出額と輸入額の合計で計測——は，ほとんどトップ 15 カ国が相手だ．

出典：アメリカ商務省．

どうしてアメリカはこれらの国とそんなに貿易したんだろうか．誰が誰と貿易するのかを実際に決める要因を見てみよう．

規模が大事：重力モデル

アメリカの貿易相手トップ 15 カ国のうち，3 カ国はヨーロッパだ．ドイツ，イギリス，フランスだ．なぜアメリカはヨーロッパのほかの国よりこの 3 カ国とたくさん取引をするんだろうか．答は，この 3 カ国がヨーロッパの三大経済だからだ．つまり，この 3 カ国は経済内で生産される財やサービスの総価値を示す**国内総生産（GDP）**がヨーロッパで最高だからだ．国の経済規模と，その輸出や輸入の量との間には強い実証的な関係がある．

図 2.2 は，各種ヨーロッパ経済――具体的には，アメリカの西ヨーロッパにおける 2012 年貿易相手トップ 15 カ国――の経済規模と，それらの国のアメリカとの貿易額との対応を示すことでこの関係を表している．横軸は，各国 GDP を，欧州連合 (EU) の総 GDP の中の割合として示したものだ．縦軸はアメリカと EU との貿易額の中でその国が占める割合だ．ご覧のとおり，それぞれの点は，45 度線のまわりに集まっている．つまりそれぞれの国がアメリカと EU との貿易の中で占めるシェアは，そのシェアが西ヨーロッパの GDP に占めるシェアとだいたい同じくらいだった．ドイツは経済規模が大きく，西ヨーロッパ GDP の 20% を占める．そして，アメリカと西ヨーロッパとの貿易の中でも 24% を占める．スウェーデンは経済規模がずっと小さく，ヨーロッパ GDP のたった 3.2% だ．それに応じて，アメリカ＝ヨーロッパの貿易の中でも 2.3% にしかならない．

世界貿易を全体として見ることで，経済学者たちは以下のような形の方程式が，各種 2 カ国間の貿易量をかなり正確に予測することを発見した．

図 2.2
ヨーロッパ各国経済の規模と，対米貿易価額

出典：アメリカ商務省，欧州委員会．

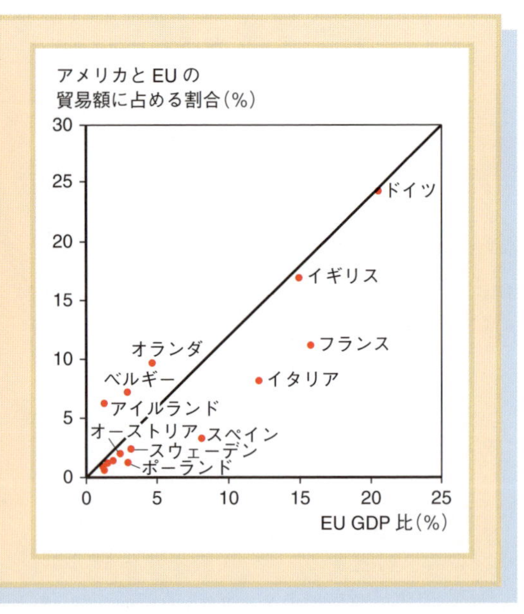

$$T_{ij} = A \times Y_i \times Y_j / D_{ij} \tag{2.1}$$

ここで A は定数，T_{ij} は i 国と j 国との貿易額，Y_i は i 国の GDP，Y_j は j 国の GDP，D_{ij} はこの 2 カ国の距離だ．つまり，2 カ国間の貿易額は，ほかの条件が同じなら，両国の GDP の**積**に比例し，両国間の距離にともなって減少する．

(2.1) のような式は世界貿易の**重力モデル**とよばれる．この呼び名の理由は，ニュートンの重力の法則とのアナロジーだ．あらゆる二つの物体の間に働く重力は，その質量の積に比例し，距離とともに減る．それと同様に，あらゆる 2 カ国間の貿易は，ほかの条件が等しければ，GDP の積に比例し，距離とともに下がる．

経済学者たちは，しばしばもっと一般化した形の重力モデルを推計する．以下のような形になる．

$$T_{ij} = A \times {Y^a}_i \times {Y^b}_j / {D^c}_{ij} \tag{2.2}$$

この方程式は，2 カ国間の貿易量を決める三つの要因が，両国の GDP 規模と，両国間の距離だとは述べているけれど，貿易が両国 GDP の積に比例し，距離に反比例するときっちり想定してはいない．むしろ a, b, c は，なるべく実際のデータに適合するように選ばれる．a, b, c がすべて 1 なら，(2.2) の式は (2.1) と同じになる．実際に推計してみると，(2.1) はかなりよい近似になっている．

なぜ重力モデルはうまくいくんだろうか？　大ざっぱにいえば，規模の大きい経済は所得が高いので，輸入に使うお金も多くなりがちだ．また多様な製品をつくるから，ほかの国の支出のうち集める割合も大きい．だからほかの条件が同じなら，違う経済同士の貿易は，**どちらかの**経済が大きければ，それだけ大きくなるという訳だ．

ほかの条件が**同じでない場合**とは何だろうか？　すでに述べたように，実際には国は所得の相当部分か大半を自国で使う．アメリカと EU はそれぞれ世界 GDP の 25% ずつを占めるのに，それぞれ相手の総支出の 2% 程度しか引きつけられずにいる．実際の貿易フローを理解するには，国際貿易を制約している要因を考える必要がある．でもそれをやる前に，重力モデルが役に立つ重要な理由を見よう．

重力モデルの使い方：異常値を探す

図 2.2 を見れば，重力モデルはアメリカとヨーロッパ諸国との貿易データにかなりきれいにあてはまることはわかる——でも完璧ではない．実は，重力モデルの主要な使い道の一つは，貿易での異常値を見つけることだ．2 カ国間の貿易が重力モデルの予測よりやたらに多かったり少なかったりする場合，経済学者たちはその原因を探そうとする．

もう一度図 2.2 を見ると，オランダ，ベルギー，アイルランドは重力モデルが予想するよりもはるかに大量にアメリカと取引していることがわかる．何かその原因はあるだろうか？

アイルランドの場合，答の一部は文化的な親和性だ．アイルランドはアメリカと言語も同じだし，さらに何千万ものアメリカ人はアイルランド系移民の子孫だ．そうした話以外に，アイルランドは多くのアメリカ企業の進出先だという特別な役割を果たしている．こうした**多国籍企業**の役割については第 8 章で述べる．

オランダとベルギーの場合，地理と輸送費用がアメリカとの貿易の多さを説明できそうだ．どっちの国も西ヨーロッパ最大の川であるライン川河口近くにある．この川はドイツの工業中心地ルール地方を通るのだ．だからオランダとベルギーは伝統的に，北西ヨーロッパの大部分への入口として機能してきた．オランダのロッテルダムは，ヨーロッパで最も重要な港だし，ベルギーのアントワープは第 2 位だ．ベルギーとオランダとの大量の貿易が示唆するのはつまり，貿易量を決めるときに輸送費用と地理が重要な役割を果たすということだ．こうした要因の重要性は，貿易データをもっと広範に見るとはっきりしてくる．

貿易を阻害するもの：距離，障壁，国境

図 2.3 は，図 2.2 と同じデータを示している――2012 年の対米貿易を，アメリカと西ヨーロッパの貿易総額の比率として示したものを，地域の総 GDP に占めるその国の GDP 比率と対比させたものだ．でもそこに，2 カ国を追加している．カナダとメ

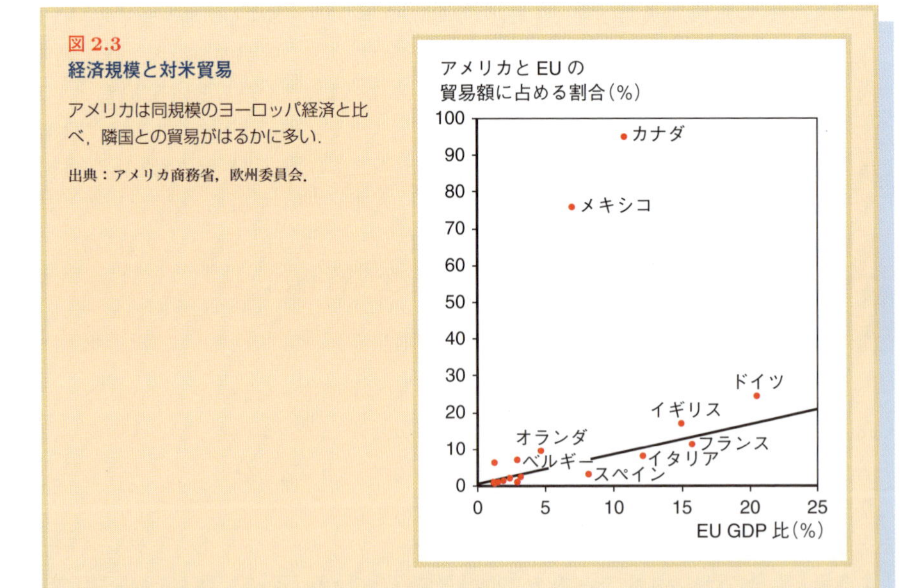

図 2.3
経済規模と対米貿易

アメリカは同規模のヨーロッパ経済と比べ，隣国との貿易がはるかに多い．

出典：アメリカ商務省，欧州委員会．

キシコだ．ご覧のように，このお隣の 2 カ国は同じ規模のヨーロッパ経済と比べても，アメリカとの貿易がはるかに多い．それどころかカナダは，経済規模はスペインほどなのに，アメリカとの貿易はヨーロッパ全体よりも多い．

なぜアメリカは，北米のご近所との貿易の方が，ヨーロッパの相手国よりもはるかに多いんだろう？　主要な理由の一つは単純な話で，カナダとアメリカの方がずっと近いからだ．

重力モデルによる推計はすべて，距離が国際貿易に強いマイナスの影響を与えると示している．一般的な推計だと，2 国間の距離が 1% 増えると，両国の貿易は 0.7〜1% くらい低下する．この低下は部分的には，財やサービスの輸送費の上昇を反映している．経済学者たちはまた，もっととらえどころのない要因も重要な役割を果たすと考えている．貿易は，国同士の間に密接な個人的つながりがあると強化されがちで，こうしたつながりは，2 国間の距離が開くと弱まりがちだ．例えば，アメリカ企業の営業部長がカナダのトロントをちょっと訪問するのは簡単だけれど，よほどの大プロジェクトでない限りパリには出かけない．ましてその企業が西海岸にない限り，東京訪問となると相当なプロジェクト以外は無理だ．

カナダとメキシコは，アメリカの隣国というだけでなく，アメリカとの**貿易協定**，北米自由貿易協定 (NAFTA) の参加国でもある．これはこの 3 カ国の間で出荷されたほとんどの財が，関税などの貿易障壁の対象にならないようにするものだ．国際貿易への障壁の影響は第 8〜9 章で分析するし，NAFTA など貿易協定の役割は第 10 章で見る．ここではとりあえず，経済学者たちが重力モデルを，貿易協定が実際の国際貿易に与える影響を評価する手法として使うということを知っておこう．もし貿易協定が有効なら，それは両国の GDP とお互いの距離から予想されるよりも，その協定パートナー国の間にずっと多くの貿易をもたらすはずだ．

でも忘れてはいけないことだけれど，貿易協定は国同士の公式な貿易障壁をなくすとはいえ，それで国境がまったく関係なくなることはほとんどない．国境を越えて出荷される財やサービスのほとんどがまったく無関税で，ほとんど法的制約を受けない場合でも，同じ国の違う地域間での取引の方が，それと同じような条件をもつ外国の地域との貿易よりもはるかに多い．カナダとアメリカの国境がその好例だ．両国は自由貿易協定を結んでいる（実際，NAFTA 以前からカナダ米国自由貿易協定があった）．カナダ人のほとんどは英語をしゃべる．そして両国の国民は，ほとんど手続きなしに国境を自由に往き来できる．でもカナダの各州が，お互いに行う取引とアメリカの州を相手に行う取引とを見ると，ほかの条件が同じならば，自国内の州との取引の方が，アメリカの州との取引よりもずっと多い．

表 2.1 はその差がどれほど大きいかを示す．ここに示したのは，カナダのブリティッシュコロンビア州（アメリカのワシントン州から国境の対岸にある）が，ほかのカナ

表 2.1　ブリティッシュコロンビア州との貿易，対GDP比，2009年

カナダの州	貿易（対GDP比，%）	貿易（対GDP比，%）	BC州からほぼ同距離の州
アルバータ州	6.9	2.6	ワシントン州
サスカワチュワン州	2.4	1.0	モンタナ州
マニトバ州	2.0	0.3	カリフォルニア州
オンタリオ州	1.9	0.2	オハイオ州
ケベック州	1.4	0.1	ニューヨーク州
ニューブランズウィック州	2.3	0.2	メイン州

出典：カナダ統計局，アメリカ商務省．

図 2.4　ブリティッシュコロンビア州と貿易するカナダの州とアメリカの州

出典：カナダ統計局，アメリカ商務省．

ダの州とアメリカの州と行う取引を示したもので，数字はそれぞれの州の GDP に対する比率だ．それぞれの州の場所は図 2.4 に示した．それぞれのカナダの州は，ブリティッシュコロンビア州からだいたい同じくらいの距離にあるアメリカの州と対比させてある．ワシントン州とアルバータ州はどっちもブリティッシュコロンビア州と接している．オンタリオ州とオハイオ州はどっちも中西部，という具合．カナダ東部の

ニューブランズウィック州を例外として，カナダ国内の取引は距離とともにだんだん減る．でもどの場合を見ても，ブリティッシュコロンビア州とカナダの州との取引の方が，同じ距離にあるアメリカの州との取引よりもずっと大きい．

表 2.1 に示したようなデータと，重力モデルから得られる距離の影響に関する推計を合わせると，カナダ＝アメリカの国境は世界で最も開放された国境の一つなのに，貿易をかなり阻害するものになっていて，両国がまるで 2,400 キロから 4,000 キロも離れているのと同じ抑止効果をもっているというのが経済学者たちの計算だ．

なぜ国境は，貿易に対してこれほど大きなマイナス効果をもつんだろうか？　これはいまだに研究が続いているテーマだ．第 21 章では，その研究が最近注目している点を述べている．それは各国の通貨が違っていることで，財やサービスの国際貿易がどれだけ影響を受けているかということだ．

世界貿易のパターン変化

世界貿易はいつも変わり続ける．世界貿易の方向や構成は，一世代前とはかなり違っているし，一世紀前とははるかに違う．こうした大きなトレンドをいくつか見よう．

世界は小さくなっただろうか？

世界経済の世間的な議論を見ると，現代の輸送や通信技術のおかげで距離がなくなり，世界が小さくなったという主張にしばしば出くわす．こういう主張は確かに部分的には正しい．インターネットのおかげで何千キロも離れた人々が，ほとんど無料で一瞬のうちに通信できるし，ジェット機は世界中のあらゆる場所に素早い物理的アクセスを可能にする．その一方で，重力モデルを見ると相変わらず，距離と国際貿易の間には強い負の相関がある．でもこうした影響は時代とともに弱まってきただろうか？輸送と通信の進歩で世界は小さくなったんだろうか？

答えはイエスだ——でも歴史を見ると，政治の力が技術の力を圧倒できることもわかる．世界は 1840 年から 1914 年にかけても小さくなったけれど，20 世紀の大半を通じてまた大きくなった．

経済史の研究者たちは，とても離れた国の間にも強い経済的なつながりがあるグローバル経済が目新しいものではないことを教えてくれる．実はグローバル化の大きな波は二つあって，最初のものはジェット機やインターネットではなく，鉄道，蒸気船，電信に頼っていた．1919 年に偉大な経済学者ジョン・メイナード・ケインズが，そのグローバル化の台頭を次のように描写している：

> 1914 年 8 月（訳注：第一次世界大戦の開戦）に終わりを迎えたその時代は，人

類の経済進歩において何と驚異的な出来事だったことだろう！（中略）ロンドンの住民は，ベッドの中で朝の紅茶をすすりながら，電話１本で世界中の各種産物を，自分が適切と思う好きな分量だけ注文できたし，それが素早く自分の玄関にまで配達されることをおおむね期待できた．

でもケインズはここで，その時代が1914年に「終わりを迎えた」と書いている．実は，この年に続く二度の世界大戦と1930年代の大恐慌や大規模な保護主義のおかげで，世界貿易は大幅に抑えられてしまった．図2.5は，国際貿易の規模を見る一つの指標を示す：世界工業製品の輸出額を指数化したものが，世界工業製品生産額を指数化したものに対してどのくらいの割合かを見たものだ．世界貿易は第一次大戦に続く数十年に激増したけれど，その後激減した．ご覧の通り，この指標を見ると，グローバル化が第一次世界大戦前の水準に戻ったのは，やっと1970年代初頭になってからだった．

でもその後，世界生産に占める世界貿易は空前の水準にまで駆け上った．この世界

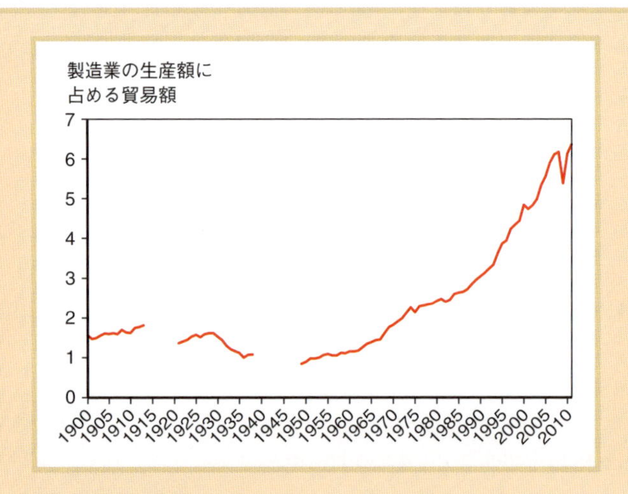

図2.5　世界貿易の低下と上昇

世界工業生産額に対する工業製品輸出額の比率——ここでは1953年=1として表示——は第一次世界大戦前の時期に上昇したが，その後の戦争と保護主義で激減した．1913年の水準に戻ったのはやっと1970年代になってからだけれど，その後空前の水準にまで激増した．

出典：国連月次統計，世界貿易機構（WTO）．

貿易価値の上昇は，大半が生産のいわゆる「垂直分業」とよばれるものの反映だ．製品が消費者の手に渡るまでには，多くの国でさまざまな生産段階を経由することが多い．例えば消費者向け電子製品――携帯電話，iPod など――はしばしば，日本など賃金の高い国からの部品を使い，中国などの低賃金国で組み立てられている．部品が大量に各国を往き来しているために，100 ドルの製品が 200 ドル，300 ドルもの国際貿易を生み出すことも多い．

何を貿易するんだろう？

国同士の貿易では，何が取引されるんだろうか？　世界全体として見ると，主な答えは，自動車，コンピュータ，衣服などの工業製品をお互いに輸出し合っている，ということになる．でも鉱物製品――銅鉱石から石炭までいろいろ含むけれど，現代世界で最も多いのは石油――もいまだに世界貿易の重要な一部だ．農産物，例えば小麦，大豆，綿もまた重要な一部を占め，各種サービスも大きな比率となっているし，今後さらにその比率が増えると広く思われている．

図 2.6 は，2011 年の世界輸出の構成比だ．各種工業製品が世界貿易の中で圧倒的に多い．鉱物製品のほとんどは原油などの燃料だ．農産物貿易は，多くの国を食わせるためにとても重要なのに，現代世界貿易額の中ではごくわずかな一部でしかない．

一方，サービス輸出は伝統的な航空会社や海運企業の料金や，外国人から受け取る保険料，外国観光客の支出などを含む．最近では，現代電気通信で可能になった新しい種類のサービス貿易が，マスコミにおおいに注目されている．いちばん有名な例は，

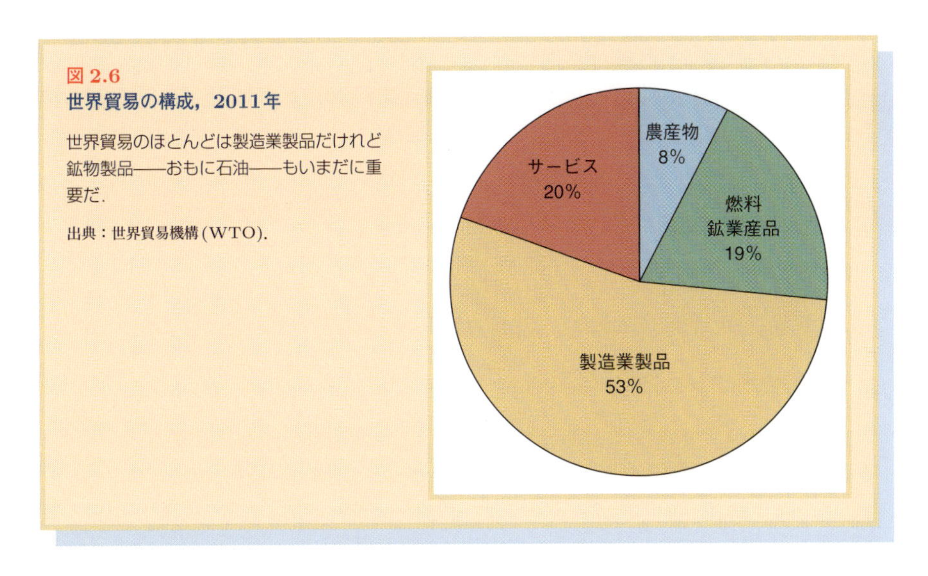

図 2.6
世界貿易の構成，2011年

世界貿易のほとんどは製造業製品だけれど鉱物製品――おもに石油――もいまだに重要だ．

出典：世界貿易機構 (WTO).

海外のコールセンターやヘルプセンターの台頭だ．今無料ダイヤルにかけて情報を求めたり技術サポートを頼んだりすると，反対側の人物は，はるか遠くの国にいる可能性がおおいにある（インドのバンガロールが特に人気のある場所だ［訳注：英語圏の場合．日本だと国内では沖縄や中国の大連などもよく使われる］）．今のところ，こうしたエキゾチックで新しいかたちの貿易は，まだ貿易全体の中で比較的小さな部分でしかないけれど，以下で説明するとおり．これは今後変わるかもしれない．

現在の貿易構成だと，製造業製品が世界貿易の圧倒的大部分を占めているけれど，これは比較的目新しいものだ．過去には一次産品——農業と鉱業製品——が世界貿易でずっと重要な役割を果たしていた．表2.2は，イギリスとアメリカの1910年と2011年の輸出入に占める製造業製品のシェアを示す．20世紀初頭のイギリスは，輸出は圧倒的に製造業財（製造業）が多く，輸入は主に一次産品だった．今日では，製造業製品が貿易の輸出入双方で圧倒的だ．一方，アメリカの貿易パターンでは，一次産品の方が輸出入の両方で重要だったパターンから，製造業製品が輸出入両方で圧倒的な状況に移行した．

表2.2 商品貿易に占める製造業財比率(%)

	イギリス		アメリカ	
	輸出	輸入	輸出	輸入
1910	75.4	24.5	47.5	40.7
2011	72.1	69.1	65.3	67.2

出典：1910年データはSimon Kuznets, *Modern Economic Growth: Rate, Structure and Speed*. New Haven: Yale Univ. Press, 1966より．2011年データはWTOより．

もっと最近の変化は，第三世界が製造業財の輸出を伸ばしてきたことだ．**第三世界**という用語と**発展途上国**という用語は，世界の貧困国をさすもので，多くは第二次世界大戦前にはヨーロッパの植民地だった．1970年代というかなり最近の時期でも，こうした国は主に一次産品を輸出していた．でもその後，急激に製造業財の輸出に移行した．図2.7は，1960年以来の発展途上国輸出品に占める農業製品と製造業財の比率を示している．両者の相対的な重要性はほぼ完全に逆転している．例えば，最大の発展途上国で世界貿易の急成長選手である中国の輸出の9割以上は，製造業財になっている．

サービスのオフショア化

今の国際経済学でいちばん熱い論争の一つは，長距離で各種の経済機能を実行できるようにしてくれる現代の情報技術が，新しいかたちの国際貿易を大幅に増やすかどうか，というものだ．すでにコールセンターの例には触れた．みなさんが何か情報を求めて電話をかけたら，それに答える人は1万キロも離れたところにいるかもしれない．

図 2.7
発展途上国の輸出品構成の変化

過去50年にわたり，発展途上国の輸出品は製造業に傾いてきた．

出典：国連貿易開発会議 (UNCTAD).

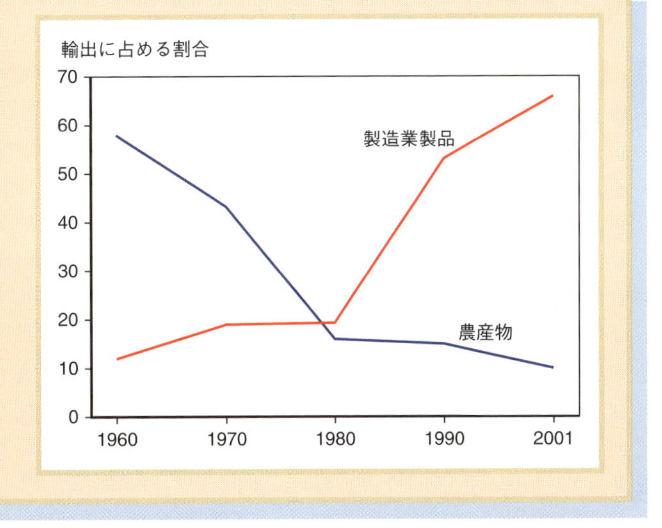

ほかのいろいろなサービスも，遠くで実行できる．これまである国の中で行っていたサービスが外国に移されると，この変化は**サービスのオフショア化**とよばれる（**サービスのアウトソーシング**と呼ぶこともある）．さらに，生産者はこうしたサービスを提供するのに外国子会社をつくるべきか（そして多国籍企業として活動すべきか）そうしたサービスを別会社に外注すべきかを決めなくてはならない．第 8 章では，企業がこうした重要な決断をどう下すのか，もっと詳しく説明しよう．

2006 年の『フォーリン・アフェアーズ』誌に掲載された有名な論文で，プリンストン大学の経済学者アラン・ブラインダーは「将来は，いやかなりの部分は現在すでに，国際貿易での主要な区別というのは，箱詰めできるものとそうでないものではなくなる．むしろ電子的に長距離から，品質の劣化がほぼなしに提供できるサービスと，そうでないサービスとの区別になるだろう」と論じた．例えば，ご近所の雑貨屋で棚の補充を行う労働者はその場にいなくてはならないけれど，雑貨屋の経理を処理する会計士は別の国にいて，インターネットで店とやりとりすればいい．病院で脈をとってくれる看護師は近くにいるしかないけれど，レントゲン写真を読んでくれるレントゲン医師は，高速な通信網があるところならどこでも画像を受け取れる．

現時点だと，サービスのアウトソーシングがかなり注目されるのは，まさにそれがまだかなり物珍しいからでしかない．問題は，それがどのくらい大きくなりそうか，現在はまったく国際競争に直面しない労働者のうち，その状況が変わりそうな労働者はどのくらいいるのか，ということだ．経済学者たちがこの問題を検討する方法の一つは，アメリカ**国内で**どのサービスが長距離から取引されているかを見ることだ．例えば多くの金融サービスは，アメリカの金融首都ニューヨークから全国に提供されている．アメリカのソフトウェア出版は，マイクロソフト社のお膝元であるシアトルで行われている．アメリカの（そして世界の）インターネット検索の大半は，カリフォルニア州マウンテンビューのグーグルプレックスから提供されている，といった具合だ．

図 2.8 は，アメリカ国内の所在地データを系統的に使い，どのサービスが長距離で取引できて，どれができないかを見きわめたある調査の結果だ．図でわかるように，この調査の結論では，アメリカ雇用の 6 割ほどは，顧客の近くで実施する必要がある仕事で，貿易できない．でも貿易できる 4 割に属する仕事は，製造業職よりはサービス雇用の方が多い．これは，図 2.6 で見た世界貿易に占める製造業の圧倒的なシェアが，ほんの一時的なものかもしれないということを意味する．長期的には，電子的に配信されるサービス貿易の方が，世界貿易の中身としていちばん重要なものになるかもしれない．こうしたトレンドがアメリカの雇用にどんな意味をもつか，第 8 章で検討しよう．

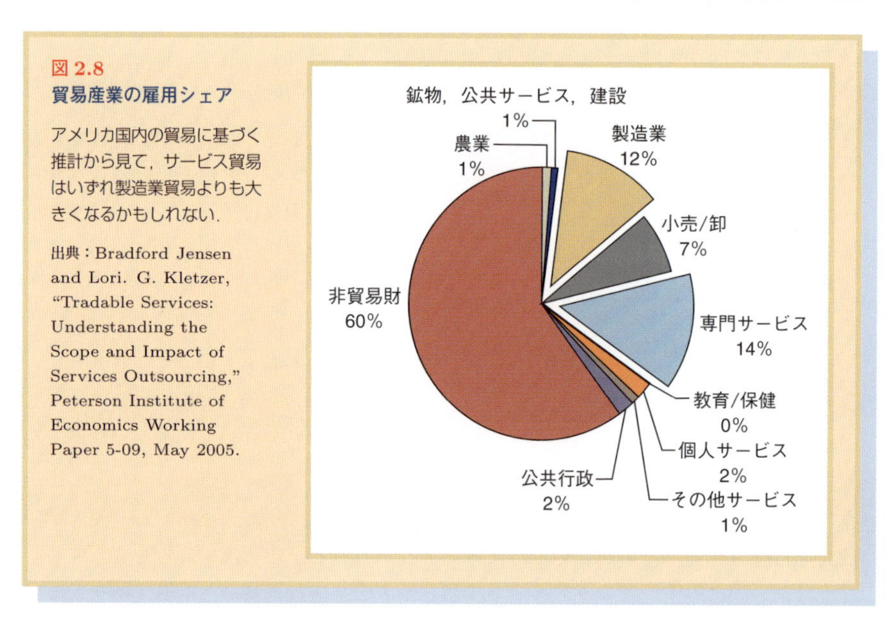

図 2.8
貿易産業の雇用シェア

アメリカ国内の貿易に基づく推計から見て，サービス貿易はいずれ製造業貿易よりも大きくなるかもしれない．

出典：Bradford Jensen and Lori. G. Kletzer, "Tradable Services: Understanding the Scope and Impact of Services Outsourcing," Peterson Institute of Economics Working Paper 5-09, May 2005.

古い法則は今でも使えるの？

第 3 章の世界貿易の原因に関する議論は，イギリスの経済学者デビッド・リカードが 1819 年に提出したモデルの分析から入る．リカードの時代から世界が実にいろいろ変わったことを考えた場合，古い発想はいまだに意味をもつのだろうか？　その答は文句なしのイエスだ．国際貿易の多くは変わったけれど，グローバル経済の夜明けに経済学者たちが発見した基本的な原理は今でもあてはまる.

確かに世界貿易は，昔ほど単純明解ではない．一世紀前なら，各国の輸出は明らかに，その国の気候と天然資源でほとんど決まっていた．熱帯諸国はコーヒーや綿花のような熱帯産物を輸出した．アメリカやオーストラリアのような土地の豊かな国は，人口密度の高いヨーロッパ諸国に食べ物を輸出した．貿易をめぐる争いもまた説明しやすかった．自由貿易対保護主義の古典的な政治紛争は，安い輸入食品からの保護を求めたイギリス地主と，生産量の大半を輸出したイギリス製造業者との間のものだった.

現代の貿易の源はもっと細やかだ．人的資源や人間のつくり出す資源（機械などの資本）の方が天然資源より重要だ．貿易をめぐる政治的な争いは通常，輸入によって技能の価値が下がった労働者たち――輸入衣料で競争に直面する衣服業界労働者や，バンガロールからの競争に直面する技術労働者など――をめぐるものとなった.

後の章でも見るように，国際貿易の根底にある論理は変わっていない．ジェット機やインターネットの発明よりはるか昔に開発された経済モデルは，21 世紀の国際貿易でも相変わらず，本質理解にとっての鍵であり続けている.

まとめ

1. **重力モデル**は，2 カ国間の貿易を，両国の経済規模と関連づける．重力モデルの仕様は，距離と国境が貿易を阻害する強い影響力をもつことを明らかにする――アメリカとカナダのような友好国の国境ですらこれはいえる.
2. 国際貿易は世界経済の規模との比で見て記録的な水準にある．これは輸送や通信の費用が低下し続けているせいも大きい．それでも，貿易は一直線に増え続けてきた訳ではない：世界は 1914 年にはきわめて統合されていたが，経済恐慌，保護主義，戦争により大幅に低下し，回復には何十年もかかった.
3. 工業財が現代の貿易の大半を占める．でも過去には，一次産品や原材料が今よりずっと大きな割合を占めていた．最近では，サービス貿易がますます重要になってきた.
4. 特に**発展途上国**は，主に一次産品や原材料の輸出国だったのが，主に工業製品の輸出国へとシフトしている.

重要用語

練習問題

1. カナダとオーストラリアは（主に）英語を話す国で，人口規模もそんなに変わらない（カナダの方が 60% 大きい）．でもカナダの貿易は対 GDP 比でオーストラリアの倍だ．なぜこうなるんだろう？

2. メキシコとブラジルはまったく違う貿易パターンをもつ．メキシコは主にアメリカと取引するけれど，ブラジルはアメリカと欧州連合（EU 諸国）と同じくらい取引する．加えて，アメリカは貿易の対 GDP 比がずっと大きい．この違いを重力モデルを使って説明しよう．

3. 式 (2.1) によれば，2 カ国間の貿易はすべて，GDP の積に比例する．すると世界のあらゆる国の GDP が倍になったら，世界貿易は 4 倍になるということだろうか？

4. 過去数十年にわたり，東アジア各国は世界 GDP 内のシェアを高めてきた．同様に，東アジア圏内での貿易――つまり東アジア諸国同士による貿易――は世界貿易の中でシェアを高めた．それ以上に，東アジア諸国はお互いと行う貿易のシェアを増やしつつある．なぜそうなるかを重力モデルを使って説明しよう．

5. 一世紀前には，ほとんどのイギリス輸入品はかなり遠い場所からきていた．北米，南米，アジアだ．今日では，ほとんどのイギリスの輸入品はほかのヨーロッパ諸国からきている．これは世界貿易を構成する財の種類の変化という話にどうあてはまるだろうか？

もっと勉強したい人のために

- Paul Bairoch. *Economics and World History*. London: Harvester, 1993. 世界経済が時代とともにどう変わったかを示す一大調査.
- Alan S. Blinder. "Offshoring: The Next Industrial Revolution?" *Foreign Affairs*, March/April 2006. 有名な経済学者による影響力の強い論説で，サービス貿易の増加がこれまでは「安全」だった職を何千万件も国際競争に曝しかねないと警告している．発表されたときには大きな話題となった.
- Frances Cairncross. *The Death of Distance*. London: Orion, 1997. 邦訳フランシス・ケアンクロス『国境なき世界：コミュニケーション革命で変わる経済活動のシナリオ』(トッパン，1998)．技術が世界を小さくしたようすを概観.
- Keith Head. "Gravity for Beginners." 重力モデルに関する便利なガイド，http://pacific.commerce.ubc.ca/keith/gravity.pdf（訳注：今はこの URL にはない．最新版 (2003) は http://faculty.arts.ubc.ca/nmalhotra/490/Articles/KHead%20on%20gravity.pdf)
- Harold James. *The End of Globalization: Lessons from the Great Depression*. Cambridge: Harvard University Press, 2001. 初の大きなグローバル化の波がどのように終わったかを概説.
- J. Bradford Jensen and Lori G. Kletzer. "Tradable Services: Understanding the Scope and Impact of Services Outsourcing." Peterson Institute Working Paper 5–09, May 2005. アメリカ国内でどんなサービスが取引されているかを見た系統的な分析，将来のサービス国際貿易の意味合いについても記述がある.
- World Bank. *World Development Report 1995* 邦訳世界銀行『世界開発報告 1995』．毎年，世界銀行は重要なグローバル問題に焦点を合わせた報告書を出す．1995 年報告は，世界貿易増大の影響に注目した.
- World Trade Organization. *World Trade Report*. 世界貿易の現状に関する年次報告．毎年，報告書にはテーマがある．例えば 2004 年報告は世界貿易が，インフラ支出などの国内政策にどう影響するかに注目した.

CHAPTER 3

労働生産性と比較優位：リカードのモデル

国が国際貿易をする基本的な理由は二つあり，どちらも貿易の利益に貢献する．まず，国が貿易するのはお互いに違っているからだ．国は個人と同じで，お互いが相対的に上手なことをやる仕組みを実現できれば，お互いの違いから利益を得られる．第 2 に，国が貿易するのは生産で規模の経済を実現するためだ．つまり，各国が限られた種類の財だけを生産すれば，それぞれの財を大規模に生産できるので，自分ですべてを生産しようとするよりも効率が上がる．現実の世界では，国際貿易のパターンはこの二つの動機の相互作用を反映したものとなる．でも貿易の原因と影響を理解する第一歩としては，この動機の片方しかない単純化したモデルを見ると役に立つ．

これからの 4 つの章では，各国の違いが貿易を生み出すことと，貿易が相互に有益だということを理解するのに役立つツールを開発する．この分析での本質的な概念は，比較優位の概念だ．

比較優位は簡単な概念だけれど，経験的に見て，これは多くの人にとって驚くほど理解しにくい（そして受け入れにくい）概念だ．実際，故ポール・サミュエルソン——第 4 章と 5 章で論じる国際貿易のモデルの多くを開発するのに大活躍したノーベル賞経済学者——はかつて比較優位について，間違いなく真実なのに，知的な人々に当然と思われていない概念の筆頭格だと述べている．

この章では，まず比較優位の概念についての一般的な紹介をして，比較優位が国際貿易のパターンをどんなふうに決めるかについての具体的なモデル構築に進もう．

学習目標

この章を読み終わったら，こんなことができるようになる．

- 国際貿易についての最も基本的なモデルである，**リカード・モデル**の仕組みを説明して，それが**比較優位**の原理をどんなかたちで示しているかを説明できる．
- **貿易の利益**を実証して国際貿易についてのありがちな誤謬に反論できる．

- 賃金が生産性を反映し貿易パターンが相対的な生産性を反映しているという実証的な証拠を説明できる．

比較優位の概念

1996年のバレンタインデーは，たまたまニューハンプシャー州で2月20日に行われる重要な大統領予備選まで1週間に満たない時点だった．共和党の大統領候補パトリック・ブキャナンは養樹園に立ち寄って，妻のためにバラを12本買った．そしてその機会を利用して，アメリカへの花の輸入増大を攻撃する演説をした．ブキャナンによれば，そうした輸入はアメリカの花卉栽培業者を廃業に追いやっているという．そして確かに，アメリカで冬場のバラ市場のうち，南米諸国，特にコロンビアから空輸されるものの割合は高まっていた．でもこれは悪いことなんだろうか？

冬場のバラの例は，国際貿易が有益になり得る理由として実に優れたものだ．まず，アメリカの恋人たちに，新鮮なバラを2月に供給するのがどれほど難しいかを考えてほしい．暖房を入れた温室で育てるしかないから，燃料，資本投資などの希少な資源の点でかなりの費用がかかる．そういう資源は別の財の生産に使えるはずだ．ここでトレードオフが生じるのは間違いない．冬場のバラを生産するために，アメリカ経済はコンピュータなど，ほかのものの生産を減らさなくてはならない．経済学者は，こうしたトレードオフを表現するのに**機会費用**という用語を使う．バラの機会費用をコンピュータで表すというのは，ある一定数のバラをつくるのに使った資源で，コンピュータが何台つくれたかを考えるということだ．

例えば仮に，アメリカが現在，バレンタインデー向けにバラを1,000万本育て，こうしたバラを育てるのに必要な資源でコンピュータ10万台がつくれたとしよう．するとバラ1,000万本の機会費用は，コンピュータ10万台だ（逆に，その10万台のコンピュータの機会費用は，バラ1,000万本となる）．

この1,000万本のバレンタインデーのバラを，代わりにコロンビアで育てたらどうだろう．その機会費用は，たぶんコンピュータで測ったらアメリカよりもはるかに少ないはずだ．一つには，南半球は2月には夏だから，バラを育てるのもずっと簡単だ．さらにコロンビアの労働者はアメリカの労働者よりも，コンピュータのような高度な財をつくる効率が悪いから，コンピュータをつくるのに使う資源を同じだけ与えても，コロンビアで作れるコンピュータはアメリカより少ない．だからコロンビアのトレードオフだと，冬のバラ1,000万本がたった3万台のコンピュータほどにしか相当しないかもしれない．

機会費用の違いは，相互に有益な世界生産の再配置の可能性を与えてくれる．アメリカで冬にバラを育てるのなんかやめて，それで自由になる資源をコンピュータ生産

表 3.1	生産の仮想的な変化	
	バラ（百万本）	コンピュータ（千台）
アメリカ	−10	+100
コロンビア	+10	−30
合計	0	+70

に振り向けよう．一方，その分のバラをコロンビアで育ててもらって，コロンビアのコンピュータ産業に必要となる資源をそっちに向けよう．結果として生じる生産の変化は表 3.1 のようになる．

何が起こったんだろうか？　世界は昔と同じだけのバラを生産しているけれど，コンピュータの生産はずっと増えた．だからこの生産の再配置は，アメリカがコンピュータに専念してコロンビアがバラに専念することで，世界の経済的なパイを大きくしたことになる．世界全体が生産を増やしてるので，原理的には万人の生活水準を上げられることになる．

国際貿易がこうした世界生産量増加をもたらす理由は，各国が比較優位をもつ財の生産に特化させてくれるからだ．国が**比較優位**をもつというのは，その財を生産する機会費用をほかの財で測ったものが，ほかの国に比べて低いということだ．

この例だと，コロンビアは冬のバラに比較優位があり，アメリカはコンピュータに比較優位がある．コロンビアがアメリカ市場向けのバラを生産し，アメリカがコロンビア市場向けのコンピュータをつくれば，両国ともに生活水準は上がる．こうして，比較優位と国際貿易についての本質的な洞察が得られた．**2 国間の貿易は，それぞれの国が比較優位をもつ財を輸出すればどちらの国にとっても利益になり得る．**

これは可能性を述べたものだ——実際にそれが必ず起こると述べているのではない．現実世界では，どの国がバラをつくるべきで，どの国がコンピュータをつくるべきかを決める中央当局はない．またどっちの国でも，誰かがバラやコンピュータを人々に配って歩いている訳ではない．むしろ，国際的な生産と貿易は市場で決まり，そこでは需要と供給が支配している．貿易の相互の利益可能性が実現されると考えるべき理由はあるのか？　アメリカとコロンビアは本当に，比較優位のある財の生産をするようになるのか？　両国間の貿易は本当に両国にとって得なんだろうか？

こうした質問に答えるには，分析をずっとはっきりさせる必要がある．この章では，最初に比較優位の概念を 19 世紀初期に導入したイギリスの経済学者，デビッド・リカードの考案した国際貿易のモデルを構築する[1]．このアプローチは，国際貿易が労働生産性の国際的な差だけで生じると考えるもので，**リカード・モデル**とよばれる．

---

[1] 古典的な参考文献は David Ricardo, *The Principles of Political Economy and Taxation*, 1817，邦訳リカード『経済学および課税の原理』（岩波文庫など）だ．

1 要素経済

国際貿易のパターン決定に比較優位が果たす役割を導入するには，生産要素が一つしかない経済――「自国」と呼ぼう――を扱っていると想像するところから始めよう（第 4 章ではこの分析を拡張して，複数の要素をもつモデルを扱う）．生産される財はたった二つ，ワインとチーズだけだ．自国経済の技術は，それぞれの産業における労働生産性でまとめられ，これは**単位必要労働**（労働投入係数），つまりチーズ 1 キロまたはワイン 1 リットルの生産に必要な労働時間で表現される．例えば，チーズ 1 キロの生産には労働 1 時間が必要で，ワイン 1 リットルの生産には 2 時間の労働が必要という具合だ．ちなみに，単位必要労働というのは生産性の**逆数**として定義されていることに注意しよう――労働者が 1 時間で製造できるチーズやワインが多ければ，単位必要労働はそれだけ**低くなる**．今後の表記として，a_{LW} と a_{LC} を，それぞれワインとチーズ生産の単位必要労働（労働投入係数）と定義する．経済の総資源は，総労働供給 L で定義される．

生産可能性　すべての経済は限られた資源しかもっていないので，それが生産できるものには限界があるし，何かの生産を増やせば，ほかのものの生産はその分だけ犠牲になるというトレードオフが必ず存在する．こうしたトレードオフは，**生産可能性フロンティア**で図示できる（図 3.1 の PF の線）．これはチーズの生産量を決めたら，それに対応してワインを最大でどれだけ生産できるか，あるいは逆にワインの量を決めたらチーズの生産量がどうなるかを示した線だ．

生産要素が一つしかなければ，経済の生産可能性フロンティアはただの直線になる．この直線は次のようにして求められる：Q_W が経済のワイン生産量で，Q_C がチーズの生産量だとすると，ワイン生産に使われる労働は $a_{LW}Q_W$ で，チーズづくりに使われる労働は $a_{LC}Q_C$ で示される．生産可能性フロンティアは経済の資源――この場合だと労働――の限界で決まる．経済の総労働供給は L だから，生産の限界は次の不等式で表現できる．

$$a_{LC}Q_C + a_{LW}Q_W \leq L \tag{3.1}$$

例えば仮に，経済の総労働供給は 1,000 時間で，チーズ 1 キロ製造には労働が 1 時間，ワイン 1 リットル製造には 2 時間かかるとする．すると生産に使われる総労働は（$1 \times$ 生産されたチーズのキロ重量）$+$（$2 \times$ 生産されたワインのリットル数）で，この合計時間は使える労働の総量 1,000 時間分を上まわってはいけない．もし経済がその労働すべてをチーズ生産に振り向けたら，図 3.1 でわかるように，L/a_{LC} キロのチーズ（1,000 キロ）が生産できる．代わりに労働すべてをワイン生産に向けたら，ワイン

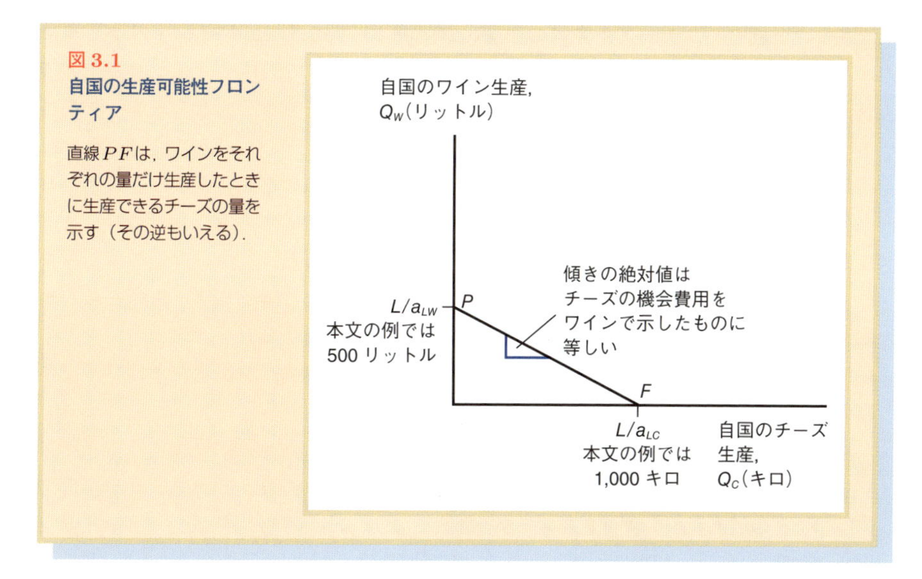

図 3.1
自国の生産可能性フロンティア
直線 PF は，ワインをそれぞれの量だけ生産したときに生産できるチーズの量を示す（その逆もいえる）．

を L/a_{LW} リットル——1,000/2 = 500 リットル——生産できる．そしてこの両極端を結ぶ直線上にあるワインとチーズの組合せのどれでも生産できる．

生産可能性フロンティアが直線なら，チーズ 1 キロの**機会費用**をワインで表現したものは一定になる．前節で見たように，この機会費用は，チーズを追加で 1 キロつくるために経済が諦めるべきワインのリットル数で定義される．ここでの場合，追加で 1 キロのチーズを生産するには a_{LC} 人時間を必要とする．この人時間のすべては，$1/a_{LW}$ リットルのワイン生産に使えた．だからチーズの機会費用をワインで示すと a_{LC}/a_{LW} になる．例えば，チーズ 1 キロの生産に 1 人時間がかかり，ワイン 1 リットルの生産の 2 人時間かかるなら，チーズ 1 キロの機会費用はワイン 0.5 リットルになる．図 3.1 が示すように，この機会費用は，生産可能性フロンティアのグラフの傾きの絶対値に等しい．

相対価格と供給

生産可能性フロンティアは，経済が**生産できる**財の各種の組合せを示す．でも経済が実際に生産するものを示すには，価格を見る必要がある．具体的には，経済の二つの財の相対価格，つまり片方の財の価格をもう片方の財で表したものが必要だ．

競争経済では，個人が自分の稼ぎを最大にしようとする努力により供給が決まる．ここでの単純化した経済では，生産の唯一の要素は労働だから，チーズとワインの供給は，この双方のうち高い賃金を払う方に労働が移動することで決まる．

さっきと同じく，チーズ 1 キロの生産には労働 1 時間かかり，ワイン 1 リットルには 2 時間かかるとしよう．そしてチーズが 1 キロ 4 ドルで，ワインは 1 リットル 7 ドルで販売されているとする．労働者たちは何をつくるだろう？　うん，チーズをつくったとしたら，1 時間に 4 ドル稼げる（ここでは生産に使われる投入は労働だけで，利潤もないので，生産量の価値すべてを労働者が受け取るのだということをお忘れなく）．一方，労働者たちがワインを生産すると，1 時間に 3.5 ドルしか稼げない．7 ドルの値段のワイン 1 リットルの生産には 2 時間かかるからだ．だからチーズが 1 キロ 4 ドルの値段でワインは 1 リットル 7 ドルなら，労働者たちはチーズを生産した方が儲かる――すると経済全体はチーズ生産に特化することになる．

でもチーズ価格が 1 キロ 3 ドルに下落したら？　この場合，労働者たちはワイン生産の方が稼げるので，経済は逆にワイン生産に特化する．

もっと一般化すると，P_C と P_W をそれぞれチーズとワインの価格だとしよう．チーズ 1 キロの生産には a_{LC} 人時間かかる．この 1 要素モデルには利潤はないので，チーズ部門の時給はその労働者が 1 時間で生産できる価値となり，これは P_C/a_{LC} だ．ワイン 1 リットルの生産には a_{LW} 人時間かかる．ワイン部門の時給は P_W/a_{LW} だ．もし $P_C/P_W > a_{LC}/a_{LW}$ ならチーズ部門の賃金の方が高くなる．$P_C/P_W < a_{LC}/a_{LW}$ ならワイン部門の賃金の方が高い．誰でも賃金の高い産業の方で働きたいと思うから，$P_C/P_W > a_{LC}/a_{LW}$ なら経済はチーズ生産に特化する．逆に $P_C/P_W < a_{LC}/a_{LW}$ ならワイン生産に特化する．両方の財が生産されるのは，P_C/P_W が a_{LC}/a_{LW} に等しい場合だけだ．

a_{LC}/a_{LW} という数字の意義は何だろう？　前節で，これがワインで測ったチーズの機会費用だということを見た．だから我々は今，価格と生産の関係についてのとても重要な主張を導いたことになる：**チーズの相対価格が，ワインで測った機会費用を上まわるならば，経済はチーズ生産に特化する．もしチーズの相対価格が，ワインで測った機会費用よりも低ければ，ワイン生産に特化する．**

国際貿易がなければ，自国はワインとチーズの両方を自分で生産するしかない．でも両方の財を生産できる唯一の場合は，チーズの相対価格が機会費用に等しい場合だけだ．機会費用は，チーズとワインの単位必要労働の比率に等しいから，国際貿易がない場合には価格決定を単純な労働価値説で置きかえられる．**国際貿易がなければ，財の相対価格はその相対的な単位必要労働に等しい．**

1 要素しかない世界での貿易

2 国間の貿易パターンとその影響を記述するのは，どちらの国もたった一つしか生産要素がなければ簡単だ．でもこの分析の含意にはびっくりさせられるだろう．実際，国際貿易について考えたことのない人々にとって，こうした含意の多くは常識に反するように思える．この最も単純な貿易モデルでさえ，現実世界問題に重要な示唆を与えてくれる．例えば，何をもって公正な国際競争や，何が公正な国際取引とすべきなのか，といった問題だ．

でもこうした問題にとりかかる前に，まずはモデルを記述しよう．二つの国があるとする．その片方を，前と同じく自国とよんで，もう一つを外国とよぶ．どっちの国も生産要素がたった一つ（労働）しかなく，ワインとチーズという二つの財しか生産できない．前と同じく，自国の労働力を L で表し，自国のワインとチーズの単位必要労働をそれぞれ a_{LW} と a_{LC} で表す．外国について同じものを表すときにも，同じ記号を使うけれど，肩にアステリスクをつける．だから外国の労働力は L^* で，外国の単位必要労働（労働投入係数）は a^*_{LW} と a^*_{LC} といった具合だ．

一般に，単位必要労働はどんなパターンにでもなる．例えば，自国は外国よりもワインの生産性は低いのに，チーズの生産性は高いかもしれず，その逆もあり得る．ここでは，一つだけ恣意的な仮定を置こう．

$$a_{LC}/a_{LW} < a^*_{LC}/a^*_{LW} \tag{3.2}$$

あるいは同じことだけれど

$$a_{LC}/a^*_{LC} < a_{LW}/a^*_{LW} \tag{3.3}$$

ことばで説明すると，1 キロのチーズ生産に必要な労働力と 1 リットルのワイン生産に必要な労働量の比率は，自国の方が外国よりも高いと想定している．もっと手短にいえば，自国のチーズの相対的生産性は，ワインよりも高いといっていることになる．

でも単位必要労働（労働投入係数）の比率は，ワインで測ったチーズの機会費用に等しかったことを思い出そう．さらに，比較優位をまさにこうした機会費用で定義したことも思い出そう．だから式 (3.2) と (3.3) に内包された相対的生産性についての想定は，**自国がチーズに比較優位をもつ**というのと同じだ．

すぐに指摘すべき点が一つある．自国がこの比較優位をもつ条件は，二つの単位労働必要ではなく，4 つの単位必要労働 (労働投入係数) すべてを使っているのを見て欲しい．誰がチーズを生産するか決めるには，二つの国のチーズ生産に関する単位必要労働 (労働投入係数)，a_{LC} と a^*_{LC} だけ比べればいいように思うかもしれない．$a_{LC} < a^*_{LC}$ なら，自国労働は外国よりもチーズ生産の効率は高い．ある国が別の国よりも少ない労働である財の一単位を生産できるとき，その国はその財生産の**絶対優位**をもつと表現する．ここでの例だと，自国はチーズ生産に絶対優位をもつ．

でもこれから見るように，絶対優位だけで貿易パターンは決められない．国際貿易の議論で最も大きな間違いのもとは，比較優位と絶対優位の混同だ．

両国の労働力と単位必要労働（労働投入係数）をもとに，両国の生産可能性フロンティアを描ける．すでに自国については，図 3.1 の直線 PF でこれを描いた．外国の

図 3.2
外国の生産可能性フロンティア

外国のチーズに対する相対単位必要労働（労働投入係数）は自国のものより高いので（つまりチーズを追加で1単位つくるのに諦めねばならないワインの単位がずっと多いので），その生産可能性フロンティアの傾きは自国よりずっと急だ．

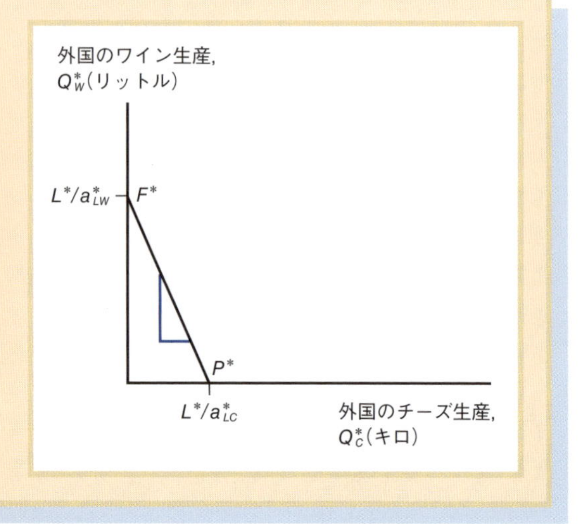

生産可能性フロンティアは，図 3.2 の直線 P^*F^* になる．生産可能性フロンティアの傾きは，ワインで測ったチーズの機会費用に等しいので，外国のフロンティアは自国のフロンティアより傾きが急だ．

貿易がなければ，各国のチーズとワインの相対価格は相対単位必要労働で決まる．だから自国ではチーズの相対価格は a_{LC}/a_{LW} だ．外国だとこれが a^*_{LC}/a^*_{LW} だ．

でも国際貿易の可能性を入れると，価格はもう国内の条件だけでは決まらなくなる．もしチーズの相対価格が自国より外国での方が高ければ，チーズを自国から外国に運んだり，ワインを外国から自国に運んだりすると儲かる．でもこれは永遠には続かない．いずれ，自国のチーズ輸出と外国のワイン輸出により，両者の相対価格は同じになる．でも価格がどこに落ち着くか，何で決まるんだろうか？

貿易後の相対価格を決める

国際的な貿易財の価格は，ほかの価格と同じで，需要と供給で決まる．でも比較優位を論じる場合には，需要と供給の適用に注意が必要だ．場合によっては，需要と供給を単一市場で適用しても構わない．これは第 9 章から 12 章の貿易政策分析の一部などで使える．例えば，アメリカの砂糖輸入割当の影響を評価する場合なら**部分均衡分析**を使ってもいいだろう．これはつまり，砂糖市場という単一の市場だけを見るという分析だ．でも比較優位を研究する場合には，市場同士の関係（ここでの例だと，ワインの市場とチーズの市場の関係）も把握しておくのが不可欠だ．自国はワインの輸入と引き替えにしかチーズを輸出しないし，外国はチーズの輸入と引き替えでしかワインを輸出しないから，チーズとワインを別個に見ていると誤解が生じやすい．必要なのは**一般均衡分析**だ．これはこの二つの市場同士のつながりも考慮した分析となる．

二つの市場を同時に追いかける便利な方法の一つは，チーズとワインの需要と供給の量だけに注目するのではなく，相対的な需要と供給，つまり需要や供給されるチーズのキロ数を，需要や供給されるワインのリットル数で割ったものに注目することだ．

図 3.3 は，世界のチーズの需要供給量をワインに対する相対量で表したものと，チーズ価格をワイン価格との相対で示したものとの関係を示したものだ．**相対需要曲線**は RD で示した．**相対供給曲線**は RS だ．世界の一般均衡は，相対供給が相対需要と等しくなければならないので，世界の相対価格は RD と RS の交点で示される．

図 3.3 でびっくりするのは，相対供給曲線 RS の変な形だ．「階段」みたいで，平らな部分が垂直の部分でつながっている．RS 曲線の導き方さえ理解すれば，このモデル全体もほとんど楽々と扱えるようになる．

まず RS 曲線を見ると，世界でのチーズ価格が a_{LC}/a_{LW} より下がったら，世界のチーズ供給は**ゼロ**になる．なぜかというと，自国は $P_C/P_W < a_{LC}/a_{LW}$ ならワイン生産に特化することを考えてほしい．同じく，外国は $P_C/P_W < a^*_{LC}/a^*_{LW}$ ならワイン生産に特化する．式 (3.2) の議論の冒頭で，$a_{LC}/a_{LW} < a^*_{LC}/a^*_{LW}$ と仮定した．だからチーズの相対価格が a_{LC}/a_{LW} 以下なら，世界のどこでもチーズはつくられない．

次に，チーズの相対価格 P_C/P_W がちょうど a_{LC}/a_{LW} だったら，自国の労働者たちはチーズづくりでもワインづくりでもまったく同じ金額を稼げる．だから自国は，

図 3.3
世界の相対需給

曲線 RD と RD' はワインに比べたチーズの需要が，ワイン価格に相対的なチーズ価格の減少関数だと示している．曲線 RS はワインに比べたチーズの供給が，同じ相対価格の増加関数だと示している．

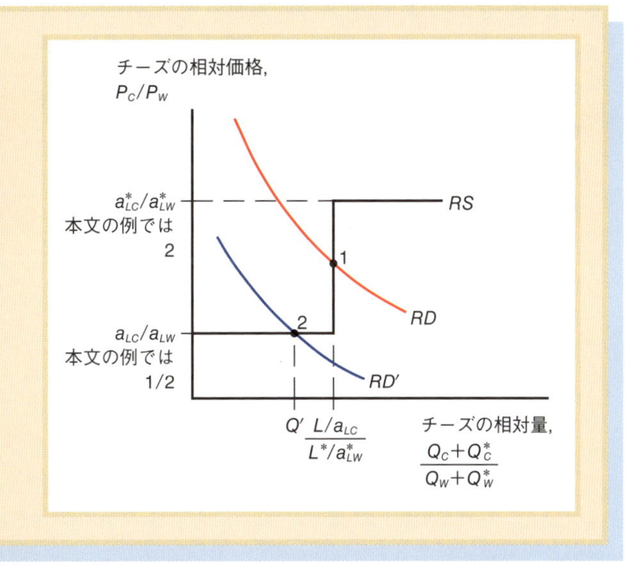

チーズとワインのどんな相対量の組合せでもつくれるので，供給曲線のこの部分は平らになる．

すでに見たように，P_C/P_W が a_{LC}/a_{LW} より上なら，自国はチーズ生産に特化する．でも $P_C/P_W < a^*_{LC}/a^*_{LW}$ なら，外国は相変わらずワイン生産に特化し続ける．自国がチーズ生産に特化すると，L/a_{LC} キロを生産する．同様に，外国がワイン生産に特化するときには，生産量は L^*/a^*_{LW} リットルになる．だからチーズの相対価格が a_{LC}/a_{LW} と a^*_{LC}/a^*_{LW} のどこにあっても，チーズの相対供給は次の式となる．

$$(L/a_{LC})/(L^*/a^*_{LW}) \tag{3.4}$$

$P_C/P_W = a^*_{LC}/a^*_{LW}$ になると，外国の労働者たちも，チーズづくりとワインづくりのどっちでもかまわない状態（無差別）になる．だからここでも，供給曲線の平らな部分が出てくる．

最後に，$P_C/P_W > a^*_{LC}/a^*_{LW}$ で，自国と外国のどっちもチーズ生産に特化することになる．世界でワイン生産はなくなるから，チーズの相対供給は無限大になる．

ここで実際に数字を入れて例を見ると役に立つだろう．仮にさっきと同じく，自国ではチーズ 1 キロの生産に労働 1 時間かかり，ワイン 1 リットル生産に労働 2 時間かかるとしよう．一方，外国ではチーズ 1 キロの生産に 6 時間かかり――チーズ生産となると，外国の労働者たちは自国労働者たちよりはるかに生産性が低い――ワイン 1 リットル生産にはたった 3 時間しかかからないとする．

この場合，チーズ生産の機会費用をワインで測ると，自国では 1/2 だ――つまりチーズ 1 キロの生産に使う労働で，半リットルのワインを生産できる．だから RS で下の方の平らな部分は，相対価格 1/2 に対応する．

これに対して外国では，チーズの機会費用をワインで測ると 2 になる．チーズ 1 キロ生産に必要な労働 6 時間で，ワイン 2 リットルを生産できるからだ．だから RS で上の方の平らな部分は，相対価格 2 に対応する．

相対需要曲線 RD はこんな面倒な分析をしなくてすむ．RD の右肩下がりの曲線は，代替効果を反映したものだ．チーズの相対価格が上がると，消費者たちはチーズの購入を減らしてワインの購入を増やしがちになるので，チーズの相対需要は下がる．

チーズの均衡相対価格は，相対供給曲線と相対需要曲線との交点で決まる．図 3.3 では，相対需要曲線 RD が相対供給曲線と点 1 で交差している．ここでは，チーズの相対価格は両国での貿易前の価格の間にある――貿易前の相対価格はそれぞれ 1/2 と 2 だから，その間の 1 というところだろうか．この場合，どっちの国も自分たちが比較優位をもつ財の生産に特化する．自国はチーズだけをつくり，外国はワインだけをつくる．

でも考えられる結果はほかにもある．例えば，もし実際の RD 曲線が，RD' なら相対供給と相対需要が交差するのは，RS の平らな部分だ．点 2 では，世界の貿易後のチーズ

相対価格は a_{LC}/a_{LW}，つまり自国でワインで測ったチーズの相対価格と同じになる．

この結果はどういう意味をもつんだろうか？ もしチーズの相対価格が自国の機会費用と同じなら，自国経済はチーズやワインの生産に特化する必要がなくなる．実は点 2 だと自国は，ワインとチーズの両方を少しずつつくる必要がある．この事実から，チーズの相対供給（横軸の点 Q'）は，自国が完全にチーズに特化した場合より少ないだろうと判断できる．でも P_C/P_W は，外国におけるチーズのワインで測った機会費用よりは上なので，外国の方はワイン生産に完全に特化する．だから，国が何かに特化する場合には，比較優位のある財に特化するのだという点は変わらない．

とりあえずは，片方の国が完全に特化しない可能性は考えずにおこう．そういう場合以外なら，貿易の通常の結果として，貿易財（例えばチーズ）の価格をほかの何らかの財（ワイン）で測ったものは，貿易前の両国の水準の間に落ち着く．

このように相対価格が歩み寄ることで，それぞれの国は単位必要労働（労働投入係数）の低い財の生産に特化することになる．自国での相対価格の上昇で，自国はチーズ生産に特化して図 3.4a の点 F で生産する．外国でのチーズの相対価格下落により，外国はワイン生産に特化して，図 3.4b で点 F^* で生産することになる．

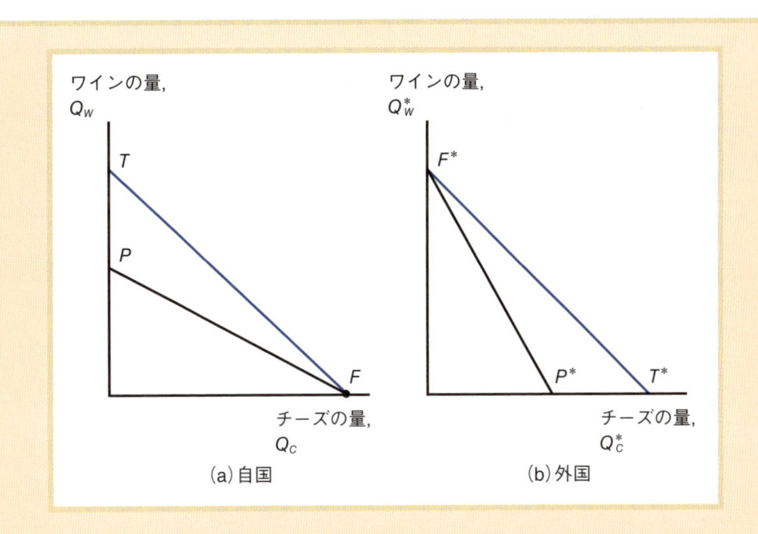

図 3.4 貿易は消費の可能性を広げる

国際貿易は自国と外国が色つきの線の間のどこでも消費できるようにしてくれる．これはそれぞれの国の生産可能性フロンティアの外にある点だ．

コラム 現実世界の比較優位：ベーブ・ルースの事例研究

ベーブ・ルースが野球史上最高の強打者だったのは誰でも知っている．でもルースが史上最高のピッチャーの一人だと知っているのはよほどの野球マニアだ．ルースは 1918 年以降は投げず，有名なバッティング記録を叩きだしていた間はずっと外野手だったので，ほとんどの人はベーブ・ルースがマウンドに立ったことさえ知らない．ルースの打者側に偏った評判はどう説明できるだろうか？　その答は比較優位の原理から得られる．

野球選手としてボストン・レッドソックスで活躍を始めたルースは，間違いなくピッチングでも絶対優位をもっていた．歴史家のジェフリー・C・ワードと映画作家兼・バーンズはこう述べている*．

> レッドソックス最盛期に，ルースは最高の選手の一人で，アメリカンリーグの左腕投手最高峰として，6 シーズンで 89 勝をあげた．1916 年には，ワールドシリーズで初めて投手となり，大きな成果をあげた．1 回で出塁を許してから，自分で得点をあげて同点においつき，その後はブルックリン・ドジャースを 9 イニング無得点に抑えて，最後にチームメートが勝利点をあげた．（中略）1918 年のシリーズでも，まだ投手としての力量を示し，シリーズ記録を $29\frac{2}{3}$ イニング無失点にまで伸ばした．この記録は 43 年間破られなかった．ベーブ・ルースのワールドシリーズでの投球記録は，1961 年にニューヨーク・ヤンキーズのホワイティ・フォードに破られた．これはそのチームメートのロジャー・マリスが，1927 年にベーブ・ルースの樹立した，1 シーズンホームラン 60 本という記録を破ったのと同じ年だった．

ルースは投手として絶対優位をもっていたが，チームメートと比べるとバッターとしての技能はもっと高かった．比較優位は打席でのものだったということだ．でも投手だと出場の間に腕を休めねばならないので，すべての試合には出られない．ルースの比較優位を活用するため，レッドソックスは 1919 年にかれをセンターに配置して，もっとひんぱんにバッターボックスに立てるようにした．

ルースを打者に特化させた利益は大きかった．1919 年にはホームランを 29 本打ち，これはワードとバーンズによれば「1 シーズンでの記録としては前人未踏」だった．ヤンキーズも，1920 年にルースを獲得してから外野（と打席）に専念させた．かれらも，価値あるものはちゃんとわかっていたのだ．その年，ルースはホームラン 54 本を打ち，長打率（塁打/打数）の世界記録を樹立してこれはいまだに破られていない．そしてヤンキーズはこれにより，野球で最も有名なチームとなったのだった．

---

* Geoffrey C. Ward and Ken Burns, *Baseball: An Illustrated History* (New York: Knopf, 1994), p. 155 を参照．ルースの活躍は指名打者ルール導入以前だから，アメリカンリーグの投手は今日のナショナルリーグの投手と同じく打席にも立った．ベーブ・ルースと比較優位の原理との関係についてのもっと詳しい議論は Edward Scahill, "Did Babe Ruth Have a Comparative Advantage as a Pitcher?" *Journal of Economic Education* 21(4), Fall 1990, pp. 402-410 を参照．

貿易の利益

相対的な労働生産性が各国で産業ごとに違うと，国ごとに違う財の生産に特化するのを見てきた．次に，この特化によりどっちの国も**貿易の利益**を得ていることを示そう．この相互の利益は，二つの違ったやり方で実証できる．

特化と貿易が利益になることを示す第 1 の方法は，貿易というのを間接的な生産手段として考えることだ．自国はワインを直接つくってもいいが，外国との貿易は，チーズを生産してチーズとワインを交換するというかたちで，ワインを「生産する」手法でもある．こうした間接的なワイン「生産」手法は，直接生産よりも効率が高い．

もう一度数値例を考えよう．自国では，チーズ 1 キロの生産に 1 時間かかり，ワイン 1 リットルの生産に 2 時間かかると仮定していた．これはつまり，ワインで測ったチーズの機会費用は 1/2 だということだ．でも貿易後のチーズの相対価格はこれより高く，1 とかになるのはわかっている．だから自国にとっての貿易の利益を見る一つの方法がこれで得られる．ワイン 1 リットルの生産に 2 時間の労働をかけるよりは，その労働でチーズを 2 キロ生産し，そのチーズを **2 リットルの**ワインと貿易すればいい訳だ．

もっと一般化すると，労働 1 時間を使う二つのやり方を考えよう．一方は，自国がその 1 時間を直接使って $1/a_{LW}$ リットルのワインをつくる．あるいは，自国はその 1 時間で $1/a_{LC}$ キロのチーズをつくる．このチーズを使って，それをワインと取引すれば，チーズ 1 キロはワイン P_C/P_W リットルと交換できるから，もともとの 1 時間の労働で $(1/a_{LC})(P_C/P_W)$ リットルのワインが手に入る．これは次の条件が成立する限り，1 時間の労働で自国で直接生産できたワインよりも多い：

$$(1/a_{LC})(P_C/P_W) > 1/a_{LW} \tag{3.5}$$

あるいはこれを変形して

$$P_C/P_W > a_{LC}/a_{LW}.$$

でも今国際均衡だと，どっちの国も両方の財を生産しない限り $P_C/P_W > a_{LC}/a_{LW}$ が成り立つことを見たばかりだ．すると自国はチーズをつくってワインと交換した方が，ワインを自分で直接つくるよりもワインを効率よく「生産」できることになる．同じく，外国はワインをつくって貿易した方が，チーズをもっと効率的に「生産」できる．これは両国ともに利益があることを理解する一つのやり方だ．

貿易により相互に利益があることを理解するもう一つの方法は，貿易が両国の消費可能性にどう影響するかを見ることだ．貿易がなければ，消費可能性は生産可能性と同じだ（図 3.4 の直線 PF と直線 P^*F^*）．でも貿易ができたら，それぞれの経済は自国で生産できるチーズとワインの組合せとは違う消費ができる．自国の消費可能性は図3.4aの色線TFで示され，外国の消費可能性は図3.4bの直線T^*F^*で示される．どちらの場合にも，貿易は選択の幅を増やしたので，各国の住民は得をしたはずだ．

相対賃金について一言

国際貿易に関する政治的な論争は，しばしば各国の賃金水準の違いに注目する．例えばアメリカとメキシコとの貿易に反対する人々は，しばしばメキシコの労働者たちが時給たった6.50ドルなのに，アメリカの典型的な労働者は時給35ドルだという点を強調する．ここまでの国際貿易に関する議論は，両国の賃金を明示的に比べていない．でも数値例を使えば，両国の賃金水準がどうなるかわかる．

さっきの例では，両国が特化した後なら自国労働者は全員がチーズ生産に雇用されている．チーズ1キロの生産には労働1時間必要だから，自国労働者たちは，労働1時間についてチーズ1キロの価値を稼ぐ．同じように，外国の労働者たちはワインしか生産しない．そしてワイン1リットルの生産に3時間かかるから，稼ぎは1時間あたりワイン1/3リットルの価値だ．

この数字を実際の金銭数値に変換するには，チーズとワインの値段が必要だ．仮に，チーズ1キロとワイン1リットルがどっちも12ドルだとしよう．すると自国労働者は時給12ドル，外国労働者たちは時給4ドルになる．各国労働者の**相対賃金**は，その国の時給を，別の国の時給に比べた比率となる．だから自国労働者の相対賃金は3になる．

明らかに，この相対賃金はチーズ1キロの価格が12ドルだろうと20ドルだろうと，ワイン1リットルが同じ値段なら変わらない．チーズの相対価格——つまりチーズ1キロの値段をワイン1リットルの値段で割ったもの——が1なら，自国労働者の賃金は外国労働者の賃金の3倍になる．

この賃金率は，両国の二つの産業における生産性の中間にあることに注目しよう．自国はチーズ面で外国より6倍生産的だけれど，ワインでは1.5倍しか生産的でなく，賃金率は外国の3倍に落ち着く．まさに相対賃金が相対生産性の間にあるからこそ，各国は片方の財で**費用の**優位性を得られる．低賃金率のおかげで外国は，生産性は低いのに，ワイン生産で費用優位性をもてる．自国は，生産性が高い賃金率を相殺する以上の高さなので，チーズに費用優位性を得られる．

これで国際貿易の最も単純なモデルが構築できた．リカード式の1要素モデルはあまりに単純すぎるので，国際貿易の原因や影響に関する完全な分析にはほど遠いものではある．でも貿易問題を考えるときには相対労働生産性に注目すると，とても役に立つツールになる．特に，単純な1要素モデルは比較優位の意味や，自由貿易からの利益の性質に関するいくつかのありがちな誤解に対処するとてもよい方法だ．こういう誤解は国際経済政策に関する公式の議論でやたらに頻出するし，自分でこの問題に詳しいと思っている人物の発言にすら登場するものだから，次の節ではちょっと時間を割いて，我々のモデルに照らして比較優位に関するいちばんありがちな誤解について論じておこう．

コラム 貿易しない損失とは

貿易の利益についての議論は，二つの状況を比べる「思考実験」のかたちをとった．片方では，国々はまったく貿易しない．もう一つは，自由に貿易する．これは国際経済学の原理理解に役立つ仮想例ではあっても，実際の出来事とはあまり関係ない．何といっても，国々はいきなり貿易ゼロの状態から自由貿易に移行したり，その逆になったりはしない……かな？

経済史研究者ダグラス・アーウィン*が指摘したように，アメリカはその初期の歴史において，自由貿易から貿易ゼロに移行するという思考実験にかなり近いものを実際にやっている．歴史的な文脈は次のとおりだ．19 世紀初期に，イギリスとフランスは壮絶な軍事紛争，ナポレオン戦争を実施中だった．どっちの国も，経済的な圧力を戦争に使おうとした．フランスはヨーロッパ諸国がイギリスと貿易しないようにさせたし，イギリスの方はフランスに対する封鎖を行った．若きアメリカ合衆国はこの戦争で中立を保ったが，かなり苦しまされた．特に，イギリス海軍はしばしばアメリカ商船を拿捕して，時にはその船員たちを無理矢理徴兵したのだった．

イギリスにこうした手口をやめるよう圧力をかけるため，トマス・ジェファソン大統領は，海外への輸出の全面禁止を宣言した．この禁輸はアメリカとイギリスの両方から貿易の利得を奪うものだったが，ジェファソンはイギリスの方が大きく損害を受けて，掠奪行為をやめると合意してくれることを期待したのだった．

アーウィンは，この禁輸がかなり有効だったと示唆する証拠を示している．多少の密輸はあったけれど，アメリカとその他世界との貿易は激減した．実質的に，アメリカは国際貿易をしばらくあきらめたことになる．

その費用は相当なものだった．かなり推測部分はあるけれど，アーウィンの試算だとアメリカの実質所得はこの禁輸のせいで 8% ほど下がったのではないかという．19 世紀初めには生産物のうち貿易できるのがごくわずかだったことを考えると——例えば輸送費用がまだ高すぎて，小麦のような商品を大西洋越しに大規模に出荷したりはできなかった——これはかなり大きな金額だ．

ジェファソンの計画にとっては残念なことだが，イギリスはどうも同じくらい苦しむことはなく，アメリカの要求に屈するようすを一切見せなかった．禁輸は，開始から 14 カ月後に撤廃された．イギリスはアメリカの貨物や船員を掠奪するというやり口を続けた．3 年後，両国は戦争を始めた．

---

* Douglas Irwin, “The Welfare Cost of Autarky: Evidence from the Jeffersonian Trade Embargo, 1807-1809,” *Review of International Economics* 13 (September 2005), pp. 631-645.

比較優位をめぐる誤解

経済学では混乱した発想はいくらでも出てくる．政治家，実業家，そして当の経済学者たちですら，きちんとした経済分析の前では成立しないような発言をしょっちゅう行っている．どういう訳か，これは国際経済学で特に顕著らしい．新聞日曜版のビジネス面や，週刊誌を開いてみれば，国際貿易について馬鹿げた主張をしている記事が一つや二つは見つかるはずだ．特にしつこい誤解が三つある．この節では，これまでの単純な比較優位モデルを使って，なぜそれが間違っているかを考えよう．

生産性と競争力

誤解その１：自由貿易は，自国が外国競争に対抗できるくらい強い場合にしか得にならない． この議論は，多くの人にはきわめてもっともらしく聞こえる．例えばある有名な歴史学者はかつて，自由貿易の擁護論を批判して，それが現実世界では成り立たないかもしれないと述べた．「絶え間なく労賃を引き下げる以外に，ほかのどこよりも自国がもっと安く，または効率よく生産できるものが何もなかったらどうすればいいのだろう？」とその人物は心配した[2]．

この評論家の見方の問題点は，リカードのモデルの基本的な部分を理解できていないことだ――貿易の利益は**絶対**優位ではなく**比較**優位に依存する．この人は，どこかの国がほかの誰よりも効率的に生産できる財が何もなかったらどうしようと心配している――つまり，何についても絶対優位がなかったら困るという主張だ．でも，それがそんなにひどい話だろうか？　我々の貿易に関する単純な数値例では，自国はチーズ部門でもワイン部門でも，単位必要労働（労働投入係数）が外国より低く，つまりは生産性が高い．それでも，どっちの国も貿易による利益がある．

ある財を輸出できるのは，その国が生産性で絶対優位があるからだと思ってしまうのは人情だ．でも財の生産における絶対的な生産性の優位は，その財の**比較**優位をもつための必要条件でもないし十分条件でもない．さっきの１要素モデルでは，ある産業での絶対的な生産優位が比較優位をもつのに必要条件でも十分条件でもない理由ははっきりしている．**産業の比較優位は，外国産業に比べたときの自国産業の生産性にだけ依存するのではなく，自国の賃金水準が外国の賃金水準に比べてどうかという点にも左右されるからだ．** そしてその国の賃金水準は，その国のほかの産業における相対的な生産性に依存している．数値例だと，外国はワイン生産で自国より効率が低いけれど，チーズの方では相対的にもっと生産性が劣る．全体としての生産性が低いた

---

[2] Paul Kennedy, "The Threat of Modernization," *New Perspectives Quarterly* (Winter 1995), pp. 31-33. John Wiley & Sons, Ltd. の許諾を得て使用．

めに，外国は自国よりも低賃金しか支払えない．そしてそれが低いためにワイン生産の費用が低くなる．同じように，現実世界では，ポルトガルはアメリカに比べて，例えば衣料生産の生産性が低いけれど，ポルトガルの生産性はほかの産業だとアメリカよりもっと生産性が低いので，賃金がかなり低くなって，やはりアメリカに対して衣服で比較優位をもてるくらいの水準となる．

でも低賃金に基づく比較優位は，何だか不公正じゃないだろうか？　多くの人々はそう考える．その信念は，2 番目の誤解にまとめられる．

コラム　賃金は生産性を反映するだろうか？

比較優位についてのありがちな誤解を解くのに使った数値例では，両国の相対賃金が両国の相対生産性を反映していると想定している——具体的には，自国と外国の賃金比率は，それぞれの国にどちらかの財の費用的な優位性を与える範囲に収まっていると想定した．これは我々の理論的なモデルから出てくる必然的な含意だ．でも多くの人はこのモデルに納得しない．特に，中国のような「エマージング」経済での急激な生産性成長は，一部の西側の評論家を不安にしている．かれらは，こうした国は生産性が上がっても低賃金を支払い続けると論じている——すると高賃金国は費用面で不利になる．そして正統派経済学者による，それとは正反対の予想に対しては非現実的な空論でしかないと一蹴する．この立場の論理性はさておき，実際の証拠を見るとどうなっているだろう？

答は，現実世界でも国の賃金率は，確かに生産性の違いを反映している，というものだ．次ページの図は，2011 年時点でいくつかの国について，生産性推計と賃金率推計を対比させている（中国だけは 2009 年の数字）．どっちの指標も，アメリカの水準との比率で表現した．GDP 推計は，労働者一人あたり GDP を米ドルで測ったものだ．この文章の後半で見るように，この数字は貿易財の生産における生産性を示すはずだ．賃金率は，製造業の賃金を使っている．

賃金が生産性に完全に比例するなら，このグラフの点はすべて，45 度線の上に乗るはずだ．そして実際に見ても，あてはまり具合は悪くない．特に，中国とインドの低賃金率は，生産性の低さを反映している．

中国全体の生産性がずいぶん低いので驚くかもしれない．アメリカ人たちが中国の輸出品と競争するはめになったという話をやたらに目にするからだ．こうした輸出品をつくっている中国人労働者たちは，別に生産性があまり低いようには思えない．でも比較優位の理論が何をいっているか思い出そう．各国は，自分たちは相対的に高い生産性をもつ財を輸出する．だから中国の全体的な相対生産性が，輸出産業のはるか下だというのは当然予想されることだ．

グラフを見ると，国の賃金率が国の生産性を反映しているという正統派経済学者の見方は，実際に手持ちデータで裏づけられていることがわかる．また，過去には相対生産性の上昇が賃金上昇をもたらしたのも事実だ．例えば韓国の例を考えよう．2011 年に韓国の労働生産性はアメリカの半分弱だった．そしてその賃金水準は，アメリカの半分よりちょっと高いくらいだ．でも，昔からそうだった訳ではない．遠からぬ昔，韓国は低生産性の低賃金経済だった．1975 年になっても，韓国賃金はアメリカの 5% でしかな

生産性と賃金

ある国の賃金率は，その国の生産性にだいたい比例する．

出典：国際通貨基金（IMF），アメリカ労働統計局，全米産業審議会．

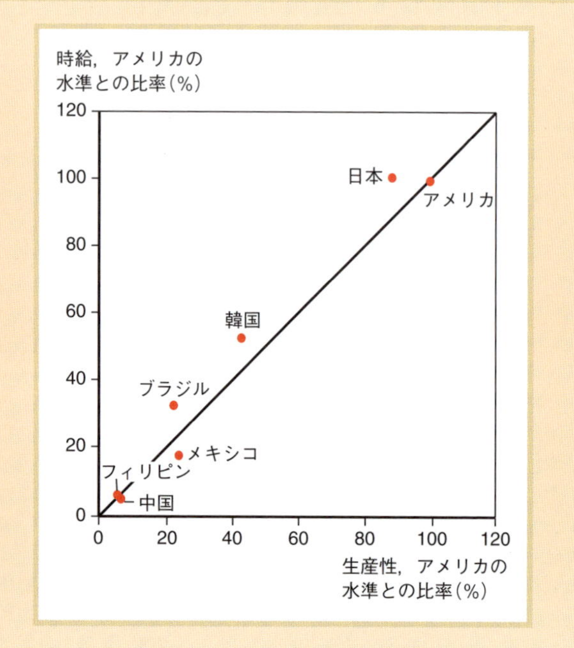

かった．でも韓国の生産性が上がったので，賃金率も上がった．

要するに，経済学モデルに基づく生産性が上がると賃金も上がるという議論は，実際の証拠を見ても強く裏づけられるということだ．

貧民労働論

誤解その 2：低賃金に頼るなら外国との競争は不公正だし他国に被害を与える． この議論はしばしば**貧民労働論**ともいわれ，外国からの競争から保護を求める労働組合たちには大のお気に入りだ．この信念を奉じる人々は，産業は効率性が低くて低賃金の外国産業と競争させられてはならないと論じる．この見方は広まっていて，かなりの政治的影響力を獲得している．1993 年には，たたき上げの億万長者で元大統領候補だったロス・ペローが，アメリカとメキシコとの自由貿易は，メキシコの方がはるかに賃金が低いので，アメリカ産業の大量移動をもたらして「巨大な吸い込む音」が生じるぞと警告した．その年，別のたたき上げ億万長者で，欧州議会の影響力ある議員でもあるジェイムズ・ゴールドスミス卿は，表現はこれほど生々しくないにしても，似たような見方を著書『罠』で述べていて，これはフランスでベストセラーになった．

ここでも，さっきの単純な例がこの議論の間違いを明らかにしてくれる．さっきの例では，自国はどっちの産業でも外国より生産的で，外国のワイン生産費用が低いのは，外国の賃金率の方がずっと低いせいでしかない．でも外国の賃金率が低いのは，自国が貿易で利得があるかどうかという問題には無関係だ．外国で生産されるワインの低い費用が，高い生産性のおかげか低賃金のおかげかは関係ない．自国にとって関係あるのは，**自国の労働で見た場合**に，自国ではワインを自前で生産するよりも，チーズを生産してそれをワインと交換する方が安いということだ．

これは自国には結構な話だけれど，外国の方はどうなる？　輸出品を低賃金にだけ頼るというのは，何か間違ってないだろうか？　確かにこれは，あまり魅力的な状況ではないかもしれない．でも高い賃金を得られなければ貿易にありがたみはないという発想は，ここで扱う最後の間違いだ．

収奪

誤解その 3：貿易は，その国の労働者が他国の労働者よりはるかに低い賃金を受け取るのであれば，その国を収奪して損をさせる． この議論はしばしば感情論として述べられる．例えば，あるコラムニストは，衣料チェーンのギャップ社の CEO が何億ドルも稼いでいるのに対し，その商品の一部をつくっている中米労働者たちは低賃金——しばしば時給 1 ドル以下——だと比較してみせた[3]．世界の多くの労働者に支払われる，恐ろしいほどの低賃金を正当化しようなんて，冷酷無比に思えるかもしれない．

でも貿易の望ましさを論じたいなら，低賃金労働者はもっと賃金をもらえるべきかというのが問題ではなく，その労働者や彼らの国が，低賃金に基づく財を輸出することで，そんな尊厳にもとる取引を拒否した場合に比べて損をしているかどうかというのが問題だ．そしてこの問題を尋ねるにあたり，もう一つ考えるべきことがある．**ほかにどんなやり方があるのか，**ということだ．

抽象的ではあっても，さっきの数値例を見れば，ほかにどんな選択肢があるかわからない限り，低賃金が収奪を意味するかどうかはわからないことが示される．その例では，外国労働者たちは自国労働者よりずっと低い賃金を得ているし，それが収奪だと怒るコラムニストだって十分に出てくるかもしれない．でも，外国が自国との貿易を拒否することで「収奪」を拒絶したら（あるいは輸出部門でずっと高い賃金に固執してもいい．結果は同じだ），実質賃金はもっと下がる．労働者の時給の購買力は，チーズ 1/3 から 1/6 キロに下がる．

ギャップ社の重役と，その衣料をつくる労働者の所得の大きな開きを指摘したコラムニストは，中米労働者たちの貧困に腹を立てていた．でも輸出して貿易する機会すら奪ってしまったら，その労働者たちはさらに深い貧困にたたき込まれかねない．

---

[3] Bob Herbert, “Sweatshop Beneficiaries: How to Get Rich on 56 Cents an Hour,” *New York Times* (July 24, 1995), p. A13.

多くの財での比較優位

これまでの議論では，生産消費される財は二つしかなかった．この単純化した分析は，比較優位と貿易について多くの本質的なポイントを理解させてくれるし，前節で見たように，政策問題を論じるツールとしても驚くほどのパワーを与えてくれる．でも現実にもっと近づけるには，比較優位がもっとたくさんの財を扱うモデルでどう機能するか理解する必要がある．

モデルの構築

またもや，自国と外国という二つの国しかない世界を想像して欲しい．前と同じで，それぞれの国は生産要素が労働しかない．でも，どちらの国も大量の財を生産消費できるとしよう——例えば全部で N 種類の財があるとする．そのそれぞれの財に，1 から N までの番号を振ろう．

各国の技術は，それぞれの財についての単位必要労働（労働投入係数）で表せる．つまり，それぞれの財 1 単位をつくるためにかかる労働時間だ．ある財の単位必要労働を a_{Li} で表そう．i は，その財に割り振った番号だ．もしチーズが 7 番なら，チーズ生産の単位必要労働（労働投入係数）は a_{L7} だ．お馴染みのルールに従って，これに対応する外国の単位必要労働（労働投入係数）は a^*_{Li} だ．

貿易を分析するために，もう一つ小技を使おう．すべての財について，自国の単位必要労働の外国に対する比率 a_{Li}/a^*_{Li} が計算できる．ここでの小技は，財の番号をつけかえて，数字が低いほどこの比率も低いようにすることだ．つまり，財の番号を入れ替えて，次が成立するようにする．

$$a_{L1}/a^*_{L1} < a_{L2}/a^*_{L2} < a_{L3}/a^*_{L3} < \cdots < a_{LN}/a^*_{LN} \tag{3.6}$$

相対賃金と専門特化

これで貿易パターンを見る準備ができた．このパターンはたった一つのものにしか依存しない．自国賃金の，外国賃金に対する比率だ．この比率さえわかれば，誰が何を生産するかが決まる．

w を自国の時給，w^* を外国の時給とする．すると賃金率の比率は w/w^* になる．そして生産を割り振るルールは単純だ．財は常に，いちばん安く生産できるところで生産される．何かの財，例えば財 i の生産費用は，単位必要労働に賃金率をかけたものだ．自国で財 i を生産したら，wa_{Li} だ．同じ財を外国でつくったら，費用は $w^*a^*_{Li}$ だ．もし次の条件が成り立てば，その財は自国で生産する方が安上がりとなる．

$$wa_{Li} < w^* a^*_{Li}$$

これを変形すると，次のようになる．

$$a^*_{Li}/a_{Li} > w/w^*$$

これに対して，以下の条件が成り立てば，その財は外国で生産する方が安上がりだ．

$$wa_{Li} > w^* a^*_{Li}$$

これを変形すると，次のようになる．

$$a^*_{Li}/a_{Li} < w/w^*$$

だから，さっきの割り振りルールをいい直そう．$a^*_{Li}/a_{Li} > w/w^*$ の財はすべて自国で生産され，$a^*_{Li}/a_{Li} < w/w^*$ の財はすべて外国で生産される．

すでに財を a_{Li}/a^*_{Li}（式 (3.6)）の昇順に並べ替えてある．この特化の基準から見て，1 列に並んだ財のどこかに「打ち切り」点が，両国の賃金率の比である w/w^* によって決まってくることがわかる．その点の左にある財はすべて自国で生産されることになる．右にある財は，外国で生産される（すぐに見るように，賃金率の比というのが，まさにある財の単位必要労働（労働投入係数）の比率に等しいこともあり得る．この場合には，その境界線上にある財は両方の国で生産されるかもしれない）．

表 3.2 は，自国と外国がどちらも **5 つの**財を消費し生産できる数値例を示している．その 5 つの財は，リンゴ，バナナ，キャビア，デーツ，エンチリャーダだ．

表 3.2　自国と外国の単位必要労働

財	自国の単位必要労働 (a_{Li})	他国の単位必要労働 (a^*_{Li})	相対自国生産性優位性 (a^*_{Li}/a_{Li})
リンゴ	1	10	10
バナナ	5	40	8
キャビア	3	12	4
デーツ	6	12	2
エンチリャーダ	12	9	0.75

最初の 2 列は，見てのとおり．3 列目は，それぞれの財について外国の単位必要労働が自国単位必要労働の何倍かを見たものだ――別のいい方をすると，それぞれの財の相対自国生産性優位性だ．財の番号は，自国生産性優位性の順に振ってある．自国優位性が最大なのはリンゴで，最小なのはエンチリャーダだ．

どの国がどの財を生産するかは，自国と外国の賃金率比率で決まる．自国は，相対生産性が相対賃金よりも高いすべての財で費用優位性をもち，外国はそれ以外の財で優位となる．例えばもし自国賃金率が外国の 5 倍なら（自国賃金と外国賃金が 5 対 1 になる）リンゴとバナナは自国で生産され，キャビア，デーツ，エンチリャーダは外国で生産される．自国賃金率が外国の 3 倍しかなければ，自国はリンゴ，バナナ，キャビアを生産し，外国はデーツとエンチリャーダだけを生産する．

こういう特化のパターンは，両国のどちらにとっても有益なんだろうか？　さっき使ったのと同じ手法を使うと，有利だということがわかる．ある財を直接その国で生産する労働費用と，別の財を生産して欲しい財と交換する間接的な「生産」の労働費用とを比べればいい．自国賃金率が外国の 3 倍なら（逆にいえば外国の賃金率が自国の 3 分の 1 なら），自国はデーツとエンチリャーダを輸入する．デーツ 1 単位は，外国労働 12 単位を生産に必要とするが，自国労働での費用は，3 対 1 の賃金率から見て，4 人時間でしかない $(12/3 = 4)$．この 4 人時間は，デーツ 1 単位を自国で生産するのにかかる 6 人時間より少ない．エンチリャーダの場合，外国の方が低賃金を考えなくても生産性が高い．自国ではエンチリャーダを貿易を通じて手に入れるには 3 人時間しかかからないのに，国内で生産したら 12 人時間かかる．似たような計算をすれば，外国も得をするのがわかる．外国が輸入するそれぞれの財について，国内労働で計算すると，その財を国内でつくるよりは輸入した方が安い．例えば，外国労働がリンゴ 1 単位をつくるのに 10 時間かかる．自国労働者のたった 3 分の 1 の賃金率でも，それだけのリンゴを自国から買えば，労働時間たった 3 時間ですむ．

今の計算では，相対賃金率が 3 だとあっさり仮定した．でも実際には相対賃金率はどうやって決まるんだろう？

多財モデルで相対賃金を決める

2 財モデルでは，相対賃金を決めるのに，まず自国賃金をチーズで，外国賃金をワインで測った．それからワインに対するチーズの相対価格を求めて，それを使って両国の賃金率を求めた．これができたのは，自国がチーズをつくり，外国がワインをつくるのがわかっていたからだ．多財モデルだと，誰が何を生産するかは，相対賃金率が決まるまではわからないので，新しいやり方が必要だ．多財経済での相対賃金を決めるには，財の相対需要の裏に目を向けて，そこで含意されている労働の相対需要を見る必要がある．これは消費者からすれば直接的な需要ではない．各国の労働を使って生産された財の需要の結果として生じる，**派生需要**だ．

外国に対する自国賃金の比率が上がれば，自国労働の相対派生需要は下がる．理由は二つある．まず，自国労働が外国労働に比べて高価になると，自国で生産される財も相対的に高価になるので，そうした財に対する世界の需要が下がる．第 2 に，自国賃金が上がると，自国で生産される財の種類が減り，外国で生産される財が増え，自国労働の需要はもっと下がる．

この二つの効果は，表 3.2 に示した数値例で示せる．以下の状況から出発しよう：自国賃金は最初，外国賃金の 3.5 倍だ．その水準だと，自国はリンゴ，バナナ，キャビアを生産し，外国はデーツとエンチリャーダを生産する．相対自国賃金が 3.5 倍から 3.99 に上昇したら，特化のパターンは変わらない．でも自国で生産される財が相対的に高くなるので，こうした財の相対需要は下がり，自国労働の相対需要もあわせて下がる．

さて今度は相対賃金が 3.99 から 4.01 にちょっと上がったとしよう．この自国相対賃金の追加のちょっとした上昇は，特化のパターンにシフトをもたらす．今やキャビアは自国生産より外国で生産する方が安いから，キャビアの生産は自国から外国に移る．自国労働の相対需要にとってこれはどういう意味をもつだろう？　明らかに，相対賃金が 4 のちょっと下から 4 のちょっと上に上がることで，キャビアの自国生産がゼロになり，外国が新産業を獲得することで，相対需要はガクンと下がる．相対賃金が上がり続ければ，自国労働の相対需要はだんだん下がり，そして相対賃金が 8 になったところでまたガクンと下がる．これはバナナの生産が外国に移る地点だ．

相対賃金の決定は，図 3.5 のようなグラフで示せる．図 3.3 とは違い，このグラフは財の相対量や財の相対価格が軸になっていない．むしろ，労働の相対量や相対賃金率が軸になっている．外国労働への需要に対する自国労働の世界需要の比率は，RD 曲線で示される．外国労働に比べた自国労働の世界供給が RS で示される．

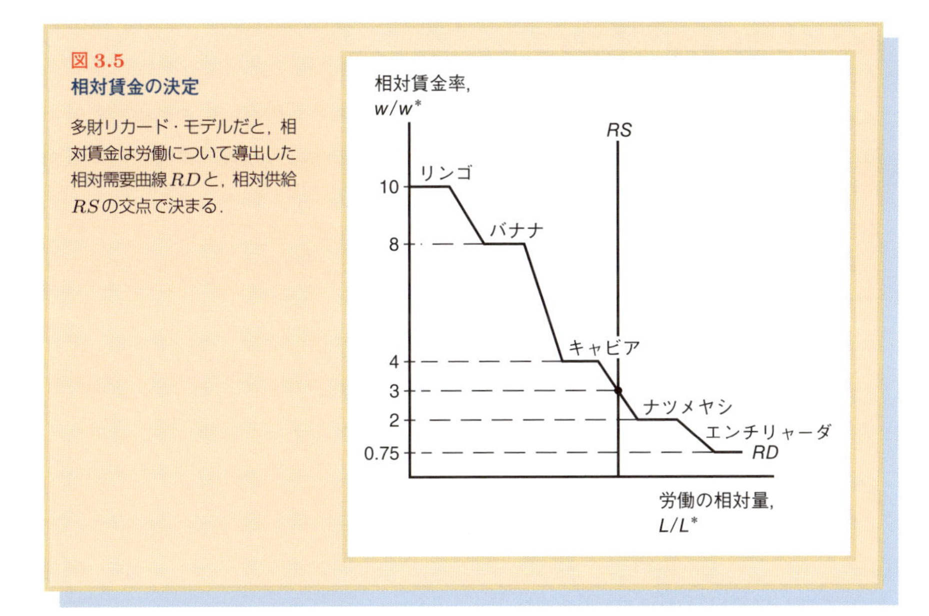

図 3.5
相対賃金の決定

多財リカード・モデルだと，相対賃金は労働について導出した相対需要曲線 RD と，相対供給 RS の交点で決まる．

労働の相対供給は，自国と外国の労働力の相対的な規模で決まる．各国で使える人時間の数が賃金に応じて変わらないと想定すれば，相対賃金は労働供給に何の影響もなく，*RS* は垂直な線となる．

労働の相対需要に関する議論で，*RD* が「階段状」の形をしている理由が説明できる．自国労働者の賃金率が，外国労働者に比べて上がると，自国生産財に対する相対需要は下がり，それにあわせて自国労働の需要も下がる．加えて，自国労働の相対需要は，相対自国賃金の上昇である財を外国でつくった方が安上がりになると，そのたびにガクンと下がる．だから曲線は，特化パターンが変わらないところではなめらかな右肩下がりになって，専門特化のパターンがシフトして相対需要がガクンと変わるところでは「平地」となり，それが交互にやってくる．図でわかるように，こうした「平地」は 5 つの財それぞれについて，自国生産性と外国生産性が等しくなる相対賃金に対応している．

均衡相対賃金は，*RD* と *RS* の交点で決まる．グラフで示したように，均衡相対賃金は 3 だ．この賃金だと，自国はリンゴ，バナナ，キャビアを生産し，外国はデーツとエンチリャーダを生産する．結果は各国の相対規模（これは *RS* の位置を決める）と，財の相対需要（これは *RD* の形と位置を決める）で決まる．

もし *RD* と *RS* の交点が平地部分のどこかにたまたまきたら，その平地に対応する財は両方の国で生産される．

輸送費と非貿易財を追加する

モデルをさらに拡張して，もう一歩現実に近づけよう．今度は輸送費の影響を考える．輸送費は，比較優位や貿易の利得の原理を根本的に変えるものではない．でも輸送費は財やサービスの移動に障害となるので，貿易をする世界経済が外国援助や国際投資や国際収支問題などにどう影響されるかについて重要な意味合いをもつ．こうした要因の影響はまだ扱わないけれど，多財 1 要素モデルは輸送費の影響を導入するにはよい段階となる．

まず，前節で描いた世界経済は，とても極端な国際特化が特徴となっている．両方の国で生産される財は，最大でも一つしかない．それ以外のあらゆる財は，自国か外国のどっちかでしか生産されず，両方では生産されない．

実際の国際経済で特化がこれほど極端でない理由は主に三つある．

1. 生産要素が複数あることで，特化の傾向が弱まる（これは次の 2 章で扱う）．
2. 国は時々産業を外国との競争から保護する（9 章から 12 章で詳しく論じる）．
3. 財やサービスの輸送にはお金がかかる．時には輸送費だけのために，一部の産業部門が自給自足になることもある．

前節の多財モデルの例だと，相対自国賃金が 3 の場合には自国はリンゴ，バナナ，キャビアを外国よりも安くつくれて，外国はデーツやエンチリャーダを自国よりも安くつくれることがわかった．すると**輸送費がなければ**，自国は最初の三つの財を輸出して，最後の二つを輸入する．

さて今度は，財の輸送には費用がかかり，この輸送費は生産費の一定割合，例えば生産費の 100% だとする．この輸送費は貿易を阻害する．例えばデーツを考えよう．この財の 1 単位の生産には，自国労働 6 時間分，外国労働 12 時間分が必要だ．相対賃金 3 だと，外国労働費 12 時間分は，自国労働の 4 時間分でしかない．だから輸送費がなければ，自国はデーツを輸入する．でも輸送費が 100% かかると，デーツの輸入には 8 時間の自国労働相当の費用がかかる（労働 4 時間分と，輸送費が 4 時間分に相当）ので，自国はむしろ自前でこの財を生産する．

似たような費用比較をすると，外国はキャビアを輸入するより自前でつくる方が安いことになる．キャビア 1 単位の生産には自国労働 3 時間分がかかる．相対自国賃金 3 なので，これは外国労働 9 時間分に相当するので，これは外国がキャビアを自前でつくるのにかかる 12 時間の労働よりは安い．すると輸送費がなければ，外国は国内でキャビアをつくるよりは輸入した方が安上がりとなる．でも輸送費が生産費の 100% かかれば，輸入キャビアは外国労働 18 時間分の費用がかかるから，むしろ地元で生産される．

つまり輸送費をこの例に導入した結果，自国は相変わらずリンゴやバナナは輸出してエンチリャーダは輸入するけれど，キャビアとデーツは**非貿易財**となり，各国が自前で生産するようになる．

この例だと，輸送費はすべての産業部門で，生産費用の同じ割合だと想定した．実際には，輸送費はさまざまだ．一部の例では，輸送はほとんど不可能だ．散髪や自動車修理などのサービスは，国際的に貿易できない（ただし国境にまたがる大都市圏をもった，ミシガン州デトロイトとオハイオ州ウィンザーなどは例外だ）．また価値に対する重量比が大きい財，例えばセメントなどの国際貿易はほとんどない（セメントは外国でずっと安くつくれたとしても，セメントを輸入するための輸送費分の価値はとてもない）．多くの財は，強い国としての費用優位性がなかったり，輸送費が高かったりするために非貿易財になってしまう．

重要な点は，国は所得の大きな割合を非貿易財に使うということだ．この洞察は，後で国際金融経済の議論をするときに，びっくりするような重要性をもつ．

リカード・モデルの実証的な裏づけ

国際貿易のリカード・モデルは，貿易がなぜ起こるか，国際貿易が国民の厚生にどんな影響を与えるかについて考えるときに，実に便利なツールとなる．でもこのモデルは現実世界にうまくあてはまるんだろうか？　リカード・モデルは実際の国際貿易フローについて，正確な予測ができるんだろうか？

答はイエスではあるけれど，かなり厳しいただし書きがつく．明らかに，リカード・モデルが変な予想をする場合がいろいろある．まず，非貿易財の議論で述べたように，単純なリカード・モデルは産業のすさまじい特化を予想するけれど，現実世界ではそんな現象はみられない．第 2 に，リカード・モデルは国際貿易が所得分配に与える影響を，事前の想定でなくしてしまう．このため，各国は常に貿易で利益があると予測する．でも実際には，国際貿易は所得分配に強い影響をもつ．第 3 に，リカード・モデルでは貿易の原因として各国の資源の違いが何の役割も果たさない．これは貿易システムの重要な側面を無視するものだ（これは第 4 章と 5 章で注目する）．リカード・モデルは貿易の原因として規模の経済が貢献する可能性を無視しているので，かなり似て見える国々の間に大きな貿易流がある理由を説明できない——この問題は第 7 章と 8 章で論じる．

こうした欠点はあっても，リカード・モデルの基本的な予測——国は自分の生産性が相対的に高い財を輸出しがちだということ——は長年にわたり多くの研究で裏づけられてきた．

リカード・モデルに関するいくつかの古典的な検証は，第二次大戦後すぐのデータを使い，イギリスとアメリカの生産性と貿易を比べている[4]．これは異様に啓発的な比較だった．というのも，イギリスの労働生産性が，ほぼあらゆる部門でアメリカの生産性より低いことが明らかになったからだ．つまり，アメリカはすべての点で絶対優位をもっていた．それでも，全体としてのイギリスの輸出額は，当時のアメリカの輸出額とほぼ同じだった．絶対生産性が低くても，イギリスの一部の部門は比較優位をもっていたに違いない．リカード・モデルは，そういう部門でアメリカの生産性優位が小さいのだと予想する．

図 3.6 は，ハンガリーの経済学者ベラ・バラッサの 1963 年論文で提示されたデータを使った，リカード・モデル支持の証拠を示すものだ．図は 26 種類の製造業部門について，1951 年のアメリカの輸出がイギリスの輸出の何倍かを，アメリカの労働生産性がイギリスの労働生産性の何倍かと対比させたものだ．生産性比率は横軸，輸出比率は縦軸に出ている．どっちの軸も対数目盛になっている．その方が話がはっきりするからだ．

---

[4] 章末の「もっと勉強したい人のために」では，先駆的な研究である G. D. A. MacDougall をあげた．ここで利用した後続研究は Bela Balassa, “An Empirical Demonstration of Classical Comparative Cost Theory,” *Review of Economics and Statistics* 45 (August 1963), pp. 231-238 だ．例として使った数字も Balassa による．

図 3.6
生産性と輸出

比較研究を見ると，アメリカが高い相対労働生産性をもつ産業では，アメリカの輸出はイギリスの輸出に比べて高かった．赤点のそれぞれは違う産業を示している．

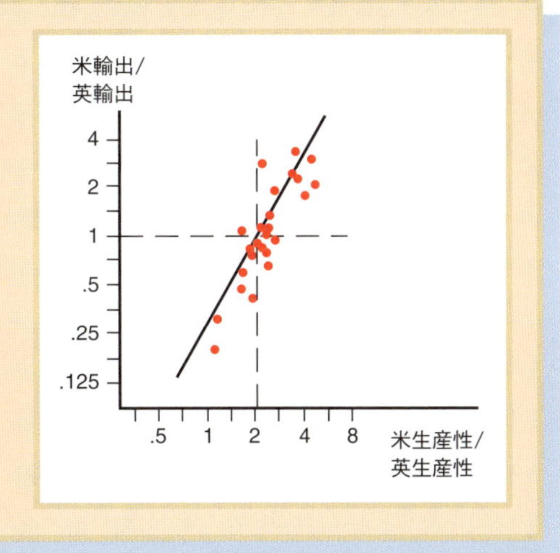

リカードの理論は大ざっぱに，あるアメリカ産業の相対生産性が高ければ，その産業ではイギリス企業よりアメリカ企業が輸出しがちだという予想を与えてくれる．そして図 3.6 が示しているのはまさにそういうことだ．実はこの散布図は，右肩上がりの直線（これもグラフ内に示した）のかなり近くに密集している．この比較で使われたデータは，あらゆる経済データと同じくかなりの計測誤差を含むことを考えても，この適合ぶりは驚くほど近い．

予想どおり，図 3.6 の証拠は貿易が**絶対**優位ではなく**比較**優位に左右されるという基本的な洞察を裏づけている．データが示している時代には，アメリカ産業はイギリス産業よりもずっと高い労働生産性をもっていた――平均で 2 倍高かった．国が競争力をもてるのは，その国が他国の生産性と肩を並べられる場合だけだというありがちな誤解（これについては本章ですでに述べた）に基づけば，あらゆる産業でアメリカの輸出の方が多いと思ってしまうはずだ．でもリカード・モデルによれば，外国に比べてその産業で高い生産性をもつだけでは，その国がその産業の製品を絶対に輸出するには不十分だ．相対生産性が，ほかの部門での相対生産性に比べて高い必要がある．実は，アメリカの生産性はイギリスの生産性を，図 3.6 に示した 26 の産業部門（赤点のそれぞれ）すべてで上まわっている．その差は，11% から 366% までさまざまだ．でもそのうち 12 部門では，イギリスの方が実はアメリカよりも多く輸出していた．この図を一見しただけで，全般にアメリカの輸出がイギリスの輸出を上まわったのは，アメリカの生産性優位が 2 対 1 以上くらいの産業だけだというのがわかる．

リカード・モデルについての最近の証拠は，これほど明確ではない．その理由の一部は，世界貿易の成長とその結果として生じる各国経済の特化のおかげで，国の状況が悪化したときに何が起こるか観察する機会がないことだ！　21 世紀の世界経済では，国々はしばしば自分たちが比較優位の点で劣る財は生産しないので，そうした部門での生産性を計測しようがない．例えば，ほとんどの国は航空機を生産しないので，生産した場合の単位必要労働（労働投入係数）がどのくらいなのか，まったくデータがない．それでも，いくつかの証拠から見て，労働生産性の違いは今でも世界貿易パターンの決定に重要な役割を果たしている．

リカードの比較優位理論が今でも役に立つことを示す最も驚くべき実証は，全体的な生産性のきわめて低い国々が，一部の産業では輸出の一大拠点として台頭してきたことをこの理論が説明できることかもしれない．例えば，バングラデシュの衣服輸出の例を考えてみよう．バングラデシュの衣服産業は 2013 年 4 月，衣料工場 5 軒の入った建物が崩壊して 1,000 人以上が死亡したことで，評判が地に落ちてしまった．でもこの悲劇の背景にあるのは，バングラデシュの衣服輸出の成長だ．衣料品の圧倒的な供給国だった中国にすら肉薄している．この急成長は，バングラデシュがひたすら貧乏な国だったにもかかわらず起こった．そしてバングラデシュは中国（アメリカと比べればまだまだ生産性で劣る）と比べても全体的な生産性が低い．

バングラデシュの成功の秘密は何だろう？　生産性で見ると，衣服の生産においてすらかなり低い――でもそこでの生産性の劣り具合は，ほかの産業の場合よりもずっと小さいので，この国は衣服に比較優位がある．表 3.3 は，この論点を 2011 年のデータに基づく推計値で示している．

表 3.3　バングラデシュ *vs.* 中国，2011年

	バングラデシュの労働者一人あたり生産量，対中国比(%)	バングラデシュの輸出，対中国比(%)
全産業	28.5	1.0
アパレル	77	15.5

出典：McKinsey and Company, “Bangladesh’s ready-made garments industry: The challenge of growth,” 2012; UN Monthly Bulletin of Statistics.

中国と比べると，バングラデシュはまだ衣服生産の絶対優位性で劣っていて，生産性がずっと低い．でもそのアパレルの相対生産性はほかの産業よりずっと高いので，バングラデシュはアパレルに強い比較優位をもつ――だからそのアパレル産業は，中国が一目散で逃げ出すほどのものになっている．

まとめると，リカード・モデルが世界貿易の原因や影響に関する完全に十分な記述だと思っている経済学者はほとんどいないけれど，その二つの主要な含意――生産性の差が国際貿易に重要な役割を果たすということ，そして重要なのが絶対優位ではなく比較優位だということ――は確かに証拠で裏づけられるようだ．

まとめ

1. リカード・モデルを検討した．これは各国の違いが貿易を引き起こし，貿易からの利益を生むことを示す，いちばん簡単なモデルだ．このモデルでは，生産要素は労働しかなくて，各国は産業ごとに労働生産性だけが違っている．
2. リカード・モデルでは，各国は労働が比較的効率よく生産できる財を輸出し，自国労働が比較的生産効率の低い財を輸入する．言い換えると，国の生産パターンは比較優位で決まる．
3. 貿易が国にとって有益だと示す方法は二つある．一つは，貿易が間接的な生産手法だと考えることだ．国は財を自前でつくるより，別の財をつくって，欲しい財をそれと交換すればいい．簡単なモデルを見れば，財が輸入されるときにはこの間接的な「生産」の方が，直接生産よりも必要な労働が少ないはずだということがわかる．二つ目の方法は，貿易がその国の消費可能性を増やすことを示すことだ．これは貿易の利益があることを示す．
4. 貿易の利益の分配は，各国が生産する財の相対価格で決まる．こうした相対価格を決めるには，財についての相対世界供給と相対世界需要を見る必要がある．相対価格は，相対賃金率を示唆するものでもある．
5. 貿易が有益だという主張には，限定条件は一切つかない．つまり，その国が「競争力がある」とかその貿易が「公正だ」とかいう必要条件はまったくない．特に，貿易についてありがちな三つの考えが間違っていることを示せる．一つは，その国があらゆる産業で，取引相手国よりも低い生産性しかもっていなくても貿易からは利益が得られる．第 2 に，貿易は外国産業の競争力が低賃金だけからきている場合でも有益だ．第 3 に，貿易はその国の輸出が輸入品より多くの労働を含んでいても有益だ．
6. 1 要素 2 財モデルを，多くの商品がある世界に拡張しても，こうした結論は変わらない．唯一の違いは，相対賃金を決めるにあたり，財の相対需要経由で計算するのではなく，労働の相対需要に直接注目する必要が出てくるということだ．また，多財モデルは輸送費のせいで一部の財が貿易されない状況を生み出す説明に使える．
7. リカード・モデルの一部の予想は明らかに非現実的だけれど，その基本的な予想——各国は自分たちが比較的生産性の高い財を輸出しがちだということ——は多くの研究で裏づけられている．

重要用語

練習問題

1. 自国には，使える労働が 1,200 単位ある．生産できる財は二つ，リンゴとバナナだ．リンゴ生産の単位必要労働は 3 で，バナナ生産だと 2 だ．

a. 自国の生産可能性フロンティアをグラフにしよう．

b. リンゴの機会費用をバナナで表すとどうなる？

c. 貿易がなければ，バナナで見たリンゴの価格はいくらになる？ その理由は？

2. 自国は問題 1 で述べたのと同じだ．でも今度は別の国，外国が出てきた．ここには使える労働力が 800 単位ある．外国の単位必要労働は，リンゴの場合は 5 で，バナナの場合は 1 だ．

a. 外国の生産可能性フロンティアをグラフにしよう．

b. 世界の相対供給曲線を構築しよう．

3. 今度は，世界の相対需要が以下のかたちをとるとしよう：リンゴの需要/バナナの需要＝バナナの価格/リンゴの価格．

a. 同じ座標軸に，相対需要曲線と相対供給曲線を描こう．

b. リンゴの均衡相対価格は？

c. 貿易パターンを説明しよう．

d. 自国と外国のどちらも貿易で利得があることを示そう．

4. 仮に自国に，労働が 1,200 単位ではなく 2,400 単位あるとする．均衡相対価格を見つけよう．この場合だと，自国と外国における世界生産の効率性と，貿易利得のそれぞれの分け前については何がいえるだろうか？

5. 自国には労働 2,400 単位あるけれど，その生産性はどちらの産業でもこれまで想定の半分とする．世界相対供給曲線を構築して，均衡相対価格を決めよう．貿易からの利得は，問題 4 で記述した場合と比べてどうなっているだろう？

6. 「中国の労働者たちは時給たった 0.75 ドルだ．もし中国が好きなだけ輸出できたら，わが国の労働者の賃金も同じ水準に引き下げざるを得ない．10 ドルのシャツを輸入するということは，それにともなって 0.75 ドルの賃金も輸入するということなのだ」この主張について議論しよう．

7. 日本の労働生産性は，製造業ではアメリカとだいたい同じだ（高い産業もあれば低い産業もある）．でもアメリカはいまだに，サービス部門では圧倒的に生産性が高い．でもほとんどのサービスは非貿易財だ．一部のアナリストは，これがアメリカにとって問題だという．なぜなら，比較優位が世界市場で売れない部門にあるからだという訳だ．この議論のどこがおかしいだろうか？

8. 日本を訪れた人なら誰でも，そこの物価がとんでもなく高いのは知っている．日本の労働者はアメリカの労働者とほぼ同じくらいの稼ぎだけれど，かれらの所得の購買力は 3 分の 1 ほど低い．問題 7 の議論を拡張して，この現象を説明してみよう．（ヒント：賃金と，非貿易財の暗黙の価格について考えよう）

9. 多くの財が非貿易財だという事実は，貿易からの可能な利得の規模にどう影響するだろうか？

10. ここでは，二つの国しかない場合の貿易に注目してきた．仮に，二つの財を生産できる国がたくさんあって，どの国も生産要素は労働しかないとする．この場合の生産と貿易のパターンについては何がいえるだろうか？（ヒント：世界の相対供給曲線を構築してみよう）

もっと勉強したい人のために

- Donald Davis. "Intraindustry Trade: A Heckscher-Ohlin-Ricardo Approach." *Journal of International Economics* 39 (November 1995), pp. 201-226. 似たような資源をもつ国々の間の貿易の説明に，リカード的なアプローチを復活させようとする最近の動き．
- Rudiger Dornbusch, Stanley Fischer, and Paul Samuelson. "Comparative Advantage, Trade and Payments in a Ricardian Model with a Continuum of Goods." *American Economic Review* 67 (December 1977), pp. 823-839. リカード様式のもっと最近の理論的モデルで，財の数があまりに多くてなめらかな連続量を構成すると想定することで，多財リカード・モデルを単純化している．
- Giovanni Dosi, Keith Pavitt, and Luc Soete. *The Economics of Technical Change and International Trade.* Brighton: Wheatsheaf, 1988. 工業財の国際貿易は，主に各国の技術能力に左右されていると示唆する実証的な検討．
- Stephen Golub and Chang-Tai Hsieh. "Classical Ricardian Theory of Comparative Advantage Revisited." *Review of International Economics* 8(2), 2000, pp. 221-234. 相対生産性と貿易パターンの関係についての現代的統計分析で，かなり強い相関を見出している．
- G. D. A. MacDougall. "British and American Exports: A Study Suggested by the Theory of Comparative Costs." *Economic Journal* 61 (December 1951), pp. 697-724; 62 (September 1952), pp. 487-521. この有名な研究で，MacDougall はアメリカとイギリスの比較データを使い，リカード・モデルの予測を検証している．
- John Stuart Mill. *Principles of Political Economy.* London: Longmans, Green, 1917. 邦訳ミル『経済学原理』岩波文庫 1959-1963. ミルの 1848 年著書はリカードの業績を拡張して国際貿易の総合モデルにした．
- David Ricardo. *The Principles of Political Economy and Taxation.* Homewood, IL: Irwin, 1963. 邦訳リカード『経済学および課税の原理』岩波文庫など．リカード・モデルの基本的な出所はリカード自身によるこの本で，最初に出たのは 1817 年だ．

CHAPTER 4

特殊要素と所得分配

第 3 章で見たように，国際貿易は参加国にとって，相互に利益がある．でも歴史を通じて政府は，経済の各種部門を輸入の競争から保護してきた．例えば自由貿易を原則的には支持しているアメリカは，衣服，繊維，砂糖，エタノール，乳製品など，多くの商品の輸入を制限している．大統領再選サイクルでは，政治的に支持の割れる州が生産する財の輸入に対しては，かなり過酷な関税が課されたりする[1]．貿易がそんなに結構な代物なら，なぜその影響に対する反対論があるのだろうか？　貿易の政治を理解するには，貿易が国全体に与える影響だけでなく，その国内部の所得分配に与える影響も見る必要がある．

第 3 章で構築した国際貿易のリカード・モデルは，潜在的な貿易の利益を示している．このモデルでは，貿易は国際的な特化につながり，各国は労働が相対的に非効率な産業部門から，相対的に効率の高い部門へと労働をシフトさせる．あのモデルでは労働が唯一の生産要素で，労働が産業から産業へと自由に移動できると想定していたので，個人が貿易により痛手を被る可能性はなかった．だからリカード・モデルは，あらゆる**国が**貿易で得をすると示唆するだけでなく，国際貿易の結果としてあらゆる**個人が**いい目を見るとも主張する．というのもあのモデルでは貿易は所得分配に影響しないからだ．でも現実世界では，貿易はそれぞれの貿易国の内部で，大幅な所得分配への影響をもつから，貿易の利益はしばしば，かなり不均等に分配されている．

国際貿易が所得分配に強い影響をもつ理由が主に二つある．まず，資源はすぐには産業から産業へと移動できないし，またその移動には費用もかかる――これは貿易の短期的な帰結だ．第 2 に，産業ごとに必要とする生産要素は違っている．国が生産する財の組合せがシフトすれば，通常は生産の一部要素の需要は減る一方で，ほかの要

[1] 最新の例は，バラク・オバマ第 1 期の間に課されたタイヤ（中国からの輸入）の 35% 関税と，ジョージ・W・ブッシュの第 1 期に鋼鉄輸入に対して課された 30% の関税だ．鋼鉄もタイヤも生産はオハイオ州に集中していて，オハイオ州は過去数回のアメリカ大統領選では開票結果が大きくぶれる重要な州なのだった．

素の需要は増える――これは貿易の長期的な帰結だ．この両方の理由から，国際貿易は第 3 章を見て受けた印象とは違って，誰にとっても文句なしに有益なものではない．貿易は国全体には利益があっても，短期的には国内の重要な集団に痛手を与えるし，規模は小さくなるとはいえ，長期的にもその痛手は続きかねない．

日本の米政策の影響を考えてみよう．日本はごくわずかしか米の輸入を認めない．土地が希少なので，米は他国（アメリカなど）に比べて日本で生産するとずっと高くなる．日本は全体として，米の自由な輸入が認められれば生活水準が上がるのは間違いない．でも日本の米農家は自由貿易で打撃を受ける．輸入米に押し出された農民たちは，おそらく製造業やサービス業で職を見つけられるはずだけれど，かれらとしては転職は費用が高く不便だと感じるだろう．米作のために発達させた特別技能は，そういうほかの職ではまったく役に立たない．さらに，農民たちが保有する土地の価値は，米の価格とともに下落する．だから無理もないことだけれど，日本の米農家たちは米の自由貿易に熾烈な反対を展開していて，その組織化された政治的反対運動は，国全体にとっての潜在的な貿易の利益よりも重要視されている．

貿易の現実的な分析のためには，リカード・モデルを越えて，貿易が所得分配に影響するようなモデルを考えなければならない．この章では，生産要素が産業部門間で，費用なしには移動できないときに，貿易が所得に与える短期的な影響にだけ専念する．モデルを単純にしておくために，一部の要素についてはセクター間移動に費用がかかるものとする．その費用は一部の要素についてはかなり高いので，短期的にはそうした移動は不可能になると想定する．そうした要素はある特定部門に固有の**特殊なもの**だ．

学習目標

この章を読み終わったら，こんなことができるようになる．

- 移動可能要素が価格変化への対応として産業部門の間をどのように移動するか理解できる．
- 貿易が短期的には勝ち組と負け組をつくり出す理由を説明できる．
- 負け組がいるときの貿易の利得の意味を理解できる．
- 貿易が政治的に争いの種となる理由を議論できる．
- 負け組がいても自由貿易を支持する議論を説明できる．

特殊要素モデル

特殊要素モデルを開発したのは，ポール・サミュエルソンとロナルド・ジョーンズだ[2]．単純なリカード・モデルと同じく，二つの財をつくる経済を想定する．その経済は，労働供給をこの二つの産業部門間に割り振る．でもリカード・モデルとは違って，特殊要素モデルは労働以外の生産要素も考える．労働は**移動可能要素**で，産業部門の間を往き来できるけれど，こうしたほかの要素は**特殊**とされる．つまり，ある特定の財の生産にしか使えない．

コラム　特殊要素って何？

この章で構築するモデルでは，生産の二つの要素——土地と資本——が経済の特定部門に永遠に結びついていると想定している．でも先進経済だと，農地は国民所得のほんのわずかな部分でしかない．経済学者が特殊要素モデルをアメリカやフランスなどの経済に適用するとき，ある要素が特殊というのは永続的な条件ではなく，時間の問題だと考える．例えば，ビールの醸造に使う桶と自動車の車体をつくるのに使うプレス機は，お互いに代替できないから，こうした各種の設備は個別産業に固有，つまり特殊となる．でも時間をかければ，投資を自動車工場からビール醸造所に振り向けたり，その逆をしたりできるようになる．結果として，長期的な意味では桶もプレス機も，資本という単一の移動可能要素の現れだと考えられる．

つまり実際には，特殊要素と移動可能要素との区別は厳密な一線ではない．むしろそれは，調整の速度の問題であり，特殊性の強い要素は産業から産業に移行するのにもっと長くかかるというだけだ．では現実経済の生産要素は，どのくらい特殊なんだろうか？

労働者の移動可能性は，その労働者の特性（例えば年齢）や仕事の業務種類（汎用技能を使うかその業務固有の技能を使うか）で大きく変わる．それでも，平均移動可能率は労働者の失職に続く失業期間を見れば計測できる．アメリカで失職した労働者は，4年経つと失職しなかった類似の労働者と同じ雇用確率をもつようになる[*]．この4年という期間に対し，典型的な専用機械の寿命は15年から20年で，構造物（ショッピングセンター，オフィスビル，工場）は30年から50年だ．だから労働は間違いなく，ほとんどの資本よりは特殊性の低い要素だ．でも，ほとんどの労働者が別の産業部門で4年以内に新しい職を見つけられるとはいえ，転職には追加費用がかかる．失職した労働者が別の職業に再雇用されると，賃金は18%の永続的な下落を被る．労働者が別の職業に就かなかった場合の下落は6%にとどまる[†]．だから労働が本当に柔軟性をもつのは，その労働者が特定の職業に固有（特殊）な技能に投資する前のことだ．

---

[*] Bruce Fallick, "The Industrial Mobility of Displaced Workers," *Journal of Labor Economics* 11 (April 1993), pp. 302-323 を参照．

[†] Gueorgui Kambourov and Iourii Manovskii, "Occupational Specificity of Human Capital," *International Economic Review* 50 (February 2009), pp. 63-115 を参照．

---

[2] Paul Samuelson, "Ohlin Was Right," *Swedish Journal of Economics* 73 (1971), pp. 365-384; および Ronald W. Jones, "A Three-Factor Model in Theory, Trade, and History," Jagdish Bhagwati et al., eds., *Trade, Balance of Payments, and Growth* (Amsterdam: North-Holland, 1971), pp. 3-21 所収．

モデルの想定

布と食品という二つの財を生産できる経済を考えよう．でも，生産要素は一つではなく，**三つ**ある．労働 (L)，資本 (K)，土地（T，terrain の頭文字）だ．布を生産するには資本と労働がいる（でも土地は不要）．食品は土地と労働を使う（でも資本は不要）．だから労働は，**移動可能**要素でどっちの部門でも使えるけれど，土地と資本は片方の財の生産でしか使えない**特殊**要素になる．土地はまた，食品部門に特殊な違う種類の資本と見ることもできる（前頁のコラムを参照）．

経済はそれぞれの財をどれだけ生産するだろうか？　経済の布の生産量は，その部門でどれだけ資本と労働が使われるかに依存する．この関係は，資本と労働の投入量から生産できる布の量を教えてくれる，生産関数にまとめられる．布の生産関数を代数的にかくと，次のようになる．

$$Q_C = Q_C(K, L_C) \tag{4.1}$$

ここで Q_C は経済の布の生産量，K は経済の資本ストック，L_C は布で雇用される労働力だ．食品についても同じように 生産関数がかける：

$$Q_F = Q_F(T, L_F) \tag{4.2}$$

ここで Q_F は経済の食品生産量，T はこの経済の土地供給，L_F は食品生産にあてられる労働力だ．経済全体として見ると雇用された労働は総労働供給 L に等しい．

$$L_C + L_F = L \tag{4.3}$$

生産可能性

特殊要素モデルでは，特殊要素の資本と土地が，それぞれ布部門と食品部門でしか使えないと想定する．どっちの部門でも使えるのは労働だけだ．だから経済の生産可能性を分析するには，労働を片方の部門からもう片方へとシフトさせた場合に，経済の生産量の組合せがどう変わるかを考えればいい．これにはグラフが使える．まずは関数 (4.1) と (4.2) を表現して，それを合わせて**生産可能性フロンティア**を導く訳だ．

図 4.1 は，労働投入と布の生産量の関係を示している．ある資本供給に対して労働の投入が増えると，それだけ生産量も増える．図 4.1 では，$Q_C(K, L_C)$ の傾きは，**労働限界生産**，つまり 1 人時間を追加することで，生産量がどれだけ増えるかを示している．でも，資本がそのままで労働投入を増やしたら，通常は**収穫逓減**が起きる．労働者を増やしたら，それぞれの労働者が使える資本は減るので，追加の労働がもたらす追加の生産量はだんだん減る．収穫逓減は，生産関数の形に反映されている：$Q_C(K, L_C)$

図 4.1
布の生産関数

布の生産で雇用される労働が増えると，布の生産量も増える．でも収穫逓減のおかげで，労働力を1人時間ずつ増やすと，それによって追加される生産量はだんだん減ってくる．これは，労働投入と生産量を関連づける曲線が，雇用の多いところでだんだん平らになることで示されている．

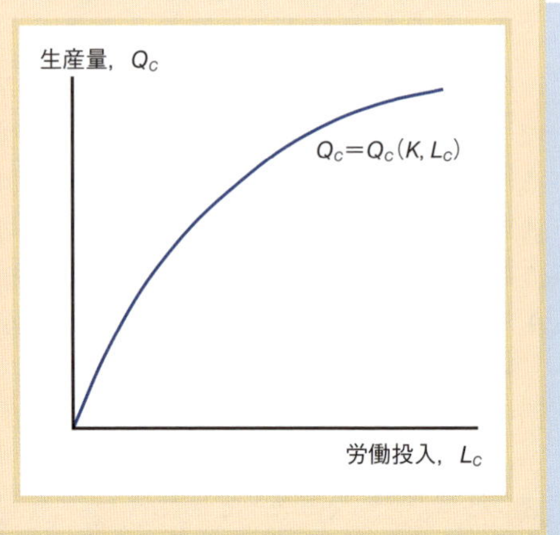

図 4.2
労働の限界生産

布部門での労働の限界生産は，図4.1で示した生産関数の傾きと同じだ．この部門で雇用される労働が増えると，限界生産はだんだん減る．

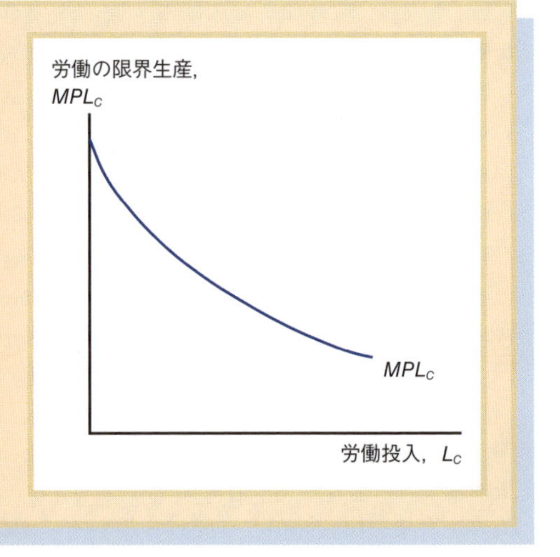

は，右に進むとだんだん平らになる．限界労働生産が，使う労働の増加につれて減るということを示している訳だ[3]．図 4.2 は，同じ情報を違った形で示している．この図では，労働の限界生産を雇用された労働の関数として直接プロットしている（この章の補遺では，限界生産曲線の下の部分の面積が，布の総生産量を表すことを示す）．

[3] 一つの要素だけについて収穫逓減が起こるからといって，すべての生産要素が調整された場合にも収穫逓減が起こるという訳ではない．だから，労働の収穫逓減は，労働と資本の両方についての収穫一定とまったく矛盾しない．

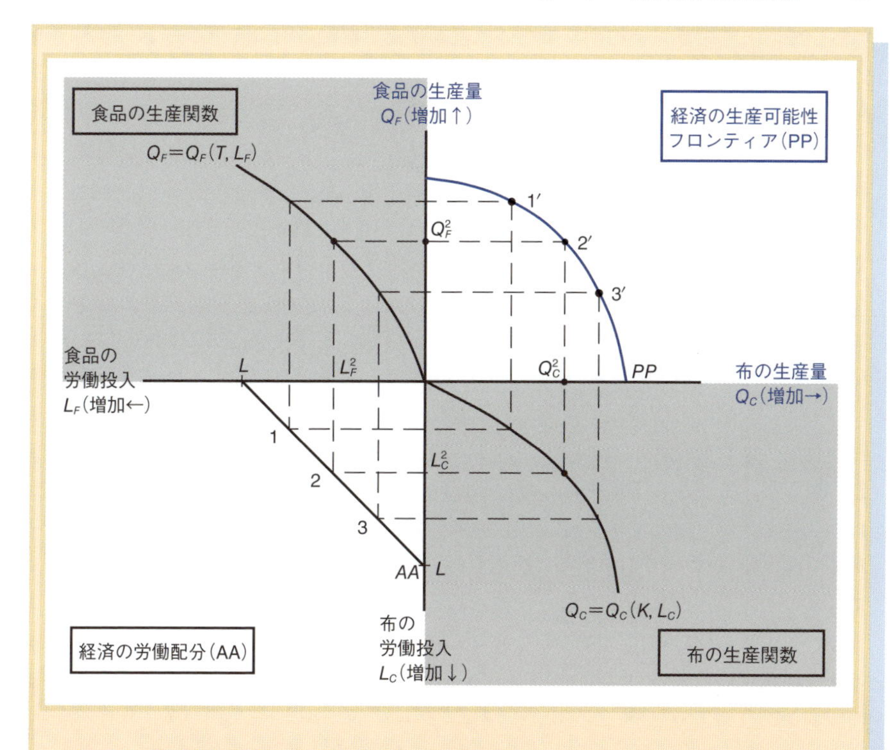

図 4.3　特殊要素モデルでの生産可能性フロンティア

布と食品の生産量は，労働の割り振りで決まる．左下の象限では，部門間の労働配分が直線 AA 上の点で示される．AA は，布と労働への労働投入のあらゆる組合せを示したもので，それぞれの組合せは合計が労働供給 L になる．AA 上の点のどこか，例えば点2は，布への労働投入 (L_C^2) と，食品への労働投入 (L_F^2) に対応している．右下と左上の象限は，それぞれ布と食品の生産関数を示す．これらはそれぞれの労働投入に応じた生産量 (Q_C^2, Q_F^2) を与える．そして右上の象限では，労働の配分が食品から布にシフトされたときに二つの財の生産量がどう変わるかを示す．生産量を示す点 1′，2′，3′ は，それぞれ労働配分 1，2，3 に対応するものだ．収穫逓減のせいで，PP は直線ではなく，外側に張り出した曲線になっている．

似たようなグラフ二つで食品の生産関数を示せる．これらのグラフを組合せると，経済全体の生産可能フロンティアを導ける．それが図 4.3 だ．第 3 章で見たように，生産可能性フロンティアはその経済で何が生産できるかを示す．この場合，それは布の生産量のそれぞれに対して，食品がどれだけ生産できるか，あるいはその逆を示している．

図 4.3 は 4 象限のグラフだ．右下の象限は，図 4.1 で示した布の生産関数になって

いる．でもここでは，そのグラフを横に寝かせた．縦軸に沿って下がると，布部門の労働投入が増え，横軸に沿って右に動くと，布の生産量が増えることになる．左上の象限では，同じように食品についての生産関数を示した．こちらのグラフもやはり横に回転させてあるので，横軸を左に動くと食品セクターの労働投入増加で，縦軸を上に向かうと食品の生産量が増える．

左下の象限は，経済の労働配分を表す．どちらの量も，通常の向きとは逆方向になっている．縦軸に沿って下に動くと，布部門で雇用される労働が増える．横軸に沿って左に動くと，食品部門で雇用される労働が増える．片方の部門で雇用が増えるということは，もう片方の部門で使える労働が減るということだから，可能な配分は右肩下がりの直線で表される．この AA 直線は 45 度で右肩下がりになる．つまりその傾斜は -1 だ．なぜこの直線が，可能な労働配分を示すか理解するには，まずすべての労働が食品生産に雇用されたら，L_F は L に等しくなることを理解しよう．そのとき，L_C は 0 だ．そこから労働をだんだん布部門に移したら，移動した人時間 1 単位ごとに，L_C は 1 単位増えて L_F は 1 単位減るので，これは傾き -1 の直線をたどり，やがて労働供給 L すべてが布部門に雇用される．この二つの部門間での労働配分はすべて，AA 上の点，例えば点 2 などで表される．

これで，この二つの部門間のあらゆる労働配分に対する生産が決まる．例えば労働の配分が左下の象限の点 2 で示されるなら，布部門で L_C^2 時間，食品部門で L_F^2 時間の労働が割り当てられる．すると，それぞれの部門の生産関数を使って，生産量が求められる．布は Q_C^2 単位，食品は Q_F^2 だ．図 4.3 の右上象限で，この Q_C^2 と Q_F^2 を座標とする点 $2'$ が，結果として生じる布と食品の生産量となる．

生産可能性フロンティアの全体をたどるには，今の手順を各種の違った労働分配について繰り返してみればいい．例えばまずはほとんどの労働が食品生産に配分された，左下象限の点 1 のようなところから始めて，だんだん布に使われる労働を増やし，やがて食品で雇用される労働がとても少ない点 3 あたりにまで進む．右上象限でそれに対応する点は，$1'$ から $3'$ に続く曲線をたどる．だから右上象限の PP は，土地，労働，資本の決まった供給に対応したこの経済の生産可能性を示すものとなる．

リカード・モデルでは，労働だけが生産要素だったので，生産可能性フロンティアは直線だった．これは食品で表した布の機会費用が一定だったからだ．でも特殊要素モデルだと，ほかの生産要素が加わることで，生産可能性フロンティア PP の形は曲線になる．PP の曲がり具合は，それぞれの部門での，労働に対する収穫逓減を反映したものだ．この収穫逓減は，特殊要素モデルとリカード・モデルとの重要な違いになる．

PP をたどるとき，労働を食品部門から布部門に移した．労働を 1 人時間，食品から布に移すとこの追加の投入は布の限界労働生産 MPL_C の分だけ布の生産量を増やす．つまり布の生産量を 1 単位増やすには，労働投入を $1/MPL_C$ 時間だけ増やす必要がある．これに対して，食品生産から取り出された労働投入 1 単位ごとに，食品部門の生産量は，食品の限界労働生産 MPL_F だけ下がる．つまり経済が布の生産量を 1 単位増やすには，食品の生産量を MPL_F/MPL_C 単位だけ減らさなくてはならない．PP の傾きは，布の機会費用を食品で測ったものだ――つまり布の生産量を 1 単位増やすために，犠牲にするべき食品の生産量単位数は次のようになる．

$$\text{生産可能性曲線の傾き} = -MPL_F/MPL_C$$

これで，PP がグラフのような外にふくれた曲線になっている理由がわかる．$1'$ から $3'$ に移るにつれて，L_C は上がり，L_F は下がる．でも図 4.2 で見たように，L_C が上がると，布の労働限界生産が下がる．同じように，L_F が下がると，食品の労働限界生産が上がる．布部門に移る労働が増えるにつれて，追加の労働は布部門ではだんだん価値がなくなり，食品部門で価値が高くなる．追加の布の機会費用（諦めることになった食品生産量）は上がり，PP は右に進むにつれてだんだん急になる．

労働の配分が与えられたときに生産量がどう決まるかを示した．次の一歩は，市場経済が労働の配分を決めるやり方を考えることだ．

価格，賃金，労働配分

それぞれの部門で，どれだけの労働が雇用されるだろうか？　これに答えるには，労働市場の需要と供給を見る必要がある．それぞれの部門での労働需要は，生産物の価格と賃金率で決まる．そしてその賃金率は，食品と布の生産者たちによる，労働需要の組合せで決まる．布と食品価格と賃金率がわかれば，それぞれの部門の雇用と生産量を求められる．

まず，労働の需要に注目しよう．それぞれの部門で，利潤を最大化しようとする雇用者たちは，追加の人時間で生み出される価値が，その 1 時間を雇用するための費用と等しくなるところまで労働を需要する．例えば布部門だと，追加の人時間の価値は，布の労働限界生産に，布 1 単位の価格をかけたものになる．つまり $MPL_C \times P_C$ だ．労働の賃金率を w で表すと，雇用者は以下が成り立つまで労働者を雇うことになる：

$$MPL_C \times P_C = w \tag{4.4}$$

でも布の労働限界生産は，すでに図 4.2 で示したように，収穫逓減のせいで右肩下がりになる．だから布の価格 P_C が何であれ，その限界生産の価値 $MPL_C \times P_C$ も右肩下がりになる．だから式 (4.4) は，布部門の労働需要曲線を定義したものと解釈できる．賃金率が下がれば，ほかの条件が同じならば，布部門の雇用者たちはもっと労働者を雇いたがる．

同様に，食品部門で追加の人時間の価値は $MPL_F \times P_F$ だ．だから食品部門での労働需要曲線は次のようにかける．

$$MPL_F \times P_F = w \tag{4.5}$$

賃金率 w は，どっちの部門でも同じでなくてはならない．これは，労働が両部門の間で自由に動けるという想定のためだ．つまり，労働は移動可能要素なので，低賃金部門から高賃金部門に移行して，やがて賃金が同じになるということだ．そこでの賃金率は，総労働需要（総雇用）が総労働供給に等しくなるという要件で決まる．この労働の均衡条件は，式 (4.3) で示される．

この二つの労働需要曲線を同じグラフで重ねると（図 4.4），食品と布の価格さえ決まればそれぞれの部門での賃金率と雇用がどのように決まるかがわかる．図 4.4 の横軸に沿って，総労働供給 L が割り当てられている．グラフの左から，布の労働限界生産の価値が示される．これは単に，図 4.2 の MPL_C 曲線に P_C をかけ算したものになる．これが布部門における労働の需要曲線だ．右から測ると食品の労働限界生産の価値が示される．これは食品部門での労働の需要だ．均衡賃金率と 2 部門間の労働配分は，点 1 で表される．賃金率 w^1 で，布での労働需要 (L_C^1) と食品の労働需要 (L_F^1) の合計が，総労働供給 L とちょうど等しくなる．

この労働配分の分析から，相対価格と生産量との便利な関係がはっきり出てくる．

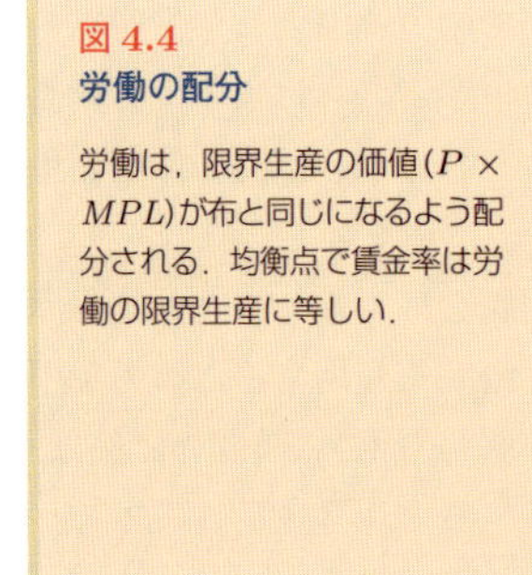

図 4.4
労働の配分

労働は，限界生産の価値 ($P \times MPL$) が布と同じになるよう配分される．均衡点で賃金率は労働の限界生産に等しい．

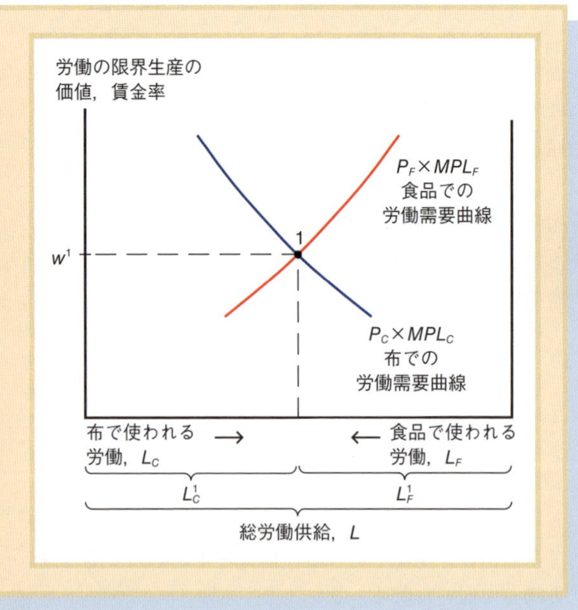

この関係は，特殊要素モデルで記述されるよりもっと一般的な状況にもあてはまる．式 (4.4) と (4.5) は，以下を意味している：

$$MPL_C \times P_C = MPL_F \times P_F = w$$

あるいはこれを変形すると次の通り：

$$-MPL_F/MPL_C = -P_C/P_F \tag{4.6}$$

等式 (4.6) の左辺は，実際の生産点での生産可能性フロンティアの傾きだ．右辺は，布の相対価格にマイナスをつけたものだ．この結果が示すのは，**生産可能性フロンティア曲線は，布価格を食品価格で割った商にマイナスをつけた傾きをもつ直線と，生産点で接する**ということだ．これからの章で示すとおり，これはきわめて一般的な結果で，相対価格の変化に対して生産の変化が，生産可能性フロンティアに沿ってどう反応するかを示すものとなる．これを示したのが図 4.5 だ．布の相対価格が $(P_C/P_F)^1$ なら，経済は点 1 で生産する．

食品や布の価格が変わったら，労働の配分と所得分配はどうなるだろうか？　あらゆる価格変化は二つの部分に分解できることに注目しよう．P_C と P_F の両方が同じ割合で変わる部分と，片方の価格だけが変わる部分とだ．例えば，布の価格が 17% 上がり，食品価格が 10% 上がるとしよう．この影響を分析するにあたっては，まず布と食品価格がどちらも 10% 上がったらどうなるかを考え，それから布の価格だけが 7% 上がったらどうなるかを考えればいい．これで，全体的な価格水準の変化の影響と，相対価格の変化の影響とを分離できる．

図 4.5
特殊要素モデルでの生産

経済の生産可能性フロンティア（PP）の上で，フロンティアの傾きが布の相対価格にマイナスをつけたものと等しいところで生産する．

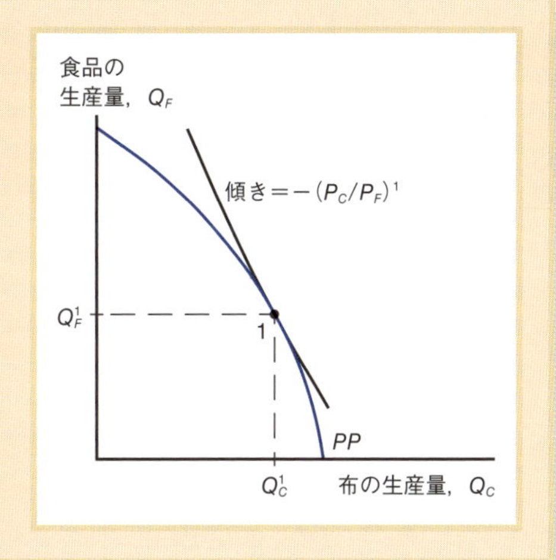

図 4.6
布と食品の価格が同じ割合で上がった場合

布と食品の労働需要曲線は，どっちも P_C の P_C^1 から P_C^2 への上昇と，P_F の P_F^1 から P_F^2 への上昇と同じ割合で上にシフトする．賃金率は同じ比率で w^1 から w^2 に上がるけれど，両部門間の労働配分は変わらない．

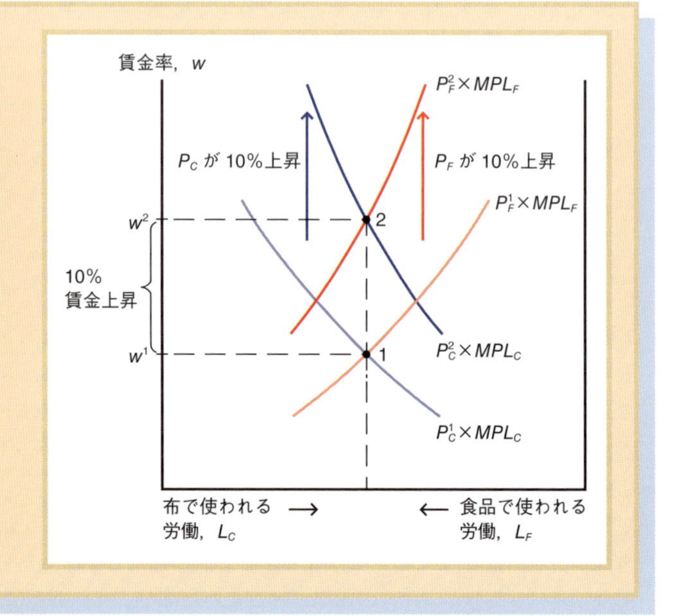

価格の同じ割合の変化　図 4.6 は，P_C と P_F が同じ割合で変わった場合の影響を示す．P_C は P_C^1 から P_C^2 に上がる．P_F は P_F^1 から P_F^2 に上がる．どっちの財の価格も 10% 上がるなら，労働需要曲線も 10% 上にシフトする．グラフを見ればわかるように，このシフトは賃金率も w^1（点 1）から w^2（点 2）への 10% 増をもたらす．でも，部門間の労働配分と二つの財の生産量は変わらない．

それどころか，P_C と P_F が同じ割合で変わるときには，本当の変化は何も起きない．賃金率は価格と同じ割合で上がるので，実質賃金率，つまり賃金率が財の価格に対してもつ比率は，影響を受けない．**それぞれの部門で雇用されている労働も同じで，受け取る実質賃金率も同じだから，資本所有者や地主の実質所得も同じままだ．だからみんな，以前とまったく同じ立場となる．**これは一般的な原理を示す．全体としての物価水準の変化は，実質的な影響をもたない．つまり経済での物理的な量を何も変えない．厚生や資源配分に影響を与えるのは，相対価格の変化だけ――この場合は，食品価格と相対的に見た布の価格の変化だけだ．

相対価格の変化　相対価格に影響する価格変化で何が起こるかを見よう．図 4.7 は，一つの財だけの価格変化，この場合は，P_C が P_C^1 から P_C^2 に 7% 上昇した場合の影響を示す．P_C の上昇は布の労働需要曲線を，価格上昇と同じ割合でシフトさせ，均衡を点 1 から点 2 に移動させる．このシフトについて，二つの重要な事実がわかる．

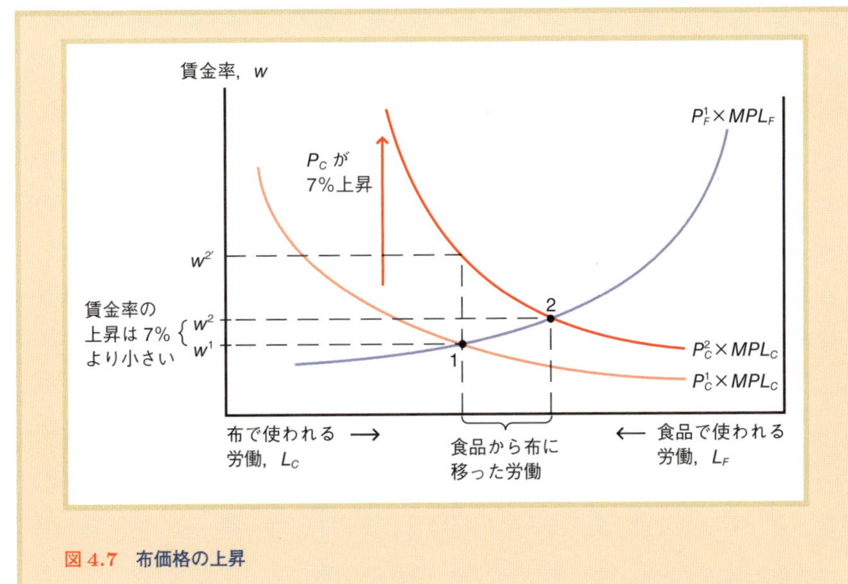

図 4.7　布価格の上昇

布の労働需要曲線は，P_C の7%上昇と同じ割合で上昇するけれど，賃金率の上昇はこの割合よりは小さい．労働は布部門から食品部門に移る．布の生産量は上がる．食品の生産量は下がる．

まず，賃金率は上がるけれど，その上昇は布の価格上昇よりは**少ない**．賃金が布の価格と同じ割合 (7%) 上昇したら，賃金は w^1 から $w^{2'}$ に上がっていたはずだ．でも賃金上昇の割合はもっと小さくて，w^1 から w^2 の上昇にとどまる．

第 2 に，P_C と P_F が同時に上がるのではなく，P_C だけが上がる場合，労働は食品から布部門にシフトして，布の生産量は上がり，食品の生産量は下がる（w が P_C ほどは上昇しない理由がこれだ．布の雇用が増えるので，布部門の労働限界生産が下がるからだ）．

布の相対価格上昇の影響は，生産可能性曲線を見れば直接わかる．図 4.8 に示したのは，布の価格が同じだけ増えた場合の影響だ．これは布の**相対**価格を $(P_C/P_F)^1$ から $(P_C/P_F)^2$ にあげる．生産地点は，いつも PP の傾きが相対価格にマイナスをつけたものと等しくなる地点にあるが，1 から 2 へとシフトする．この布の相対価格上昇の結果として，食品の生産量は下がり，布の生産量は上がる．

布の高い相対価格により，食品に比べて布の生産量が高くなるので，Q_C/Q_F を P_C/P_F の関数として示す，相対供給曲線を描ける．この相対供給共線は，図 4.9 の RS だ．第 3 章で示したように，相対需要曲線も描ける．これは右肩下がりの RD で

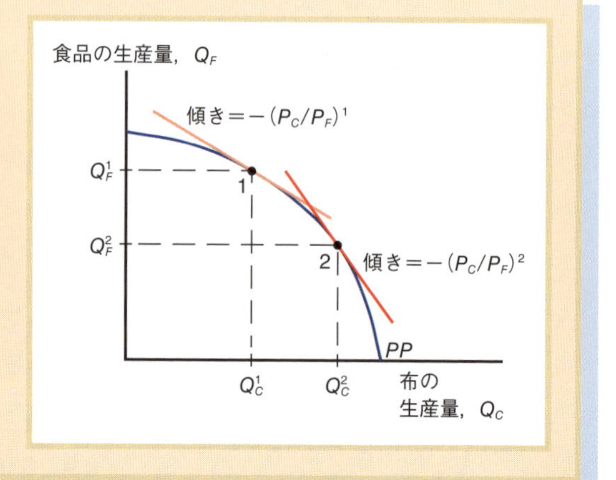

図 4.8
布の相対価格変化に対する生産量の反応

経済は常に，生産可能性フロンティア(PP)上で，PPの傾きが布の相対価格にマイナスをつけたものと等しくなる点で生産する．だからP_C/P_Fの上昇は，生産を生産可能性フロンティアに沿って右下に移動させる．これは布の生産増加と食品生産低下に対応する．

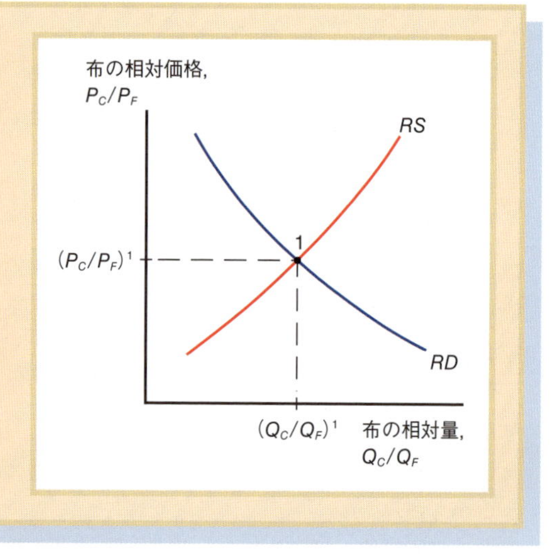

図 4.9
相対価格の決定

特殊要素モデルでは，布の相対価格が上がれば，布の生産量は食品に比べて上がる．だから相対供給曲線RSは，右肩上がりになる．均衡相対生産量と均衡価格は，RSと相対需要曲線RDとの交点で決まる．

示される．国際貿易がないので，均衡相対価格 $(P_C/P_F)^1$ と生産量 $(Q_C/Q_F)^1$ は，相対供給と相対需要の交点で決まる．

相対価格と所得分配

これまでは特殊要素モデルの以下の側面を検討してきた：(1) 経済の資源と技術を前提とした生産可能性の決定，(2) 市場経済における資源配分，生産，相対価格の決定．国際貿易の影響に目を向ける前に，相対価格の変化が所得分配に与える影響を考える必要がある．

もう一度図 4.7 を見よう．これは布の価格上昇の影響を示すものだ．すでに布部門の労働需要曲線は，P_C の上昇に比例して上にシフトするのを見た．だから P_C が 7% 上昇するなら，$P_C \times MPL_C$ も 7% 上がる．また，食品価格も少なくとも 7% 上がれば，w も P_C よりは**少ない**比率で上がる．だから，布価格だけが 7% 上がれば，賃金率は，例えば 3% とかしか上がらないことになる．

この結果が，三つの集団の所得にとってどんな意味をもつかを見てみよう．その三つの集団とは，労働者，資本所有者，土地所有者だ．労働者は賃金率は上がったものの，P_C の上昇割合よりは小さい比率の上昇だ．だから，布で見た実質賃金（賃金所得で買える布の量）w/P_C は下がり，食品で見た実質賃金 w/P_F は上がる．この情報だけでは，労働者が得をしたか損をしたかはわからない．それは労働者の消費において，布と食品がもつ相対的な重要度による（これは労働者の嗜好で決まる）．この点については，これ以上追究しない．

でも資本の所有者たちは，間違いなく得をしている．布で見た実質賃金は下がっているので，資本所有者の利潤をその生産物（布）で測ったものは上がる．つまり，資本所有者の所得は，P_C が上がればその上昇率以上に上がる．そしてその P_C は P_F と相対的に上がるので，資本家たちの所得はどちらの財で見ても明らかに上がる．逆に，地主たちは間違いなく損をする．その理由は二つ．食品（かれらが生産する財）で見る実質賃金は上がり，かれらの所得に食い込む．そして布価格の上昇は，どんな所得の購買力も引き下げてしまう（本章の補遺は資本家と地主の厚生変化をもっと細かく説明している）．

もし相対価格が逆方向に動いて，布の相対価格が**下がったなら**，この予想は逆転する．資本所有者たちは損をして，地主が得をする．労働者の厚生変化はやはりはっきりしない．布で見た実質賃金は上がるけれど，食品で見た実質賃金は下がるからだ．相対価格変化が所得分配に与える影響は，次のようにまとめられる．

- 相対価格が上がった部門に固有（特殊）な要素は，間違いなく得をする．
- 相対価格が下がった部門に固有（特殊）な要素は，間違いなく損をする．
- 移動可能要素の厚生変化ははっきりしない．

特殊要素モデルでの国際貿易

今，相対価格が所得分配に強い影響をもつのを示した．そこには勝ち組も負け組もいる．今度は，この相対価格変化を国際貿易と結びつけて，勝ち組と負け組についての予想を，その産業部門の貿易指向と関連づけよう．

貿易が起こるためには，国は世界の相対価格に直面しなくてはならず，これは貿易

図 4.10
貿易と相対価格

この図は，特殊要素経済の相対供給曲線と，世界の相対供給曲線を重ねて示した．二つの相対供給曲線の差は，国ごとの技術の違いや資源の違いによる．国ごとの相対需要はまったく同じだ．貿易に国を開放すると，相対価格は$(P_C/P_F)^1$から$(P_C/P_F)^2$に上がる．

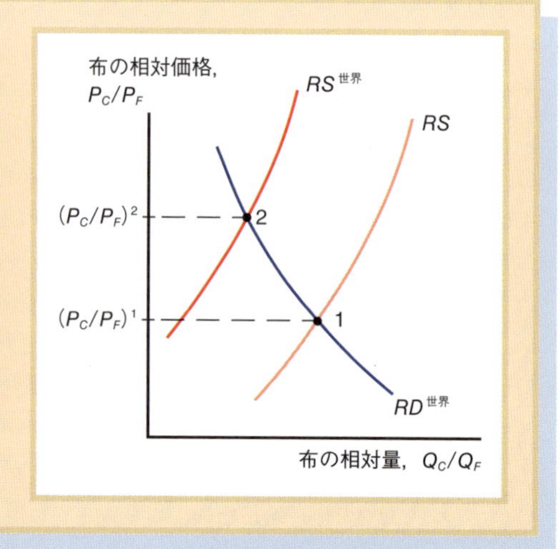

なしで生じる相対価格とは違うものだ．図 4.9 は，この相対価格が今の特殊要素経済でどう決まったかを示す．図 4.10 では，世界の相対供給曲線も追加した．

なぜ世界の相対供給曲線は，今までの特殊要素経済とは違ったりするのだろうか？世界のほかの国は，リカード・モデルの場合と同じく，違う技術をもっているかもしれない．そして今回のモデルは生産要素が複数あるので，ほかの国はその資源の面でも違っているだろう：つまり使える土地，資本，労働の総量が違うということだ．ここで重要なのは，経済が国際貿易に開かれると，違う相対価格に直面するということだ．

相対価格の変化は図 4.10 に示した．経済が貿易に開かれると，布の相対価格は世界の相対供給と相対需要で決まってくる．これは相対価格 $(P_C/P_F)^2$ に対応する．もし経済が貿易できないなら，相対価格はもっと低い $(P_C/P_F)^1$ になる[4]．相対価格が $(P_C/P_F)^1$ から $(P_C/P_F)^2$ に増えると，経済は相対的にもっと布を生産するように促される（これはまた，図 4.8 で経済の生産可能性フロンティアに沿った，点 1 から点 2 への移動としても示される）．同時に，消費者たちは布の相対価格上昇に対し，相対的にもっと食品を需要することで対応する．つまり高い相対価格 $(P_C/P_F)^2$ になると，経済は布を輸出して食品を輸入する．

もし貿易に開放することで，布の相対価格が下がるならば，相対供給と相対需要の変化は逆になり，この経済は食品輸出国で布輸入国となる．どちらの場合にも，直感的な予想でまとまる．経済は――貿易に開放されたら――相対価格が上がった財を輸

[4] 図では，各国ごとに嗜好の違いはないと想定しているから，各国と全世界についての相対需要曲線は一つしかない．

出し，相対価格が下がった財を輸入する[5].

所得分配と貿易の利益

生産可能性が，資源と技術で決まるようすを見てきた．何を生産するかという選択は，布の相対価格で決まることも見た．布の相対価格が，各種生産要素の実質所得を決めるのも見た．そして貿易が相対価格と，そうした価格変化に対する経済の反応に影響するのも見た．これで肝心な質問ができる．国際貿易で，得をするのは誰で，損をするのは誰なのか，という質問だ．まず手始めに，個別集団の厚生がどう影響を受けるかを考えよう．それから，貿易が国全体としての厚生にどう影響するかを見よう．

貿易が特定集団に与える影響を見るにあたっては，国際貿易が貿易財の相対価格を変えるという点が重要だ．前節で，国を貿易に開放したら，新しい輸出部門での財の相対価格が上がることを見た．この予測を，相対価格変化が所得分配の変化にどうつながるかという結果とつなげればいい．もっと具体的には，相対価格が上がる部門の特殊要素が得をして，ほかの部門（相対価格が下がる部門）の特定要素は損をするのを見た．また移動可能要素の厚生変化ははっきりしないのも見た．

すると全体的な結論は単純だ．**貿易は，各国の輸出部門に固有（特殊）な要素には便益をもたらすけれど，輸入と競争する部門に固有（特殊）な要素は痛手を受け，移動要素への影響ははっきりしない**.

貿易からの利益は損失を上まわるものだろうか？　この質問に答える方法の一つは，勝ち組の利得を合計し，負け組の損失を合計して，それを比べてみることだ．このやり方の問題点は，比べているのが厚生だという点で，これは本質的に主観的なものだ．貿易からの総合的な利得を評価するには，別の質問をした方がいい．貿易で得をした人々は，損をした人々に補償をしても，まだ得になっているだろうか？　もしそうなら，貿易は**潜在的には**万人にとって利益を生む可能性がある．

貿易からの総合的な利益を示すためには，価格，生産，消費の基本的な関係を少し示す必要がある．貿易できない国では，財の生産量はその消費と等しくならざるを得ない．D_C が布の消費で，D_F が食品の消費なら，閉鎖経済では $D_C = Q_C$ で $D_F = Q_F$ だ．国際貿易は，消費される布と食品の組合せを，生産される布と食品の組合せとは違うものにできる．それぞれの財について，国が消費する量と生産する量は違うかもしれなくても，国は稼ぐよりたくさんは使えない：消費の価値は生産の価値と等しくなければならない．つまり次の式が成り立つ．

$$P_C \times D_C + P_F \times D_F = P_C \times Q_C + P_F \times Q_F \tag{4.7}$$

[5] 相対価格の変化がその国の貿易パターンにどう影響するかは，第 6 章でもっと詳しく見る．

式 (4.7) を移項すると次の式が得られる．

$$D_F - Q_F = (P_C/P_F) \times (Q_C - D_C) \tag{4.8}$$

$D_F - Q_F$ は経済の食品**輸入**になる．つまり，食品の消費が生産を上まわる分だ．式 (4.8) の右辺は，布の相対価格と，布の生産が消費を上まわる量，つまりこの経済の布の輸出量をかけ算したものだ．するとこの等式は，食品の**輸入**は，布の輸出に布の相対価格をかけたものだと示している．経済がどれだけ輸出入するかはまだわからないけれど，この式で経済が輸入できる量は，それが輸出する量に限定される，または制約されることがわかる．だから式 (4.8) は**予算制約式**とよばれる[6]．

図 4.11 は，貿易経済の予算制約について，二つ重要なことを示している．まず，予算制約曲線の傾きはマイナス P_C/P_F，つまり布の相対価格だ．その理由は，布の消費を 1 単位減らすと，経済は P_C 節約できるということだ．これは食品を追加で P_C/P_F 買える．言い換えると，布 1 単位は世界市場で，P_C/P_F 単位の食品と交換できる．第 2 に，予算制約は選んだ生産地点で，生産可能性フロンティアと接する（この図と図 4.5 の点 1）．だから，経済は常に生産するものを消費する余裕がある．

貿易が潜在的には万人にとって利益の源になれることを，次の 3 ステップで示そう：

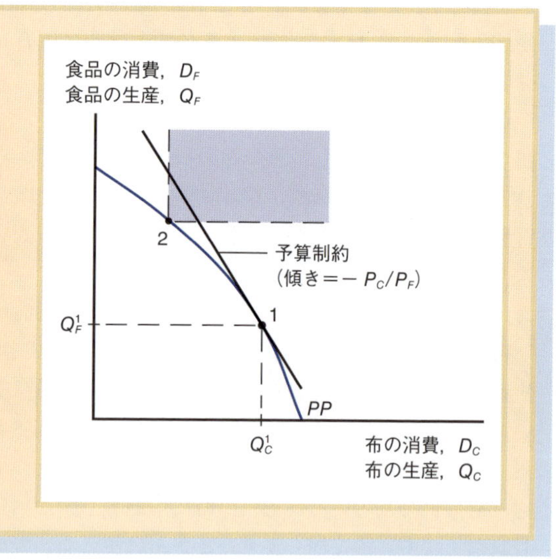

図 4.11
貿易経済の予算制約と貿易の利得

点 1 は経済の生産を示す．経済は，予算制約線（点 1 を通り，布の相対価格にマイナスをつけたものと等しい傾きをもつ線）に沿って消費点を選べる．貿易前なら，経済は生産するものを自前で消費しなければならない．例えば生産可能性フロンティア（PP）の点 2 などだ．色つきの部分内にある予算制約の部分は，貿易後の消費選択の可能性として，貿易前の点 2 に比べてどちらの財の消費も多い部分を示す．

[6] 消費される価値が生産される価値に等しいという制約（同じことだけれど，輸出と輸入が等価値になるという制約）は，各国がお互いに貸し借りできる場合には成り立たないかもしれない．ここではとりあえず，貸し借りはできずに予算制約（方程式 (4.8)）は成立すると考える．国際的な貸し借りは第 6 章で検討する．そこでは，経済の長期的な消費はやはり，借金を外国の貸し手に返済しなくてはならないことに制約されていることが示される．

1. まず，貿易がなければ経済は消費するものを自前で**生産**しなければならず，その逆もいえる．だから貿易なしの経済の**消費**は，生産可能性フロンティア上の点になるしかない．図 4.11 では，貿易前の典型的な消費点が点 2 で示してある．
2. 次に，貿易経済は貿易なしの経済に比べ，**どっちの財も**たくさん消費できることを示す．図 4.11 の予算制約は，世界の布の相対価格が与えられたときに，この国が消費できる食品と布の可能な組合せすべてを示している．その予算制約の一部——色のついた部分——は，経済が布と食品の両方を，貿易なしの場合よりもたくさん消費する状況を示している．この結果は，貿易前の生産と消費が点 2 にあるという想定に依存しないことに注意．貿易前の生産が 1 にあって，貿易が生産にまったく影響しない場合を除けば，常に予算制約の一部にはどちらの財ももっと消費できる部分がある．
3. 最後に，もし経済全体がどちらの財ももっと消費するなら，原理的にはどの**個人にも**，両方の財をもっとあげられることを考えよう．これでみんな得をする．するとこれは，貿易の結果としてみんなが確実に利益を増やせることを示している．もちろん，片方の財を少なめにして，もう片方をもっと増やせばさらに満足が高まる可能性だってあるけれど，これはみんなが貿易で得をする可能性があるという結論を強化するだけだ．

貿易が潜在的には国に利益をもたらす根本的な理由は，それが**経済の選択肢を拡張するから**だ．この選択の拡張は，みんなが貿易で得をするようなかたちで必ず所得を再分配できるということだ[7]．

みんなが貿易から利益を得ることが**可能だ**ということは，残念ながらみんなが実際に利益を得るということではない．現実世界では，貿易による勝ち組だけでなく負け組もいる．これは貿易が自由でない最も重要な理由の一つだ．

事例研究　貿易と失業

貿易に国を開くと，仕事は輸入競合部門から輸出部門にシフトする．すでに述べたように，このプロセスは即座に起きるものではないし，かなり深刻な費用をもたらす．輸入競争部門の一部の労働者は失業してしまい，成長する輸出部門で新しい職をなかなか見つけられないかもしれないのだ．この章ではすでに，この深刻な問題に対する最高の政策対応は，失業労働者に対する適切なセーフティーネットを提供することで，しかもその際

[7] 貿易が経済の選択肢を拡大するから有益だという議論は，この個別例よりもずっと一般化できる．詳細な議論としては Paul Samuelson, “The Gains from International Trade Once Again,” *Economic Journal* 72 (1962), pp. 820-829 を参照．

に，その非自発的失業をもたらした経済の力ごとに区別を設けない（それが貿易のせいか，例えば技術変化のせいかは問題にしない）ことだと論じた．ここでは，失業をどこまで貿易のせいにできるのかを定量化してみよう．輸入競争による工場閉鎖や，海外への工場移転は大きく報道されるけれど，非自発的な労働者失職に占める割合はとても小さい．アメリカ労働統計局は，あらゆる長期的な大量レイオフ（30 日以上続き，同じ雇用者の労働者 50 人以上に影響するものという定義）の主要原因を追跡している．2001〜10 年だと，輸入競争や海外移転による長期失業は，長期的な大量レイオフに伴う非自発的失職の総数の 2% 以下だ．

図 4.12 を見ると，過去 50 年のアメリカで，失業率と輸入額（対アメリカ GDP 比）との間に正の相関があるという証拠はない（それどころか，失業変化と輸入額は大きな負の相関を示す）．一方，この図は明らかに失業がマクロ経済的な現象であり，全体的な経済状況に対応していることを示している．失業は，色つきで示した不景気の時期に大きな山を示す．だから経済学者たちは，失業の懸念への対応としては貿易政策ではなく，マクロ経済政策を使おうと推奨する．

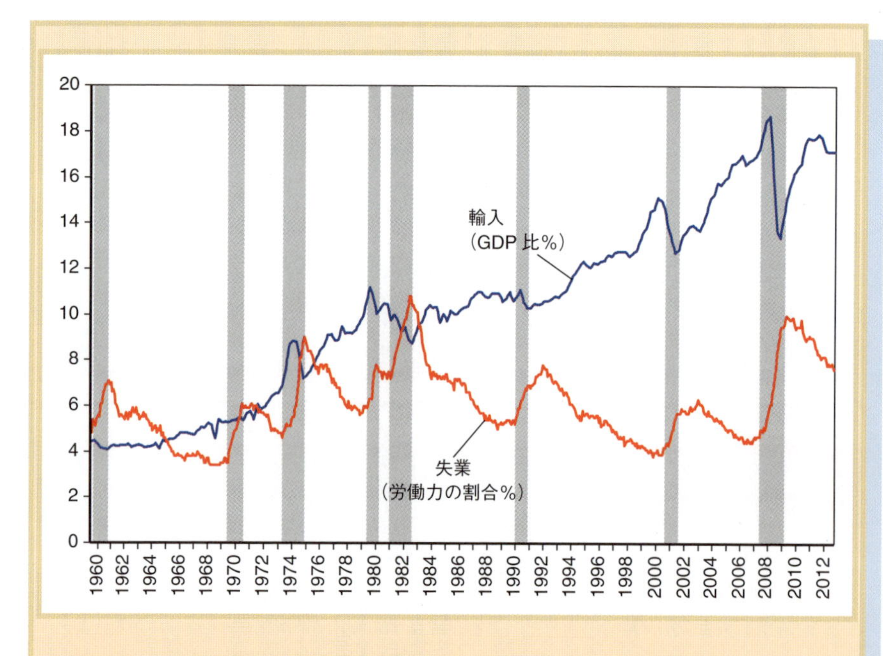

図 4.12　アメリカでの失業と，輸入の浸透

灰色の年は，全米経済研究所の定義した不況期の年．

出典：輸入についてはアメリカ経済分析局，失業についてはアメリカ労働研究局．

それでも貿易レジームの変化は――所得分配に影響するほかの力とは違い――政策的な決定により動くので，そうした決定をするなら貿易により痛手を受ける人々に恩恵を与えるような特別プログラムと組み合せろという強い圧力がかかる．**アメリカ貿易調整支援プログラム (TAA)** は，輸入競争や，アメリカへの優遇アクセスを受けている国への海外移転で失業した労働者のために，失業手当の受給期間を 1 年延長する．このプログラムは貿易に関する政治判断に影響を与える点では重要だけれど，貿易以外の経済的な力で失職した労働者に対しては不公平な差別となる[8]．

貿易の政治経済：予備的な見方

貿易はしばしば，勝ち組だけでなく負け組も生み出す．この洞察は，現代世界経済で貿易政策を実際に決める考慮事項を理解するにあたり，決定的な重要性をもつ．これまでの特殊要素モデルは，貿易でいちばん損をする（少なくとも短期的には）人々は，輸入と競争する部門にいる移動不可能要素だと教えてくれる．現実世界では，これは資本所有者だけでなく，そうした輸入競争部門の労働力の一部も含まれる．そうした労働者たちの一部（特に低技能労働者たち）は，輸入競争部門（ここでは貿易が雇用減少をもたらす）から輸出部門（貿易が雇用を増やす）に転職するのに苦労する．結果としてその一部は，長い失業に苦しむ．アメリカでは輸入競争部門の労働者たちは，平均賃金より大幅に低い賃金しか得られず，しかも最低の賃金しか得られない労働者たちが，輸入品との競争のために現在の雇い主から切り離されるリスクが最も高い（例えばアパレル部門の生産労働者の平均賃金は，2012 年には全生産労働者の平均賃金より 35% も低かった）．この賃金格差の結果の一つは，そうした労働者の悲惨に対する広範な同情で，さらにはアパレル製品輸入の制限が広く支持されるようになった．もっと輸入を認めたら豊かな消費者たちが手にする利得や，輸出部門での雇用増（これは平均だと，比較的高技能な労働者を雇う）は，それほど重要にはならない．

すると，貿易は低所得者に痛手を与えない場合だけ認められるべきだということなのか？　国際経済学者でこれに賛成する人はまずいない．所得分配は本当に重要だけれど，ほとんどの経済学者は，おおむね自由貿易を強く支持している．経済学者たちが貿易の所得分配効果をあまり強調**しない**理由は主に三つある：

---

[8] アメリカ TAA プログラムや，同種の保険範囲を全労働者に拡張しようという提案についての詳細は Lori G. Kletzer, "Trade-related Job Loss and Wage Insurance: A Synthetic Review," *Review of International Economics* 12 (November 2004), pp. 724-748; および Grant D. Aldonas, Robert Z. Lawrence, and Matthew J. Slaughter, *Succeeding in the Global Economy: A New Policy Agenda for the American Worker* (Washington, D.C.: Financial Services Forum, 2007) を参照．

1. 所得分配効果は，何も国際貿易だけで起きるものではない．国民経済のあらゆる変化——技術進歩，消費者の嗜好変化，古い資源の枯渇と新資源の発見など——は所得分配に影響する．輸入品との競争激化で長い失業に苦しむアパレル労働者が，失業した印刷工（インターネットニュースサイトとの競争で，雇い主だった新聞社が潰れてしまった）や，住宅不況でレイオフされた失業建設労働者と違う扱いを受けるべき理由はない．
2. 貿易を禁止するよりは，貿易を許して痛手を被った人々に補償をする方がいつだって優れている．あらゆる現代工業国は，何らかの所得支援プログラムでの「セーフティーネット」(例えば失業手当や再研修や引っ越し補助プログラムなど）を提供して，貿易で痛手を受けた人々の損失を和らげるようにしている．経済学者たちは，この緩和策が不十分だと思えるなら，貿易を減らすよりは支援を増やすのが正解だと主張する（この支援は，貿易に影響を受けた労働者たちだけを間接的に支援するだけでなく，苦境に置かれているあらゆる人々に提供されてもいい)[9]．
3. 貿易増加により痛手を受ける人々は，利益を得る人々より組織力が強いのが通例だ（痛手を受ける人々は地域的や業界的に集中しているからだ)．この不均衡は，政治プロセスにひずみをつくり出すのでこれに対する対抗勢力が必要だ．特に貿易からの総利益は大きいので，それを支持する必要がある．多くの貿易規制は，最も組織力の強い集団をひいきにする傾向があり，そうした集団は通常は所得支援を強く必要とする人々でないことが多い（それどころか多くの場合，むしろ豊かだったりする)．

ほとんどの経済学者たちは，国際貿易が所得分配に与える影響は百も承知ながら，国内の一部集団に対する損失の可能性よりは，全体としての潜在的な貿易の利益を強調する方が重要だと思っている．でも経済学者たちはしばしば，経済政策で決定的な力をもつ立場にはないし，特に対立する利害がかかっている場合にはなおさら影響力が下がる．貿易政策の決まり方に関する現実的な理解はすべて，その政策の実際の動機に目を向ける必要がある．

所得分配と貿易政策

貿易で痛手を受ける集団が，政府に陳情して貿易を制限させ，自分たちの所得を守ろうとする理由はわかりやすい．貿易で得をする方も，損失を受ける側と同じくらい強力に陳情するのではと思うかもしれない．でもそんなことはほとんど起きない．アメリカでもほかのほとんどの国でも，貿易を制限させたい人々は，それを拡張したい人々よりも政治的に影響力がある．通常，どんな製品であれ貿易から利益を得る人々

---

[9] *New York Times* に掲載された Robert Z. Lawrence と Matthew J. Slaughter の論説 “More Trade and More Aid,” がこの論点を主張している (June 8, 2011).

は，損失を受ける人々よりはるかに分散しており，情報もなく，組織的なまとまりがないからだ．

この両サイドの対比の好例が，アメリカの砂糖産業だ．アメリカは長年，砂糖の輸入を制限してきた．過去 25 年にわたり，アメリカ市場での平均砂糖価格は，世界市場平均の 2 倍ほどだ．アメリカ会計検査院による 2000 年調査の推計だと，こうした輸入制限とそれに伴う高い砂糖価格は，アメリカの消費者たちに年 20 億ドルの損失をつくり出している．この研究は 2013 年に更新されたけれど，損失額は今や年 30 億ドル以上にのぼり，老若男女一人あたり年 10 ドルに相応する．砂糖生産者の利益はずっと小さい．というのも輸入制限は砂糖市場のひずみをつくり出し，アメリカで砂糖販売権を割り当てられた外国生産者たちが，高いアメリカ価格と低い世界価格との差額を懐に入れるからだ．

もし生産者と消費者が自分たちの利害を同じくらい代弁してもらえるなら，この政策がそもそも導入されることもなかったはずだ．でも絶対額でいうと，それぞれの消費者たちの損失はとても少ない．年に 10 ドルなんて大した額ではない．さらに，ほとんどの費用は隠れている．というのもほとんどの砂糖は，直接購入される訳ではなく，ほかの食品の材料として消費されるからだ．結果として，ほとんどの消費者はそもそも輸入制限があることさえ知らないし，ましてそれが自分たちの生活水準をさげているなんて思いもしない．知ったところで，10 ドルという金額は人々がデモや抗議運動を始めたり，国会議員に苦情の手紙をかいたりするほどではない．

砂糖生産者（貿易が増えると損をする人々）の状況はまったく違う．輸入制限による高い利潤は少数の生産者にきわめて集中している（サトウキビ産業すべての利潤のうち，半分以上はたった 17 軒のサトウキビ農家が生み出している）．こうした生産者たちは業界団体として結集し，それが会員たちに代わって活発に陳情して，巨額の選挙献金を行う（アメリカ砂糖連合は，アメリカの砂糖輸入制限を再承認するアメリカ農家法の 2013 年議会票決にいたる 12 カ月の間に，300 億ドル近くものロビイング費用を計上している）．

予想されるとおり，砂糖輸入制限からの利益のほとんどは，少数のサトウキビ農場所有者の懐に入り，その雇用者たちにはいかない．もちろん，貿易制限のおかげでこれらの労働者が失業しないですむのは事実だけれど，保護された仕事一つあたりの消費者の費用は天文学的だ．労働者一人あたり 300 万ドル以上にのぼる．さらに，砂糖輸入制限は生産プロセスに大量の砂糖を使うほかの部門での雇用を減らしている．例えばアメリカでの高い砂糖価格への対応として，キャンデー製造企業は生産拠点をカナダに移した．カナダの砂糖価格は大幅に低い（カナダには砂糖農家はいないので，砂糖輸入に対する制限を求めるような政治的圧力はない）．だから差し引きで見ると，砂糖の輸入規制はアメリカの労働者にとって，雇用の**喪失を**もたらしている．

第 9 章から第 12 章を通じて見るように，砂糖産業の輸入制限をめぐる政治は，国際貿易にありがちな政治プロセスの一種を示す極端な例だ．世界貿易が 1945 年から 1980 年にかけて，全体としてだんだん自由化されてきたのは，第 10 章で見るように，おそらく国際貿易に反対する本質的な政治的バイアスを抑えてきた，特別ないくつかの条件のおかげだ．

国際労働移動

この節では，特殊要素モデルが労働移動の影響分析に適用できるのを示す．現代世界では，労働のフローに対する制限は実に強力だ——ほとんどあらゆる国が移民制限を設けている．だから労働移動は，実際には資本移動ほどは多くない．ただし物理資本移動は，多国籍企業の外国投資判断を左右するほかの要因と切り離せないので，分析がややこしくなる（第 8 章参照）．それでも，国境を越えた労働移民の**願望を**動かす国際経済の力を理解し，そうした移民フローが生じたときの短期的な影響を知るのは重要だ．また，次の章では国の労働と資本賦存変化の長期的な結果も検討する．

前節では，労働者たちが同じ国の中で，布部門と食品部門との間を賃金が均等になるまで移動するのを見た．国際移民が可能なら，労働者たちは低賃金国から高賃金国に移動したがる[10]．話を単純にして国際移民だけに専念するため，二つの国があって，それが一つの財を，労働と土地（移動不可能な要素）とを使って生産するとしよう．財が一つしかないので，貿易する理由はない．でも，労働者が高賃金を求めて移動するなら，労働サービスの「貿易」は起こる．移民がないと，各国の賃金差は技術の差で生じたり，あるいは労働に対して土地がどれだけあるかの差で生じたりする．

図 4.13 は国際労働移動の原因と影響を描いたものだ．図 4.4 ととても似ているけれど，今度の横軸は，ある国の労働力ではなく，全世界の労働力を表す．2 本の限界生産曲線は，今度は同じ財の違う国での生産を表す（図 4.4 では同じ国での違う財の生産を示していた）．これらの曲線に財の価格をかけることはしない．むしろ，縦軸の賃金が実質賃金だと考える（各国での賃金を，その国での財の価格で割ったもの）．当初，自国には OL^1 人の労働者がいて，外国には L^1O^* の労働者がいるとしよう．この雇用水準だと，技術，土地の賦存のおかげで，実質賃金は外国の方が（点 B）自国よりも（点 C）高いとする．

さて，労働者たちがこの 2 国間を自由に移動できるとしよう．労働者たちは，自国から外国に移る．この移動は自国労働力を減らし，自国での実質賃金を上げる一方，外

[10] 話を簡単にするため，労働者の嗜好は似たり寄ったりで，働く場所の決定は賃金差だけに基づくと想定する．実際の各国間の賃金差はとても大きい——多くの労働者にとっては，特定の国に対する個人的な嗜好を上まわるほどの大きさだ．

図 4.13
国際労働移動の原因と影響

当初，OL^1 の労働者たちが自国で雇われ，L^1O^* の労働者が外国で雇われている．労働者は，自国から外国に移住して，OL^2 の労働者が自国で雇われ，L^2O^* の労働者が外国で雇われるようになり，賃金は均等化する．

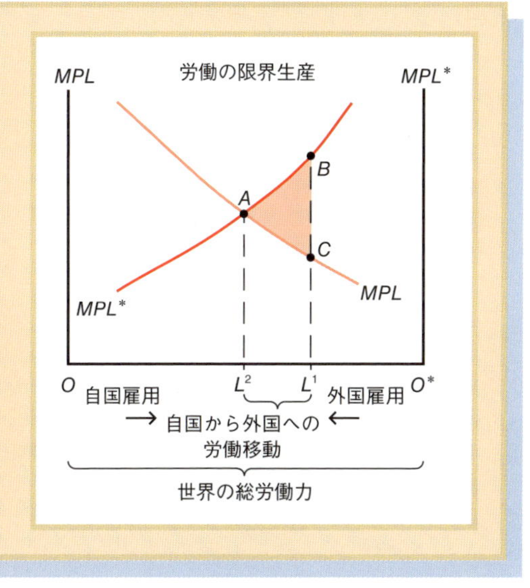

国の労働力は増えて実質賃金も下がる．労働移動に何の障害もなければ，このプロセスは実質賃金が均等化するまで続く．最終的な世界労働力の配分は，自国が OL^2 人，外国で L^2O^*（点 A）となる．

世界の労働力再分配については三つの点に注意しよう．

1. 実質賃金率は歩み寄ることになる．実質賃金は自国で上がり，外国で下がる．
2. 世界全体の生産量は増える．外国の生産量は，L^1 から L^2 の限界生産曲線の下の面積だけ増える一方，自国の生産量は，自国の限界生産曲線の下で対応する面積だけ減る（詳細は補遺参照）．図を見ると，外国の利益は自国の損失より大きくて，その差は図で色のついた ABC の面積に等しいことがわかる．
3. この利得はあるものの，一部の人はこの変化で痛手を受ける．もともと自国で働いていた人々は実質賃金が上がるけれど，もともと外国で働いていた人々は実質賃金が下がる．外国の地主は労働供給が増えて得をするけれど，自国の地主は損をする．

つまり国際貿易からの利益の場合と同じく，国際的な労働移動も原理的にはみんなが前よりもよい状態になる余地はあるものの，実際には一部の集団は前より状況が悪化する．各国が別々の財をつくって取引する，もっと複雑なモデルの場合でも，短期的に一部の生産要素が移動不可能な場合には同じ結果となる．でも後の章では，あらゆる要素が部門間を移動できる長期においては必ずしもこの結果にならないことがわかる．国の労働賦存の変化は，その国が貿易を通じて世界市場と統合されている場合には，あらゆる生産要素の厚生を変えない．これは長期的には移民にとってきわめて重要な意味合いをもっており，国が移民の大量増加を経験しているときには重要だというのが実証されている．

事例研究　大量移民時代の賃金の収斂

現代世界でも，国際的な人の移動はきわめて大きい．でも，労働移動の真に偉大な時代——一部の国は移民が人口増の大きな源で，一部の国では人口流出が人口減をもたらした——は 19 世紀末から 20 世紀初頭だった．鉄道，蒸気船，電信で新たに統合された世界経済は，まだ移民に関する多くの法規制制限もなく，何百万人もが長距離を移動してよりよい生活を求めていった．中国人たちは東南アジアやカリフォルニア州に引っ越し，インド人はアフリカとカリブ海に移った．さらに，かなりの日本人がブラジルに移住した．でも最大の移住はヨーロッパ周縁国——スカンジナビア，アイルランド，イタリア，東欧——から土地が豊富で賃金が高かった国への移住だった．その国とはアメリカ，カナダ，アルゼンチン，オーストラリアだ．

このプロセスは，モデルで予想されるような実質賃金の収斂をもたらしただろうか？はい，そのとおり．表 4.1 は 1870 年の実質賃金と，第一次大戦直前までにその賃金がどう変化したかを，主要「行き先」国 4 カ国と，主要な「出身」国について示している．表が示すように，この期間の初めには，行き先国の方が出身国よりはるかに実質賃金が高かった．その後 40 年で，実質賃金はすべての国で上がったけれど（カナダの上昇が驚くほど大きいのを除けば）その上昇は行き先国より出身国の方がずっと高かった．ここから見て，移民

表 4.1

	実質賃金，1870年 (US=100)	実質賃金増加率 (%), 1870-1913
行き先国		
アルゼンチン	53	51
オーストラリア	110	1
カナダ	86	121
アメリカ	100	47
出身国		
アイルランド	43	84
イタリア	23	112
ノルウェー	24	193
スウェーデン	24	250

出典：Jeffrey G. Williamson, “The Evolution of Global Labor Markets Since 1830: Background Evidence and Hypotheses,” *Explorations in Economic History* 32 (1995), pp. 141-196.

は本当に世界を均等化に向けて移行させた（完全に収斂しきった訳ではないが）といえる．

アメリカ経済の事例研究でも記述したとおり，第一次世界大戦の後で，法規制が大量移民の時代に終止符を打った．これも含む各種の理由（特に世界貿易の減少と，2 回の世界大戦の直接的な影響）で，実質賃金収斂は停まってしまい，数十年にわたってむしろ逆転したほどだけれど，戦後になって再開された．

事例研究　移民とアメリカ経済

図 4.14 が示すように，アメリカ人口に占める移民の割合は過去 2 世紀で大きく変動した．20 世紀初頭に，東欧と南欧からの大量移民のおかげで外国生まれのアメリカ人の数は激増した．1920 年代に厳しい移民規制が課されてこの時代は終わりを迎え，1960 年代には移民はアメリカではあまり問題にならなかった．1970 年あたりから新しい移民の波が始まり，今回の移民は南米とアジアから主にきていた．移民の比率はそれ以来着実に増えてはいるものの，移民の第 1 の波で実現した水準にはまだ達していない．

この移民の新しい波は，アメリカ経済にどう影響しただろうか？　最も直接的な影響として，移民は労働力を増やした．2012 年現在，アメリカ労働力の 16.1% は外国生まれだ——つまり移民がなければアメリカの労働者は 16% も減ってしまう．

ほかの条件が同じなら，この労働力増加で賃金は下がるはずだ．広く引用される推計によれば，アメリカの平均賃金は，移民がなかった場合に比べて 3% 低いという[11]．でもアメリカへの移民はアメリカの全体的な人口とは教育水準がまるで違うから，平均賃

図 4.14
アメリカでの外国生まれ住民の比率

1920年代に移民規制がかかって，20世紀半ばには外国生まれの住民比率は激減したけれど，近年にまた移民は急増している．

出典：アメリカ国勢調査局．

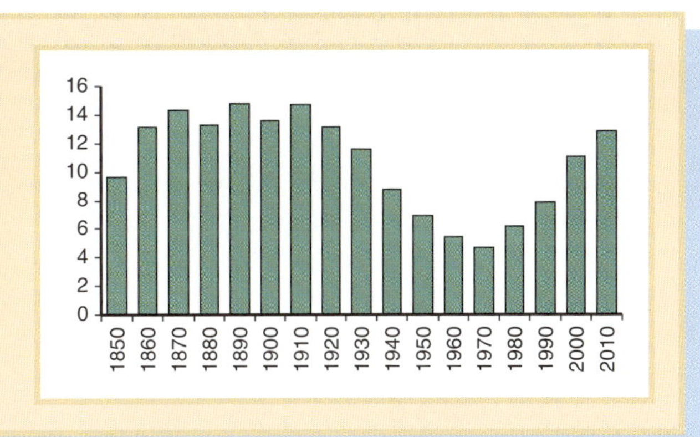

[11] George Borjas, “The Labor Demand Curve Is Downward Sloping: Reexamining the Impact of Immigration on the Labor Market,” *Quarterly Journal of Economics* 118 (November 2003), pp. 1335-1374.

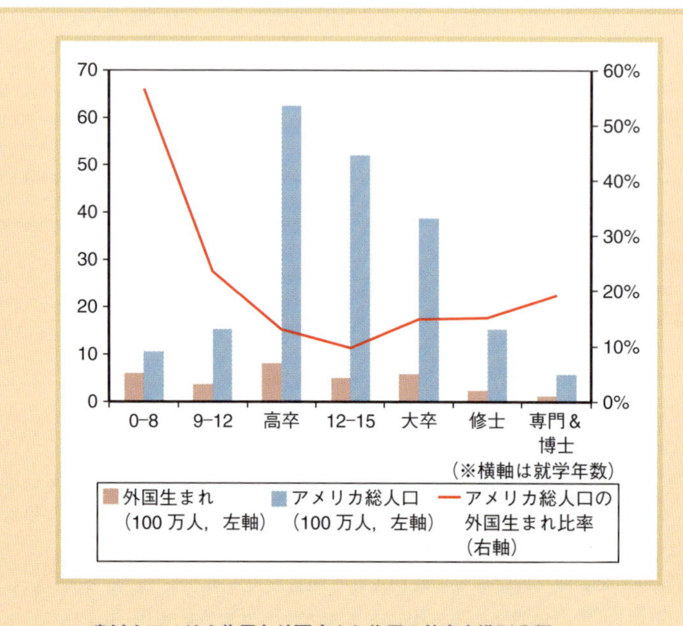

図 4.15　25 歳以上アメリカ住民と外国生まれ住民の教育水準別分類

アメリカ生まれの労働者に比べ，外国生まれの労働者は教育水準最高と最低に集中している．

出典：アメリカ国勢調査局．

金の比較は誤解のもとだ．こうした違いを浮き彫りにするのが図 4.15 で，この図の棒グラフは 25 歳以上の外国生まれとアメリカ総人口を 2010 年時点での教育水準別に分類したものだ（左軸）．線グラフの方は，この両者の比率（それぞれの教育水準別の外国生まれ比率，右軸）を示す．この比率を見ると，外国生まれはアメリカ生まれの労働者に比べ，教育水準最低と最高に集中している．教育水準の最高を見ると，外国生まれの専門職と博士号取得労働者はアメリカ経済に対してとても必要とされる技能，特に科学，技術，工学，数学 (STEM) 分野の技能を提供してくれている．そうした STEM 分野で博士号をもつ労働者のうち，60% は外国生まれだ．

外国生まれの労働者は，最低の教育水準集団にも集中している．2012 年には，移民労働者の 28% は高校やその相当物も終えていない．アメリカ生まれの労働者で高校を終えていないのはたった 5% だ．教育水準の違う労働者たちは，生産に対して違った投入となるので（そして簡単には相互に代替できないので），ほとんどの推計は，移民が実はアメリカ生まれの労働者の大半にとって，むしろ賃金を引き上げたという結果を示している．賃金に対する負の影響は，教育水準の低いアメリカ人に降りかかる．でも経済学者たちの間でも，このマイナスの賃金効果がどのくらい大きいかについてはかなりの論争があり，推計は 8% から，ずっと小さい数字までさまざまだ．

アメリカの所得全体への影響はどうだろう？　アメリカの国内総生産 (GDP)——アメリカで生産される財やサービスすべての価値——は明らかに，移民労働者のおかげで増えている．でもこの生産額増加のほとんどは，当の移民たちに賃金を支払うのに使われている．「移民余剰」——つまり GDP の増分と，移民に支払う賃金費用の差——の推計は一般に小さくて，GDP の 0.1% 程度だ[12]．

移民の経済効果を評価するにあたり，話をややこしくする要因がもう一つある．税収と政府歳出への影響だ．一方で，移民は税金を払って政府の支出費用の一部をまかなってくれる．その一方で，移民の車が走る道路や，子供たちが学ぶ学校などが必要なので，政府に費用をかける．多くの移民は低賃金で支払う税金も少ないから，一部の推計だと移民は追加で支払う分よりも追加負担の方が大きい．でも純財政費用は，純経済効果の推計と同じくかなり小さくて，これまた GDP の 0.1% くらいになっている．

もちろん移民は，すさまじい対立を引き起こす政治的な課題だ．でも移民の経済学では，この対立は説明できない．それにはむしろ，スイス人作家マックス・フリッシュがかつて，移民が自国に与える影響について述べた発言を思い出すのが有益かもしれない．スイスは当時，外国人労働者に大きく依存していたのだけれど，「我々が求めたのは労働だったのに，やってきたのは人々だった」とフリッシュは語る．そして移民が人間だという事実こそが，移民問題をこれほど難しいものにしている．

まとめ

1. 国際貿易はしばしば国内所得の分配に大きく影響するので，勝ち組と負け組が出やすい．所得分配効果は二つの理由で生まれる．生産要素は即座にコストなしで移動はできないこと，そして経済の生産量の組合せが変わることで，各種生産要素に対する影響が違っていることだ．
2. 国際貿易の所得分配効果に関する便利なモデルが**特殊要素**モデルで，これは部門間を移動できる汎用要素と，特定の用途に固有（特殊）な要因とを区別できる．このモデルでは，資源の違いで各国に違った供給曲線が生じ，このため国際貿易が起こる．
3. 特殊要素モデルでは，各国で輸出部門に固有（特殊）な要素は貿易で得をして，輸入競争部門に固有（特殊）な要素は痛手を受ける．どっちの部門でも働ける移動可能要素は，得をすることも損をすることもある．
4. それでも貿易は，全体としての利益をもたらせる．これは，得をする人々が原理的には痛手を受けた人々を補償して，それでもなお以前よりよい立場になれるというせまい意味での話だ．
5. ほとんどの経済学者たちは，国際貿易が所得分配に与える影響は，貿易を制限する根拠としては適切でないと考える．分配効果の点で，貿易はほかの各種の経済的変化と何ら変わ

[12] Gordon Hanson, “Challenges for Immigration Policy,” C. Fred Bergsten, ed., *The United States and the World Economy: Foreign Economic Policy for the Next Decade*, Washington, D.C.: Institute for International Economics, 2005, pp. 343-372 所収を参照.

らない．ほかの変化は通常は規制を受けないのだ．さらに経済学者たちは，所得分配に取り組むなら，貿易フローに介入するよりは直接的な取り組みを行う方がいいと考える．

6. それでも，実際の貿易政策をめぐる政治では，所得分配がきわめて重要となる．特に，貿易で損害を受ける人々は，得をする人々に比べて一般にずっと情報をもち，均質で組織化された集団だという理由からそうなってしまう．
7. 国際要素移動は時に貿易を代替できるので，国際労働移民が国際貿易としばしば原因面でも影響面でも似るのは当然だ．労働は，労働力が豊富な国から希少な国へと移動する．この移動は世界生産量を増やすけれど，強い所得分配効果ももたらすから，結果として一部の集団は痛手を受ける．

重要用語

アメリカ貿易調整支援プログラム p.77
移動(可能)要素 p.60
収穫逓減 p.61
生産可能性フロンティア p.61
生産関数 p.62
特殊要素 p.59
特殊要素モデル p.59
予算制約 p.74
労働限界生産 p.61

練習問題

1. 1986 年に世界市場での原油価格が急落した．アメリカは石油輸入国なので，これはアメリカにとってよいことだと広く思われた．それでもテキサス州とルイジアナ州では，1986 年は経済停滞の年だと一般に思われている．なぜだろう？
2. ある経済は労働と資本を使って財 1 を生産し，財 2 を，労働と土地を使って生産する．労働の総供給は 100 単位だ．資本供給が所与として，二つの財は労働投入に応じて以下のように変わる：

財1の労働投入	財1の生産量	財2の労働投入	財2の生産量
0	0.0	0	0.0
10	25.1	10	39.8
20	38.1	20	52.5
30	48.6	30	61.8
40	57.7	40	69.3
50	66.0	50	75.8
60	73.6	60	81.5
70	80.7	70	86.7
80	87.4	80	91.4
90	93.9	90	95.9
100	100	100	100

   a. 財 1 と財 2 の生産関数をグラフで示そう．
   b. 生産可能性フロンティアをグラフで描こう．なぜ曲線になるんだろうか？
3. 問題 2 の生産関数に対応する労働限界生産は以下のとおり：
   a. 財 1 の価格ではかった財 2 の価格が 2 だとする．両セクターの賃金率と労働配分をグラフを使って求めよう．
   b. 問題 2 で描いたグラフを使って，両部門の生産量を求めよう．そして，その点の生産

雇用労働者	財 1 の労働限界生産	財 2 の労働限界生産
10	1.51	1.59
20	1.14	1.05
30	1.00	.82
40	.87	.69
50	.78	.60
60	.74	.54
70	.69	.50
80	.66	.46
90	.63	.43
100	.60	.40

可能性フロンティアが，相対価格に等しいことをグラフで確認しよう．

c. 財 2 の相対価格が 1.3 に下がったとする．この場合について (a) と (b) を繰り返そう．

d. 価格が 2 から 1.3 に変化したときの，両産業部門での特殊要素所得に対する影響を計算しよう．

4. 二つの国（自国と外国）があり，財 1（労働と資本を使用）と財 2（労働と土地を使用）を問題 2 と 3 の生産関数に応じて生産しているとする．当初，どちらの国も同じ労働供給（それぞれ 100 単位）と資本と土地をもつ．自国の資本ストックがその後増加した．この変化で，雇用した労働の関数として表した財 1 の生産関数（問題 2 で求めた）と，それに伴う労働外内生産曲線（問題 3 で求めた）がどちらも外側にシフトする．財 2 の生産関数と限界生産曲線はそのままだ．

a. 自国の資本供給が増えたら，その生産可能性フロンティアがどうなるかを示そう．

b. 同じグラフ上に，自国と外国経済の相対供給曲線を描こう．

c. この両国が貿易に国を開いたら，貿易のパターンはどうなるだろう（つまりどっちの国がどの財を輸出するだろう）？

d. 貿易に国を開くことで，どっちの国でも三つの要素すべて（労働，資本，土地）がどのように影響を受けるか説明しよう．

5. 自国と外国ではたった一つの財を生産しており，その生産には二つの生産要素，土地と労働が使われる．両国での土地供給と生産技術はまったく同じだ．各国の労働限界生産は，雇用水準ごとに次のようになる．

雇用労働者数	最後の労働者の限界生産
1	20
2	19
3	18
4	17
5	16
6	15
7	14
8	13
9	12
10	11
11	10

当初，自国では労働者が 11 人雇われていて，外国ではたった 3 人だった．自国から外国への労働移動が自由なら，雇用，生産，実質賃金，地主の所得が両国でそれぞれどうなるかを示そう．

6. 問題 5 の数値例を使って，今度は外国が移民を制限して，自国から外国に行ける労働者が二人に限られるとしよう．この労働者二人の移動が，以下の 5 集団の所得にどう影響するかを計算しよう：
   a. もともと外国にいた労働者
   b. 外国の地主
   c. 自国にとどまった労働者
   d. 自国の地主
   e. 外国に引っ越した労働者
7. メキシコからアメリカへの移民の影響に関する調査を見ると，いちばんの勝ち組は当の移民たちだという結論になることが多い．この結果を，上の問題の例を使って説明しよう．国境が開放されて移民制限がまったくなくなれば，状況はどう変わるだろうか？

もっと勉強したい人のために

- Avinash Dixit and Victor Norman. *Theory of International Trade.* Cambridge: Cambridge University Press, 1980. 一部の人が痛手を被るときに貿易の利益をどう見きわめるかという問題は長い論争の種となっている．Dixit and Norman は，原理的にはその国の政府が税金や補助金を使い所得を再分配して，貿易なしの場合より自由貿易で必ず万人が得をするようにできることを示した．
- Lawrence Edwards and Robert Z. Lawrence. 2013. *Rising Tide: Is Growth in Emerging Economies Good for the United States?* Peterson Institute for International Economics. エマージング経済（中国やインドなど）との貿易増加がアメリカとその労働者にどう影響したかを検討する，読みやすい本．
- Hanson, Gordon H. 2009. "The Economic Consequences of the International Migration of Labor." *Annual Review of Economics* 1 (1): 179–208. 移民の増加が，流出国と流入国の双方にどう影響したかをレビューしたサーベイ論文．
- Douglas A. Irwin, *Free Trade under Fire*, 3rd edition. Princeton, NJ: Princeton University Press, 2009. 貿易が自由化すると全体として厚生利得があるという議論を支持するデータをいろいろ示す，読みやすい本．第 4 章で，貿易と失業の関係は詳しく見る（本章でも少し触れた）．
- Charles P. Kindleberger. *Europe's Postwar Growth: The Role of Labor Supply.* Cambridge: Harvard University Press, 1967. ヨーロッパでの労働移民がきわめて多かった頃に果たした役割をうまく説明した本．
- Robert A. Mundell. "International Trade and Factor Mobility." *American Economic Review* 47 (1957), pp. 321–335. 貿易と要素移動が相補的だという議論を最初に示した論文．
- Michael Mussa. "Tariffs and the Distribution of Income: The Importance of Factor Specificity, Substitutability, and Intensity in the Short and Long Run." *Journal of Political Economy* 82 (1974), pp. 1191-1204. 第 5 章の要素比率モデルと関連して，特殊要素モデルを拡張した論文．
- J. Peter Neary. "Short-Run Capital Specificity and the Pure Theory of Interna-

tional Trade." *Economic Journal* 88 (1978), pp. 488–510. 特殊要素モデルをさらに進めた研究で，要素移動についての想定が変わるとモデルの結論に影響することを強調.

- Mancur Olson. *The Logic of Collective Action.* Cambridge: Harvard University Press, 1965. 邦訳マンサー・オルソン『集合行為論』(ミネルヴァ書房，1996). 実際には政策は小さい集中した集団を大きな集団よりも優先するという主張を論じた，きわめて影響力のある本.
- David Ricardo. *The Principles of Political Economy and Taxation.* Homewood, IL: Irwin, 1963. 邦訳リカード『経済学および課税の原理』. リカード『原理』はある部分では国民への貿易からの利得を強調するけれど，別のところでは地主と資本家との利害対立が大きなテーマだ.

第4章補遺

APPENDIX TO CHAPTER 4

特殊要素の詳細

この章で構築した特殊要素モデルは実に便利な分析ツールなので，ここで少し時間をかけて，その一部についてもっと詳細をきちんと説明しよう．細かく説明するのは，二つの関連した課題だ：(1) 各部門の限界生産と総生産の関係，(2) 相対価格変動が所得分配に与える影響．

限界生産と総生産

本文中では，布の生産関数を二つの形で描いた．図 4A.1 では，資本を一定として総生産量を労働投入の関数として表した．それから，その曲線の傾きが限界労働生産だと指摘して，その限界生産を図 4A.2 で示した．今度は，総生産量が限界生産曲線の下の部分の面積だと実証したい（微積分を知っている学生は，そんなの当たり前だと思うだろう．限界生産は総生産の微分だから，その総和は限界の積分となる訳だ．でもそういう学生にとっても直感的なアプローチが役に立つことがある）．

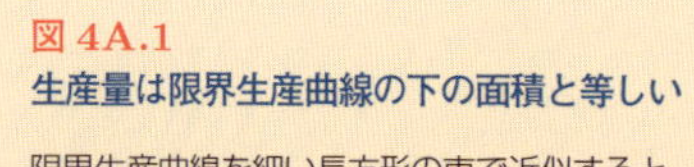
図 4A.1
生産量は限界生産曲線の下の面積と等しい

限界生産曲線を細い長方形の束で近似すると，布の総生産量は，曲線の下の面積に等しいことが示せる．

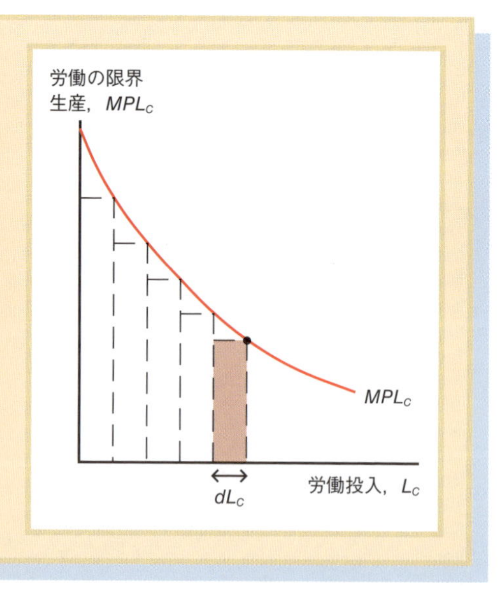

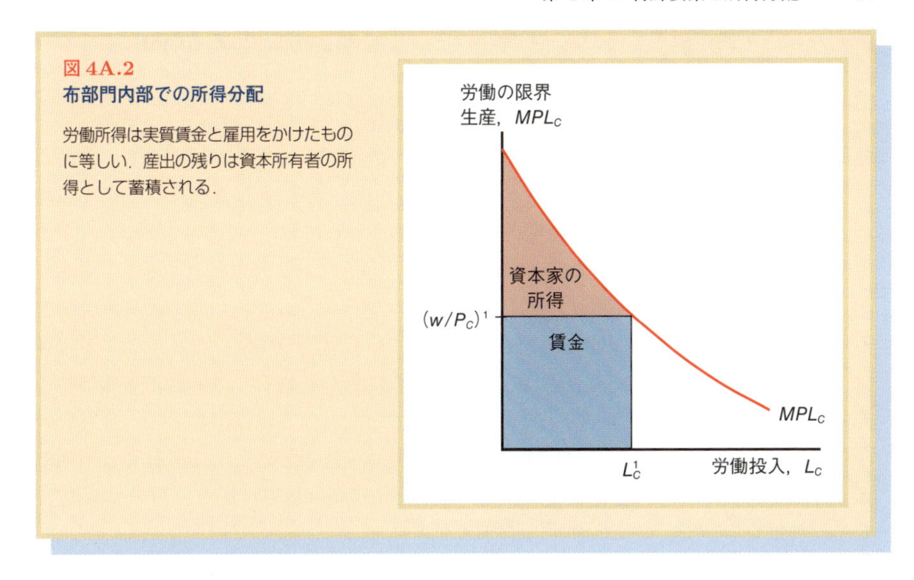

図 4A.2
布部門内部での所得分配

労働所得は実質賃金と雇用をかけたものに等しい．産出の残りは資本所有者の所得として蓄積される．

図 4A.1 では，改めて布生産の限界生産曲線を示した．仮に L_C 人時間を雇用したとする．布の総生産量はどう示せばいいだろう？　これを，限界生産曲線を使って近似しよう．まず，雇用する人時間をちょっとだけ減らしたらどうなるか考えよう．例えば，dL_C 減らしてみよう．生産量はもちろん減る．その減少分はだいたい次の式となる．

$$dL_C \times MPL_C$$

つまり，労働力の減った分に，その最初の雇用水準での労働限界生産をかけたものになる．この減少分は，図 4A.1 で色をつけた長方形の面積で表される．では，さらに人時間を減らしてみよう．生産量の減少分は，またもや長方形になる．今度の長方形はさっきより縦長になる．労働の量が減るにつれて，労働の限界生産が増えるからだ．このプロセスを労働がゼロになるまで続けると，減少する生産量概算は，図に示した長方形全部の合計になる．でも労働がまったく雇用されないと，生産量はゼロに下がる．だから，布部門の総生産量を求めるには，限界生産曲線の下にある長方形すべての面積を足し合わせればいい．

でもこれは，近似でしかない．というのも，使ったのは 1 回ごとに取り除いた労働の束の中で，いちばん最初の人時間の限界生産だからだ．もっと労働の束を細かくすれば，近似の精度は上がる――その束が細かければ細かいほどいい．減らされる労働の束がますます小さくなるにつれて，長方形はますます細くなり，限界生産曲線の下の総面積にどんどん近づく．それを突き詰めると，労働 L_C で生産される布の総生産

量 Q_C は，労働の限界生産曲線 MPL_C の L_C までの下の部分にある面積になる．

相対価格と所得分配

図 4A.2 は，今導いたばかりの結果を使って，布部門での所得分配を示す．布部門の雇用者は，労働者の限界生産 $P_C \times MPL_C$ の価値が賃金 w に等しくなるまで労働 L_C を雇うのを見た．これを，布部門の実質賃金をもとにして $MPL_C = w/P_C$ とかき直せる．だからある実質賃金の水準，例えば $(w/P_C)^1$ で，図 4A.2 の限界生産曲線を見れば，雇用される労働は L_C^1 人時間になるのがわかる．これらの労働者が生産する総生産量は，限界生産曲線の，L_C^1 までの下にある部分の面積になる．この生産量は，労働者と資本所有者の実質所得（布で計測）に分割される．労働者に支払われる部分は，実質賃金 $(w/PC)^1$ に L_C^1 をかけたものになり，これは図に示した長方形の面積だ．残りは資本所有者の実質所得となる．食品生産が労働と土地所有者との間でどう分配されるかも，同じ方法で求められる．食品で測った実質賃金 w/P_F の関数として見ればいい訳だ．

仮に，布の相対価格が上がったとしよう．図 4.7 で，P_C/P_F が上がると布で測った実質所得は下がり（賃金は P_C より上がり方が少ないから）食品で測った実質所得は上がる．これが資本家と地主の所得に与える影響は，図 4A.3 と 4A.4 に示した．布部門では，実質賃金は $(w/P_C)^1$ から $(w/P_C)^2$ に下がる．結果として，資本家たちがもらえる布で測った実質所得は増える．食品部門では，実質賃金は $(w/P_F)^1$ から $(w/P_F)^2$ に上がり，地主がもらえる食品で測った実質所得は減る．

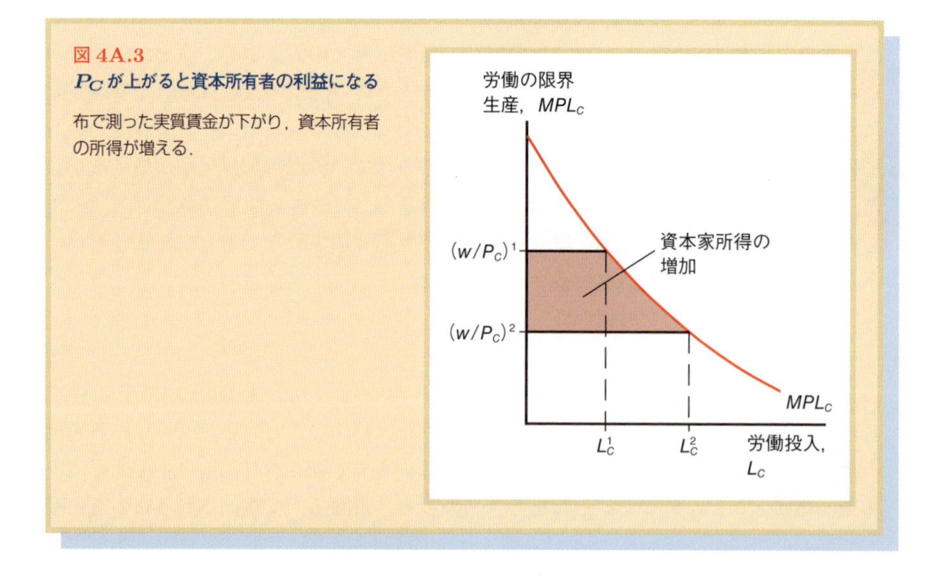

図 4A.3
P_C が上がると資本所有者の利益になる

布で測った実質賃金が下がり，資本所有者の所得が増える．

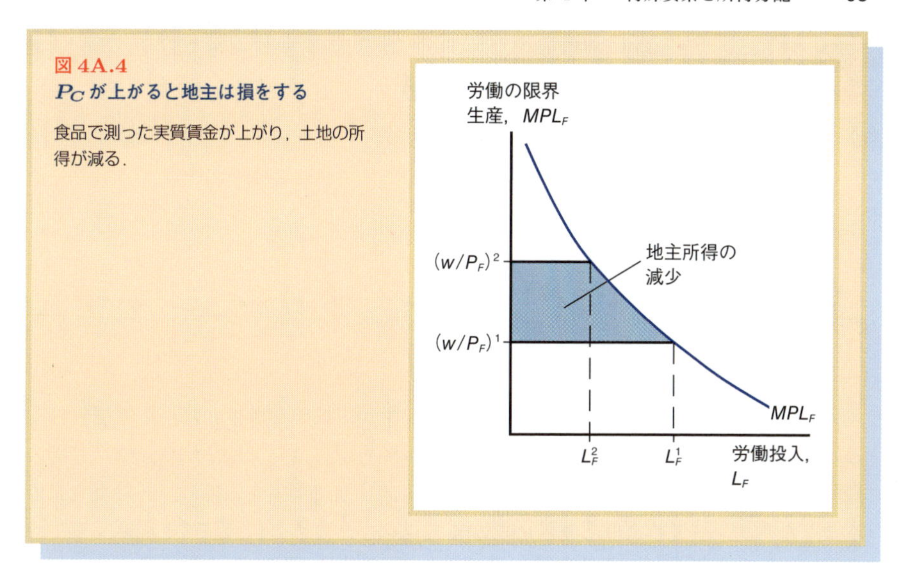

図 4A.4
P_C が上がると地主は損をする

食品で測った実質賃金が上がり，土地の所得が減る．

この実質所得に対する影響は，P_C/P_F 自体の変化でさらに強化される．食品で測った資本所有者たちの実質所得は，布で測った実質所得よりも増え方が大きい――今や食品の方が布に比べて相対的に安くなるからだ．逆に，地主の実質所得を布で測ったものは，食品で測った実質所得より大きく下がる――布の方が相対的に高くなったからだ．

CHAPTER 5

資源と貿易：ヘクシャー＝オリーン・モデル

リカード・モデルが想定するように，生産要素が労働しかなければ，比較優位は国際的な労働生産性の違いからしか生まれない．でも現実世界では，比較優位は各国の資源の違いも反映する．カナダが森林製品をアメリカに輸出するのは，別にカナダの木こりたちがアメリカよりも生産的だからではなく，カナダは人口密度が低くてアメリカよりも一人あたりの森林面積が広いからだ．だから貿易の現実的な見方は，労働の重要性だけでなく，土地，資本，鉱物資源などほかの生産要素も考慮すべきだ．

資源の違いが貿易で果たす役割を説明するため，この章では貿易をもたらすのが資源の違い**だけ**というモデルを検討する．このモデルは，比較優位が国の資源（生産要素の相対的な**豊富さ**）と生産技術（各種の財の生産に使われる，それぞれの**要素**の相対的な**集約度**に影響する）との相互作用に影響されることを示す．こうした発想の一部は，第 4 章の特殊要素モデルでも示したものだけれど，この章で勉強するモデルはすべての生産要素が部門間で移動可能なときの長期的な結果を見ることで，豊富さと集約度の相互作用をもっと浮き彫りにする．

国際貿易が各国の資源の違いに大きく左右されるというのは，国際経済学で最も影響力のある理論の一つだ．これを開発したのはスウェーデン人経済学者の二人組，エリ・ヘクシャーとベルティル・オリーンだ（オリーンは 1977 年にノーベル経済学賞を受賞した）．だからこのモデルは**ヘクシャー＝オリーン理論**とよばれることが多い．この理論は，各国が使えるさまざまな生産要素の比率と，それが各種の財をつくるときに使われる比率との相互作用を強調するので，**要素比率理論**ともよばれる．

要素比率理論を構築するため，まずは貿易をしない経済を記述して，それからそうした経済二つが貿易を始めたらどうなるかを考えよう．生産要素が一つしかないリカード・モデルとは違い，貿易は長期の場合ですら，要素間の所得分配に影響する．貿易が先進国の賃金格差増大にどこまで貢献しているかについても論じる．そして最後に，貿易の要素比率理論の予測について，それを支持する（または支持しない）実証データについて，さらに検討してみる．

学習目標

この章を読み終わったら，こんなことができるようになる．

- 資源の違いが固有の貿易パターンをつくり出すのを説明できる．
- 貿易の利益は，長期的にさえ均等には広がらないことを論じ，勝ち組や負け組になりそうな人々を指摘できる．
- 先進国での貿易増大と，賃金格差の上昇とのつながりの可能性を理解できる．
- 貿易と要素価格の実証的なパターンが，要素比率理論の予想の一部（全部ではない）を支持していることがわかる．

2 要素経済のモデル

この章では，要素比率モデルのいちばん簡単なものに注目する．これは二つの国，二つの財，二つの生産要素で構成されるから「2-2-2」とよばれることもある．ここでの例では，二つの国を自国と外国とよぼう．財は第 4 章の特殊要素モデルと同じで，相変わらず布（単位はメートル）と食品（単位はカロリー）だ．重要な違いは，各部門に固有（特殊）だった移動不可能要素（布の資本，食品の土地）は，この章だと長期的には移動可能になっているということだ．だから農業に使われていた土地は，繊維工場の建設に使える．力織機を買った資本は，トラクターの支払いに使える．話を単純にするため，追加の要素は資本だけにして，これが労働と組み合せることで，布でも食品でも生産できることにしよう．長期的には，資本も労働も部門間を移動できて，両方の部門での両方の収益（レンタル料と賃金）を均等化する．

価格と生産

布と食品は，どっちも資本と労働を使って生産される．それぞれの部門で雇用されている資本と労働の量がわかれば，その財の生産量は次の生産関数で決まる：

$$Q_C = Q_C(K_C, L_C)$$

$$Q_F = Q_F(K_F, L_F)$$

ここで Q_C と Q_F は，布と食品の生産量水準で，K_C と L_C は布の生産で雇用されている資本と労働の量，K_F と L_F は食品生産に雇用されている資本と労働の量だ．経済全体で見ると，資本 K と労働 L の総量は固定されていて，それが両部門に配分される．

二つの生産技術に関連して以下の表記を定義しよう：

$$a_{KC} = \text{布 1 メートルの生産に使う資本}$$

$$a_{LC} = \text{布 1 メートルの生産に使う労働}$$

$$a_{KF} = \text{食品 1 カロリーの生産に使う資本}$$

$$a_{LF} = \text{食品 1 カロリーの生産に使う労働}$$

こうした単位投入要件は，リカード・モデル（労働だけ）で定義したものとよく似ている．でも重要な違いが一つある．この定義で述べられているのは，ある一定量の布や食品を生産するのに**必要な**資本や労働の量ではなく，**使われる**資本や労働の量だ，ということだ．リカード・モデルとこの点で違う理由は，生産要素が二つある場合には投入の使い方に選択の余地があるかもしれないからだ．

一般に，こうした選択は労働と資本の要素価格で決まる．でも，まずはそれぞれの財を生産する方法が一つしかない特別な場合を見よう．次の数値例を考えて欲しい．布 1 メートルの生産には，2 労働時間と 2 機械時間の組合せが必要だ．食品の生産はもっと自動化されている．だから食品 1 カロリーの生産は，たった 1 労働時間と 3 機械時間しかかからない．だから，あらゆる単位投入要件は，次のように固定されている：$a_{KC} = 2$; $a_{LC} = 2$; $a_{KF} = 3$; $a_{LF} = 1$; そして労働による資本の代替や，その逆はまったくあり得ない．経済には，機械時間 3,000 単位，労働時間 2,000 単位が賦存しているとする．この要素代替がない特別な場合には，経済の生産可能性フロンティアは，この資本と労働の二つの制約から導ける．布 Q_C メートルは $2Q_C = a_{KC} \times Q_C$ 機械時間と，$2Q_C = a_{LC} \times Q_C$ 労働時間を必要とする．同様に，食品 Q_F カロリーの生産には $3Q_F = a_{KF} \times Q_F$ 機械時間と，$1Q_F = a_{LF} \times Q_F$ 労働時間が必要だ．布と食品の生産で使われる機械時間の合計は，総資本供給を超えることはできない：

$$a_{KC} \times Q_C + a_{KF} \times Q_F \leq K, \quad \text{つまり} \quad 2Q_C + 3Q_F \leq 3{,}000 \tag{5.1}$$

これは資本の資源制約となる．同じく，労働の資源制約は，生産で使われる労働の総和は労働の総供給を超えられないと述べる:

$$a_{LC} \times QC + a_{LF} \times Q_F \leq L, \quad \text{つまり} \quad 2Q_C + Q_F \leq 2{,}000 \tag{5.2}$$

図 5.1 は式 (5.1) と (5.2) が，今の数値例で生産可能性にどう影響するかを示したものだ．それぞれの資源制約は，図 3.1 でリカード・モデルの生産可能性フロンティアを描いたのと同じやり方で描く．でもこの場合，経済は**両方の**制約の範囲内で生産しなければならないから，生産可能性フロンティアは，赤で示した折れ線になる．経済が食品生産に特化すれば（点 1），食品 1,000 カロリーを生産できる．この生産点では，労働余力がある 2,000 労働時間のうち，1,000 時間しか雇用されていない．逆に，もし経済が布生産に特化したら（点 2），布を 1,000 メートル生産できる．その生産点では資本の余りがある．3,000 機械時間のうち 2,000 時間しか雇用されていない．生産点

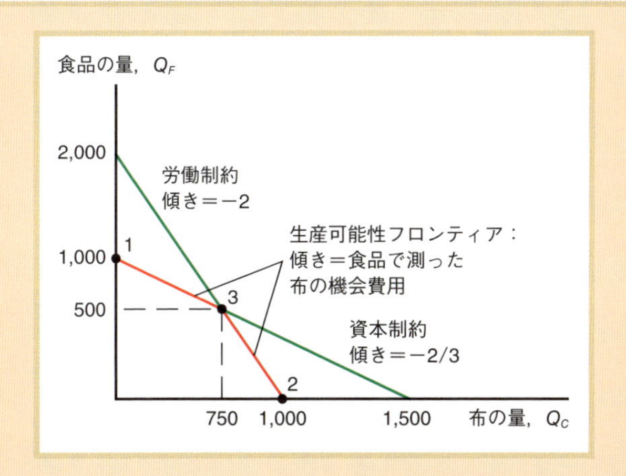

図 5.1　要素代替なしの生産可能性フロンティア：数値例

資本を労働で代替できず，その逆も無理なら，要素比率モデルでの生産可能性フロンティアは両資源の制約で定義される．経済は，労働（2,000労働時間）も資本（3,000機械時間）も，総供給の範囲内でしか使えない．だから生産可能性フロンティアは，図の赤線で定義される．点1では，経済は食品生産に特化し，供給されている労働時間の一部は雇用されない．点2では，経済は布に特化し，供給されている機械時間の一部は雇用されない．点3の生産では，経済は労働と資本資源のすべてを雇用する．生産可能性フロンティアの重要な特徴は，食品で見た布の機会費用が一定ではないということだ．経済の生産の組合せが布の方にシフトすると，2/3から2に上がる．

3 だと，経済は労働と資本資源のすべてを雇用している（1,500 機械時間と 1,500 労働時間が布生産に割かれ，1,500 機械時間と 500 労働時間が食品生産にあてられる）[1]．

この生産可能性フロンティアの重要な特徴は，食品生産で測った布追加 1 メートル生産の機会費用が一定ではないということだ．経済が主に食品を生産しているとき（点 3 の左側），労働に余力がある．食品生産を 2 単位減らすことで，6 機械時間が自由になるので，それを使って布を 3 メートルつくれる．布の機会費用は 2/3 だ．経済が主に布をつくっているとき（点 3 の右），資本の余力がある．食品の生産を 2 単位減らすことで，2 労働時間が開放され，これは布を 1 メートルつくれる．すると布の機会費用は 2 だ．だから布の機会費用は，生産される布が多いときには高くなる．

さて今度はモデルをもっと現実的にして，生産で資本を労働で置きかえたり労働を

---

[1] 要素代替がない場合は，両方の要素を完全に雇用する生産点が一つしかない特別な場合だ．生産可能性フロンティア上でそれ以外のあらゆる点では，一部の要素は雇用されずに残ってしまう．以下で述べる，要素代替のあるもっと一般的な場合には，この奇妙な点は消え，両方の要素が生産可能性フロンティアのあらゆる点で完全雇用される．

図 5.2
要素代替ありの生産可能性フロンティア

資本を労働で代替でき，その逆も可能なら，生産可能性フロンティアにはもう折れた点はなくなる．でも相変わらず，経済の生産の組合せが食品から布の方にシフトすると，食品で見た布の機会費用は上がる．

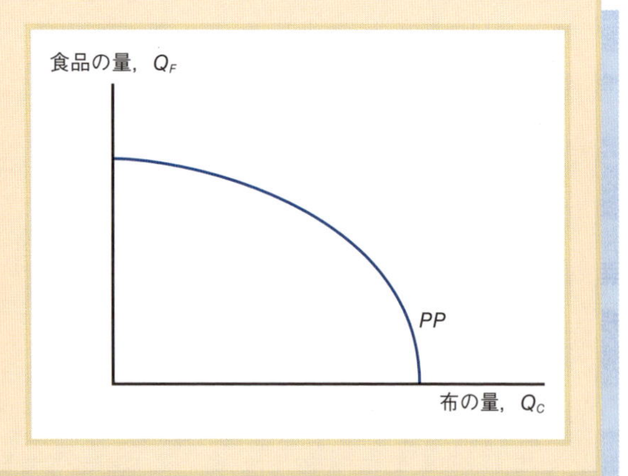

資本で置きかえたりする可能性を加えよう．この代替で，生産可能性フロンティアの折れ曲がりはなくなる．むしろフロンティア PP は，図 5.2 に示す弓形になる．弓形でわかるのは，布を追加で 1 単位つくる機会費用を食品で測ったものは，経済の布生産が増え，食品生産が減るにつれて上がるということだ．つまり，生産の組合せが変わるにつれて機会費用も変わるという基本的な洞察が相変わらず成り立つ．

生産可能性フロンティアの上で，経済はどこで生産するだろうか？　それは価格次第だ．具体的には，経済は生産の価値を最大化する点で生産する．それがどういう意味かを示すのが図 5.3 だ．経済の生産の価値は次の式になる：

図 5.3
価格と生産

経済は，直面する価格が与えられたときに，生産の価値を最大化する点で生産する．これは，最大の等価値線上の点だ．この点で，食品で見た布の機会費用は，布の総体価格 P_C/P_F に等しくなる．

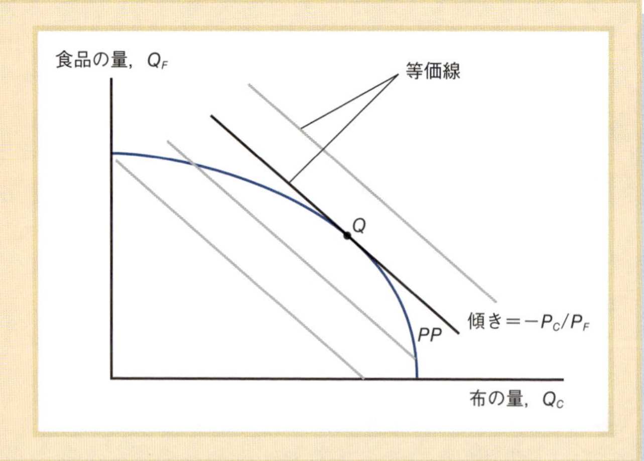

$$V = P_C \times Q_C + P_F \times Q_F$$

ただし P_C と P_F は，それぞれ布の価格と食品の価格を表す．等価値線——生産物の価値が一定となる線——は傾き $-P_C/P_F$ だ．経済は点 Q で生産する．これは，生産可能性フロンティアがいちばん高い等価値線と接する点だ．この点で，生産可能性フロンティアの傾きは $-P_C/P_F$ と等しくなる．すると布の追加 1 単位をつくる機会費用を布で表したものは，布の相対価格に等しい．

投入の組合せを選ぶ

すでに述べたように，2 要素モデルだと生産者たちは，投入の使い方に選択の余地がある．例えば農民は，相対的に機械化された設備（資本）を使って労働者を減らしたり，あるいはその逆が選べる．だから農民は，生産される生産量 1 単位あたりで，どれだけの労働と資本を使うか選べる．つまりそれぞれの部門で，生産者たちは（リカード・モデルとは違い）固定された投入要件に直面するのではなく，図 5.4 で示したようなトレードオフに直面する．これは食品 1 カロリーを生産するのに使えるさまざまな投入の組合せを示している訳だ．

生産者が実際に行う投入の選択はどれだろうか？　それは資本と労働の相対費用による．もし資本のレンタル料が高くて賃金が低ければ，農民たちは資本を少なめで労働を大量に使おうとする．一方，レンタル料が低くて賃金が高ければ，労働は節約して資本をたくさん使う．w が賃金率で r が資本のレンタル費なら，投入の選択はこの二つの**要素価格**の比率 w/r で決まる[2]．要素価格と，食品生産での労働の資本に対す

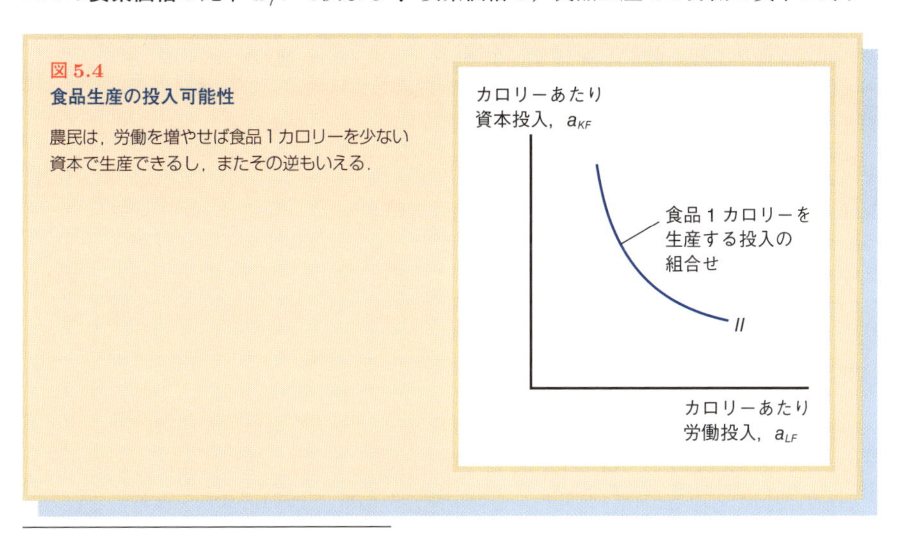

図 5.4
食品生産の投入可能性

農民は，労働を増やせば食品 1 カロリーを少ない資本で生産できるし，またその逆もいえる．

[2] 労働資本比率の最適な選択についてはこの章の補遺でもっと詳しく説明してある．

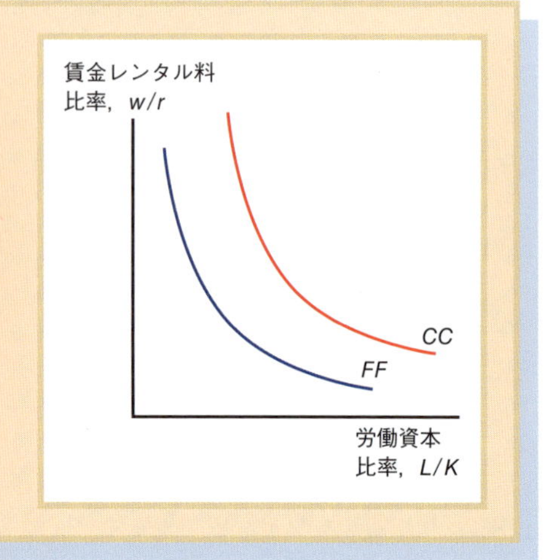

図 5.5
要素価格と投入選択

各産業部門で，生産で使われる労働資本比率は労働費用と資本費用の比 w/r による．FF 曲線は，食品生産での労働資本比率の選択を示し，CC 曲線は布生産での同じ選択を示す．どの賃金レンタル料比率でも，布生産の方が使う労働資本比率は高い．これが成り立つとき，布の生産は**労働集約的**で，食品生産は**資本集約的**だという．

る使用比率は，図 5.5 の曲線 FF で示した．

w/r と布生産の労働資本比率にも，これと対応した関係がある．その関係を図 5.5 で曲線 CC で示す．そこで示したように，CC は FF に比べて外にシフトしている．どんな要素価格だろうと布の生産は，食品生産に比べると資本より労働の方をたくさん使うということだ．これが成り立つ場合，布の生産は**労働集約的**で，食品の生産は**資本集約的**だという．集約性の定義は，生産での資本に対する労働の比率次第で，労働や資本の生産量に対する比率ではないことに注意しよう．だから財が同時に資本集約的で労働集約的ということはあり得ない．

図 5.5 の曲線 CC と FF は相対要素需要曲線とよばれる．これは財の相対需要曲線ととても似ている．その右肩下がりの傾きは，生産者の要素需要における代替効果を特徴づけている．賃金 w がレンタル料 r に対して相対的に上がると，生産者は労働を資本で代替するという生産判断を下す．さっき検討した，要素代替のない場合は限定的なもので，相対需要曲線が垂直線になっていた．需要される労働と資本の比率は固定で，賃金レンタル料比率 w/r が変わっても変化しない．本章の残りでは，要素代替があって，相対要素需要曲線が右肩下がりになる，もっと一般的な場合を考えよう．

要素価格と財の価格

経済が布と食品の両方を生産すると仮定してみよう（もし経済が国際貿易をしているなら，これは必ずしも成り立たない．片方の財の生産に完全に特化するかもしれないからだ．でもここでは一時的に，この可能性を無視しよう）．すると，それぞれの産業部門で生産者が競争するため，それぞれの財の価格がその生産費用と確実に等しく

図 5.6
要素価格と財の価格

布生産は労働集約的で，食品生産は資本集約的だから，要素価格比 w/r と布の相対価格 P_C/P_F に 1 対 1 の対応関係がある．労働の相対費用が上がれば，労働集約財の相対価格も上がるしかない．この関係は曲線 SS で示される．

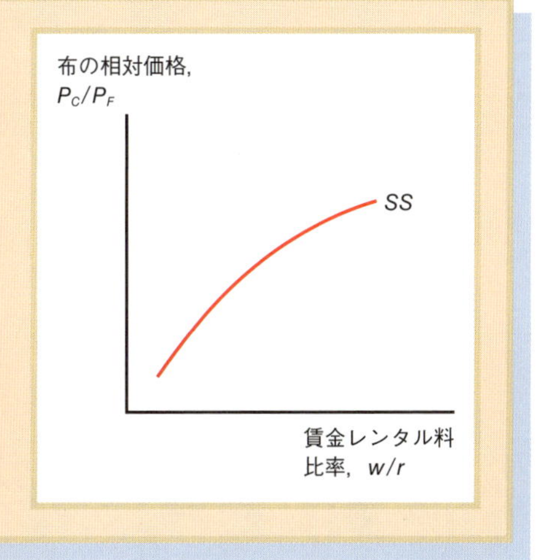

なる．財を生産する費用は要素価格に依存する．賃金が上がれば——ほかの条件が同じなら——生産に労働を使うあらゆる財の価格も上がる．

ある特定要素の価格が，その財の生産費用にとってどれほど重要かは，その財の生産にその要素がどのくらい関わっているかで左右される．例えば食品生産が，労働をほとんど使わなければ，賃金上昇は食品価格には大して影響しないし，布の生産がやたらに労働を使うなら，賃金が上がれば布価格には**間違いなく**大きな影響が出る．だから，賃金率とレンタル料率の比率 w/r と，布価格と食品価格の比率 P_C/P_F との間には 1 対 1 の対応関係がある．この関係は図 5.6 の右肩上がりの曲線 SS に示されている[3]．

図 5.5 と 5.6 をいっしょに見よう．図 5.7 の左側は図 5.6（SS 曲線の図）を反時計まわりに 90 度まわしたものだし，右側は図 5.5 と同じだ．この二つのグラフをまとめることで，それぞれの財の価格が，生産に使われる労働の対資本費に対してもつ，一見すると驚くようなつながりがわかる．仮に，布の相対価格が $(P_C/P_F)^1$ だとしよう（図 5.7 の左側）．経済が両方の財を生産するなら，賃金率の対資本レンタル料率の比率は $(w/r)^1$ になるはずだ．そしてこの比率は，布と資本の生産に雇用されている労働の対資本比が，それぞれ $(L_C/K_C)^1$ と $(L_F/K_F)^1$ になるということだ（図 5.7 右側）．布の相対価格が，$(P_C/P_F)^2$ の水準まで上がれば，賃金率の対資本レンタル料率は $(w/r)^2$ に上がる．労働が相対的に高くなったので，布と食品の生産に使われる，労働の対資本比は $(L_C/K_C)^2$ と $(L_F/K_F)^2$ に下がる．

---

[3] この関係が成り立つのは，経済が布と食品をどちらも生産する場合だけで，この両者は布の相対価格について与えられた範囲と関連している．もし相対価格が所与の上限水準以上に上がったら，経済は布生産に特化する．相対価格がある下限以下になれば，経済は食品生産に特化する．

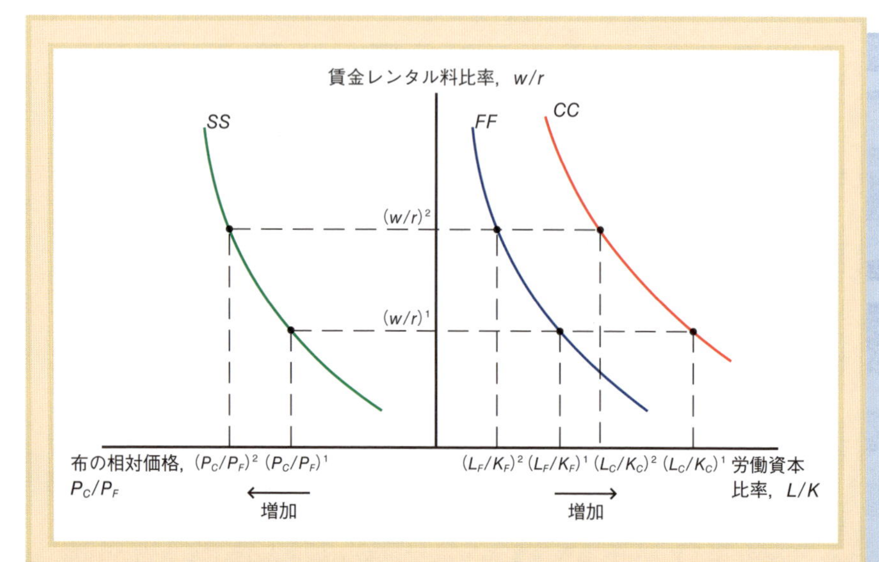

図 5.7　財の価格から投入選択へ

布の相対価格 $(P_C/P_F)^1$ が与えられると，賃金率と資本レンタル料の比率は $(w/r)^1$ になる．この賃金レンタル比は，今度は布と食品の生産に雇用される労働の対資本比は $(L_C/K_C)^1$ と $(L_F/K_F)^1$ でなければならないということだ．布の相対価格が $(P_C/P_F)^2$ になれば，賃金レンタル料比は $(w/r)^2$ に上がるしかない．すると，両方の財で使われる労働資本比率は下がる．

この図からはもう一つ重要なことがわかる．左側はそのままでも，布の価格が食品に比べて上がれば，資本所有者に比べて労働者の所得が上がることを示す．でも，もっと強い主張ができる．そうした相対価格の変化は**どちらの**財で測った実質賃金も引き上げ，実質レンタル料を下げることで，間違いなく労働者の購買力をあげ，資本所有者たちの購買力を下げるということだ．

なぜそんなことがわかるんだろう？　P_C/P_F が上がると，布と食品の両方で，生産に使う労働の対資本比は下がる．でも競争経済だと，生産要素が受け取るのは限界生産だ——布で見た労働者の実質賃金は，布生産での労働の限界生産に等しいなどなど．どっちかの財の生産で，労働の対資本比が下がると，その財で測った労働限界生産は上がる——だから労働者たちにとっては，どっちの財で見ても実質賃金が上がる．一方，資本の限界生産はどっちの産業でも下がるので，資本所有者たちはどっちの財で見ても実質所得が下がる．

つまりこのモデルでは，特殊要素モデルと同じく相対価格の変化が所得分配に強い影響をもつ．財の価格変化は所得の分配を変えるというだけではない．その変化は必ず，ある生産要素の所有者が得をし，ほかが損をするようなかたちで変化する訳だ[4]．

資源と生産量

後は，財の価格，要素供給，生産量の間の関係を記述すれば，2 要素経済の記述は完成する．特に，資源（ある要素の総供給）の変化が部門間の要素配分と，それに伴う生産量の変化にどう影響するかを検討しよう．

仮に，布の相対価格は所与としよう．図 5.7 から，布のあらゆる相対価格，例えば $(P_C/P_F)^1$ は，決まった賃金レンタル料比率 $(w/r)^1$ と対応しているのがわかる．そしてこの比率が今度は，布と食品のそれぞれの部門で雇用されている，労働の対資本比 $(L_C/K_C)^1$ と $(L_F/K_F)^1$ を決める．では，経済の労働力が増えると想定しよう．つまり経済の総労働の資本比率 L/K が上がるということだ．布の相対価格が決まれば，どっちの部門でも雇用されている労働の対資本比は一定だというのを今見た．それぞれの部門で需要される相対労働が，$(L_C/K_C)^1$ と $(L_F/K_F)^1$ のまま一定なら，経済は労働の総相対供給の増加をどうやって受け入れるだろうか？　言い換えると，経済は追加の労働時間をどうやって雇用する？　答は部門間の労働と資本の配分にある．布部門の労働資本比率は，食品部門より高いので，経済は布（労働集約的な部門だ）の生産に割り当てる労働と資本を増やすことで，資本に対する労働を（各部門の労働資本比率を一定に保ったまま）増やせる[5]．労働と資本が食品部門から布部門に移ると，経済は布をもっと生産して食品を減らす．

この結果を理解するいちばんいい方法は，資源が経済の生産可能性にどう影響するか考えることだ．図 5.8 では，曲線 TT^1 は労働供給が増える前の生産可能性を示す．生産量は点 1 だ．ここは生産可能性フロンティアの傾きが，布の相対価格にマイナスをつけたもの，$-P_C/P_F$ と等しくなる点だ．そして経済は布 Q_C^1 と食品 Q_F^1 を生産する．曲線 TT^2 は，労働供給が増えた後の生産可能性フロンティアだ．生産可能性フロンティアは TT^2 へと外側にシフトする．この増加後，経済は布と食品の両方を以前よりたくさんつくれる．でもフロンティアの外側へのシフトは，食品より布の方向への移動がずっと大きい——つまり**生産可能性の拡大には偏向**があり，生産可能性フロンティアは，ある方向への外側シフトがほかよりずっと大きい．この場合，拡大が布の方にかなり大きく偏っているので，相対価格が変わらなければ生産は点 1 から点 2 に移動する．これは，食品生産が Q_F^1 から Q_F^2 に下がり，布の生産量は Q_C^1 か

---

[4] 財の価格と要素価格とのこの関係（そしてそれに伴う厚生効果）は古典論文 Wolfgang Stolper and Paul Samuelson, "Protection and Real Wages," *Review of Economic Studies* 9 (November 1941), pp. 58-73 で明らかにされ，このため**ストルパー＝サミュエルソン効果**として知られる．

[5] この結果についてもっと厳密な導出と追加の詳細は補遺を参照．

図 5.8
資源と生産可能性

労働供給の増加は，経済の生産可能性フロンティアを外側にシフトさせ，TT^1 から TT^2 にする．でも，これは布生産の方に偏って広がる．その結果，布の相対価格（傾き $-P_C/P_F$ で示す）が変わらなくても，食品生産は Q_F^1 から Q_F^2 に下がる．

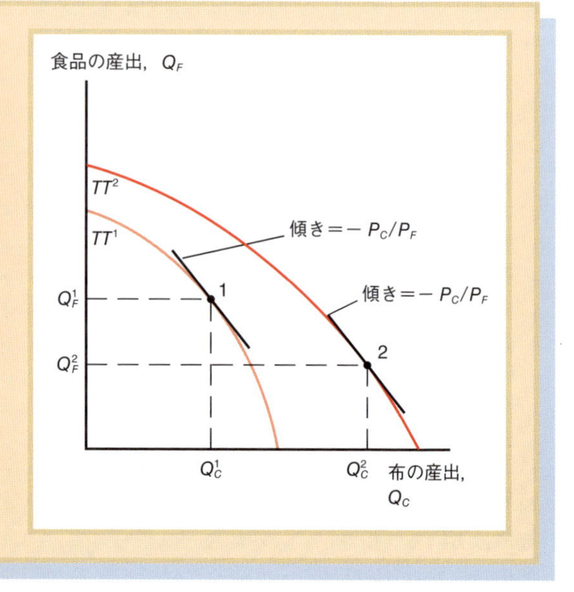

ら Q_C^2 に大きく増える点だ．

資源の増加が偏った影響を生産可能性に与えるという点は，資源の違いが国際貿易を生み出すことを理解するにあたって鍵となる[6]．労働供給の増加は，生産可能性を布生産の方に大幅に広げるし，資本供給の増加はそれを食品生産の方に大幅に広げる．だから資本に対して労働の供給が相対的に高い経済は，資本に対して労働の供給が相対的に低い経済に比べ，相対的に布の生産が得意になる．**一般に経済は，その国に相対的に多く賦存する要素の集約度が高い財の生産が，相対的に効率的になりがちだ．**

国の資源変化は，供給が増えた要素を集約的に使う財に偏った成長を示すという実証的な証拠をいくつか見てみよう．この点を，最近になって高技能労働の供給が大幅に増えた中国経済の例で記述する．

2 要素経済同士の国際貿易が与える影響

2 要素経済の生産構造をざっと見たところで，そういう経済二つ，自国と外国が貿易したら何が起きるかを検討できる．いつもながら，自国と外国は多くの面で似ている．

[6] 資源変化の偏った影響を指摘したのはポーランドの経済学者リプチンスキーの T. M. Rybczynski, "Factor Endowments and Relative Commodity Prices," *Economica* 22 (November 1955), pp. 336-341 だ．だから**リプチンスキー効果**とよばれる．

嗜好は同じで，だから食品と布の相対価格が同じなら，相対需要も同じだ．また技術も同じだ．同じだけの労働と資本があれば，布でも食品でも同じ生産量になる．両国の唯一の違いは，資源だ．自国は外国よりも，資本に対する労働の比率が高い．

相対価格と貿易パターン

自国は外国よりも資本に対する労働の比率が高いので，自国は**労働が豊富**で外国は**資本が豊富**だ．ここでの豊富さは，比率で定義されるもので絶対量ではないことに注意しよう．例えば，アメリカの総労働者数はメキシコの約 3 倍だけれど，アメリカの資本ストックはメキシコの 3 倍よりずっと多いので，メキシコの方が労働力豊富とされる．「豊富」は常に相対的に定義され，両国の資本に対する労働の比率を比べて判断する．だから，あらゆるものが豊富な国は存在しない．

布は労働集約的な財なので，自国の生産可能性フロンティアは，外国に比べて食品より布の方に大きく張り出している．だからほかの条件が同じなら，自国は食品に対して布の割合が多くなりがちだ．

貿易は相対価格の収斂に向かうので，それ以外に等しくなるのは食品に対する布の相対価格だ．各国は要素の豊富さが違うから，食品に対する布の相対価格がどの水準になっても，自国は外国よりも食品に対する布の生産が多くなる．自国は布の**相対供給**が多くなる．つまり自国の相対供給曲線は，外国の右側になる．

図 5.9 には，自国と外国の相対供給を示した（自国 RS，外国 RS^*）．両国とも同じだと想定した相対需要曲線が RD だ．国際貿易がなければ，自国の均衡点は点 1 とな

図 5.9
貿易は相対価格収斂をもたらす

貿易がなければ，自国の均衡は点 1，つまり国内相対供給 RS が相対需要曲線 RD と交差する点だ．同様に，外国の均衡は点 3 にある．貿易で，世界の相対価格は貿易前の価格 $(P_C/P_F)^1$ と $(P_C/P_F)^3$ の間にある点，例えば点 2 の $(P_C/P_F)^2$ などになる．

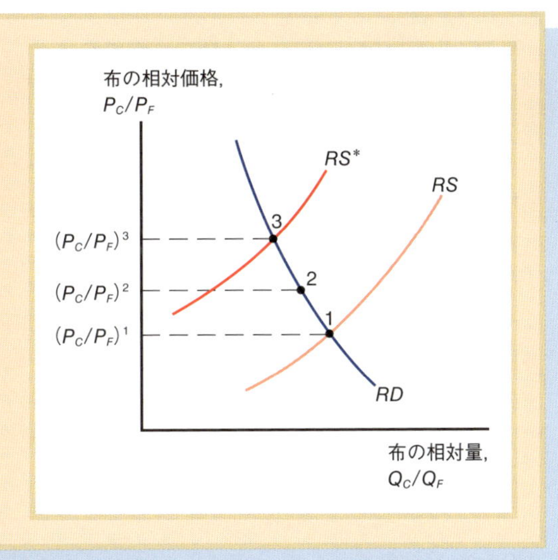

り，布の相対価格は $(P_C/P_F)^1$ となる．外国の均衡は点 3，相対価格 $(P_C/P_F)^3$ となる．だから貿易がなければ，布の相対価格は自国の方が外国より低くなる．

自国と外国が貿易したら，各国での相対価格は収斂する．布の相対価格は，自国では上がり外国では下がって，布の新しい世界相対価格が，両国の貿易前の相対価格の間のどこかで決まる．例えば $(P_C/P_F)^2$ だ．第 4 章では，財の相対価格変化の方向に基づいて，経済が貿易にどう反応するかを論じた．経済は，相対価格が上がる財を輸出する．だから自国は布を輸出し（自国では布の相対価格が上がる），外国は食品を輸出する（外国では布の相対価格が下がる．つまりは食品の相対価格が上がる）．

自国が布の輸出国になるのは，労働豊富（外国に比べて）だし，布の生産は労働集約的（食品生産に比べて）だからだ．同様に，外国が食品輸出者になるのは資本豊富だし，食品生産が資本集約的だからだ．この貿易パターン予測は，2 財 2 要素 2 国版のものだけれど，この貿易モデルを最初に開発した人々にちなんで名づけられた定理のかたちで一般化できる：

ヘクシャー＝オリーンの定理：ある要素が豊富な国は，生産がその要素集約的な財を輸出する．

多国，多生産要素，多財というもっと現実的な場合だと，この結果はその国の要素の豊富さと，その要素を集約的に使う財の輸出との相関として一般化できる：**国は，その国に豊富に賦存する要素を生産で集約的に使う財を輸出する傾向がある**[7]．

貿易と所得分配

貿易が相対価格の収斂を引き起こすのを見た．その前には，相対価格の変化が，労働と資本の相対的な稼ぎに強い影響を与えるのを見てきた．布の価格が上がれば，労働の購買力はどちらの財で測っても上がり，資本の購買力は，どちらの財で見ても下がる．食品価格の上昇は逆の影響をもつ．だから国際貿易は，長期的に見ても所得分配に強力な影響をもつ．布の相対価格が上がる自国では，労働から所得を得る人々は貿易で得をするけれど，資本から所得を得る人々は損をしてしまう．布の相対価格が下がる外国では，逆のことが起きる．労働者が損をして，資本所有者たちが得をする．

その国で相対的に供給が豊富な資源（自国では労働，外国では資本）は，その国の**豊富要素**で，相対的に供給の少ない資源（自国では資本，外国では労働）は**希少要素**となる．国際貿易の長期的な所得分配効果についての一般的な結論は：**その国の豊富要素の所有者は貿易で得をするけれど，希少要素の持ち主は損をする．**

---

[7] この多財多要素多国への拡張のきちんとした導出は Alan Deardorff, “The General Validity of the Heckscher-Ohlin Theorem,” *American Economic Review* 72 (September 1982), pp. 683-694 を参照．

特殊要素の場合の分析だと，輸入競争産業に「捕まってしまった」生産要素は貿易に国を開くと損をする．ここでは，輸入競争産業で集約的に使われる生産要素は——どの産業で雇用されていてもお構いなしに——貿易に国を開くことで損をすることがわかった．それでも，貿易からの総利得に関する理論的な主張は，特殊要素の場合とまったく同じだ．貿易に国を開くと，経済の消費可能性は拡張される（図4.11を参照）から，万人が得をするようなやり方は存在する．でもこの二つのモデルでの所得分配効果について，一つ重要な違いが存在する．ある産業に要素が固有（特殊）だというのは，通常は一時的な問題でしかない．医療メーカーは一夜にしてコンピュータメーカーにはなれないけれど，アメリカ経済は時間をかければ，製造業雇用を衰退部門から拡大部門へとシフトさせられる．だから労働などの生産要素が移動不可能だから生じる所得分配効果は，一時的な移行期の問題でしかない（だからといって，損を受ける人々にとってそうした効果が痛手にならないという訳ではないけれど）．これに対し，土地，労働，資本の間の所得分配に貿易が与える影響は，おおむね永続的なものだ．

世界のほかの国と比べると，アメリカは高技能労働が豊富に賦存し，低技能労働は希少だ．これはつまり，国際貿易はアメリカの低技能労働者に損をさせる可能性があるということだ——それも一時的にではなく，持続的なかたちで．低技能労働者に貿易が与える負の影響は，しつこい政治問題となるし，これは一時的な救済政策（例えば失業保険）では解消できない．結果として，所得格差に貿易の増加が与える潜在的な影響は大量の実証研究の対象となった．以下の事例研究では，その裏づけの一部をレビューしてみよう．そこから出てくる結論は，アメリカでの所得格差の目に見える増大について，貿易がせいぜい貢献要因でしかないということだ．

事例研究

南北貿易と所得格差

1970年代以来，アメリカの賃金分布は目に見えて格差が広がった．1970年には，賃金分布の中で100分位の中の90分位にいる男性労働者（アメリカ人の90%よりは稼ぎが多いが，トップ10%の稼ぎ手ほどではない）は，分布の下位10分位にいる男性労働者賃金に比べて，3.2倍稼いでいた．2010年には，90分位にいる男性は下位10分位の労働者の5.2倍以上も稼いでいた．女性労働者の賃金格差も，同時期に同じくらいの割合で増大している．賃金格差の増大の相当部分は，教育に対するプレミアム上昇と関連しており，これは1980年代以来特に顕著になってきた．1980年に，大卒労働者は高卒だけの労働者より40%多く稼いだ．この教育プレミアムは1980年代から1990年代に着実に上がり，80%になっている．その後は，大まかには横ばいだ（でも大卒労働者の中での賃金差拡大は相変わらず続いている）．

どうして賃金格差が上昇したんだろうか？　多くの論者は，この変化が世界貿易の増大，特に韓国や中国などの新興工業国 (NIEs) で製造された輸出品が増えたせいだとしている．1970 年代まで，先進工業国と低開発経済との貿易——ほとんどの先進国はまだ北半球の温帯にあるから，「南北」貿易とよばれることが多い——は北の工業製品と南の原材料や農産物（石油やコーヒー）の貿易が圧倒的だった．でも 1970 年以降，かつての原材料輸出国はますます工業製品をアメリカなどの高賃金国に売るようになってきた．第 2 章で学んだように，発展途上国は輸出する財を大幅に変え，伝統的な農業や鉱物製品への依存を脱して，工業製品に集中するようになってきた．NIEs 諸国は高賃金国の輸出に対して急成長市場も提供してくれたけれど，新興工業経済の輸出品は，輸入品とは要素集約度が大きく違っていた．NIEs 諸国が先進国に輸出するのは，衣服，靴など比較的高度でない製品（「ローテク財」），つまり生産が低技能労働集約の製品だったけれど，先進国が NIEs に輸出するのは，化学製品や航空機など，資本集約型，技能集約型の財（「ハイテク財」）だった．

多くの識者にしてみれば，結論は単純明快に思えた．要素価格の均等化への動きが起こっているに違いないという訳だ．資本と技能が豊富な先進国と，低技能労働の供給が豊富な NIEs 諸国との貿易は，技能と資本が豊富な諸国で高技能労働者の賃金を引き上げ，低技能労働者の賃金を引き下げている．まさに要素比率モデルの予想どおり．

これは純粋に学術的な意義をはるかに超える意味をもつ議論だ．もし先進国での所得格差の増大が深刻な問題だと考えるなら（多くの人はそう考える），そして世界貿易増大がその問題の主要な原因だと考えるなら，経済学者の伝統的な自由貿易支持を継続するのは難しくなる（これまで論じたように，原理的には税金や政府支払いが所得分配に与える貿易の影響を相殺できるけれど，そんなことは実際にはなかなか起きないという議論も成り立つ）．一部の影響力ある評論家たちは，先進国はおおむね中産階級社会であり続けたいならば，低賃金国との貿易を制限しなくてはならないと論じている．

一部の経済学者は，アメリカでの所得格差増大の主要原因は低賃金国との貿易だと考えるけれど，ほとんどの実証研究家たちは，本稿の執筆時点では，国際貿易はせいぜいが格差増大の副次要因でしかなく，主要な原因は別のところにあると考えている[8]．この懐疑論は，三つの主要な観察に基づいている．

まず，要素比率モデルによれば国際貿易は，財の相対価格変化を通じて所得分配に影響する．だから国際貿易が所得格差増大の主要な原動力ならば，技能集約製品価格は未熟練労働集約財の価格に比べて明らかに上がっているはずだ．でも国際価格データの研

[8] 貿易が所得分配に与える影響の議論で重要なものをあげると，Robert Lawrence and Matthew Slaughter, "Trade and U.S. Wages: Giant Sucking Sound or Small Hiccup?" *Brookings Papers on Economic Activity: Microeconomic* 2 (1993), pp. 161-226; Jeffrey D. Sachs and Howard Shatz, "Trade and Jobs in U.S. Manufacturing," *Brookings Papers on Economic Activity* 1 (1994), pp. 1-84; Adrian Wood, *North-South Trade, Employment, and Income Inequality* (Oxford: Oxford University Press, 1994) がある．この論争や関連問題をめぐるサーベイとしては Lawrence Edwards and Robert Z. Lawrence, *Rising Tide: Is Growth in Emerging Economies Good for the United States?* (Peterson Institute for International Economics, 2013) の第 9 章を参照．

究では，そうした相対価格変化の明らかな証拠は見つかっていない．

第 2 に，モデルの予測では，相対要素価格が収斂すべきだ．もし技能が豊富な国で技能労働者の賃金が上がり，低技能労働者の賃金が下がっているなら，労働豊富国では逆のことが起こっているはずだ．でも貿易に国を開発した発展途上国での所得分配の研究は，少なくとも場合によってはその正反対のことが起きているという結果になっている．特にメキシコでは，慎重な研究の結果，1980 年代末に同国の貿易が一変したとき——メキシコが輸入品に国を開いて，工業製品の大輸出国になったとき——起こったのは高技能労働者の賃金増大と，全体的な賃金格差増大であり，アメリカで起こったこととききわめて似ていることがわかっている．

第 3 に，先進国と NIEs 諸国の貿易は急増しても，先進国の総支出の中ではわずかな割合でしかない．結果として，この貿易の「要素内容」の推計——つまり技能集約輸出に体化されるかたちで実質的に先進国から輸出されている技能労働と，労働集約輸入品に体化されるかたちで実質的に輸入される低技能労働——は高技能と低技能労働の総需要の中では，相変わらずほんの小さな割合でしかない．ここから，こうした貿易流は所得分配にそれほど大した影響をもったはずはないと示唆される．

だったら，アメリカの高技能労働者と低技能労働者のギャップは何のせいなんだろうか？　多数派の見方では，犯人は貿易ではなく労働者の技能をもっと重視する新しい生産技術だ（例えば職場へのコンピュータなど先進技術の広範な導入など）．これはしばしば技術技能相補性とか**技能偏向技術変化**とかよばれる[9]．

この種の技術変化と拡大する賃金格差とのつながりについては次の事例研究で検討する．

事例研究　技能偏向技術変化と所得格差

この事例研究では，2 要素生産モデルを拡大して，技能偏向の技術変化を組み込む．こちらの方が，アメリカで上昇する賃金格差と関連した実証的パターンについて，ずっとよくあてはまることを論じる．また，この技術変化の一部を貿易とアウトソーシングにつなげる新しい研究も少し説明しよう．

2 財 2 要素モデルの変種を考え，高技能労働と低技能労働を使って「ハイテク」財と「ローテク」財をつくるとしよう．図 5.10 はそれぞれの生産部門で，相対的な要素需要を示すものだ．雇用される高技能・低技能労働者の比率を，高技能＝低技能賃金比の関数として示したものだ（LL 曲線がローテク財，HH がハイテク財だ）．

ハイテク財の生産は高技能労働集約的だと想定したので，HH 曲線は LL 曲線に比べて外側に張り出している．その背景では，SS 曲線（図 5.6 と 5.7 を参照）が高技能＝低技能賃金比率を，ハイテク財の（ローテク財をもとにした）相対価格の増加関数として定義している．

[9] Claudia Goldin and Lawrence F. Katz, “The Origins of Technology-Skill Complementarity,” *The Quarterly Journal of Economics* (1998), pp. 693-732 を参照．

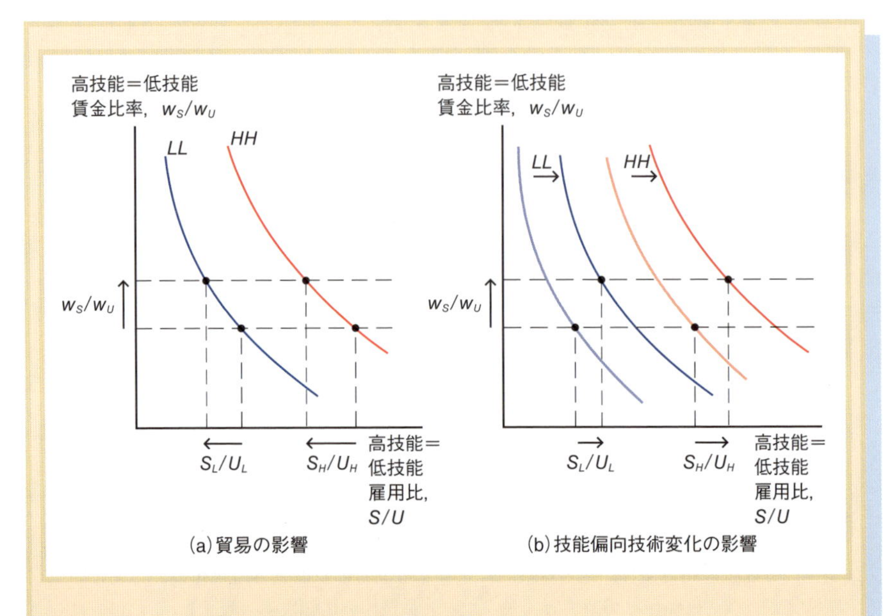

図 5.10　賃金格差の増大：貿易か，技能偏向技術変化か？

LL 曲線と HH 曲線は，高技能＝低技能雇用比率 S/U を，ローテク産業部門とハイテク産業部門のそれぞれについて，高技能＝低技能賃金比率 w_S/w_U の関数として示したものだ．ハイテク部門はローテク部門より技能集約的なので，HH 曲線は LL 曲線より外側にシフトしている．パネル (a) は，発展途上国との貿易増大のおかげで，高技能＝低技能賃金比率の上昇が生じる場合を示す．両産業部門の生産者たちは，高技能労働者の相対的な雇用を減らすことで対応する．S_L/U_L と S_H/U_H はどっちも下がる．パネル (b) は技能偏向技術変化のおかげで，高技能＝低技能賃金比率が生じる場合だ．LL と HH 曲線はどっちも外側にシフトする（両セクターで，高技能労働者の相対需要が増える）．でもこの場合，どっちの産業部門の生産者も，高技能労働者の相対雇用を増やすことで対応する：S_L/U_L と S_H/U_H はどっちも上がる．

パネル (a) に示したのは，発展途上国との貿易増加がそれらの国で（ハイテク財の相対価格上昇を通じて）賃金格差（高技能＝低技能賃金比）の増大をもたらす場合だ．高技能労働者の相対費用増大のせいで，両方の部門の生産者は高技能労働者の雇用を，低技能労働者に比べて**減らす**．

パネル (b) に示したのは，両部門の技術変化が賃金格差の増大をもたらす場合だ．この技術変化は，両部門で高技能労働者の相対需要を外にシフトさせるので（曲線 LL と HH が外側にシフトする）「技能偏向」に分類される．これはまた，高技能労働者との相補性のおかげでハイテク部門の生産性増大をもたらす．だから，ハイテク財の価格が何であれ，この技術変化は高技能賃金率をもたらす（SS 曲線がシフトする）．高技能労働は相対的に高価だけれど，両部門の生産者たちはこの技術変化に対して，低技能労働者に比べて高技能労働者の雇用を**増やす**（パネル (a) の貿易についての説明は，どちらの部門でも雇用について逆の反応を予想していることに注意）.

これで賃金格差増大に関する説明として，貿易と技能偏向技術変化のどちらに説得力があるか検討できる．アメリカ国内の高技能＝低技能雇用比率変化を見ればいい訳だ．この比率が各種の産業部門（高技能集約型と，低技能集約型の両方で）広範に高くなっているということは，技能偏向技術による説明の方に軍配が上がりそうだ．これはまさにアメリカで，過去半世紀にわたって観察されたことだ．

図 5.11 では，産業部門は技能集約度に基づいて 4 グループに分類されている．アメリカ企業は雇用を技能に基づいて報告しないけれど，生産労働者と非生産労働者という関連した分類は報告している．ごく少数の例外を除き，非生産職は高めの教育水準が必要だ――だからそれぞれの産業部門での高技能＝低技能雇用比率は非生産労働者の生産労働者に対する比率で見よう[10]．非生産雇用が生産雇用に対して最も高い比率をもつ部門が，最も技能集約的な部門に分類される．図 5.11 のそれぞれの象限は，この雇用比率がそれぞれの産業部門グループで時代とともにどう変化したかを示す．グループごとに，平均技能集約度には大きな差があるけれど，雇用比率は 4 グループすべてで上昇しているのがはっきりわかる．このアメリカ経済におけるほとんどの産業部門での広範な上昇を見ると，アメリカの賃金格差増大の説明として，技術によるものが示唆される．

ほとんどの経済学者は技能偏向技術変化が起こったことには合意する．貿易が技術変化プロセスを加速することで，それと関連する賃金格差増大への間接的な貢献をもたらす新しい方法が，最近の研究でいくつか解明されている．こうした説明は，企業が貿易の開放性と外国投資に影響されて生産手法を変える余地があるという原理に基づいている．例えば，一部の研究は輸出を開始する企業が，技能集約的な生産技術へのアップグレードも行うことを示している．すると貿易自由化は，企業のかなりの部分にそうした技術アップグレードの選択をうながすことで，広範な技術変化をもたらせる訳だ．

別の例は，外国アウトソーシングと貿易や外国投資自由化に関連している．特に，アメリカ，カナダ，メキシコの NAFTA 条約（第 2 章参照）により，企業は生産プロセスの各種部分（研究開発，コンポーネント生産，組み立て，マーケティング）を北米大陸の違う部分に移動させるのがきわめて簡単になった．生産労働者賃金はメキシコがずっと低いので，アメリカ企業には生産労働者を使うプロセス（コンポーネント生産や組み立て）を，もっと集中的にメキシコに移すインセンティブがある．高技能非生産労働者に集中的に頼るプロセス（研究開発とマーケティング）は，アメリカ（やカナダ）にとどまる傾向が強い．アメリカの観点からすると，この生産プロセス分解は高技能労働者の相対需要を高める．だからこれは，技能偏向技術変化ととても近い．ある研究によれば，アメリカからメキシコへのアウトソーシング過程により，非生産労働者と生産労働者の賃金プレミアム増大の 21〜27% を説明できるという[11]．

[10] 平均で見ると，非生産労働者の賃金は，生産労働者より 60% 高い．

[11] Robert Feenstra and Gordon Hanson, “The Impact of Outsourcing and High-Technology Capital on Wages: Estimates for the United States, 1979-1990,” *Quarterly Journal of Economics* 144 (August 1999), pp. 907-940 を参照.

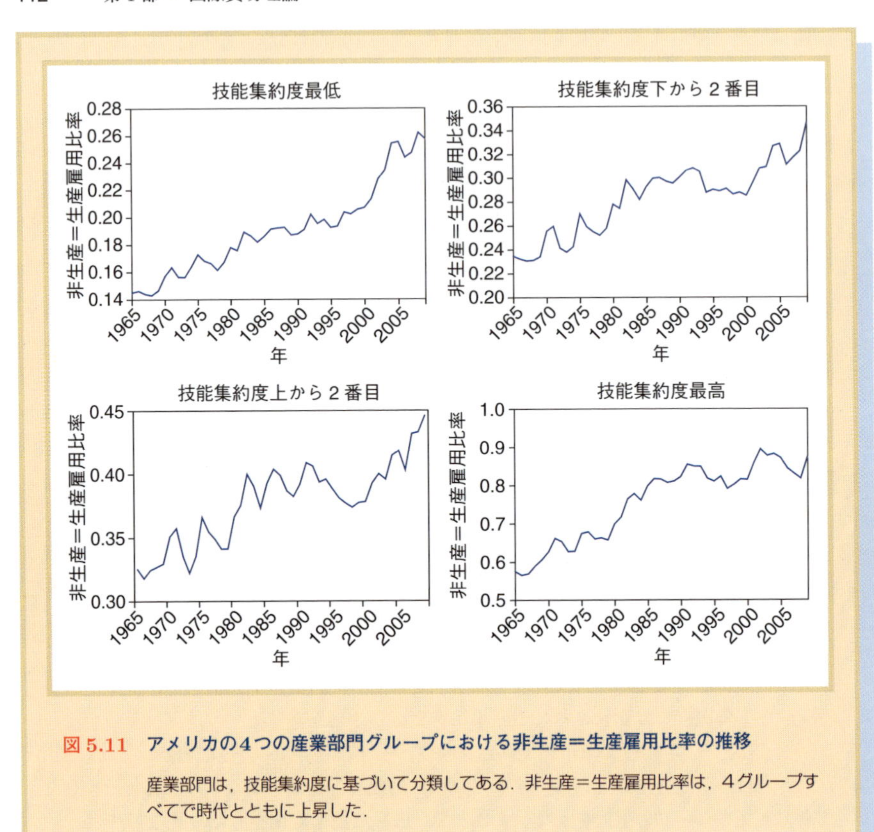

図 5.11　アメリカの4つの産業部門グループにおける非生産＝生産雇用比率の推移

産業部門は，技能集約度に基づいて分類してある．非生産＝生産雇用比率は，4グループすべてで時代とともに上昇した．

だから，観察された技能偏向技術変化と，それが賃金格差増大に与えた影響は，貿易や外国投資に対する開放性にまでさかのぼれる．そしてすでに述べたように，先進経済での賃金格差増大は深刻な問題だ．でも技術イノベーションを制限するために貿易制限を使うというのは——というのもそうしたイノベーションは相対的に技能の高い労働者に有利だから——とても問題が多い．そうしたイノベーションは（貿易の通常の利得に加えて），かなりの総利得をもたらすものでもあり，制限によりそちらも失われてしまうからだ．結果として，経済学者たちは全労働者に対して技能習得をしやすくする長期的な政策の方がお気に入りだ．そうすれば技術イノベーションの利得ができるだけ広くに行き渡るからだ．

要素価格の均等化

貿易がなければ，労働は外国よりも自国の方で稼ぎが少なくなり，資本の方は稼ぎが増える．貿易がなければ労働豊富な自国は，資本豊富な外国よりも布の相対価格が下がり，**財の**相対価格差は**要素の**相対価格がもっと大きくなると示唆している．

自国と外国が貿易すると，財の相対価格が収斂する．この収斂が今度は，資本と労働の相対価格収斂を引き起こす．だから，ここには明らかに**要素価格均等化**に向けた傾向がある．この傾向はどこまで続くだろう？

びっくりするような答えだけれど，モデルの中だとこの傾向はあらゆるところに広がるのだ．国際貿易は，要素価格の完全な均等化をもたらす．自国は外国よりも労働の対資本比率が高いけれど，両国が貿易を始めたとたん，どちらの国でも賃金率と資本レンタル料率は同じになる．これを理解するには図 5.6 に戻ろう．あの図では，布と食品の価格がわかれば，資本と労働の供給を見なくても賃金率と資本レンタル料率が決まった．もし自国と外国で布と食品の相対価格が同じなら，要素価格も同じになる．

この均等化が起こる方法を理解するには，自国と外国が貿易するとき，単なる財の交換以上のものが起きていることを認識しなければならない．間接的なかたちとはいえ，両国は実質的に生産要素を取引している．自国は外国にその豊富な労働の一部を使わせてあげていることになる．これは労働を直接売るのではなく，低労働資本比率で生産された財と交換に，労働の資本に対する比率が高い財を売ることで実現されている．自国の売る財は，見返りに受け取る財に比べ，生産にもっと労働を必要とする．つまり，自国の輸出品は，輸入品に比べて労働がもっとたくさん**体化されている**．だから自国は，労働集約財に体化されたかたちで労働を輸出していることになる．逆に，外国の輸出品は輸入品よりも多くの資本を体化しているので，外国は間接的にその資本を輸出している．こういう見方をすると，貿易が 2 国間の要素価格均等化につながるのも不思議はない．

こういう貿易の見方は単純で魅力的ながら，そこには大きな問題がある．現実世界では，要素価格は均等化**していない**という事実だ．例えば，賃金率は国ごとにとても大きな開きがある（表 5.1）．こうした違いの一部は労働の品質を反映したものだけれど，差が大きすぎてそれだけではとても説明しきれない．

なぜこのモデルが正確な予測を与えてくれないか理解するには，その前提を見る必要がある．要素価格均等を予測するときに重要な前提のうち三つは，明らかに事実に反する．それは，(1) 技術が同じ; (2) 貿易には費用がかからず両国での財の価格が均等化される; (3) どっちの国も両方の財を生産する，という三つの前提だ．

1. 貿易が要素価格を均等化するという主張は，各国の生産技術が違えば成り立たない．例えば，技術の優れた国は，劣った技術の国に比べて賃金率も，レンタル料

表 5.1　比較国際賃金率（アメリカ＝100）

国	生産労働者の時間報酬，2011
アメリカ	100
ドイツ	133
日本	101
スペイン	80
韓国	53
ブラジル	33
メキシコ	18
中国*	4

* 2008

出典：アメリカ労働統計局Foreign Labor Statistics Home Page.

率も高いかもしれない．

2. 完全な要素価格均等化は，財の価格の完全な収斂を必要とする．現実世界では，財の価格は国際貿易で完全には均等化されない．収斂しない理由は，自然障壁（例えば輸送費）や関税，輸入枠などの各種制約があるからだ．
3. あらゆる国が同じ技術を使い，同じ財の価格になったとしても，要素価格均等化は各国が同じ財をつくるという想定に依存する．図 5.6 で，布と食品の価格から賃金率とレンタル料率を導いたときにこれを仮定した．でも，各国は違う財の生産に特化するように促されるかもしれない．労働資本比率がとても高い国は布だけを生産し，資本労働比率のとても高い国は食品だけをつくるかもしれない．これは要素価格均等化というのが，検討している国同士がその相対的な要素賦存の面で十分に似ている場合にしか起きないということを意味している（この論点についてもっと詳しい議論は本章補遺で説明した）．だから要素価格は，資本労働比率や高技能＝低技能労働の比率が大幅に違うときは，必ずしも均等化するとは限らない．

ヘクシャー＝オリーン・モデルの実証的な証拠

ヘクシャー＝オリーン・モデルの本質は，貿易が国ごとの要素豊富さの違いにより動かされるということだ．そして今，財の貿易は要素の貿易を代替しているのであり，だから各国の貿易はこうした要素の差を**体化**しているはずだという自然な予測につながるのを見た．**貿易の要素内容**に基づくこの予測はとても強力だし，実証的にも試せる．でもこの厳密な検証についての実証的な成功はとても限られているのをこれから見る——その原因は，要素価格均等化の予測をあたらなくしている理由と同じだ．これはつまり，要素の豊富さは，実際にみられる国ごとの貿易パターンの説明に**使えな**

いということだろうか？　そんなことはない．まず，要素価格均等化を生み出す仮定をゆるめると，貿易の要素内容についての予測は大幅に成功しやすくなることを示そう．第 2 に，先進国と発展途上国の間で貿易されている財のパターンを直接見よう——そしてそれがヘクシャー＝オリーン・モデルの予測にどのくらいうまくあてはまるかを見る．

財の貿易を，要素貿易の代替として見る：貿易の要素内容

アメリカのデータによる検討　最近まで，そしてある程度はいまだに，アメリカは各国の中でも特別な例だった．ほんの数年前まで，アメリカはほかの国よりもずっと豊かで，アメリカの労働者たちは他国の類似労働者たちに比べ，明らかにもっと資本を使って仕事をしていた．現在でさえ，一部の西欧諸国や日本が追いついたとはいえ，アメリカは相変わらず資本労働比率で各国を並べると上位に位置している．

ならばアメリカは資本集約財の輸出国になり，労働集約財の輸入国になりそうなものだ．でも意外なことに，第二次大戦後の 25 年間にわたり，そうなってはいなかった．1953 年発表の有名な論文で，経済学者ワシーリー・レオンチェフ（1973 年にノーベル賞受賞）はアメリカ輸出品が，アメリカ輸入品よりも資本集約度が低いことを発見した[12]．この結果は**レオンチェフ・パラドックス**とよばれる．

表 5.2 はアメリカの貿易パターンについて，レオンチェフ・パラドックスやそのほかの情報を描き出している．1962 年のアメリカ輸出品 100 万ドル分をつくるのに使った生産要素と，同じ価値をもつ 1962 年の輸入品生産に使った要素を比べてみた．表の最初の 2 行が示すように，その年にはレオンチェフ・パラドックスが成立していた．アメリカの輸出品は，アメリカの輸入品よりも低い資本労働比率で生産されていた．でも表の残りが示すとおり，輸入と輸出のほかの比較は，おおむね予想どおりとなっ

表 5.2　アメリカ輸出入の要素内容，1962 年

	輸入	輸出
100万ドルあたり資本	$2,132,000	$1,876,000
100万ドルあたり労働（人年）	133	131
資本労働比率（労働者あたりドル）	$17,916	$14,321
労働者一人あたり平均教育年数	9.9	10.1
労働力のエンジニア・科学者比率	0.0189	0.0255

出典：Robert Baldwin, "Determinants of the Commodity Structure of U.S. Trade," *American Economic Review* 61 (March 1971), pp. 126-145.

[12] Wassily Leontief, "Domestic Production and Foreign Trade: The American Capital Position Re-Examined," *Proceedings of the American Philosophical Society* 7 (September 1953), pp. 331-349 を参照.

ている．アメリカは輸入品よりは，平均教育年数で見て**技能労働**集約的な製品を輸出していた．またアメリカは「技術集約的」な製品を輸出しがちだった．これは売上げ1単位あたりに必要な科学者やエンジニアが多い製品だ．こうした観察は，高技能国というアメリカの立場と一貫性をもち，アメリカが高度な製品に比較優位をもつことを裏づける．だったらなぜレオンチェフ・パラドックスがみられるのだろうか？　これはアメリカだけの話だったり，考慮している要素の種類が特定のものだけに限られたりするのか？　答は手短にいえば，ノーだ．

世界のデータによる検討　ハリー・P・ボウエン，エドワード・E・ラーナー，レオ・スヴェイカウスカスによる研究[13]は，要素内容に関するレオンチェフの予測を27カ国の12生産要素にまで拡張した．各国の輸出入の要素内容に基づき，その国にある要素が比較的豊富に賦存する場合には，その生産要素の純輸出国かどうかを調べた（そして逆に，その国がほかの要素の純輸入国かも調べた）．要素の豊富さを評価するのには，その国のある要素の賦存（その要素の世界供給に占める割合）を，その国の世界GDPに占める割合と比べた．例えば，アメリカは2011年には世界所得の25%を占めたけれど，世界労働者に占める比率はたった5%だ．ここからレオンチェフの当初の予測によれば，アメリカ貿易の要素内容は労働の純輸入を示しているはずだ．ボウエンたちの論文は，27カ国12生産要素すべてについて，このプラスマイナスの方向についての予測成功/失敗を計上した．結果として得られた成功率はたった61%——ランダムなコイン投げで決めた場合と大差ない！　言い換えると，貿易の要素内容は39%の場合には，要素比率理論の予測とは反対の方向に向かっていたことになる．

こうした結果は，レオンチェフ・パラドックスが決して孤立したものではないことを裏づけた．でもこの否定的な実証的成績は，驚くべきではないのかもしれない——それが要素価格均等化も予測している理論について，厳格な検証をしているのだから(そして要素価格均等化は明らかに，賃金差の国際比較による実証的な証拠に反している)．すでに論じたように，すべての国で共通の技術という前提が，この予測を出すのに重要な役割を果たしている．

貿易行方不明事件　国ごとの大きな技術差を示唆するもう一つの要因は，実際に観察される貿易量と，ヘクシャー＝オリーン・モデルで予測される貿易量との乖離だ．有力な論文で，トロント大学のダニエル・トレフラー[14]はヘクシャー＝オリーン・モデ

[13] Harry P. Bowen, Edward E. Leamer, and Leo Sveikauskas, "Multicountry, Multifactor Tests of the Factor Abundance Theory," *American Economic Review* 77 (December 1987), pp. 791-809 を参照.

[14] Daniel Trefler, "The Case of the Missing Trade and Other Mysteries," *American Economic Review* 85 (December 1995), pp. 1029-1046.

ルを使えば，ある国の要素の豊富さをその他世界の豊富さと比べることで，国の貿易量を導けることを指摘した（というのもこのモデルでは，財の貿易は要素貿易の代替だからだ）．ところが，実際の要素貿易はヘクシャー＝オリーン・モデルの予測よりも圧倒的に少ないことがわかった．

この乖離の大きな理由は，金持ち国と貧困国の間の大規模貿易という間違った予測からきている．例えば今あげたアメリカの例を考えよう．世界所得の 25% を占めるのに世界労働者の 5% でしかない国だ．単純な要素比率理論は，アメリカの貿易が労働の純輸入を体化すべきと予想するにとどまらない——アメリカが世界のほかの部分に比べて労働がすさまじく少ないのだから，そうした輸入労働サービスの**規模は**莫大なものになるはずだと予想される．ところが実は，労働豊富国と資本豊富国との間の貿易における要素内容は，要素比率理論が（国ごとに実測した要素豊富性の差に基づいて）予想する規模に比べて，桁違いに小さい．

トレフラーは，各国の技術差を考慮すると，貿易の要素内容の向きに基づいた記号検定についても，行方不明の貿易についても，予測の成功率をあげられることを示した（それでも，行方不明の貿易はまだまだたくさん残ってはいる）．この解決策は，おおざっぱに次のようなやり方だ．もしアメリカの労働者が世界平均よりずっと高効率なら，アメリカの「実質的な」労働供給はそれに対応して大きい——だからアメリカへの輸入労働サービスの期待量も，それに応じて小さくなる．

国ごとの技術差が，単純な倍数関係にあるという作業仮説を使えば——つまりある国の投入の集合が与えられたとき，その生産量はアメリカの生産量の倍数または分数となるというもの——要素貿易のデータを使い，各国の相対的な生産効率性を推計できる．表 5.3 は，トレフラーによるいくつかの国についての推計だ（アメリカに比べた乗数定数）．すると技術差は本当にとても大きいことが示唆される．

貿易の要素内容に関する実証的な精度の改善　その後，コロンビア大学のドナルド・デイヴィスとデヴィッド・ワインスタインの重要な研究で，共通技術の想定だけでな

表 5.3　推定技術効率（アメリカ＝1）

国	
バングラデシュ	0.03
タイ	0.17
香港	0.40
日本	0.70
西ドイツ	0.78

出典：Daniel Trefler, “The Case of the Missing Trade and Other Mysteries,” *American Economic Review* 85 (December 1995), pp. 1029-1046.

表 5.4　貿易の要素内容の実証的な精度の改善

	捨てた仮定*			
	なし	(1)を捨てる	(1)〜(2)を捨てる	(1)〜(3)を捨てる
予測の成功（符号試験）	0.32	0.50	0.86	0.91
行方不明の貿易（実測/予測）	0.0005	0.008	0.19	0.69

仮定(1)各国共通の技術(2)各国の生産財が同じ(3)コストなしの貿易で財価格均等化

出典：Don R. Davis and David Weinstein, “An Account of Global Factor Trade,” *American Economic Review* (2001), pp. 1423-1453.

く，要素価格均等化の根底にあるほかの二つの想定（各国が同じ財の集合をつくるというものと，費用のかからない貿易が財の価格を均等化するというもの）もゆるめれば，貿易の要素内容の方向と量に関する予測は実証的な証拠との整合が大幅に向上する――最終的にはかなりいい精度となることが示された．表 5.4 は，実証的な精度の改善を示したもので，符号試験（貿易の要素内容の方向）と，行方不明の貿易比率の面での予測成功度を見ている．行方不明の貿易比率は，予測された要素内容貿易量に対する実際の貿易量の比率だ（もし 1 なら，行方不明の貿易はない．比率が 1 からどんどん下がるにつれて，予想された貿易のうち，行方不明の割合が増える）．この研究の場合，必要とされるデータ（これは各国が使う技術についての詳細情報も含む）は 10 カ国の 2 要素（労働と資本）の分しかなかった．

表 5.4 の最初の列では，要素価格均等化に伴う三つの想定がすべて適用されている（各国とも同じ技術で，各国が同じ財の集合をつくり，費用のない貿易が財価格を均等化する）．この試験はボウエンたちの論文ときわめて似ているけれど，符号試験の予測力はこちらの方がずっとひどい（ボウエンほかの論文では成功 61% だったのが，こちらは 32% だ）．これは標本にした国が違うのと，生産技術について新しく得られた情報に基づくデータのクリーニング手順による違いだ．また行方不明の貿易がどれほどあるかもわかる．予想された要素貿易規模のほとんどすべてが行方不明だ．こうした結果は，ヘクシャー＝オリーン・モデルの厳密な試験はとても悪い結果しか出さないということを改めて裏づけるものだ．

2 列目の結果は，共通技術という仮定を捨てたときに得られたもので，これはトレフラーの研究と同じだ．どちらの実証試験でも大幅な改善がみられるけれど，全体としての予測の成功度はまだかなり低い．3 列目では，各国が同じ財をつくるという仮定も落とした．これが貿易の要素内容の方向を見る符号試験の予測成功率の点では大きな改善をもたらしていることがわかる（最大 86% の成功）．行方不明の貿易の規模もかなり減ったけれど，それでも観察された貿易量は，まだ予測された貿易量のたった 19% でしかない．最後の 4 列目では，費用なしの貿易を通じた財の価格均等化という仮定も落とした．すると貿易方向の予測成功率はさらに上がって 91% に達する．ここまできたら，レオンチェフ・パラドックスは統計的な異常値でしかなくなったといえるだろう．4 列目では，行方不明の貿易の規模も大きな改善を示している．実際に観察される貿易は，予想された貿易の 69% だ．

全体として表 5.4 は，貿易の要素内容の方向と規模に関して，要素比率モデルの予測力に大きな差があることを浮き彫りにしている．一方の端（1 列目）では，ヘクシャー＝オリーン・モデルの予測はほとんど支持されない．でも，この失敗は「純粋な」ヘクシャー＝オリーン・モデルに組み込まれた特殊な仮定から生じているのもわかる．そうした仮定を落とすと，要素比率の差に基づく貿易モデルを構築しなおして，実際に観察される貿易の要素内容パターンにかなりうまくあてはまるようにできる（4 列目）．

先進国と発展途上国間の貿易パターン

要素比率の違いが実証的な貿易パターンを形成するようすを見る別の方法は，発展途上世界の労働が豊富で技能が希少な国々の輸出と，技能が豊富で労働が希少な国々の輸出とを対比させることだ．「2-2-2」理論モデル（2 財，2 カ国，2 要素）からは，ある要素が豊富な国は，生産でその要素が集約的な財を輸出するというヘクシャー＝オリーンの定理が得られた．シドニー大学のジョン・ロマリス論文[15]は，この輸出パターンの予測が複数の財を生産する複数の国に拡張できることを示した．ある国の技能豊富性が拡大すると，その輸出品はますます高技能集約度をもつ部門に集中する．今度は，技能の豊富さの点で両極端に位置する国の輸出品を比べ，さらに中国のような国が成長して，前より技能豊富になった場合に輸出品がどう変わるかを検討することで，この予測がどこまで成立するか見てみよう．

図 5.12 は，技能豊富ランクで最低の発展途上国 3 カ国（バングラデシュ，カンボジア，ハイチ）を，技能豊富ランクでトップ近いヨーロッパの三大経済大国（ドイツ，フランス，イギリス）と対比させている．これらの国々の対米輸出品が，技能集約度の低い方から 4 段階に分けて示してある．これは図 5.11 で使ったのと同じ 4 つの産業セクター分類だ[16]．図 5.12 は明らかに，発展途上国 3 カ国の対米輸出品が圧倒的に，技能集約度最低の産業セクターに集中していることを示している．技能集約度の高い輸出品はないも同然だ．ヨーロッパ 3 カ国の輸出パターンとの差は一目瞭然だ．こうした技能豊富な国の対米輸出は，技能集約度の高い産業部門に集中している．

---

[15] John Romalis, "Factor Proportions and the Structure of Commodity Trade," *American Economic Review* 94 (March 2004), pp. 67-97.

[16] すでに論じたように，ある産業部門の技能集約度は，その部門の非生産労働者の生産労働者に対する比率で測る．

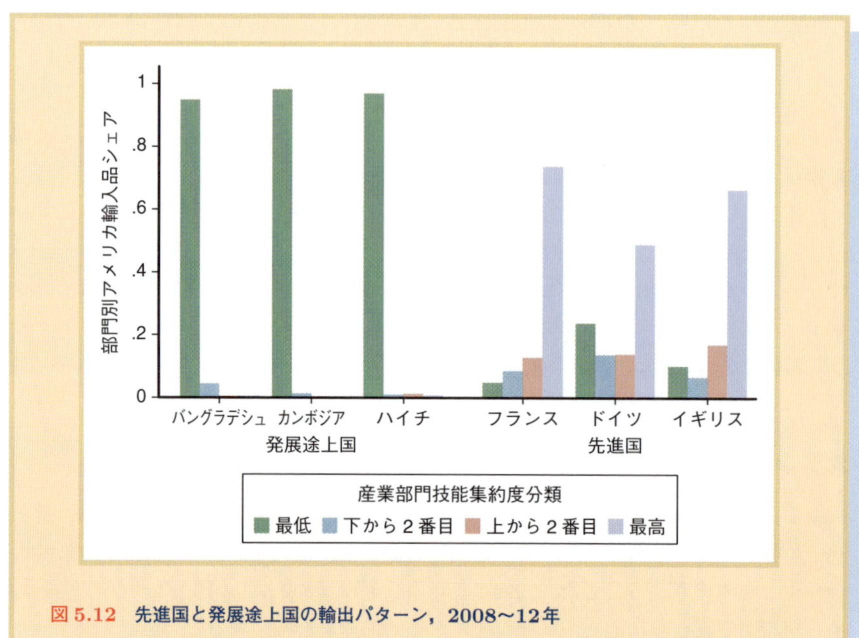

図 5.12　先進国と発展途上国の輸出パターン，2008〜12年

出典：NBER-CES U.S. Manufacturing Productivity Database, アメリカ国勢調査局, Peter K. Schott, "The Relative Sophistication of Chinese Exports," *Economic Policy* (2008), pp. 5-49.

時間的な変化も，ヘクシャー＝オリーン・モデルの予測に従っている．過去30年にわたる中国の経験を考えてみよう．中国では高い成長（特に過去15年）に伴い，技能豊富性の相当な上昇が生じた．図5.13は，中国の対米輸出の産業構成が時代とともにどう変わったかを示している．輸出は，図5.12と同じ4分類になっていて，産業セクターの技能集約度の順になっている．中国の要素構成比の変化から予想されるように，高技能部門の輸出シェアが着実に上がってきている．いちばん最近の時期では，輸出の最大のシェアは最高の技能集約部門だというのがわかる――でも昔は，輸出品は最低の技能集約部門に集中していた[17]．

---

[17] 図5.12と5.13（最新年）を比べると，中国の対米輸出パターンは，ヨーロッパ経済3カ国ほどは高技能集約部門には（まだ）集中していないことがわかる．それでも中国の輸出は，中国の現在の一人あたりGDPを考えれば，驚くほど高技能部門に集中している．Peter K. Schott, "The Relative Sophistication of Chinese Exports," *Economic Policy* (2008), pp. 5-49を参照．

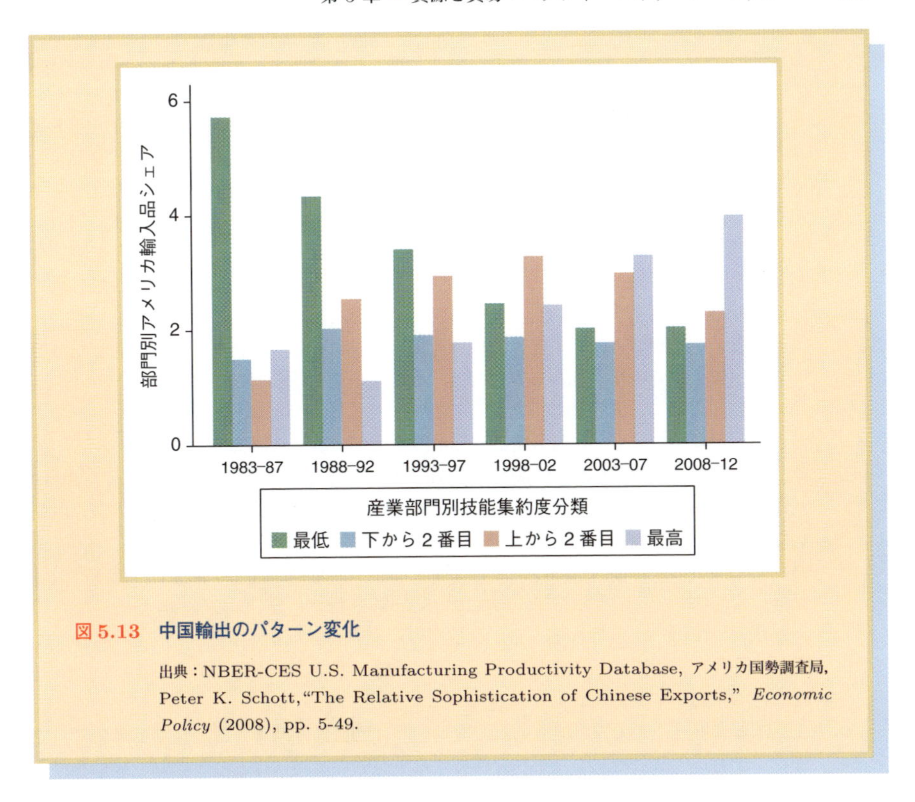

図 5.13　中国輸出のパターン変化

出典：NBER-CES U.S. Manufacturing Productivity Database, アメリカ国勢調査局, Peter K. Schott, "The Relative Sophistication of Chinese Exports," *Economic Policy* (2008), pp. 5-49.

こうした試験の意味合い

国の間で要素価格均等化は観察されていない．要素価格均等化の背後にある仮定をすべて維持するヘクシャー＝オリーン・モデルの「純粋」版を試験すると，国の貿易の要素内容は，その国の要素豊富性に基づいた理論的な予想とはまったく違ってしまう．でも，要素比率モデルで制約がもっと弱いものは，貿易の要素内容パターンにかなりうまくあてはまる．先進国と途上国の間で貿易される財のパターンも，モデルの予測にかなりうまくあてはまる．

最後に，ヘクシャー＝オリーン・モデルは今でも，貿易の**影響**，特に所得分配への影響を理解するためにとても重要だ．実際，製造業での南北貿易——北の先進国の輸入品における要素集約性が，輸出品とはまったく違うような貿易——の増加により，要素比率アプローチは国際貿易政策の実務論争の中心に躍り出ている．

まとめ

1. 貿易における資源の役割を理解するため，二つの財が二つの生産要素で生産されるモデルを構築した．二つの財は，その**要素集約度**が違っている．つまり，どんな賃金とレンタル料の比率でも，片方の財の生産は，もう片方より高い労働資本比率を使う．

2. ある国が両方の財を生産する限り，**財の**相対価格と，財の生産に使われる**要素の**相対価格には1対1の対応関係がある．労働集約財の相対価格上昇は，所得分配を労働に有利にシフトさせるし，そのシフトもかなり強力なものとなる．労働の実質賃金はどちらの財を基準にしても上昇するし，資本所有者の実質所得はどちらの財で見ても下がる．

3. 生産要素の片方が増えたら生産可能性は拡大するけれど，その拡大は強く**偏向した**ものになる．財の相対価格が変わらなければ，その要素集約的な財の生産量は上がり，もう片方の生産量はむしろ下がる．

4. ある要素の供給が，もう片方の要素に比べて多い国は，その要素が**豊富**といわれる．国は，豊富な要素を集約的に使う財を相対的にもっと生産する傾向が高い．その結果は，基本的な貿易のヘクシャー＝オリーン・モデルだ：国は豊富に供給されている要素が集約的な財を輸出しがち，というものだ．

5. 財の相対価格の変化は，資源の相対的な稼ぎにとても強い影響を与えるし，貿易は相対価格を変えるので，国際貿易は強い所得分配効果をもつ．ある国の豊富な要素の所有者たちは貿易で得をするけれど，希少な要素の所有者たちは損をする．でも理論的には，勝ち組が負け組に補償して全員が前よりよい状態になることも**可能ではある**という限定的な意味において，貿易からの利得はやはり存在する．

6. 先進国と発展途上国の貿易統合の高まりは，**潜在的には**先進国の賃金格差上昇を説明できる．でもこの直接的なつながりを支持する実証的な証拠はほとんどない．むしろ実証的な証拠は，労働者の技能に報いる技術変化の方が，賃金格差を引き上げるのにずっと大きな役割を果たしたと示唆している．

7. 理想化されたモデルでは，国際貿易は各国の労働や資本といった要素価格の均等化を本当にもたらす．現実には完全な**要素価格均等化**は観察されていない．これは資源が大幅に違い，貿易障壁があって，技術にも国際的な差があるせいだ．

8. 実証的な証拠は，ヘクシャー＝オリーン・モデルについてははっきりした評価を出せていない．でもモデルの制約を少しゆるめると，貿易の要素内容について予想されるパターンにうまくあてはまる．また，ヘクシャー＝オリーン・モデルは先進国と発展途上国の貿易パターン予測がなかなか得意だ．

重要用語

希少要素 p.106
技能偏向技術変化 p.109
生産可能性の偏向した拡大 p.103
ヘクシャー＝オリーン理論 p.94
貿易の要素内容 p.114
豊富要素 p.106
要素価格 p.99
要素価格均等化 p.113
要素集約度 p.94
要素の豊富さ p.94
要素比率理論 p.94
レオンチェフ・パラドックス p.115

練習問題

1. 要素代替がない場合で，図 5.1 の生産可能性フロンティアを導く数値例に戻ろう．
  a. 経済が布と食品の両方を生産するような，布の相対価格の範囲はどうなるだろう？
  以下の b から f までの問題については，財が両方とも生産されるような価格範囲にあるものと想定しよう．
  b. 布 1 メートルの生産と，食品 1 カロリーの生産の単位費用を，単位機械時間 r と単位労働時間 w の関数としてかこう．競争市場では，こうした費用は布と食品の価格に等しくなる．要素価格 r と w について関数を解こう．
  c. 布の価格が上がったら，今の要素価格はどうなるだろう？　布のこの価格変化で，得をするのは誰で損をするのは誰だろうか？　その理由は？　こうした変化は，要素代替の例で述べた変化と整合しているだろうか？
  d. 今度は経済の機械時間供給が，3,000 から 4,000 に上がったとしよう．新しい生産可能性フロンティアを求めよう．
  e. この資本供給の増加の後で，経済は布と食品をどれだけ生産するだろう？
  f. 布部門と食品部門とで，機械時間と労働時間との配分がどう変わるか説明しよう．こうした変化は，要素代替のある場合と整合しているだろうか？

2. 土地が安いアメリカでは，畜牛に使われる土地の対労働比率は，小麦育成に使われる土地の場合よりも高い．でももっと混み合った国だと，土地が高くて労働が安いので，アメリカ人たちが小麦育成に使うよりも，土地は少なく労働は多めに使って牛を育てるのが通例だ．これでも畜牛は小麦を育てるよりも土地集約的だといえるだろうか？　その理由は？

3. 「世界の最貧国は何も輸出するものがない．豊富な資源がないからだ――資本や土地はもちろん豊富ではないし，貧しい小国だと労働ですら豊富ではない」．この主張について議論しよう．

4. アメリカの労働運動――主に専門職や教育水準の高い労働者ではなくブルーカラー労働者を主に代表する――は伝統的に，あまり豊かでない国からの輸入制限を支持するのが通例だった．これは労働組合員たちの利益から見て，近視眼的な政策だろうか，それとも合理的な政策だろうか？　その答えは，使用する貿易モデルによってどう変わってくるだろう？

5. 最近では，インドのような発展途上国のコンピュータプログラマが，これまでアメリカで行われていたような仕事をやるようになっている．このシフトは間違いなく，アメリカの一部プログラマにとっては大幅な賃下げをもたらした．以下の二つの問題に答えよう：アメリカでは高技能労働の賃金が全体としては上がっているのに，なぜそんなことがあり得るのか？　こうした賃金低下を理由としてコンピュータプログラム作成のアウトソーシングを禁止することについて，経済学者はどんな反対論を唱えるだろうか？

6. 本文中で説明した，レオンチェフ・パラドックスと，もっと最近のボウエン，ラーナー，スヴェイカウスカスの結果がなぜ要素比率理論を否定するものといえるのかを説明しよう．

7. ヘクシャー＝オリーン・モデルの実証的な結果を論じる中で，最近の研究が，生産の効率性に国際的な差があるようだと示唆しているのを述べた．これが要素価格均等化の概念にどう影響するかを説明しよう．

もっと勉強したい人のために

- Donald R. Davis and David E. Weinstein. “An Account of Global Factor Trade.” *American Economic Review* 91 (December 2001), pp. 1423-1453. この論文は，「純

粋な」ヘクシャー＝オリーン・モデルの実証パフォーマンスがきわめて低いという以前の研究結果を裏づけている．そして，モデルの改変版の実証的な成功度合いが大幅に改善したことを示す．

- Alan Deardorff. "Testing Trade Theories and Predicting Trade Flows," Ronald W. Jones and Peter B. Kenen, eds. *Handbook of International Economics.* Vol. 1. Amsterdam: North-Holland, 1984 収録．貿易理論，特に要素比率理論に関する実証的な証拠のサーベイ．
- Lawrence Edwards and Robert Z. Lawrence, *Rising Tide: Is Growth in Emerging Economies Good for the United States?* (Peterson Institute for International Economics, 2013). 発展途上の急成長国と統合が進むことでアメリカにどんな影響があるかを論じた新しい本．
- Gordon Hanson and Ann Harrison. "Trade and Wage Inequality in Mexico." *Industrial and Labor Relations Review* 52 (1999), pp. 271-288. アメリカ最寄りの隣国で貿易が所得格差にどう影響を与えたか慎重に研究したもの．要素価格は，単純な要素比率モデルから予想されるのとは正反対の方向に動いたことを明らかにした．著者たちは，その理由についても仮説を出している．
- Ronald W. Jones. "Factor Proportions and the Heckscher-Ohlin Theorem." *Review of Economic Studies* 24 (1956), pp. 1-10. サミュエルソンの 1948〜49 年の分析（後述，貿易と所得分配の関係に主に注目したもの）を拡張して，国際貿易の総合モデルにしたもの．
- Ronald W. Jones. "The Structure of Simple General Equilibrium Models." *Journal of Political Economy* 73 (December 1965), pp. 557-572. ヘクシャー＝オリーン＝サミュエルソン・モデルをエレガントな代数で述べ直したもの．
- Ronald W. Jones and J. Peter Neary. "The Positive Theory of International Trade," in Ronald W. Jones and Peter B. Kenen, eds. *Handbook of International Economics.* Vol. 1. Amsterdam: North-Holland, 1984. 要素比率理論も含め，多くの貿易理論に関する最新サーベイ．
- Bertil Ohlin. *Interregional and International Trade.* Cambridge: Harvard University Press, 1933. 貿易の要素比率観を初めて述べたオリーンの本はいまだにおもしろい——貿易に対するその複雑で豊かな見方は，その後に続いたもっと厳密で単純化された数式モデルとは好対照だ．
- John Van Reenen. "Wage Inequality, Technology and Trade: 21st Century Evidence." *Labour Economics* (December 2011), pp. 30-741. 貿易と新技術が結びついて，アメリカとイギリスの賃金格差増大を生み出していることを論じた最近のサーベイ．
- John Romalis. "Factor Proportions and the Structure of Commodity Trade." *The American Economic Review* 94 (March 2004), pp. 67-97. ヘクシャー＝オリーン・モデルの改変版はとても説明力が高いことを示した論文．
- Paul Samuelson. "International Trade and the Equalisation of Factor Prices." *Economic Journal* 58 (1948), pp. 163-184; および "International Factor Price Equalisation Once Again." *Economic Journal* 59 (1949), pp. 181-196. オリーンの発想を最も影響力あるかたちで定式化したのは（またもや！）ポール・サミュエルソンで，このテーマについての 2 本の *Economic Journal* 論文は古典だ．

第5章補遺

APPENDIX TO CHAPTER 5

要素価格，財の価格，生産判断

この章の本文では，間違ってはいなければど，厳密に導出した訳ではない三つの仮定を行った．最初の仮定は，図 5.5 に内包されたもので，それぞれの産業で雇用されている労働資本比率は，賃金レンタル料比率 w/r に依存するというものだ．二つ目は，図 5.6 に内包されたもので，財の相対価格 P_C/P_F と賃金レンタル料比率の間に 1 対 1 の対応関係があるというものだ．第 3 は，国の労働供給増加は（財の相対価格 P_C/P_F がどの水準でも）労働と資本の両方を，食品部門から布部門（労働集約的な部門）に移行させるという仮定だ．この補遺は，この三つの仮定について手短に実証する．

技術の選択

図 5A.1 は，またもや食品 1 単位の生産に必要な，労働投入と資本投入のトレードオフを示したものだ——これが曲線 II で示された，食品生産の**単位等量曲線**だ．でもグラフには，たくさん**等費用直線**も描かれている．同じ費用となる資本と労働の組

図 5A.1
最適な労働資本比率を選ぶ

費用を最低に抑えるため，生産者はとれる中で最も低い等費用曲線にたどりつく必要がある．これはつまり，単位等量曲線（II 曲線）が賃金レンタル料比率 w/r にマイナスをつけたものになる点を選ぶということだ．

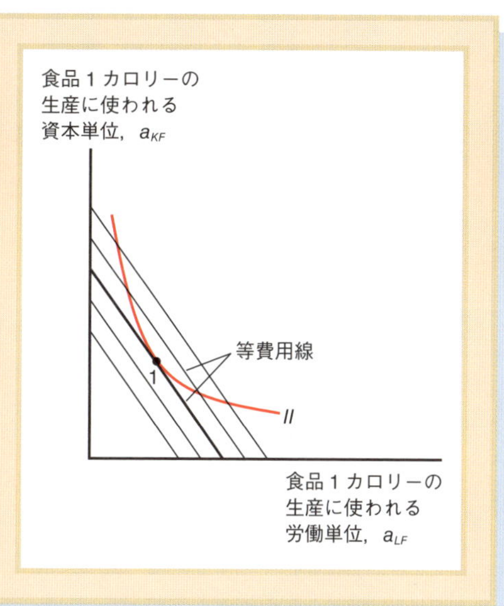

合せを示す線だ．

等費用直線は次のように構築できる．労働をある量 L だけ購入する費用は wL だ．資本を K だけ借りる費用は rK だ．だから労働何単位かと資本何単位かを使って食品 1 単位をつくれるなら，その単位 c を生産する費用は次の式で表される：

$$c = wa_{LF} + ra_{KF}.$$

同じ費用をもつ a_{LF} と a_{KF} のあらゆる組合せを示す直線は，次の方程式となる：

$$a_{KF} = (c/r) - (w/r)a_{LF}.$$

これは，$-w/r$ の傾きをもつ直線ということだ．

図はこうした線をたくさん示している．それぞれの直線は，違う費用水準に対応する．原点から遠い線は，総費用が高いということだ．生産者は，曲線 II が示すトレードオフを前提として，可能な最低の費用を選ぶ．ここでそれが起こるのは点 1，つまり II が等費用曲線に**接し**，II の傾きが $-w/r$ になる点だ（この結果を見て，図 4.5 での主張，つまり経済が生産可能性フロンティアの上で，傾きがマイナス P_C/P_F に等しくなる点で生産するという主張を連想したなら，そのとおりだ．同じ原理がここでも働いている）．

今度は，二つの違う要素価格比率について，労働資本比率の選択を比べてみよう．図 5A.2 では，労働の相対価格が低い場合 $(w/r)^1$ と高い場合 $(w/r)^2$ についての投入

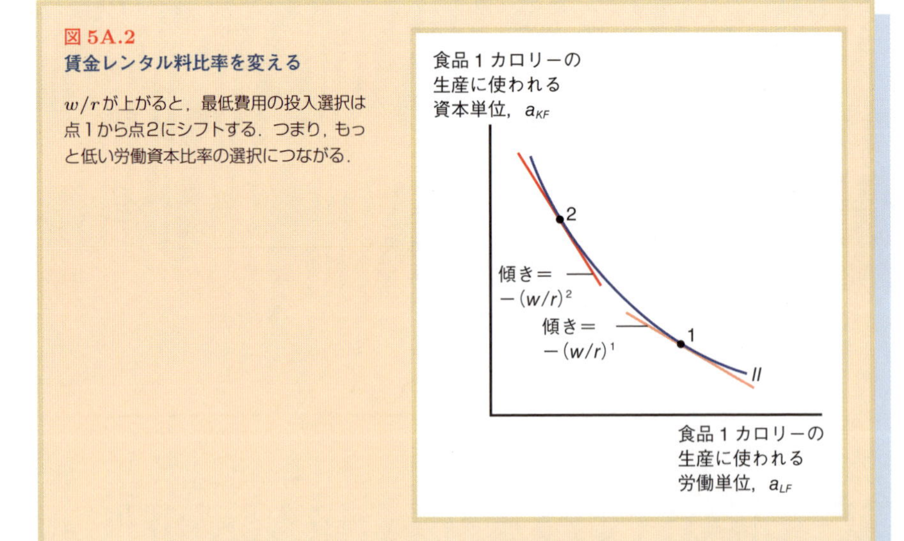

図 5A.2
賃金レンタル料比率を変える

w/r が上がると，最低費用の投入選択は点 1 から点 2 にシフトする．つまり，もっと低い労働資本比率の選択につながる．

の選択を示す．前者の場合，投入選択は点 1 となる．後者の場合は 2 だ．つまり，労働の相対価格が高ければ，低い労働資本比率の選択につながる．これは図 5.5 の想定どおりだ．

財の価格と要素価格

今度は，財の価格と要素価格の関係を見よう．この問題に取り組むには，意味的には同じでも違う手法がいくつかある．ここでは，1930 年代にアバ・ラーナーが導入した分析に従おう．

図 5A.3 は，布と食品の生産それぞれへの資本と労働の投入を示す．これまでの図だと，ある財を 1 単位生産するのに必要な投入を見てきた．でも今回の図では，**それぞれの財を 1 ドル分**生産するのに必要な投入を示そう（実は，別に 1 ドルでなくても，両方の財で同じならいくらでもかまわない）．だから布の等量曲線 CC は，布を $1/P_C$ 単位生産するのに必要な投入の組合せとして考えられるものを示す．食品についての等量曲線 FF は，食品 $1/P_F$ 単位生産するのに必要な組合せを示す．ここで描かれている場合だと，布生産は労働集約的だ（そして食品生産は資本集約的だ）．どんな w/r についても，布生産の方が常に食品生産よりも高い労働資本比率となる．

経済が両方の財を生産するなら，それぞれの財の 1 ドル分を生産する費用は，まさにそれぞれ 1 ドルのはずだ．この二つの生産費用が同じになるには，両方の財の生産最低費用点が**同じ**等費用直線上にある場合だ．だから示した線の傾き（これは両方の等量曲線にちょうど接する）は，賃金レンタル料比率 w/r（にマイナスをつけたもの）と等しくなるはずだ．

図 5A.3
賃金レンタル料比率を決める

二つの等量曲線 CC と FF は，それぞれ 1 ドルの価値をもつ布と食品の生産に必要な投入を示す．価格は生産費用と等しくなるので，それぞれの財への投入も，1 ドルの価値となる．これはつまり賃金レンタル比も，両方の等量曲線に接する直線の傾きにマイナスをつけたものと等しくなるということだ．

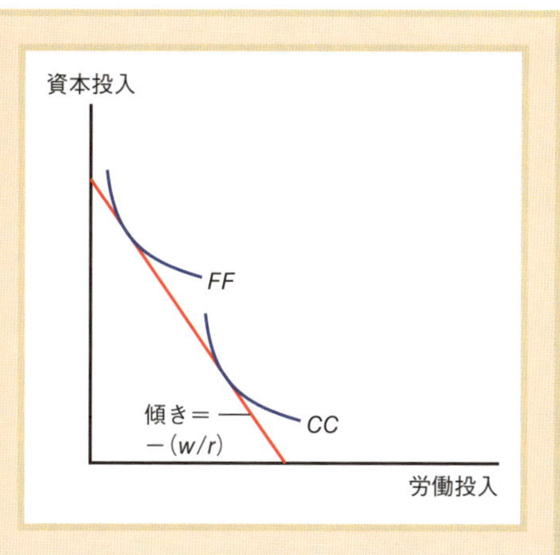

図 5A.4
布価格の上昇

布価格が上がれば，1ドル分の生産量は減る．だから CC^1 は CC^2 にとって代わられる．だから含意される賃金レンタル料比率も $(w/r)^1$ から $(w/r)^2$ に上がることになる．

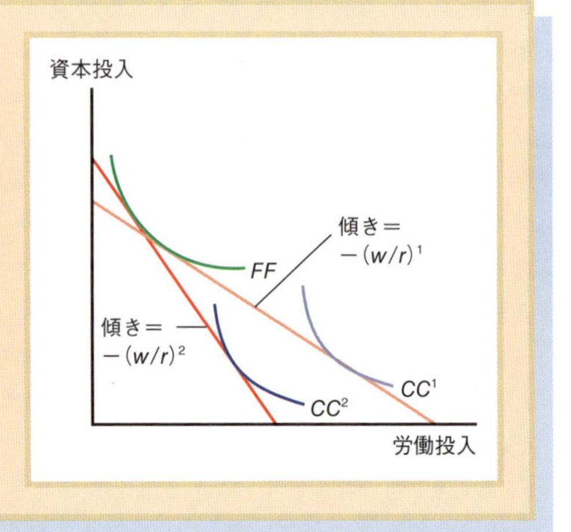

さて最後に，布の価格が賃金レンタル料比率にどう影響するかを考えよう．もし布の価格が上がれば，1ドル分の価値をもつ布の長さは短くなる．だから布1ドル分の価値に対応する等量曲線は，内側にシフトする．図5A.4では，もとの等量曲線は CC^1 で，新しい等量曲線は CC^2 だ．

ここでも，両方の等量曲線にちょうど接する線を描かねばならない．その線の傾斜は，賃金レンタル料比率にマイナスをつけたものだ．等費用曲線の傾き $(-(w/r)^2)$ が急になっているので，新しい w/r は以前より高いのは明らかだ．布の相対価格が上がるということは，賃金レンタル料比率も上がるということだ．

資源と生産量についての加筆

今度は，資源の変化——ただし布と食品の価格は変わらない——がそうした生産要素の配分を，産業部門ごとにどう変え，そして生産の反応にどう影響するかをもっと厳密に考えよう．総労働の対資本雇用比率 L/K は，布部門で雇用されている労働＝資本 (L_C/K_C) と食品部門の労働＝資本 L_F/K_F の加重平均としてかける．

$$\frac{L}{K} = \frac{K_C}{K}\frac{L_C}{K_C} + \frac{K_F}{K}\frac{L_F}{K_F} \tag{5A.1}$$

この平均で使っている重み，K_C/K と K_F/K を足すと1になり，これは布と食品の部門でそれぞれ雇用されている資本の比率だ．布のある相対価格は，賃金レンタル料比率に対応していることはこれまで見た（ただし，経済が布と食品を両方つくる場合だけ）．これが今度は両方の産業部門で，ある労働資本雇用水準に対応している（L_C/K_C と L_F/K_F）．さて布の相対価格がある水準にあるとき，経済の労働供給 L

が増えた場合の影響を考えよう．L/K は増え L_C/K_C と L_F/K_F はどちらも変わらない．等式 (5A.1) が成り立つには，高い方の労働資本比率 L_C/K_C が上がらなくてはならない．これはつまり，重み K_C/K が上がり，それに対応して重み K_F/K は下がるということだ．だから資本は食品部門から布部門に移る（この例では総資本供給 K は一定だから）．さらに，L_F/K_F は一定なので，K_F の減少は当然，食品部門での労働雇用 L_F の減少をもたらす．これは，布のあらゆる相対価格において，労働供給を増やせば，必ず労働と資本が食品部門から布部門に移動するしかないということだ．経済の生産可能性フロンティア拡大は，布の側に大きく偏っているので——布の相対価格一定なら——経済は食品生産を**減らす**.

経済の労働供給が増えると，経済はどちらの要素もますます労働集約的な布部門に集中させる．十分に労働が追加されたら，経済は布生産に特化して，もはや食品はまったく生産しなくなる．この地点では，相対財価格 P_C/P_F と賃金レンタル料比率 w/r の 1 対 1 の対応関係が破れる．労働供給 L をもっと増やしたら，それにともなって賃金レンタル料比率が，図 5A.3 の CC 曲線に沿って下がる．

経済の資本供給が増えた場合にも，似たような過程が生じる——この場合も相対財価格 P_C/P_F が一定と仮定する．経済が布と食品の両方を生産する限り，経済は資本供給の増大に対し，生産を食品部門（資本集約的）に集中させることで対応する．労働と資本はどちらも食品部門に移る．経済は，食品に強く偏った成長を体験する．ある点で，経済は食品部門に完全に特化して，相対財価格 P_C/P_F と賃金レンタル料比率 w/r の関係はまたもや破綻する．資本供給 K をさらに増やしたら，それにともない図 5A.4 で曲線 FF に沿って賃金レンタル料比率が増える．

CHAPTER 6

標準貿易モデル

これまでの章では，国際貿易のモデルを何種類か構築してきた．それぞれが，生産可能性の決定要因について違った想定をしていた．重要な点を浮き彫りにするため，どのモデルもほかのモデルで強調されている現実のある側面を除外していた．そうしたモデルは以下の三つだ：

- **リカード・モデル**　生産可能性は，たった一つの資源である労働を産業部門間に配分することで決まる．このモデルは，比較優位という本質的な概念を伝えるけれど，所得分配の話はこれではできない．
- **特殊要素モデル**　このモデルは生産の複数要素をもつけれど，その一部は雇用されている産業部門に固有（特殊）なものだ．これは貿易が所得分配に与える短期的な影響もとらえている．
- **ヘクシャー＝オリーン・モデル**　生産の複数の要素が，このモデルでは産業部門間を移動できる．資源の差（国レベルでのそうした要素の状況）が貿易パターンを左右する．このモデルはまた，貿易が所得分配に与える長期的な影響もとらえている．

現実の問題を分析するときには，これらのモデルをすべて活用して洞察を得たい．例えば過去 20 年で，世界貿易の中心的な変化は，新興工業経済からの輸出急増だ．こうした諸国は急激な生産性向上を経験している．この生産性向上の意味合いを論じるには，第 3 章のリカード・モデルを適用したい．貿易パターン変化は，国内の集団ごとに違った影響をもつ．貿易増大が国内の所得分配に与える影響を理解するには，第 4 章と 5 章の特殊要素モデル（短期的影響の場合）や，ヘクシャー＝オリーン・モデル（長期的影響の場合）を適用するべきだろう．

細部では違っていても，こうしたモデルは多くの特徴を共有している．

1. 経済の生産容量は，その生産可能性フロンティアでまとめられ，そうしたフロンティアの差が貿易を生み出す．

2. 生産可能性は，その国の相対供給関係を決める．
3. 世界の均衡は，世界の相対需要と，各国の相対供給関係の中間にある**世界の**相対供給関係で決まる．

こうした共通の特徴のため，これまで勉強してきたモデルは，世界経済の貿易についてのもっと一般的なモデルの特殊ケースと考えられる．国際経済学には，この一般モデルを使って分析ができて，細部だけがどの特殊モデルを使うかで決まってくるような重要な問題がいろいろある．こうした問題には，経済成長からくる世界供給シフトの影響，供給の同時シフト，関税や輸出補助金で生じる需要などがある．

この章は，経済の供給サイドの細部にはあまり強く依存しない国際貿易理論から得られる洞察を強調する．まずは貿易する世界経済の標準モデルを構築しよう．第 3 章から第 5 章のモデルは，その特殊ケースと解釈できる．そしてこのモデルを使い，根底にあるパラメータの各種変化が世界経済にどう影響するかを考えよう．

学 習 目 標

この章を読み終わったら，こんなことができるようになる．

- 標準貿易モデルの構成要素，生産可能性フロンティア，等価値曲線，無差別曲線がどのように組み合さって，供給側の要素と需要側の要素とにより貿易パターンがどう確立されるかを理解できる．
- 交易条件の変化と経済成長が，国際貿易に参加する国々の厚生にどう影響するかを認識できる．
- 関税や補助金が，貿易パターンや貿易国の厚生，国内の所得分配に与える影響を理解できる．
- 国際的な借り入れや融資を標準貿易モデルと関連づけ，それが時間をまたがる形で交換される財だと理解できる．

貿易経済の標準モデル

標準貿易モデルは，4 つの鍵となる関係に基づいている：(1) 生産可能性フロンティアと相対供給曲線の関係; (2) 相対価格と相対需要の関係; (3) 世界の相対供給と世界相対需要による世界均衡の決定; (4) **交易条件**——ある国の輸出品価格を輸入品価格で割ったもの——が国の厚生に与える影響．

生産可能性と相対供給

ここでの標準モデルでは，それぞれの国が財二つ，食品 (F) と布 (C) を生産し，各国の生産可能性フロンティアは，図 6.1 の TT で示したようななめらかな曲線にな

図 6.1
相対価格が経済の生産量を決める

生産可能性フロンティアが TT の経済は，可能な最も高い等価値線に乗っている点 Q で生産する．

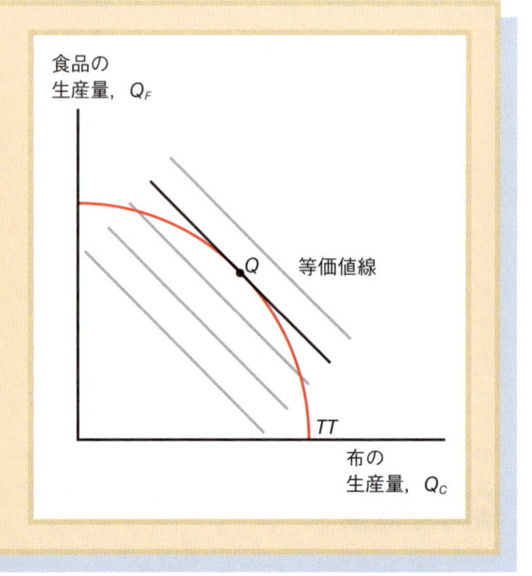

る[1]と考えよう．生産可能性フロンティア上で，実際に経済がどこで生産するかは，布の価格を食品と比べたもの，つまり P_C/P_F で決まってくる．市場価格が所与なら，市場経済はその生産量 $P_CQ_C + P_FQ_F$ を最大化する生産水準を選ぶ．ここで Q_C は生産される布の量で，Q_F は生産される食品の量だ．

生産物の市場価値を示すには，たくさん**等価値線**を引けばいい――つまり生産物の価値が一定となる点を結んだ線だ．そうした線のそれぞれは，$P_CQ_C + P_FQ_F = V$ という形の方程式で定義される．これを移項すると $Q_F = V/P_F - (P_C/P_F)Q_C$，ただし V は生産物の価値だ．V が高ければ，等価値線はそれだけ外側にある．だから原点から遠い等価値線は，生産物の価値の高さと対応している．等価値線の傾きは $-P_C/P_F$ だ．図 6.1 で，生産物の最も高い価値は，点 Q で生産するときに実現する．Q は TT が等価値線と接するところだ．

さて P_C/P_F が上がったとしよう（布が食品に比べて価値が上がる）．すると等価値線は以前より傾きが急になる．図 6.2 では，P_C/P_F が変わる前に経済が実現できた最高の等価値線は VV^1 で示した．価格変化後の最高の線は VV^2 で，経済が生産する点は Q^1 から Q^2 にシフトする．だから予想どおり，布の相対価格上昇により経済はもっと布を生産し，食品生産を減らす．だから布の相対供給は，布の相対価格が上がると増える．この相対価格と相対生産の関係は，図 6.2b に示した．

---

[1] 第 3 章のように生産要素が一つしかない場合，生産可能性フロンティアは直線になる．でもほとんどのモデルだと，それはなめらかな曲線となり，リカード・モデルの結果は極端な例と解釈できる．

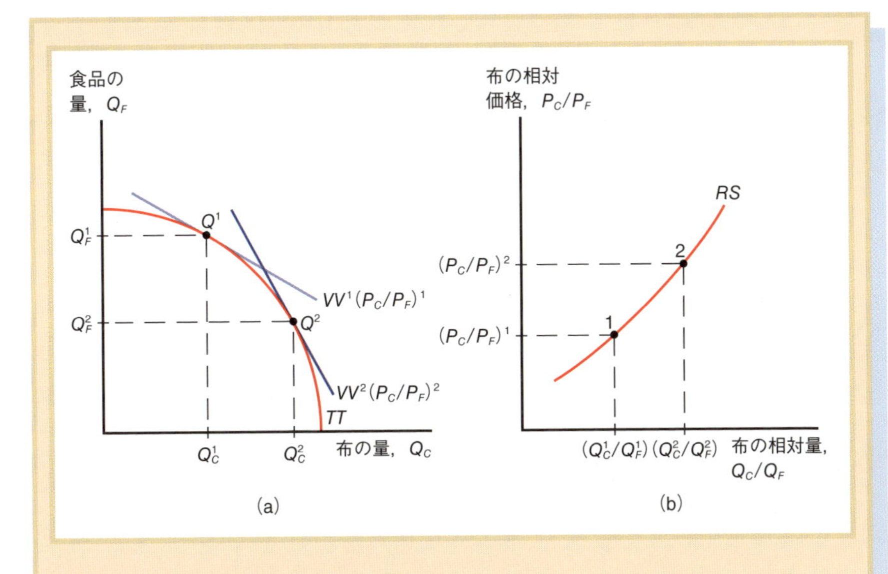

図 6.2　布の相対価格の上昇による相対供給への影響

パネル(a)を見ると，布の相対価格が $(P_C/P_F)^1$ から $(P_C/P_F)^2$ に上がると等価値線の傾きが急になる（VV^1 から VV^2 への回転で示される）．結果として経済は布の生産を増やして食品を減らし，均衡生産量は Q^1 から Q^2 にシフトする．パネル(b)を見ると，生産可能性フロンティア TT に対応する相対供給曲線が示されている．$(P_C/P_F)^1$ から $(P_C/P_F)^2$ への上昇で，布の相対生産は Q_C^1/Q_F^1 から Q_C^2/Q_F^2 に増える．

相対価格と需要

図 6.3 に，標準モデルにおける生産，消費，貿易の関係を示す．第 5 章で指摘したように，経済の消費価値は生産価値と等しくなる．

$$P_CQ_C + P_FQ_F = P_CD_C + P_FD_F = V$$

ここで D_C と D_F はそれぞれの布と食品の消費だ．この等式から見て，資産と消費は同じ等価値線上に乗る必要がある．

経済が等価値線上でどの点を選ぶかは，消費者たちの嗜好による．ここでの標準モデルでは，経済の消費判断は，ある一人の代表的個人の嗜好と同じような形で下されるものと仮定する[2]．

[2] この想定を正当化できる状況群はいくつかある．その一つは，あらゆる個人が同じ嗜好をもちあらゆる資源の同じシェアをもつというものだ．もう一つは，政府がその全体的な社会厚生についての見方を最大化するために所得再分配を行うというものだ．基本的にこの想定は，所得分配変化が需要に与える影響はあまり重要ではないことが必要になる．

図 6.3
標準モデルの生産，消費，貿易

経済は生産可能性フロンティアが，可能な中で最も高い等価値線と接する点 Q で生産する．そして等価値線が最も高い可能な無差別曲線に接する点 D で消費する．経済は消費するよりたくさんの布を生産するので，布を輸出する．これに対して，生産するよりも多くの食品を消費するので，食品を輸入する．

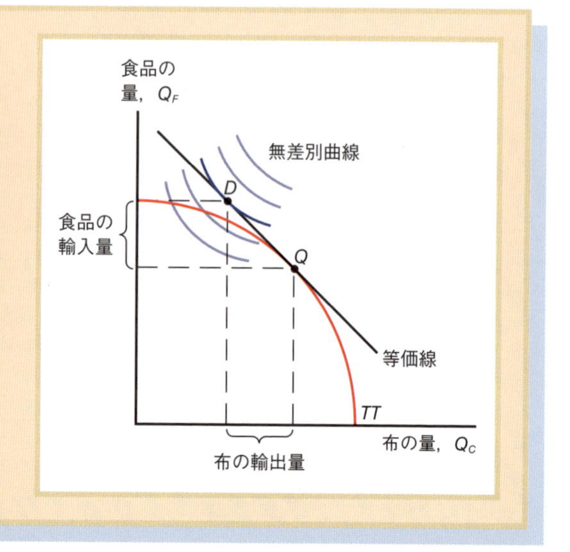

個人の嗜好は一連の**無差別曲線**として図示できる．無差別曲線は，布 (C) と食品 (F) の消費の組合せで，個人が同じくらいの満足度を得られる組合せの集合をたどる．図 6.3 に示したように，無差別曲線には三つの特徴がある．

1. 右肩下がりになる．個人に与えられる食品 (F) が減れば，同じ満足度を得るためにはその人に与える布 (C) を増やさなくてはならない．
2. 無差別曲線が上や右の方にあれば，それだけそれに対応する厚生水準は高くなる．個人は，両方の財を少なくもつよりは，多くもつ方を好む．
3. それぞれの無差別曲線は，右に進むにつれて平らになる（原点に向かって凸になる）．個人が消費する C が増えて F が減れば，その限界では C の 1 単位に比べて F の 1 単位の方が価値が高くなり．F の減少を埋め合わせるために提供すべき C も増える．

図 6.3 でわかるとおり，経済は等価値線上で最も高い厚生をもたらす点で消費しようとする．この点は等価値線が，実現できる最高の無差別曲線に接する点で，このグラフでは点 D で示してある．この点だと，経済は布を輸出し（生産される布の量は消費される布の量を上まわる），食品を輸入することに注意．

さて今度は P_C/P_F が上昇する場合を考えよう．図 6.4 のパネル (a) は，その影響を示す．まず，経済の生産する C は増え，F は減り，生産は Q^1 から Q^2 に移る．これは，消費が位置するはずの等価値線を VV^1 から VV^2 にシフトさせる．経済の消費選択も，D^1 から D^2 に移る．

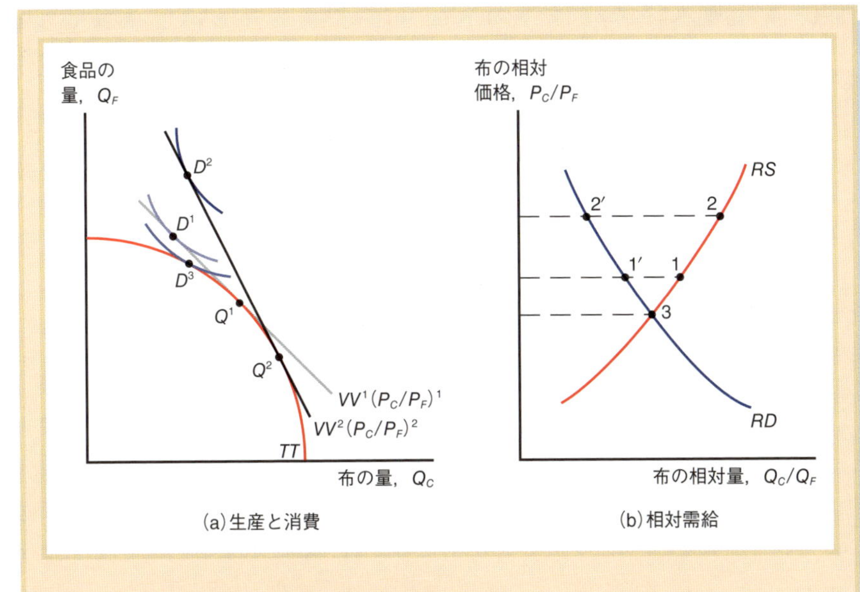

図 6.4　布の相対価格の上昇の影響と貿易の利得

パネル(a)だと，等価値線の傾きは，布の相対価格(P_C/P_F)にマイナスをつけたものとなる．結果として，相対価格が上がると，あらゆる等価値線は傾きが急になる．特に，最大価値線はVV^1からVV^2に上がる．生産はQ^1からQ^2にシフトして，消費はD^1からD^2へシフトする．もし経済が貿易できなければ，点D^3で生産・消費するしかない．パネル(b)は，布の相対価格上昇が相対生産に与える影響（1から2に動く）と相対需要への影響（1′から2′）を示す．経済が貿易できなければ，点3で消費・生産する．

D^1 から D^2 への移動は，P_C/P_F がもたらす二つの影響を反映したものだ．一つは，経済がもっと高い無差別曲線に移ったということで，これはつまり経済として豊かになったということだ．その理由は，この経済が布の輸出国だからだ．布の相対価格が上がると，この経済は一定量の布と交換できる輸入食品が増える．だから輸出財の相対価格が上がれば，それは有利に働く．もう一つは，相対価格の変化は無差別曲線に沿って，食品に向かい，布から遠ざかるシフトにつながるというものだ（というのも布が今や相対的にもっと高価になったからだ）．

この二つの影響は，基本的な経済理論でお馴染みだ．厚生の増大は**所得効果**だ．ある一定の厚生水準で消費がシフトするのは**代替効果**だ．所得効果は両方の財の消費を増やすのが通常だし，代替効果は経済が C の消費を減らして F の消費を増やすように働く．

図 6.4 のパネル (b) は，生産可能性フロンティアと無差別曲線に対応した相対供給

曲線と相対需要曲線を示す[3]．グラフは，布の相対価格増大が布の相対生産増加をもたらす（点1から2への移動）と同時に，布の相対消費を減らす（点1から2への移動）．相対消費のこの変化は，価格変化の代替効果を反映したものだ．もし価格変化の所得効果が大きければ，両方の財の消費水準は上がる（つまり D_C と D_F はどっちも増える）．でも需要の代替効果のおかげで，布の**相対**消費 D_C/D_F は減る．もし経済が貿易できないなら，点3で生産し消費することになる（点3は相対価格 $(P_C/P_F)^3$ に対応している）．

交易条件の変化による厚生効果

P_C/P_F が上がると，当初布を輸出していた国は豊かになる．これは図6.4のパネル(a)の D^1 から D^2 への移動で示されるとおりだ．逆に，P_C/P_F が下がったら，その国は貧しくなる．例えば，消費は D^2 から D^1 に戻ったりする．

もしこの国が当初は布ではなく食品の輸出国だったら，この効果の方向は逆転する．P_C/P_F の上昇は P_F/P_C の下落ということだから，その国は貧しくなる．輸出財（食品）の相対価格が下がる．こうした場合のすべてを，国が当初輸出する財の価格を当初輸入している財の価格で割ったものを交易条件として定義することでカバーできる．すると一般的にいうなら，**交易条件が上がるとその国の厚生は高まり，交易条件が下がればその厚生は低下する**．

でも，ある国の交易条件がどう変わっても，その国の厚生水準が貿易のないとき（D^3 の消費で示す）よりも下がることは絶対にないことには注意しよう．第3章から5章で述べた貿易の利益は，このもっと一般化したアプローチにも相変わらずあてはまる．これまで論じてきたのと同じ注意書きもやはりあてはまる．総利益は均等に分配されることはほとんどなく，個別消費者は得をすることもあれば損をすることもある．

相対価格を決める

今度は，世界経済が2カ国で構成されることにしよう．またもや自国（布を輸出）と外国（食品を輸出）だ．自国の交易条件は，P_C/P_F で示され，外国の交易条件は P_F/P_C だ．こうした貿易パターンは，自国と外国の生産能力により生じたものとする．これは図6.5パネル(a)のそれぞれの相対供給曲線で示されるとおりだ．また両国が同じ選好を共有している，つまりは同じ需要曲線をもつものとする．任意の相対価格 P_C/P_F で，自国は布を量 Q_C と食品を量 Q_F だけ生産し，外国は布を量 Q_C^* と

[3] 一般的な選好の場合，相対需要曲線はその国の総所得に依存する．我々はこの章の中で一貫して，相対需要曲線は所得とは独立していると想定する．これは相似的選好とよばれる，広く使われる選好にあてはまる．

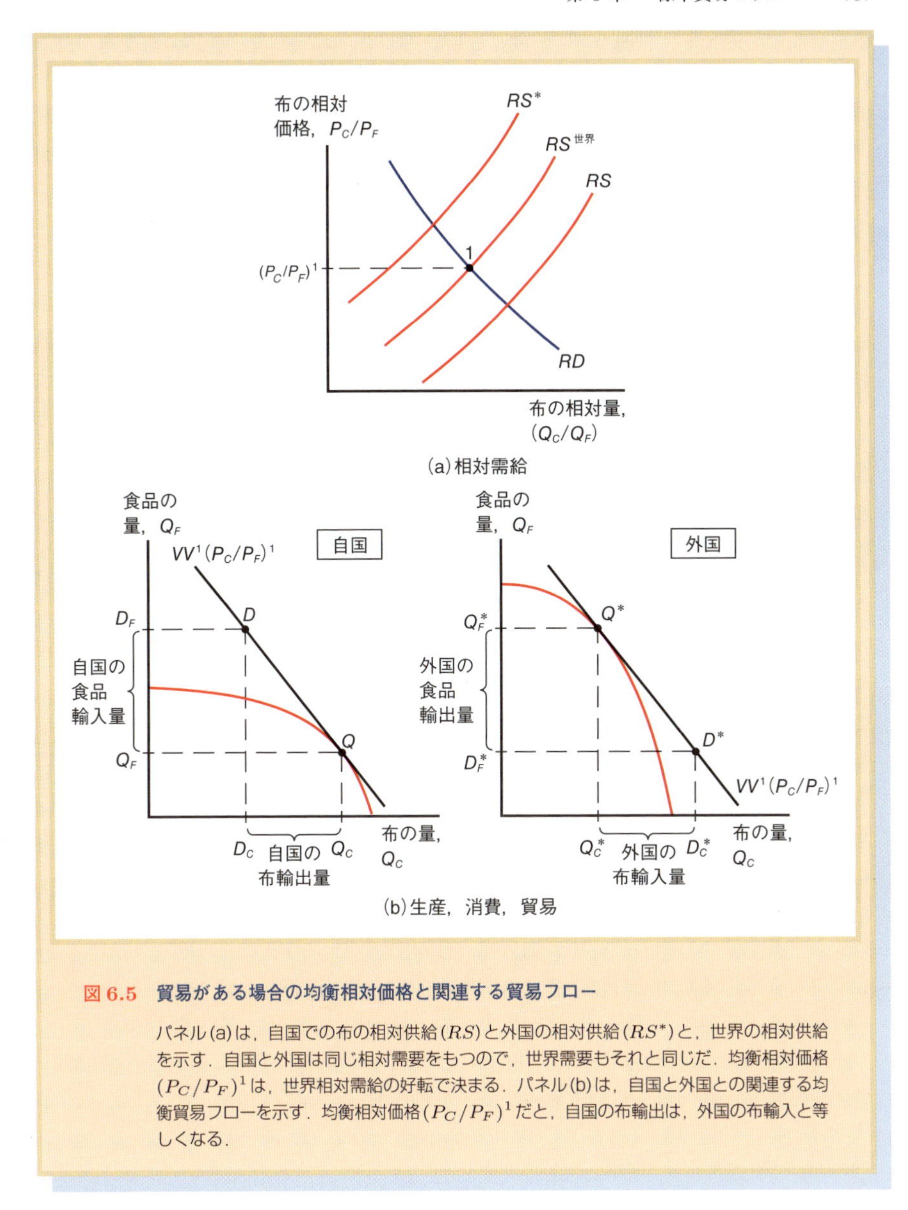

図 6.5　貿易がある場合の均衡相対価格と関連する貿易フロー

パネル (a) は，自国での布の相対供給 (RS) と外国の相対供給 (RS^*) と，世界の相対供給を示す．自国と外国は同じ相対需要をもつので，世界需要もそれと同じだ．均衡相対価格 $(P_C/P_F)^1$ は，世界相対需給の好転で決まる．パネル (b) は，自国と外国との関連する均衡貿易フローを示す．均衡相対価格 $(P_C/P_F)^1$ だと，自国の布輸出は，外国の布輸入と等しくなる．

食品を量 Q_F^* だけ生産する．この場合 $Q_C/Q_F > Q_C^*/Q_F^*$ が成り立つ．すると世界の相対供給は，両国での布と食品の生産水準を合計して，その比率を計算すればいい：$(Q_C + Q_C^*)/(Q_F + Q_F^*)$ だ．さて，定義からしてこの世界の相対供給曲線は，両国の相対曲線の間に必ず位置する[4]．世界の相対需要も，両国の布と食品の需要をそれぞれ足して比率をとればいい：$(D_C + D_C^*)/(D_F + D_F^*)$．両国の選好は同じなので，両国の相対需要曲線は重なるし，世界の相対需要曲線もそれに重なる．

すると世界の均衡相対価格（自国と外国が貿易するとき）は，世界の相対供給と相対需要が交差する点1で与えられる．この相対価格は，自国の布輸出の何単位分が，外国の食品輸出と交換されるのかを決める．均衡相対価格で，自国の望む布輸出 $Q_C - D_C$ は，外国の望む布輸入 $D_C^* - Q_C^*$ と一致する．食品市場もまた均衡するので，自国の望む食品輸入 $D_F - Q_F$ は，外国の望む食品輸出 $Q_F^* - D_F^*$ と一致する．自国と外国の生産可能性フロンティアを，予算制約と，均衡相対価格 $(P_C/P_F)^1$ に対応する生産と消費の選択とともに示したのが，パネル (b) だ．

これで相対供給と相対需要，交易条件，厚生が標準モデルでどう決まるかがわかったので，それを使って国際経済学の重要な問題をいろいろ検討しよう．

経済成長：*RS* 曲線のシフト

貿易のある世界経済に経済成長が与える影響は，果てしない懸念と議論の対象になっている．論争は二つの質問が核になる．まず，ほかの国の経済成長は，自国にとっていいことなのか悪いことなのか？　第2に，ある国の経済成長は，その国が緊密に統合された世界経済の一部だと，価値が高くなるのか低くなるのか？

経済成長がほかの国に与える影響を評価する場合，常識に基づく議論だと，それがいいとも悪いともいえる．一方では，ほかの国の経済成長は，輸出品の市場が広がり，輸入品の価格が下がるので自国の経済にとってよいことかもしれない．その一方で，外国の経済成長は，輸出業者の競争相手を増やすし，また国内生産者も外国輸出業者と競争する必要が出てくるともいえる．

自国の成長がどんな影響を与えるか考えるときにも，やはり結果がすぐにはわからない．一方では，自国の生産能力増大は，その国が増えた生産物の一部を外国で売れるのであれば，価値がそれだけ高いはずだ．その一方で，成長の便益は，自国の輸出品の価格低下を通じて外国人に渡ってしまい，自国には残らないかもしれない．

前節で開発した貿易の標準モデルは，こうした一見すると矛盾に見えるものを解明できる枠組みを提供し，貿易世界の経済成長の影響について明確にしてくれる．

成長と生産可能性フロンティア

経済成長は，国の生産可能性フロンティアが外側にシフトするということだ．この成長が起こるのは，国の資源が増えるからでもいいし，そうした資源を使う効率性が

---

[4] あらゆる正の値 X_1, X_2, Y_1, Y_2 について，もし $X_1/Y_1 < X_2/Y_2$ なら $X_1/Y_1 < (X_1 + X_2)/(Y_1 + Y_2) < X_2/Y_2$．

改善されるからでもいい.

成長が国際貿易に与える影響は，そうした成長に通常は**偏向**があることから生じる．**偏向的成長**は，生産可能性フロンティアが，ほかの方向に比べてある特定方向に大きく外にシフトすることで生じる．図 6.6 のパネル (a) は，布に偏向した成長（TT^1 から TT^2 へのシフト）を示し，パネル (b) は食品に偏向した成長（TT^1 から TT^3 へのシフト）を示す.

成長が偏向する理由は主に二つある：

1. 第 3 章のリカード・モデルは，ある産業部門で技術進歩が起これば，経済の生産可能性はその産業部門の生産物の方向に広がることを示した.
2. 第 5 章のヘクシャー＝オリーン・モデルは，ある国の生産要素の供給増――例えば貯蓄と投資からくる資本ストックの増大――は生産可能性の偏向した拡大を生み出すことを示した．偏向は，その要素が固有（特殊）な財の側か，供給が増えた要素を集約的に生産に使う財の方向に向かう．だから国際貿易を生み出すのと同じ条件が，貿易経済の偏向的な成長も生み出しかねない.

パネル (a) と (b) の偏向は大きい．それぞれの場合，経済は両方の財の生産を増やせる．でも，布の相対価格が変わらなければ，食品の生産量はパネル (a) では下がるのに対し，パネル (b) では布の生産量が下がる．成長はいつもこの例ほど強く偏向している訳ではないけれど，布の方にごくわずか偏向的な成長ですら，**布のあらゆる相対価格において**，食品と**相対的に**布の生産量上昇をもたらす．言い換えると，国の相対供給曲線が右にシフトする．この変化はパネル (c) で，RS^1 から RS^2 への移行として示されている．成長が食品の方に偏ると，相対供給曲線は左にシフトする．これは RS^1 から RS^3 へのシフトで示される.

世界の相対供給と交易条件

さて自国が強く布に偏った成長を経験し，どんな相対価格でも布の生産量が上昇する一方で，食品の生産量は減るとしよう（図 6.6 のパネル (a) の状態)．すると食品に比べた布の生産量は，世界全体でどんな価格になっていても上昇し，世界の相対供給曲線は，自国の相対供給曲線と同じく，右にシフトする．この世界相対供給のシフトは，図 6.7 のパネル (a) で，RS^1 から RS^2 のシフトとして示されている．結果として布の相対価格は $(P_C/P_F)^1$ から $(P_C/P_F)^2$ に下がる．つまり自国の交易条件は悪化し，外国の交易条件は改善している.

ここでの重要な問題は，**どっちの**経済が成長するかではなく，その成長の偏向だというのに注意．もし外国が布に強く偏向した成長を経験した場合でも，世界の相対供給曲線，ひいては交易条件に与える影響は似たようなものになる．逆に，自国や外国が食品の方に強く偏向した成長を経験したら，RS 曲線は**世界にとって左に**シフトし

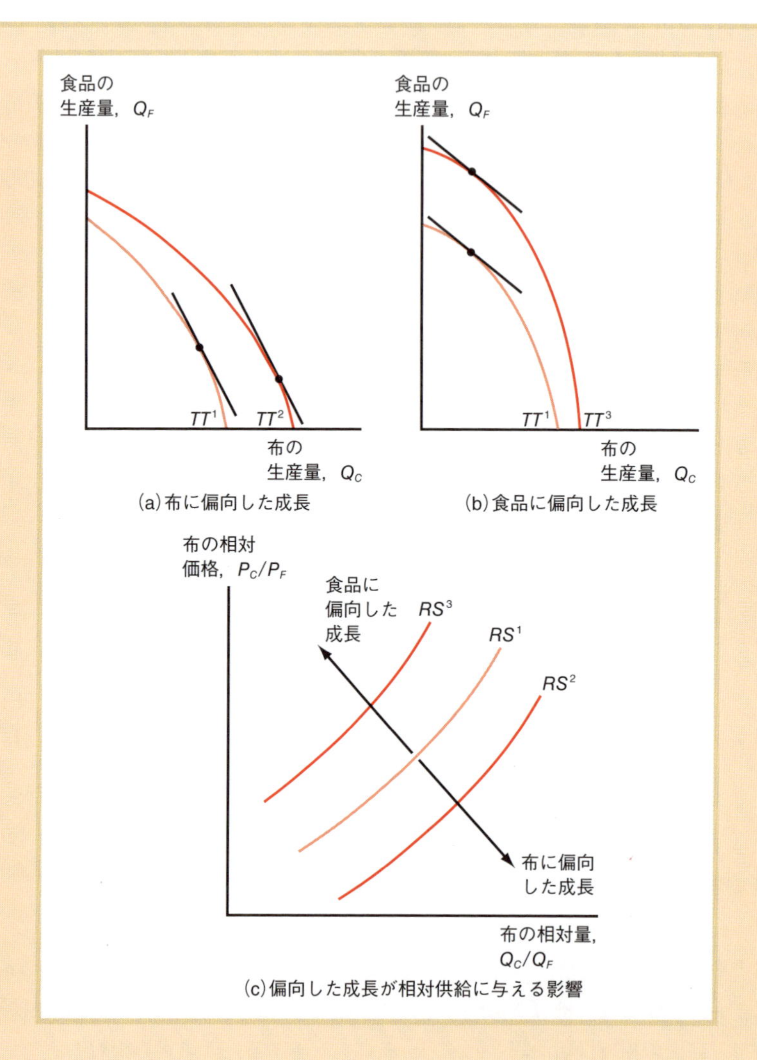

図 6.6　偏向した成長

成長が偏向しているというのは，生産可能性を，別の財よりもある特定財の方に大きくシフトさせるということだ．ケース(a)では，成長は布方向に偏向している（TT^1 から TT^2 へのシフト）．ケース(b)では，食品の方に偏向している（TT^1 から TT^3 へのシフト）．それに伴う相対供給曲線のシフトを示したのがパネル(c)だ．成長が布偏向的なら右（RS^1 から RS^2 へのシフト），成長が食品偏向的なら左にシフト（RS^1 から RS^3 へのシフト）．

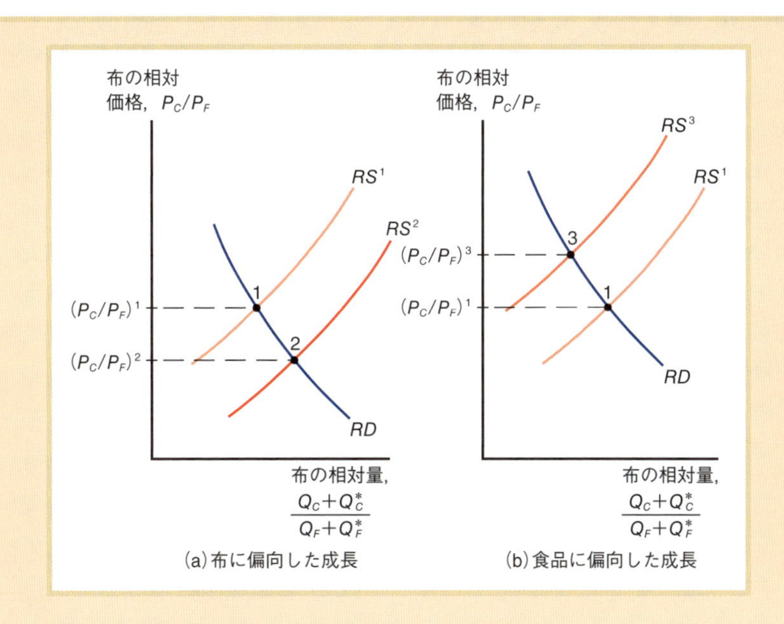

図 6.7　成長と世界相対供給

布に偏向した成長は，世界の RS 曲線を右に動かす (a) けれど，食品に偏向した成長は，それを左に動かす (b).

(RS^1 から RS^3)，布の相対価格は $(P_C/P_F)^1$ から $(P_C/P_F)^3$ に上がる（パネル (b) で示したとおり）．この相対価格増で，自国の交易条件は改善するけれど，外国の交易条件は悪化する．

国の生産可能性を，その国の輸出品（自国なら布，外国なら食品）の方に大きく拡大させる成長は，**輸出偏向的成長**だ．逆にその国が輸入する財の方に偏った成長は，**輸入偏向的成長**だ．ここでの分析から，次の一般原則が出てくる：**輸出偏向的成長は，成長国の交易条件を悪化することが多く，その他世界が恩恵を被る．輸入偏向的成長は成長国の交易条件を改善させ，その他世界が犠牲になる．**

成長の国際的な影響

この原理を使えば，成長の国際的な影響についての疑問を解決できる．その他世界の成長は，自分の国にとってはいいことなのか悪いことなのか？　自国が貿易世界経済の一部だと，成長の便益は増えるのか減るのか？　いずれの場合にも，答えは成長の偏向次第だ．その他世界で生じる輸出偏向的成長は，こちらの国にとってよいことで交易条件を改善してくれるけれど，海外での輸入偏向成長は，こちらの国の交易条件を悪化させる．自国での輸出偏向的成長は交易条件を悪化させ，成長の直接的な便益を減らすけれど，輸入偏向的成長は，自国の交易条件の改善という 2 次的な便益をもたらす．

1950 年代を通じ，貧困国出身の多くの経済学者たちは，主に原材料を輸出する自分たちの国は，時間がたつにつれて交易条件が着実に低下するはずだと考えていた．工業国世界での成長は，ますます原材料の合成代替品を生み出し，貧困国での成長は工業化に向かうよりは，すでに輸出しているものの生産能力のさらなる拡大につながると信じていた．つまり，工業国の成長は輸入偏向的になり，低開発世界の成長は輸出偏向的になると考えた訳だ．

貧困国の成長は実は自滅的になるとすら示唆する分析もあった．それによると，貧困国の輸出偏向的成長はあまりに交易条件を悪化させて，成長しないときよりも状態が悪くなってしまう．この状況は経済学者が**窮乏化成長**とよぶものだ．

1958 年発表の有名な論文で，コロンビア大学の経済学者ジャグワシュ・バグワティは，厳密に定式化した経済モデルでこうした倒錯的な効果が本当に起こり得ることを示した[5]．でも，窮乏化成長が起こる条件はずいぶん極端だ．強い輸出偏向的成長が，きわめて傾きの急な RS と RD 曲線と組み合さり，その国の生産能力拡大に伴う直接的な望ましい効果を相殺するほど大きく交易条件が変わらなければならない．多くの経済学者は，窮乏化成長という概念は現実世界の問題というよりは，理論的な話だと考えている．

自国での成長はもちろん，貿易のある世界でも自国の厚生を高めるけれど，外国の成長は必ずしも自国の厚生を高めるとはいえない．輸入偏向的成長は決してあり得ない可能性ではないし，その他世界がそうした成長を経験すると，それは交易条件を悪化させる．実際，下で指摘するように，アメリカは戦後期を通じて外国が成長したために，実質所得喪失に苦しんだ可能性も十分にある．

ほとんどの先進国は，交易条件の穏やかな上下動を経験するのが通例だ．その振れ幅は年に (平均で) 1% ほどになる．アメリカについてのようすは図 6.8 に示したとおりだ．でも一部の発展途上国の輸出は鉱物や農業部門に大きく集中している．こうした財の世界市場価格はきわめて変動が激しく，交易条件も大きく振れてしまう．こうした変動は，今度は厚生の大幅な変化につながる（というのも貿易が少数の部門に集中していて，それが GDP のかなりの部分を占めるからだ）．それどころか一部の研究によれば，いくつかの発展途上国（GDP の上下変動が，先進国の GDP 変動に比べ

---

[5] “Immiserizing Growth: A Geometrical Note,” *Review of Economic Studies* 25 (June 1958), pp. 201-205.

てとても大きい国）では，GDP の上下変動の大半は交易条件変動のせいだという[6]．例えば，アルゼンチンは 1999 年に，交易条件 6% 下落（農産物価格下落のため）の憂き目に遭って，おかげで GDP は 1.4% 下がった（実際の GDP 下落はもっと大きかったけれど，ほかの要因もそこには貢献していた）．一方でエクアドルは 2000 年に交易条件 18% 上昇を享受した（原油価格上昇のおかげ）ので，その年の GDP 成長率は 1.6% かさ上げされた[7]．

事例研究　新興工業国の成長は先進国に痛手か？

1990 年代初期，多くの評論家たちが，新興工業経済の成長は先進国の繁栄にとって脅威だと警告を発し始めた．第 5 章の南北貿易に関する事例研究で，成長が問題になりそうな一つの方法については検討した．つまり，先進国の高技能労働者と低技能労働者との所得ギャップ拡大に拍車をかけかねないというものだ．でも一部の警鐘論者は，脅威はもっと広いと考えた——先進国の所得分配にとどまらず，全体としての実質所得が新しい競争相手の登場によって，引き下げられるか，すでにそれが起きているという．この見方には，2008 年に CBS 放送が行った世論調査の大半の回答者も同意していた．「中国やインドのような国々の最近の経済拡大は，アメリカ経済にとって全体的によいものでしたか，悪いものでしたか，どちらでもないですか」と尋ねられたとき，62% は悪いものだったと答えた．

こうした懸念は，ポール・サミュエルソンの 2004 年論文で多少の知的な裏づけを得たように見えた．サミュエルソンは，国際貿易の現代理論の相当部分を構築した人物でもある．その論文でサミュエルソンはリカード・モデルを使い，発展途上国の技術進歩が先進国の痛手となる場合を提示してみせた[8]．この分析は，今述べた分析つまり，その他世界での成長が自国にとって痛手になるのは，それが自国の輸出品と競合する部門で起きた場合だという話の特殊ケースでしかない．サミュエルソンはこれをその論理的な結論にまで推し進めた．もし中国が，現在輸入している財の生産を十分にうまくできるよ

[6] M. Ayhan Kose, “Explaining Business Cycles in Small Open Economies: ‘How Much Do World Prices Matter?’” *Journal of International Economics* 56 (March 2002), pp. 299-327 を参照．

[7] Christian Broda and Cédric Tille, “Coping with Terms-of-Trade Shocks in Developing Countries,” *Current Issues in Economics and Finance* 9 (November 2003), pp. 1-7 を参照．

[8] Paul Samuelson, “Where Ricardo and Mill Rebut and Confirm Arguments of Mainstream Economists Supporting Globalization,” *Journal of Economic Perspectives* 18 (Summer 2004), pp. 135-146.

うになったら，比較優位はなくなる——そしてアメリカは，貿易からの利益を失う．

一般マスコミはこの結果に飛びつき，それが何やら革命的な結果だとでもいうような扱いをした．『ビジネスウィーク』誌は「サミュエルソンらが提起した中心的な問題は，何の障害もない貿易が，これまで経済学者たちがずっと信じてきたほどアメリカにとって常によいと今でもいえるのか，ということである」とかき，そしてさらにこの論文の結果が「比較優位理論を完全に覆すかもしれない」と示唆した[9]．政治家たちも乗り出してきて，サミュエルソン論文とかれの経済学業界における圧倒的な地位を利用して，もっと保護主義的な政策を支持する主張を強化しようとした[10]．

でも外国の成長が自国経済に痛手を負わせかねないという主張は，別に目新しいものではないし，自由主義が保護主義よりいいかどうかについては何も教えてくれない．それに，中国など新興工業経済の成長が本当に先進国に痛手を与えたかというのは，実証的な問題だ．事実を見ると，そんな主張は裏づけられない．

外国の成長が国に痛手を与える経路は，交易条件を通じてだということを思い出そう．だから，新興工業経済からの競争が先進経済に痛手を与えるという主張が正しいなら，先進国の交易条件は大きく下がり，新興の競争相手の交易条件は大きく上がるはずだ．この章の数学補遺で示すように，交易条件の実質所得効果を比率で示したものは，交易条件の変化率に，輸入品が所得に占める比率をかけたものとだいたい等しい．先進国は平均で所得の 25% ほどを輸入品に使うから（アメリカの輸入 GDP 比はこれより低い），交易条件の 1% 下落は，実質所得を 0.25% ほど減らすだけだ．だから交易条件が目に見えて経済成長の足を引っ張るには，交易条件は年に数パーセント単位で下がる必要がある．

図 6.8 は，アメリカと中国の交易条件が過去 30 年でどう推移したかを示したものだ (2000 年を 100 として正規化)．アメリカの交易条件の経年変動は小さいし，長期的に見てはっきりしたトレンドはないのがわかる．2011 年のアメリカの交易条件は，1980 年とおおむね同じ水準だ．だからアメリカが，交易条件の長期的な劣化で持続的な損失に苦しんだという証拠は何もない．さらに，中国の交易条件が，世界経済にますます統合されるにつれて着実に上がったという証拠もない．というかむしろ，その交易条件は過去 10 年で劣化している．この影響は，中国の工業生産についてのずっと多くのデータを使った最近の論文でも確認されている[11]．この論文の著者たちは，中国の製造業生産性上昇（1995〜2007 年）が貿易相手の交易条件に与えた影響を抽出して，この影響が 0.7% と小さいとはいえ，プラスだったと結論している．

---

[9] "Shaking up Trade Theory," *BusinessWeek,* December 6, 2004.

[10] 例えば "Clinton Doubts Benefits of Doha", *Financial Times*, December 3, 2007 を参照.

[11] Chang-Tai Hsieh and Ralph Ossa, "A Global View of Productivity Growth in China," National Bureau of Economic Research Working Paper 16778 (2011) を参照.

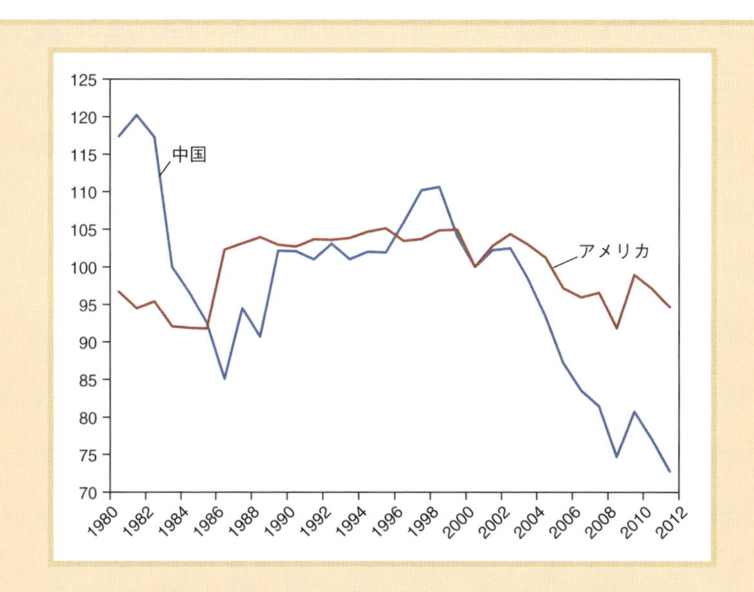

図 6.8 アメリカと中国の交易条件推移（1980～2011年，2000年＝100）

最後に一点：サミュエルソンの例だと，中国の技術進歩がアメリカの状態を悪化させるのは，両国の間の貿易が減るせいだ！　実際には中国とアメリカの貿易は急増しているから，サミュエルソンのモデルと今日の現実との間に大した関係はなさそうだ．

出典：世界開発指標，世界銀行．

関税と輸出補助金：*RS* と *RD* の同時シフト

輸入関税（輸入品にかけられる税金）と**輸出補助金**（外国に財を売る国内生産者に与えられる支払い）は，通常は国の交易条件を左右されるために設けられたりはしない．こうした貿易への政府介入が起こるのは，所得分配や，経済にとって不可欠とされる産業の促進，国際収支のせいだ（注：こうした動機については第 10 章，11 章，12 章で検討する）．でも関税や補助金の動機は何であれ，交易条件にも影響は**確かに**出るし，それはこの標準貿易モデルを使って理解できる．

関税や輸出補助金の大きな特徴は，それが世界市場での財の取引価格と，国内で買える価格との間に差をつくり出すということだ．関税の直接的な影響は，輸入材を国外より国内で高価にすることだ．輸出補助金は生産者に輸出するインセンティブを与える．だから自国での価格がよほど高くない限り，自国で売るより外国で売る方が利益が大きくなる．つまり補助金は，国内での輸出品価格をあげる．これは，生産補助金の影響とはまったく違うことに注意しよう．これは対象となる財の国内価格もさげる（というのも，生産補助金はその財の出荷先に応じて差別はしないからだ）．

各国が財の大手輸出国または輸入国の場合（大手というのは世界市場の規模に比べてという意味だ），関税や補助金で生じた価格変化は，世界市場の相対供給と相対需要の両方を変える．その結果として，政策変化を実施した国の側も，それ以外の世界も，交易条件はシフトする．

相対需要と関税の供給効果

関税と補助金は，国際的に取引されるときの財価格（**外部価格**）とそれが国内で取引される価格（**内部価格**）との間に溝をつくり出す．これはつまり，交易条件を定義するときに注意が必要だということだ．交易条件は，各国が財を交換するときの比率を測るためのものだ．例えば，自国は輸出する布1単位ごとに，食品を何単位輸入できるだろうか，という具合だ．これはつまり，交易条件は内部価格ではなく，外部価格に対応したものだということだ．だから関税や輸出補助金の影響を分析するときには，その関税や補助金が**外部価格の関数としての**相対供給や相対価格にどう影響するかを知りたい訳だ．

例えばもし自国が食品輸入の価値に対して20%の関税をかけたら，自国生産者と消費者が直面する内部価格は，世界市場での食品の外部相対価格より20%高くなる．同じことだけれど，自国の住民が購入の判断に使う布の内部相対価格は，外部市場の相対価格より低くなる．

つまり布の世界相対価格が何であっても，自国生産者が直面する相対的な布価格は低くなり，だから布の生産は減って食品の生産が増える．同時に，自国消費者たちは消費を食品から布の方に移す．世界全体から見ると，布の相対供給は下がり（図6.9で RS^1 から RS^2 へ），布の相対需要は上がる（RD^1 から RD^2 へ）．明らかに，布の世界相対価格は $(P_C/P_F)^1$ から $(P_C/P_F)^2$ に上がり，自国の交易条件は，外国を犠牲にして改善する．

この交易条件効果の規模は，関税を課している国がその他世界に比べてどのくらい大きいかに左右される．もしその国が世界のごく小さな部分でしかないなら，世界の相対需給に大した影響は与えられず，相対価格も大して変わらない．もし超大国であるアメリカが20%の関税をかけたら，アメリカの交易条件が15%高まるかもという推計もある．つまり，アメリカの輸出に比べた輸入品価格は，世界市場で15%下がり，アメリカ国内での輸入品価格上昇はたった5%ということだ．これに対し，もしルクセンブルグやパラグアイが20%の関税をかけても，交易条件効果は小さすぎてた

図 6.9
食品関税が交易条件に与える影響

自国が食品に輸入関税を課したら，布の相対供給は減り（RS^1 から RS^2 へのシフト），世界全体の相対需要は増える（RD^1 から RD^2 へのシフト）．結果として，布の相対価格は $(P_C/P_F)^1$ から $(P_C/P_F)^2$ に上がる．

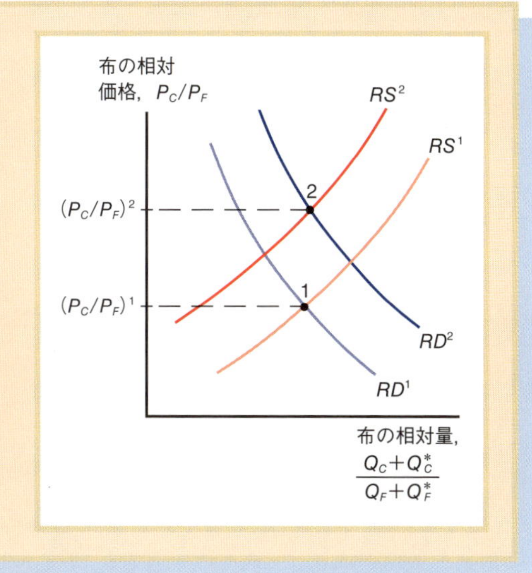

ぶん計測不能だろう．

輸出補助の影響

関税と輸出補助は，似たような政策として扱われることが多い．どっちも国内生産者を支援するように見えるからだ．でも交易条件には正反対の影響をもたらす．仮に，自国が輸出する布すべての価格に対して 20% の補助金を出すとしよう．この補助金は，自国での布の内部価格を，食品に比べて 20% 引き上げる．布の相対価格上昇は，自国生産者たちに布の生産を増やさせ，食品生産を減らすよう仕向ける一方，国内消費者たちは，布の代わりに食品を代替するようになる．図 6.10 に示したように，この補助金は世界の布の相対供給を増やし（RS^1 から RS^2 へ），世界の布の相対需要を減らす（RD^1 から RD^2 へ）．これで均衡は点 1 から点 2 にシフトする．自国補助金は自国の交易条件を悪化させ，外国の交易条件を改善する．

交易条件効果の意味合い：得をする人と損をする人は？

自国が関税をかけたら，それは外国を犠牲にして自国の交易条件を改善する．だから関税は，その他世界に痛手を与える．自国の厚生への影響は，これほどはっきりしたものではない．交易条件改善は自国に有益だ．でも関税はまた，自国経済内部で生産と消費のインセンティブをゆがめることで，コストをもたらす（第 9 章参照）．交易条件がこの歪曲の損失を上まわるのは，関税がそんなに高くないときだけだ．後で純

図 6.10
布の輸出補助金が交易条件に与える影響

布に対する輸出関税は，食品に対する関税に比べ，相対需給に正反対の影響がある．布の世界への相対供給は増え，世界の相対需要は減る．布の相対価格は$(P_C/P_F)^1$から$(P_C/P_F)^2$に下がるにつれて，自国の交易条件は悪化する．

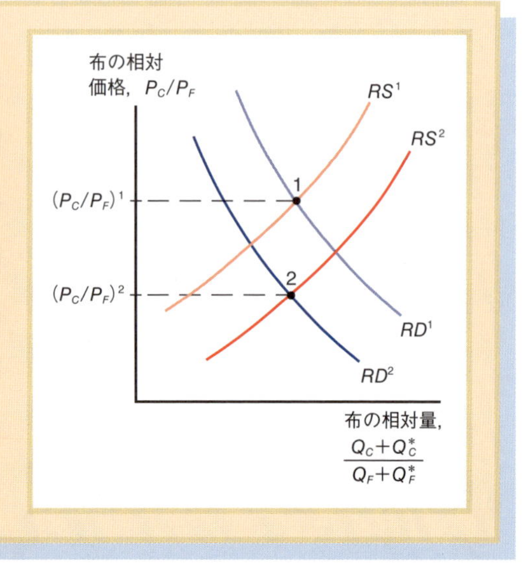

便益を最大化する最適関税を定義する方法を見よう（交易条件に対して影響をもち得ない小国の場合，最適関税はゼロに近い）．

輸出補助金の影響はとても明快だ．外国の交易条件は，自国を犠牲にして改善し，明らかに外国に得となる．同時に，自国は交易条件の悪化で損をし，**さらには**自国政策の歪曲効果からも損をする．

この分析から見て，輸出補助金はどう考えてもまったく筋が通らないようだ．実際，輸出補助金が国の利益になる場合はなかなか思いつかない．政策ツールとしての輸出補助金使用は，経済的な論理よりは，むしろ貿易政治の特異性と関係が深い．

外国がかける関税は，常に自国にとって悪く，外国が輸出補助金を出すのは常に自国にとって有益なんだろうか？　そうとも限らない．ここでのモデルは 2 カ国しかない世界についてで，相手国はこちらの輸出するものを輸入し，その逆も成り立つ．現実の多国世界では，外国政府はアメリカの輸出品と競合する財の輸出に補助金をつけるかもしれない．この外国補助金は，もちろんアメリカの交易条件に痛手を与える．この好例が，農業輸出品に対するヨーロッパの補助金だ（第 9 章参照）．あるいは，ある国がアメリカも輸入している何かに関税をかけるかもしれない．するとその財の価格は下がってアメリカは利益を得る．だから，2 国分析を通じて結論に条件をつける必要がある．**自国が輸入する**輸出品に対する外国の補助金は，自国に役立つけれど，**自国の輸出品に対する**関税は自国に不利となる．

補助金つき外国製品を売ってもらうと，こちらの得になるという見方はあまり人気の高いものではない．外国政府がこちらの国に補助金つきで販売していると糾弾されると，世間や政治は，これが不当競争だと騒ぐ．だから2012年に商務省が，中国政府が太陽光パネルの輸出に補助金をつけていると判断したときには，中国からの太陽光パネルの輸入に関税をかけることで対応した[12]．標準モデルによれば，太陽光パネルの価格が下がるのは，アメリカ経済（太陽光パネルの純輸入国だ）にとってはよいことだ．その一方で，不完全競争と生産規模の収穫逓増に基づく一部のモデルは，中国の補助金で厚生損失が起こりかねない可能性をいくつか指摘している．それでも，補助金の最大の影響は，アメリカ国内での所得分配に生じる．もし中国が太陽光パネルのアメリカへの輸出に補助金を出したら，ほとんどのアメリカ住民は，安い太陽光パネルのおかげで得をする．でもアメリカの太陽光パネル産業の労働者や投資家たちは，輸入価格が下がって被害を受ける．

国際的な借り入れと融資

ここまで扱ってきた貿易関係は，どれも時間の次元をまったく考えていなかった．一つの財，例えば布が，食品など別の財と交換されるだけだ．この節では，構築してきた貿易の標準モデルが，国同士で時間をかけて起こるとても重要な別種の貿易の分析にも使えることを示そう．それが，国際的な借り入れと融資だ．時間をかけて生じる国際取引はすべて金融的な側面をもつし，この側面は本書の後半で扱う主要なテーマの一つとなる．でもこうした金融的な側面を抽象化してしまい，借り入れや融資は単に一種の貿易でしかないと考えることもできる．ある財と別の財を，同時に交換するのではなく，今日の財を，将来の財と交換する訳だ．この種の貿易は，**異時点間貿易**として知られる．これについてはこの教科書の後の方でいろいろいいたいことがあるけれど，とりあえずは今の標準貿易モデルに時間の次元を追加した変種で分析してみよう[13]．

異時点間の生産可能性と貿易

国際資本移動がなくても，あらゆる経済は現在の消費と将来の消費との間でトレードオフに直面する．経済は通常，現在の生産量をすべて消費し尽くしたりはしない．生産量の一部は機械や建物などの生産資本への投資というかたちをとる．経済が今投資すればするほど，将来に生産して消費できるものは増える．でも，投資を増やすには，経済は消費を減らすことで資源を開放しなくてはならない（雇用されていない資

---

[12] “U.S. Will Place Tariffs on Chinese Solar Panels,” *New York Times*, October 10, 2012 を参照.

[13] 追加の詳細と導出は補遺を参照.

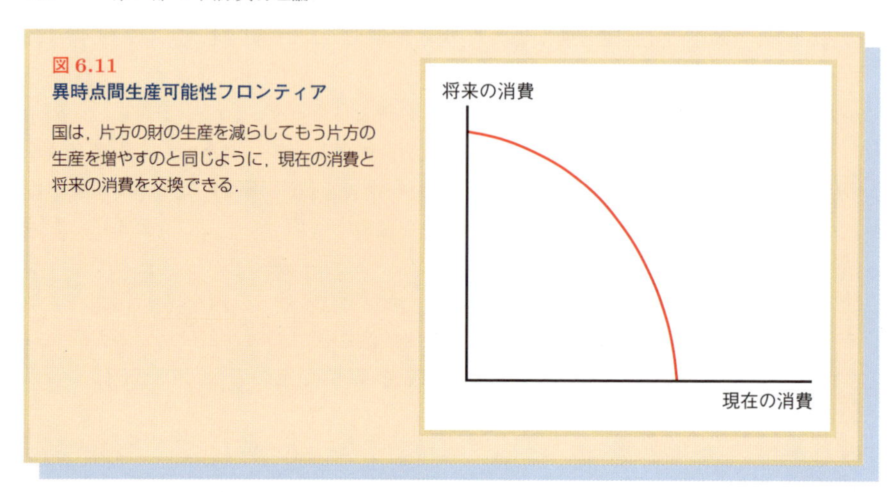

図 6.11
異時点間生産可能性フロンティア

国は，片方の財の生産を減らしてもう片方の生産を増やすのと同じように，現在の消費と将来の消費を交換できる．

源があれば話は別だけれど，この可能性はとりあえず無視する）．だから，現在と将来の消費にはトレードオフがある．

たった一つの財しか消費せず，現在と将来という2期しか存在しない経済を想像しよう．するとそこには，消費財を現在生産するか将来生産するかというトレードオフが発生する．これは，**異時点間生産可能性フロンティア**を描くことでまとめられる．それが図6.11だ．これまで描いてきた，同時点の2財の生産可能性フロンティアとまったく同じだ．

異時点間生産可能性フロンティアの形は国ごとに違う．国によっては現在の生産量に偏向する生産可能性フロンティアをもつし，国によっては将来の生産量に偏向している．こうした違いがどういう実質的な違いから生じるのかはすぐに考えるけれど，まずは単に，自国と外国という2カ国があって，異時点間生産可能性フロンティアが違っているとしよう．自国の可能性は現在の消費の方に偏向していて，外国は将来消費の方に偏向している．

対比させて考えれば，何を期待すべきかはもうわかるはずだ．国際借り入れと融資がなければ，将来消費の相対価格は，外国より自国で高くなり，そして異時点間の貿易の可能性を開放すれば，自国は現在の消費を輸出して，将来の消費を輸入するはずだ．

でもこれはちょっとまごつくところかもしれない．将来消費の相対価格って何だろう，そして異時点間でどうやって貿易するんだろうか？

実質金利

国はどうやって異時点間で貿易するんだろうか？　個人と同じように，国だって借り入れや融資により異時点間で貿易できる．個人が借り入れをしたらどうなるか考えよう．最初は自分の収入よりたくさん支出できるようになる．つまり，生産よりもたくさん消費できる．でも後で，借り入れに利子をつけて返済しなければならず，だから将来には生産するよりも消費が少なくなる．つまり借り入れにより，この人は将来の消費を現在の消費と交換したに等しい．同じことが国の借り入れでもいえる．

明らかに，現在の消費で測った将来消費の価格は，金利（利子率）と何か関係があるはずだ．この本の後半で見るように，現実世界では金利の解釈は，全体的な物価水準の変化の可能性によりややこしくなる．ここでは，融資契約が「実質」ベースで指定されていると仮定してこの問題を迂回しよう．ある国が借り入れをするときには，ある量の消費を現在購入する権利を得て，代わりにそれより大きな量の返済を将来行う．具体的には，将来の返済量は現在借りた量の $(1+r)$ 倍になる．ここで r は借り入れの**実質金利（利子率）**だ．このトレードオフは，現在の消費 1 単位に対して将来の $(1+r)$ 単位だから，将来消費の相対価格は $1/(1+r)$ だ．

この将来消費の相対価格が上がると（つまり実質金利 r が下がると），国は投資を増やすことで対応する．これは将来消費の供給を現在消費に比べて増やす（図 6.11 の異時点間生産可能性フロンティアが左に動く）．これは将来消費の相対供給曲線が右肩上がりだということになる．さっき，消費者の布と食品に関する選好を，こうした財の相対価格に相対消費を対応させる相対需要曲線で示せることを見た．同じように消費者は，現在消費と将来消費をどれだけ代替する気があるか示す，異時点間の選好をもつ．この代替効果も，将来消費の相対需要（現在消費に対する将来消費の比率）をその相対価格 $1/(1+r)$ と対応させる，異時点間相対需要曲線で示せる．

標準貿易モデルとの対応関係がこれで完成した．もし借り入れと融資が認められたら，将来消費の相対価格，つまりは世界の実質金利が，将来消費についての相対需給で決まる．均衡相対価格 $1/(1+r^1)$ を図 6.12 に示した（財の貿易と，図 6.5 のパネル (a) との類似に注目！）．自国と外国の異時点間相対供給曲線は，自国の生産可能性フロンティアが現在の消費に偏向しているのに対し，外国の生産可能性フロンティアが将来消費に偏向しているのを反映したものだ．言い換えると，外国の将来消費に関する相対供給は，自国の相対供給に比べて外にシフトしている．均衡実質金利では，自国は現在消費を輸出して，代わりに将来消費の輸入を得る．つまり，自国は現在は外国に貸し付けをして，将来に返済を受け取る．

異時点間比較優位

自国の異時点間生産可能性フロンティアが現在の生産の方に偏向していると仮定した．でもそれってどういう意味だろうか？　異時点間比較優位の源は，通常の貿易を生み出すものとはちょっと違っている．

消費財の将来生産に比較優位をもつ国は，国際的な借り入れや融資がなければ，将

図 6.12
借り入れと融資がある場合の均衡金利

自国，外国，世界の将来消費の世界供給を，現在の消費と比べたもの．自国と外国は将来消費に対する同じ相対需要をもち，これはまた世界の相対需要でもある．均衡金利$1/(1+r^1)$は世界需給の交点で決まる．

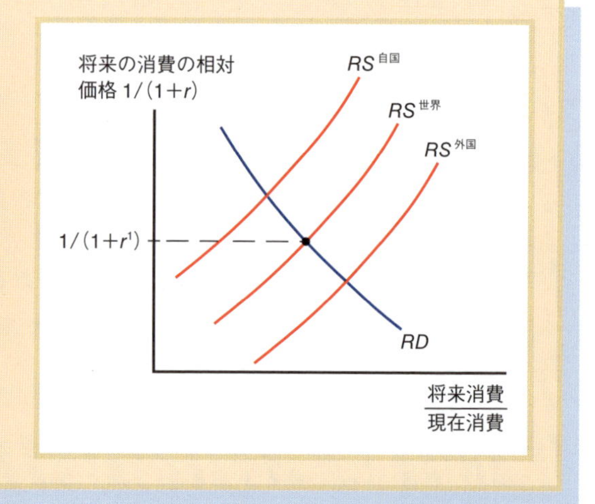

来消費の相対価格が低い国，つまり高い実質金利をもつ国だ．高い実質金利というのは，現在の消費財生産から，将来の生産能力拡大のための資本財生産や建設などに資源を振り向けることで高い収益を得られるということだ．だから国際市場で借り入れを行う国は，現在の生産能力に比べ，生産性のとても高い投資機会がある国ということになる．そして貸す側の国は，そうした機会が国内にはない国だ．

まとめ

1. 標準貿易モデルは，世界相対供給曲線を生産可能性から，そして世界相対需要曲線を選好から導く．輸入品に比べた輸出品の価格はその国の交易条件とよばれ，世界の相対供給と相対需要の交点で決まる．ほかの条件が同じなら，国の交易条件が上がれば，その国の厚生は改善する．逆に，その国の交易条件が下がれば，その国の厚生は低下する．
2. 経済成長は，その国の生産可能性フロンティアが外側にシフトするということだ．こういう成長は通常は偏向している．つまり生産可能性フロンティアは，ほかの財に比べて一部の財の方向に大きく外にシフトする．偏向的成長が即座に与える影響は，ほかの条件が同じなら，成長が偏向している方向の財の，世界相対供給を増やすことだ．こうした世界相対供給曲線のシフトは，成長国の交易条件変化をもたらすけれど，これはどちらの方向にでも向える．もし成長国の交易条件が改善するなら，この改善は自国での当初の成長を強化するけれど，その他世界には痛手を与える．もし成長国の交易条件が悪化するなら，この下落は自国での望ましい成長の影響を一部は相殺してしまうけれど，その他世界には有益となる．
3. 交易条件効果の方向は，その成長の性質次第だ．輸出偏向的成長（当初輸出していた財の生産能力を，輸入と競争する財の生産能力に比べて拡大する成長）は交易条件を悪化させる．逆に，輸入偏向的成長，つまり輸入競争財の生産能力をずっと大きく拡大するような成長は，その国の交易条件を改善する．外国の輸入偏向的成長が，こちらの国に痛手を与える可能性はある．

4. 輸入関税と輸出補助金は，相対供給と相対需要に両方に影響する．関税はその国の輸入財の相対供給を引き上げる一方で相対需要を引き下げる．関税は間違いなく，その他世界を犠牲にしてその国の交易条件を改善する．輸出補助金は逆の効果をもつ．つまりその国の輸出財の相対供給を引き上げ，相対需要を引き下げるので，交易条件を悪化させる．輸出補助金の交易条件効果は，補助を出す国に痛手を与え，その他世界には便益となる．ここから，輸出補助金はその国の立場からは筋が通らないし，その他世界としては反対するよりむしろ歓迎すべきだと示唆される．でも関税も補助金も，各国内部の所得分配には大きな影響があり，こうした影響の方が交易条件の考慮よりは政策に強く影響することが多い．
5. 国際的な借り入れや融資は，一種の国際貿易とみなせる．ただしそれは，ある財と別の財を交換するものではなく，現在の消費を将来の消費と取引するようなものだ．この異時点間の貿易が起こる相対価格は，実質金利に 1 を足したものだ．

重要用語

異時点間生産可能性フロンティア p.150
異時点間貿易 p.149
外部価格 p.146
窮乏化成長 p.142
交易条件 p.131
実質金利（利子率） p.151
等価値線 p.132
内部価格 p.146
標準貿易モデル p.131
偏向的成長 p.139
無差別曲線 p.134
輸出偏向的成長 p.141
輸出補助金 p.145
輸入関税 p.145
輸入偏向的成長 p.141

練習問題

1. ノルウェーとスウェーデンがお互いに貿易をして，ノルウェーはスウェーデンに魚を輸出し，スウェーデンはボルボ（自動車）をノルウェーに輸出するとしよう．標準貿易モデルを使って貿易の利益を記述しよう．ただし，まず財の嗜好はどっちの国でも同じだけれど，生産可能性フロンティアは違うとしよう．ノルウェーの方が北大西洋に面した海岸線が長く，漁業の生産性が相対的に高い．スウェーデンは資本の賦存がノルウェーより大きいので，自動車の生産性の方が相対的に高い．
2. 問題 1 の貿易シナリオで，乱獲のためにノルウェーがそれまでの年ほどの魚をとれなくなったとする．この変化で，ノルウェーで生産できる潜在的な魚の量が下がり，また世界の魚の相対価格 P_f/P_a が上がったとする（注：P_f は魚の価格，P_a はボルボ（自動車）の価格）．
   a. 乱獲問題によりノルウェーの厚生が下がる場合を示そう．
   b. また乱獲問題のおかげで，ノルウェーの厚生が**上昇**する可能性を示そう．
3. 一部の経済では，相対供給は価格変化に反応しない．例えば，生産要素が産業部門間で完全に移動不可能なら，生産可能性は直角になり，二つの財の生産量はそれぞれの相対価格に依存しなくなる．この場合，交易条件が上がると厚生が上がるというのは相変わらず本当だろうか？　グラフを使って分析しよう．
4. 供給側での移動不可能要素の存在に対応するのは，需要側での代替の欠如となる．消費者が，がっちり決まった割合でしか財を買わない経済を想像しよう――例えば食品 1 キロごとに，布を 1 メートル必ず買うような経済だ——しかも，二つの財の価格がまったくこの比率に影響しない．こんな経済でも，交易条件の改善が利益になることを示そう．

5. 日本は主に工業製品を輸出し，食品や原油といった原材料を輸入する．以下の出来事が日本の交易条件に与える影響を分析しよう．

a. 中東での戦争で原油の供給が阻害される．

b. 韓国が，カナダやアメリカにも売れる自動車を生産できるようになる．

c. アメリカのエンジニアたちが核融合炉を開発し，化石燃料発電所がこれに置き換わる．

d. ロシアで凶作．

e. 輸入牛肉や柑橘類に対する日本の関税が下がる．

6. インターネットはプログラミングや技術サポートといったサービス貿易の増加を可能にした．これでこうしたサービスの価格は，工業製品の価格に比べて下がった．特にインドは最近になって，こうした技術ベースのサービス「輸出国」とみなされている．こういう分野はこれまでアメリカが主要な輸出国だった．工業製品とサービスを貿易財として使い，アメリカとインドの経済についての標準貿易モデルを構築して，相対価格が輸出可能なサービスについては低下して，サービスの「アウトソーシング」が進むことで，アメリカでの厚生が下がり，インドの厚生が上がるようすを示そう．

7. A 国と B 国は，資本と労働という二つの生産要素をもち，それを使って二つの財 X と Y を生産する．両国の技術は同じで，X は資本集約財，A 国は資本豊富だ．

以下の出来事が両国の交易条件と厚生に与える影響を分析しよう．

a. A 国の資本ストック増加．

b. A 国の労働供給増加．

c. B 国の資本ストック増加．

d. B 国の労働供給増加．

8. 経済成長は，国の交易条件を改善することもあれば，悪化させることもある．だったらどうしてほとんどの経済学者は，窮乏化成長，つまり成長が成長国に痛手を負わせてしまうような事態が，実際には考えにくいと思うんだろうか？

9. 経済学的な観点からすれば，インドと中国は少し似ている．どっちも巨大な低賃金国で，おそらくは比較優位のパターンも似ていて，どっちも最近までは国際貿易に閉じていた．まずはインドが開放された．今やインドも国際貿易に国を開き始めている．これは中国の厚生にどう影響するだろうか？　アメリカの厚生にはどう影響するだろう？（ヒント：中国とまったく同じ新しい経済を世界経済に追加したらどうなるか考えよう）

10. X 国は，輸出品に補助金を出して，Y 国はその補助金の効果を相殺する「対抗」関税をかけているので，結局は Y 国内での相対価格は変わらないとする．交易条件はどうなるだろう？　両国の厚生はどうだろう？　では逆に，Y 国も独自の輸出補助金で報復したとしよう．結果を比べよう．

11. 国際融資や借り入れと，通常の国際貿易との類似点について説明しよう．

12. 次の国のうち，現在の消費財に偏向した異時点間生産可能性をもちそうなのはどれだろう．将来の消費財に偏向していそうな国はどれだろう．

a. 20 世紀のアルゼンチンやカナダのように，ごく最近になって大規模移民を容認するようになり，大量の移民流入を受け入れている国．

b. 19 世紀末のイギリスや現在のアメリカのように，世界を技術的に先導してはいるけれど，ほかの国に追いつかれてリードを失いつつある国．

c. サウジアラビアのように，ほとんど新規投資なしでも活用できる巨大な原油備蓄を発見した国．

d. ノルウェーのように，巨大な原油備蓄を見つけたものの，それが北海油田のように，かなりの投資をしないと活用できない国.
e. 韓国のように，工業製品生産のコツをつかんで先進国に急速に肉薄している国.

もっと勉強したい人のために

- Rudiger Dornbusch, Stanley Fischer, and Paul Samuelson. “Comparative Advantage, Trade, and Payments in a Ricardian Model with a Continuum of Goods.” *American Economic Review* 67 (1977). 第 3 章でも引用したこの論文は，移転は受け手の交易条件を改善するという想定を確立するにあたって，非貿易財の役割についての明確な説明を与えてくれる.
- Lawrence Edwards and Robert Z. Lawrence, *Rising Tide: Is Growth in Emerging Economies Good for the United States?* (Peterson Institute for International Economics, 2013), 第 5 章. この章は，発展途上国の成長がアメリカ全体の厚生に与える影響という，事例研究の中で示した問題についての詳細な分析を提供している.
- Irving Fisher. *The Theory of Interest.* New York: Macmillan, 1930. この章で説明した「異時点間」アプローチの起源はフィッシャーにある.
- J. R. Hicks. “The Long Run Dollar Problem.” *Oxford Economic Papers* 2 (1953), pp. 117-135. 成長と貿易の現代的な分析の起源は，第 2 次大戦直後の時期に，アメリカがもはや追いつけないほどの経済的なリードを得てしまったのではというヨーロッパ人たちの恐れにある（これは今日では古くさく思えるけれど，同じ議論の多くが今や日本に対して再浮上している）. ヒックスのこの論文がその最も有名な考察だ.
- Harry G. Johnson. “Economic Expansion and International Trade.” *Manchester School of Social and Economic Studies* 23 (1955), pp. 95–112. この論文は，輸出偏向的成長と輸入偏向的成長という重要な違いを確立した.
- Paul Krugman. “Does Third World Growth Hurt First World Prosperity?” *Harvard Business Review* 72 (July–August 1994), pp. 113-121. 発展途上国での成長が，原理的に考えて必ずしも先進国に痛手を与える必要はなく，実際にもおそらくは痛手など与えていないことを説明しようとした分析.
- Jeffrey Sachs. “The Current Account and Macroeconomic Adjustment in the 1970s.” *Brookings Papers on Economic Activity*, 1981. 国際資本フローを，異時点間の貿易としてみた研究.

第6章補遺

APPENDIX TO CHAPTER 6

異時点間貿易について詳しく

この補遺では，本文で述べた2期異時点間貿易モデルをもっと詳しく検討する．まず図6A.1に，自国の異時点間生産可能性フロンティアを示す．自国で生産される現在と将来の消費財生産量は，将来の財を生産するために投資された現在の消費材料に依存することを思い出そう．現在得られる資源が，現在の消費から投資にまわされると，現在消費の生産 Q_P が下がり，将来消費の生産 Q_F が上がる．だから投資の増加は経済を，異時点間生産可能性フロンティアに沿って，上と左にシフトさせる．

本文では，将来消費の価格を現在消費で示したものは，r を実質金利としたとき $1/(1+r)$ だと示した．だから現在消費で計測したとき，この経済の2期にわたる総生産の価値は次のようになる．

$$V = Q_C + Q_F/(1+r)$$

図6A.1は，V のさまざまな値について，相対価格 $1/(1+r)$ に対応する等価値線を示している．これらは傾き $-(1+r)$ の直線だ（将来消費が縦軸なので）．標準貿易モデルの場合と同じく，企業の意思決定は，生産物の価値を市場価格 $Q_C + Q_F/(1+r)$ で最大化するような生産パターンにつながる．だから生産は点 Q で起こる．経済はそ

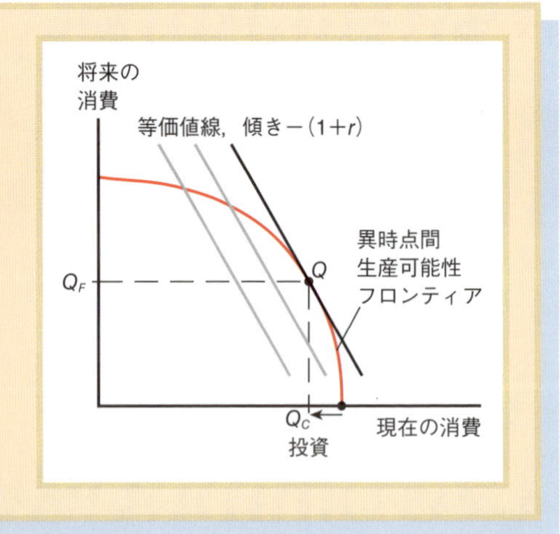

図 6A.1
自国の異時点間生産パターンを決める

世界実質金利 r に対して自国の投資水準は，この経済が存在する2期の生産価値を最大化する．

こで示された量を投資し，Q_C が現在消費用に残され，第 1 期の投資が収益を出すときには，将来消費が Q_F だけ得られる（布と食品の生産水準が，生産価値を最大化するようにある 1 期の中で選択される場合との類似に注目しよう）．

選択された生産点 Q では，現在の消費を 1 単位追加で投資にまわして生じる追加の将来投資は，ちょうど $(1+r)$ に等しくなる．投資を Q を越えるところまで増やすのは非効率だ．経済はむしろ現在の消費を外国人に追加で貸した方が儲かるからだ．図 6A.1 は，世界実質金利 r 上昇を示唆している．これは等価値直線の傾きを急にして，投資を減らす．

図 6A.2 は，世界金利水準のそれぞれについて，自国の消費パターンがどこに決まるかを示したものだ．D_C と D_F はそれぞれ現在と将来の消費財需要を示すものとする．生産は Q で行われるので，この 2 期の経済の消費可能性は，次に示す**異時点間予算制約**に制約される：

$$D_C + D_F/(1+r) = Q_C + Q_F/(1+r)$$

この制約を見ると，2 期にわたる自国の消費価値（現在消費を基準に計測）は，その 2 期に生産される消費財の価値（やはり現在消費単位で計測）に等しい．言い換えると，生産と消費は同じ等価値線上になければならないということだ．

自国の予算制約が，実現可能な最大の無差別曲線と接する点 D は，経済が選択する現在と将来の消費水準を示す．自国の現在消費需要 D_C は現在消費の生産量 Q_C より小さいので，現在消費のうち $Q_C - D_C$ 単位を外国人に輸出する（つまり貸す）．これ

図 6A.2
自国の異時点間消費パターンを決める

自国の消費は，異時点間予算制約と接する最大の無差別曲線上に置かれる．経済は現在消費の $Q_C - D_C$ 単位を輸出し，将来消費 $D_F - Q_F = (1+r) \times (Q_C - D_C)$ 単位を輸出する．

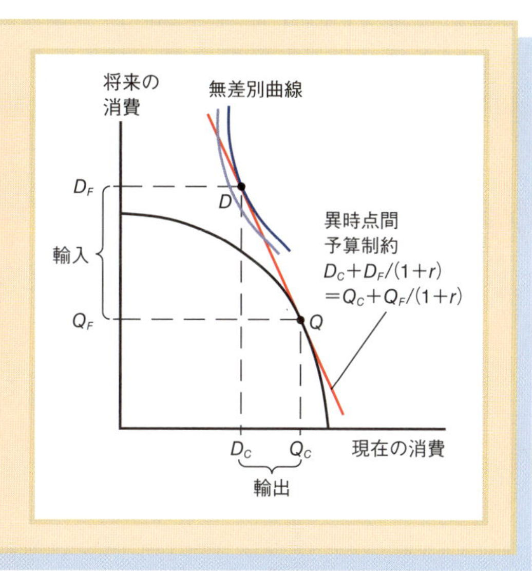

図 6A.3
外国の異時点間生産と消費パターンを決める

外国は，点Q^*で生産し，D^*で消費するので，現在消費$D_C^* - Q_C^*$単位を輸入し，将来消費$Q_F^* - D_F^* = (1+r) \times (D_C^* - Q_C^*)$単位を輸出する．

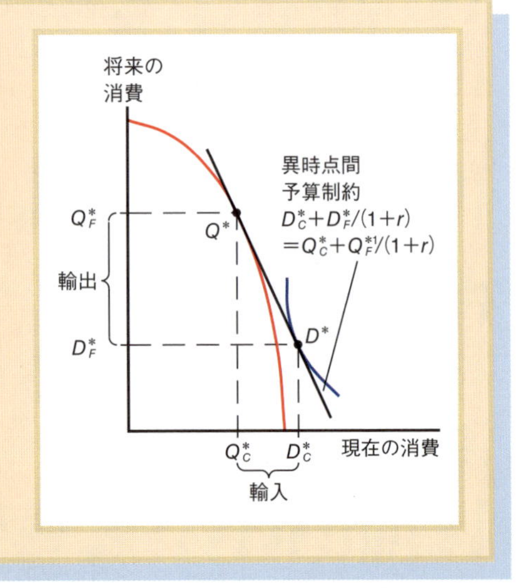

に対応して，自国は第 1 期の投資の返済が利息つきで戻ってきたとき，将来消費のうち$D_F - Q_F$を輸入する．異時点間予算制約から見て$D_F - Q_F = (1+r) \times (Q_C - D_C)$だから，貿易は**異時点間**でつり合いがとれている（ここでも，図 6.3 で，経済が食品輸入と引き替えに布を輸出する場合との相似に注目しよう）．

図 6A.3 は，投資と消費が外国でどう決まるかを示す．外国は，**将来**消費財の生産に比較優位があると仮定した．図を見ると，実質金利rで外国は第 1 期に消費財を借りて，この借金を第 2 期に生産した消費財で返済する．相対的に豊かな国内投資機会と，相対的な現在消費選好のため，外国は現在消費の輸入国で，将来消費の輸出国になる．

自国と外国の生産可能性フロンティアの違いは，図 6.11 で示した相対供給曲線の違いになる．均衡金利$1/(1+r^1)$で，自国の望む現在消費の輸出は，外国の望む現在消費輸入に等しくなる．言い換えると，その金利だと，自国の望む第 1 期の融資は，外国の望む第 1 期の借り入れに等しい．だから需給はどちらの期でも等しくなる．

CHAPTER 7

規模の外部経済と生産の国際立地

第３章で，各国が特化して貿易する理由が二つあると述べた．まず，各国は資源や技術が違うので，自分たちが相対的に得意なことに特化する．第２に規模の経済（または収穫逓増）により，各国が限られた種類の財やサービスに生産特化する方が有利になる．これまでの４章（第３章〜６章）では，あらゆる貿易が比較優位に基づくというモデルを考えた．つまり，各国の違いだけが貿易の理由だった．この章は，規模の経済の役割を導入する．

規模の経済に基づく貿易の分析は，これまで回避してきたいくつかの問題を投げかける．これまで，市場は完全に競争的だと仮定してきたから，あらゆる独占利潤はいつも競争で消えてしまった．でも収穫逓増があると，大企業は小企業よりも有利なので，市場は一つの企業だけに支配されるか（独占），もっと多いのが少数の企業に支配される（寡占）ことになる．これが起きたら貿易は不完全競争の影響も考慮する必要が出てくる．

でも規模の経済は，それが**外部**経済のかたちをとるならば不完全競争をもたらさずにすむ．これは個別企業よりはある産業全体の水準であてはまる．この章では，貿易でのそうした規模の外部経済の役割に注目し，内部経済の議論は次の章にまわそう．

学習目標

この章を読み終わったら，こんなことができるようになる．

- なぜ国際貿易がしばしば収穫逓増によって起こるかを理解できる．
- 規模の内部経済と規模の外部経済の違いを理解できる．
- 外部経済の源を議論できる．
- 比較優位と国際貿易パターンの形成での外部経済や知識スピルオーバーの役割を議論できる．

規模の経済と国際貿易：概観

ここまで示してきた比較優位のモデルは，規模に対する収穫一定という想定に基づいていた．つまり，ある産業への投入が2倍になったら，産業の生産量も2倍になると考えた訳だ．でも実際には，多くの産業は**規模の経済**が特徴となる（収穫逓増ともいう）．つまり，生産の規模が大きくなれば，それだけ効率が上がる．規模の経済があると，ある産業への投入が2倍になったら，産業の生産は2倍以上になる．

簡単な例をあげると，国際貿易にとって規模の経済がどう重要かがわかるだろう．表7.1は仮想的な産業の投入と生産量を示したものだ．ウィジェットは，労働というたった一つの投入を使って生産されている．表は，必要な労働量がウィジェット生産個数に応じてどう変わるかを示す．例えばウィジェット10個をつくるには，労働15時間が必要だ．25個つくるには30時間かかる．労働投入を15時間から30時間に倍増させたら，産業の生産量は2倍以上になっている——実際生産量は2.5倍だ．同じことだけれど，規模の経済は，1単位の生産にかかる平均労働量を見てもわかる．生産量がウィジェットたった5個なら，その一つあたり生産に必要な労働投入は2時間だけれど，もし25個つくれば，平均労働投入は1.2時間に下がる．

表7.1　仮想的な産業での投入と生産量の関係

生産量	総労働投入	平均労働投入
5	10	2
10	15	1.5
15	20	1.333333
20	25	1.25
25	30	1.2
30	35	1.166667

この例を使って，なぜ規模の経済が国際貿易のインセンティブを与えてくれるか示そう．アメリカとイギリスの2カ国しかない世界を考えよう．どっちもウィジェット生産の技術は同じだ．仮に各国が当初，ウィジェット10個ずつ生産するとしよう．表を見ると，これには各国15時間ずつの労働が必要だ．だから世界全体として，30時間の労働で20ウィジェットを生産している．でもウィジェットの世界生産を，例えばアメリカ一国に集中して，アメリカがウィジェット産業で30時間雇用するようにしたらどうだろう．一つの国でやれば，30時間の労働でウィジェットを25個つくれる．だからウィジェット生産をアメリカに集約すれば，同じ労働量でウィジェット生産が25%増しになる．

でもアメリカは，ウィジェット生産用の追加の労働をどこで見つければいいんだろうか，そしてイギリスのウィジェット産業で雇用されていた労働者はどうなってしまうんだろう？　一部の財の生産拡大向け労働を拡大するには，アメリカはほかの財の生産を減らすかあきらめなくてはならない．するとそうした財は，代わりにイギリスで生産され，その生産に使う労働には，アメリカで生産拡大した財の生産にそれまで雇用されていた労働をあてればいい．そういう生産で規模の経済をもつ財がたくさんあるとしよう．それぞれに番号を 1, 2, 3, . . . と振ろう．規模の経済を活用するため，各国は限られた数の財の生産に専念しなければならない．だから例えばアメリカは，1, 3, 5 という具合に奇数番の財をつくり，イギリスは偶数番の財をつくることにしよう．各国が一部の財しかつくらなければ，それぞれの財は，各国がすべての財をつくった場合よりも大きな規模で生産できる．結果として，世界経済はそれぞれの財をもっとたくさん生産できる．

国際貿易がどこにどう関係してくるの？　各国の消費者は，相変わらずさまざまな財を消費したがる．仮に産業 1 がアメリカに行ってしまい，産業 2 がイギリスにあるとしよう．財 2 のアメリカ消費者は，イギリスからの輸入財を買うしかないし，イギリスの財 1 の消費者は，アメリカから輸入するしかない．国際貿易は重要な役割を果たす．貿易のおかげで，各国は限られた財だけをつくり，規模の経済を活用しつつ，消費の多様性を犠牲にしなくてすむ．実際，第 8 章で見るように，国際貿易は通常は，入手できる財の多様性を高める．

するとここでの例は，規模の経済のおかげで相互に有益な貿易が発生できることを示唆している．各国は限られた種類の財の生産に特化し，すべてを自国で生産しようとした場合よりも効率よく生産できる．そうした特化した経済が相互に貿易することで，財をフルレンジで消費できる．

残念ながら，この示唆的なお話から，規模の経済に基づく明示的な貿易モデルに移行するのは，そんなに簡単ではない．その理由は，規模の経済は完全競争以外の市場構造をもたらしかねないからで，そういう市場構造の分析には注意が必要だからだ．

規模の経済と市場構造

表 7.1 の例では，規模の経済を表すのに，生産個数が増えると 1 個あたりの労働投入が下がると仮定した．これは，時給が変わらないなら，生産量が増えれば平均生産費用が下がるということだ．どうやってこの生産増が実現するのかについては述べなかった——既存企業が単に生産量を増やすのか，それともむしろ企業の数が増えるのかもしれない．規模の経済が市場構造に与える影響を分析するには，平均費用を引き下げるためにどんな種類の生産増加が必要なのかをはっきりさせておく必要がある．

規模の外部経済は，単位生産費用がその産業の規模には依存するけれど，必ずしも個別企業の規模には依存しない場合に生じる．**規模の内部経済**は，単位生産費用が個別企業の規模には依存するけれど，必ずしも産業全体の規模には依存しない場合に生じる．

外部経済と内部経済との違いは，仮想的な例を見るとはっきりする．当初は企業が10 社ある産業を想像しよう．それぞれの企業はウィジェット 100 個ずつを生産して，産業全体ではウィジェット 1,000 個をつくる．さて二つの場合を考えよう．まず，産業の規模が倍増して，今や企業は 20 社あり，それぞれは相変わらず 100 ウィジェットずつつくっている．産業の規模が増大した結果として各企業の生産費が下がる可能性はある．例えば，産業規模が大きくなれば，専門サービスや専用機械の提供がもっと効率よくなるかもしれない．もしそうなら，この産業は規模の外部経済を示したことになる．つまり企業の効率性は，それぞれの企業が以前と同じ規模であっても，産業が大きくなることで実現される．

第 2 に，産業の生産量は 1,000 ウィジェットのままだけれど，企業数が半減して，残った 5 社のそれぞれが 200 ウィジェットずつ生産するようになったとしよう．この場合，もし生産費が下がったら，それは規模の内部経済だ．企業は，生産量が大きくなると効率も上がる．

規模の外部経済と内部経済は，産業構造にとって違う意味合いをもつ．規模の経済が純粋に外部的な産業（つまり，大企業に優位性がない産業）は通常，多くの小企業で構成されて完全に競争的だ．これに対して規模の内部経済は，大企業が小企業よりも費用優位性をもち，不完全競争的な市場構造をもつ．

規模の外部経済も内部経済も，国際貿易の重要な原因だ．でも市場構造にとってもつ意味合いが違うので，両方の規模の経済に基づく貿易を同じモデルで論じるのは難しい．だから一つずつ扱うことにしよう．この章では，外部経済を扱う．次の章では内部経済だ．

外部経済の理論

すでに指摘したように，規模の経済がすべて個々の企業レベルで作用する訳ではない．理由はいろいろだけれど，産業の個別企業が小さいままでも，ある産業の生産を 1カ所か少数の地域に集中させると，その産業の費用は下がることが多い．規模の経済が個別企業ではなく産業レベルに適用される場合，これは**外部経済**とよばれる．外部経済の分析は，1 世紀以上前のイギリスの経済学者アルフレッド・マーシャルにさかのぼる．かれは「産業地区」――天然資源では簡単に説明できないような地理的な産業集積――の現象に驚いていた．マーシャルの時代には，最も有名な例は，シェフィールドのカトラリー（フォーク，スプーン，ナイフ類）製造業者集積と，ノーザンプトンのストッキングや靴下製造業集積だった.

強力な外部経済が働いていそうな産業の現代例はたくさんある. アメリカでは, カリフォルニア州の有名なシリコンバレーに集積した半導体産業がある. また投資銀行産業はニューヨークに集積している. そして娯楽産業はハリウッドに集積している. 中国のような発展途上国で台頭中の製造業では, 外部経済が実に多い——例えば, 中国のある町は世界の下着生産の相当部分を占める. また別の町は, 世界のライター生産のほとんどを請け負っている. さらに別の町は, 世界の磁気テープヘッドの 3 分の 1 を生産している. ほかにもある. 外部経済はまた, インドが大規模な情報サービス輸出国として台頭する際にも重要な役割を果たし, この産業の大きな部分は今でもバンガロール市内やその周辺に集まっている.

マーシャルは, 一企業が孤立しているより, 企業のクラスターの方が効率が高くなりそうな理由は三つあると論じた. クラスターの方が, **専門特化した供給業者 (専門サプライヤー)** を支えられること, 地理的に集積した産業は**労働市場のプール**を可能にすること, 地理的に集中した産業は, **知識のスピルオーバー**を促進すること. こうした要素は, 今でも有効であり続けている.

専門特化した供給業者

多くの産業で, 財やサービスの生産——そしてそれ以上に新製品開発——は専門機器や専門支援サービスを使う必要がある. でも企業が 1 社だけでは, こうしたサービスの市場はあまり大きくないので, そうした専門業者は事業を続けられない. 局所的な産業クラスターは, 多くの企業を集めることでこの問題を解決できる. そうした企業が集合的に, 多種多様な専門業者を存続させられるだけの市場を提供してくれるからだ. この現象は, シリコンバレーについて詳しく記述されている. 1994 年の研究によると, 地元産業が成長するにつれて「確立した半導体企業をエンジニアたちが退社して, 拡散炉やステップアンドリピート (殖版) カメラ, 試験装置, そして露光マスクや試験用ジグ, 専門薬物といった材料やコンポーネントをつくる企業を興した (中略). こうした独立装置業界は, 個々の製造者たちが設備を内部で開発する費用をなくし, 開発コストを分散化させることによって, 半導体企業の形成が続くように奨励したのだった. またこれは, この業界がシリコンバレーに固まる傾向を強化した. というのもこうした専門的なインプットはアメリカのほかのどこでも手に入らなかったからだ.」

この引用が示唆するように, この専門特化した業者たちの高密ネットワークは, シリコンバレーのハイテク企業に対し, ほかの地域の企業に比べてかなりの優位性を与えた. 主要な投入要素も, それを提供しようと多くの業者が競争しているので, 安いし入手しやすい. だから企業は自分のいちばん得意なことに専念し, 事業のほかの部分は外注してしまえる．例えば特定顧客向けにきわめて高度なコンピュータチップを専門に提供するシリコンバレー企業は「ファブレス」になった．つまりチップ製造（ファブリケート）を行う工場をまったくもたないということだ．チップの設計にだけ専念し，実際にそれをつくるときにはほかの企業を雇う訳だ．

別の場所――例えば同じような産業クラスターのないほかの国――でこの産業に参入しようとする企業は，シリコンバレーの業者になかなかアクセスできないので，それを自前で用意するか，シリコンバレーの業者に長距離で発注するかしかない．だからすぐに大きなハンデがつくことになる．

労働市場のプール

外部経済の第 2 の出所は，企業クラスターがきわめて専門的な技能をもつ労働者のプールされた市場をつくれるということだ．こうしたプール市場は，生産者と労働者の両方にとって有利となる．生産者の方は，労働不足に苦しまずにすむし，労働者は失業する可能性が低いからだ．この論点は，単純化した例で説明するのがいちばんいい．同じ種類の専門労働を使う企業が 2 社あったとしよう．例えばコンピュータアニメの専門家を使う映画スタジオが二つという具合だ．でも，どっちの企業も，労働者を何人雇いたいかはっきりしない．自分たちの製品への需要が高ければ，どっちも 150 人雇いたい．でも需要が低ければ，50 人しか雇いたくない．その専門技能をもつ労働者は 200 人いるとしよう．さて次の二つの状況を比べてみよう．片方では，両方の企業と 200 人の労働者がすべて同じ都市にいる．もう片方では，二つの企業が別々の都市にいて，それぞれが 100 人ずつを雇っている．みんなが同じ場所にいれば，労働者にとっても企業にとっても得だというのはすぐに示せる．

まず，企業側の観点から考えよう．もし別の場所にいたら，相手の企業が繁盛しているときには，こちらは労働力不足に直面してしまう．150 人雇いたいのに，100 人しかいない．でも企業がお互いに近ければ，片方の業績が悪いときにもう片方の業績がいい可能性は多少はあるから，どっちの企業もほしいだけの人を雇えるかもしれない．お互いに近接して立地することで，企業は事業機会を活用できる可能性が高まる．

労働者の観点からも，産業が 1 カ所に集中しているのは有利だ．産業が 2 都市に分裂していたら，片方の企業の労働者需要が低いときには，失業するしかない．その企業は，近くに住む 100 人のうち 50 人しか雇わないからだ．でももし産業が一つの都市に集中していたら，片方の企業の低需要は，少なくともたまにはもう片方の高需要で相殺される．結果として，労働者は失業リスクが下がる．

こうした優位性は，やはりシリコンバレーについて報告されている．そこでは企業が急成長し，労働者が勤め先を変えるのは日常茶飯事だ．さっき引用したのと同じシリコンバレーの研究は，1 カ所に企業が集中していることで勤め先を変えやすいことを指摘する．あるエンジニアの発言として，次の引用が出ている．「金曜に仕事をやめて翌週の月曜から別のところで働くのは大した災難じゃない（中略）妻にも別にわざわざ話すことでもない．月曜朝には，いつもと違った方向に車を走らせるだけです」[1]．この柔軟性のおかげで，シリコンバレーは高技能労働者にとっても，それを雇う企業にとっても魅力的な場所となっている．

知識のスピルオーバー

現代経済では生産の投入要素として，労働や資本や原材料と同じくらい知識が重要だというのは，今やいい古されてしまっている．これは特に，きわめて革新的な産業では顕著だ．そこでは，生産技術や製品設計のギリギリの最先端からほんの数カ月後れをとっただけで，その企業は大幅に不利になってしまう．

でも革新的な産業に必須の専門的知識はどこからくるんだろう？　企業は，自前の研究開発で技術を獲得してもいい．また競合他社の製品を分析して学んでもいい．時には他社製品を分解して，その設計やつくり方を「リバースエンジニアリング」したりする．でも技術ノウハウの重要な源は，個人レベルで行われる，非公式の情報やアイデアの交換だ．そしてこの種の非公式な情報伝搬は，しばしば産業がそこそこ小さな地域に集中しているときに，最も効率的に起こるように見える．集まった各種企業の従業員たちが社会的に入り乱れ，技術問題について自由に語り合えるのがいいらしい．

マーシャルは，これを印象的に述べている．同じ産業の多くの企業をもつ地区では「その事業の謎はもはや謎ではなくなり，まるで空中に漂っているかのようになる（中略）．よい仕事が適切に享受され，機会やプロセスやビジネスの全般的な仕組みに関する発明や改善は，その長所がすぐに議論される．もしある人物が新しいアイデアを開始したら，それはほかの人に採用されて，独自の示唆と組み合わされる．そしてそれが，今度はさらなる新しいアイデアの源となる」．

あるジャーナリストは，こうした知識スピルオーバーがシリコンバレーの草創期にどんなかたちで起こったかを記述している（そしてその業界に関わる専門的な知識の量について，見事に雰囲気を伝えている）．「毎年，この秘教的な友愛結社，半導体産業の若き男女が集う場所があった．それはワゴンホイールだったり，シェ・イヴォンヌだったり，リッキー，ラウンドハウスだったりしたが，かれらは仕事帰りにそこに向かい，一杯やりながらゴシップして，戦果を報告するのだ．フェーズジッター，ファントム回路，バブルメモリ，パルス列，バウンスレス接点，バーストモード，リープ

[1] Saxenian, p.35（邦訳サクセニアン，p.71）．

フロッグテスト，p-n 接合，眠り病モード，緩慢な故障のエピソード，RAM，NAK，MOS，PCM，PROM，PROM 書き込み器，PROM 消去器，そして百万の百万倍を意味するテラなんとかといった話だ」[2]．この種の非公式な情報フローは，シリコンバレーの企業はほかのところの企業よりも，技術最先端の近くにいやすいことを示す．実際，多くの多国籍企業がシリコンバレーに研究センターや工場さえも立地させたのは，最先端技術に取り残されないようにするためというだけの理由だったりする．

外部経済と市場均衡

たった今見たように，地理的に集中した産業は，専門特化した業者にも仕事をつくれるし，労働市場プールも提供できるし，知識のスピルオーバーも支援できる．これは地理的に分散した産業ではやりにくい．でもこうした経済の強みはおそらく，産業の規模による．ほかの条件が同じなら，大きな産業の方が強い外部経済を生み出す．これは生産量と価格の決定について何を物語るだろう？

実際の外部経済の詳細は，かなり細々していてややこしいことが多いけれど（シリコンバレーの例が示すとおりだ），そういう細部を抽象化して，産業が大きくなればその産業の費用が下がるとあっさり仮定することで，外部経済を表してしまうと便利だ．とりあえず国際貿易を無視すると，市場均衡は図 7.1 のような需給グラフで示せる（グラフはウィジェットの市場を示している）．市場均衡の通常のグラフだと，需要

図 7.1
外部経済と市場均衡

規模の外部経済があるとき，ある財の平均生産費用は，生産量が増えるにつれて下がる．多くの生産者の競争があれば，右肩下がりの平均費用曲線 AC は，**前方下降的供給曲線**と解釈できる．通常の需給分析と同じく，市場均衡は点 1 の，需要曲線 D と供給曲線の交点になる．この均衡生産水準は Q_1 で，均衡価格は P_1 だ．

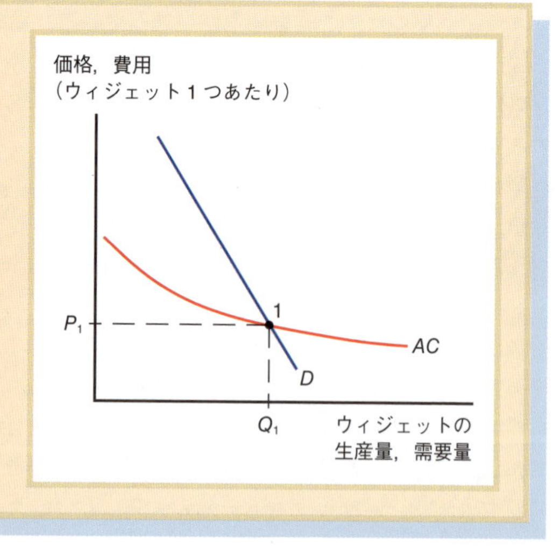

[2] Tom Wolfe, Saxenian, p.33（邦訳サクセニアン，pp.66-67）．

曲線は右肩下がりで，供給曲線は右肩上がりだ．でも規模の外部経済があると，**供給曲線は前方下降的**になる．つまり産業の生産量が大きければ，それだけ企業が販売したがる価格も下がる．産業の生産量が上がるにつれて**生産の平均費用**が下がるからだ．

国際貿易がないと，図 7.1 の供給曲線の変わった傾きはあまり問題にならないように見える．伝統的な需給分析と同じように，均衡価格 P_1 と均衡生産量 Q_1 は，需要曲線と供給曲線の交点で決まる．でも次に見るように，規模の外部経済があると，国際貿易の原因やその影響についての見方は大きく変わってしまう．

外部経済と国際貿易

外部経済は，国内取引も国同士の貿易も大量に引き起こす．例えばニューヨークが金融サービスをアメリカの他地域に輸出するのは，投資産業の外部経済のおかげで，多くの金融機関がマンハッタンに集中したせいだ．同様に，イギリスが金融サービスをヨーロッパに輸出するのは，同じような外部経済が，ロンドンに金融機関の集積をつくったからだ．でもこうした貿易はどんな意味合いをもつだろう？　まずは，貿易が生産量と価格に与える影響を見よう．それから貿易パターンの決定要因を見る．そして最後に，貿易が厚生に与える影響を考えよう．

外部経済，生産量，価格

ちょっとだけ，国境を越えてボタンを貿易できない世界にいるつもりになってほしい．また，世界には 2 カ国，中国とアメリカしかないとする．最後に，ボタン生産は規模の外部経済にさらされていて，これは各国でボタンについて前方下降的な供給曲線をもたらしているとしよう（p.171 のコラムで示すように，これは実はボタン産業に本当にあてはまることだ）．

この場合世界ボタン産業の均衡は，図 7.2 に示したような状況になる[3]．中国とアメリカの両方で，均衡価格と生産量は，国内供給曲線が国内需要曲線と交差するところだ．図 7.2 で示した場合だと，中国のボタン価格は貿易なしの場合には，アメリカのボタン価格よりも低くなる．

さて，ボタンの貿易可能性を認めることにしよう．何が起こるだろう？

中国のボタン産業が拡大し，アメリカのボタン産業が収縮するのは明らかに見える．そしてこのプロセスは，自分で自分を拡大するものとなる．中国産業の生産量が増えれば，その費用はもっと下がる．アメリカ産業の生産量が下がれば，その費用は上が

[3] ここでの検討では，話を単純にするため，ボタン市場についての**部分均衡**に着目し，経済全体の一般均衡は見ない．一般均衡に基づいて同じ分析をすることもできなくはないけれど，ずっとややこしくなる．

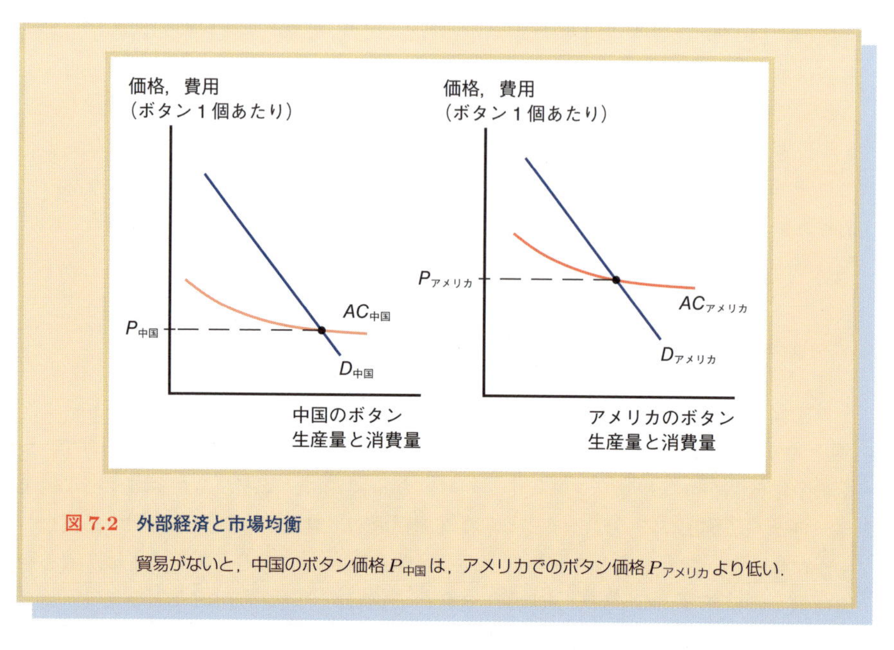

図 7.2　外部経済と市場均衡

貿易がないと，中国のボタン価格 $P_{中国}$ は，アメリカでのボタン価格 $P_{アメリカ}$ より低い．

る．結局，すべてのボタン生産は中国に集中するはずだ．

この集中の影響を示したのが図 7.3 だ．貿易に開放される前の中国は，国内のボタン市場に供給するだけだった．貿易後には，世界市場に供給し，中国とアメリカの両方の消費者向けにボタンを生産している．

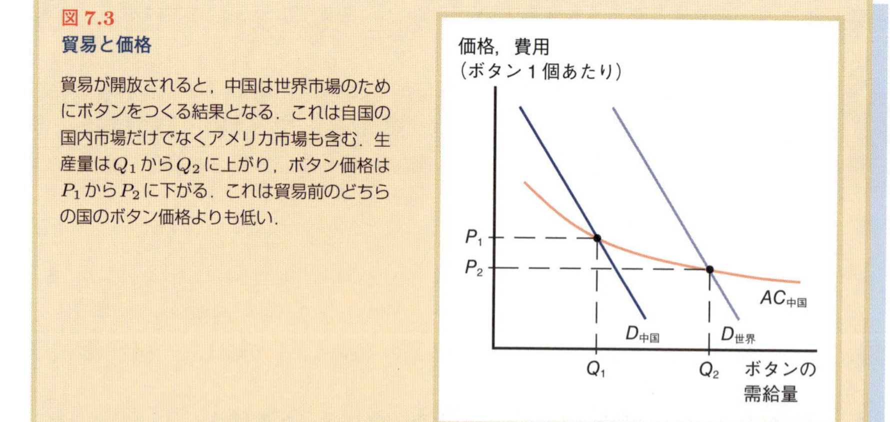

図 7.3
貿易と価格

貿易が開放されると，中国は世界市場のためにボタンをつくる結果となる．これは自国の国内市場だけでなくアメリカ市場も含む．生産量は Q_1 から Q_2 に上がり，ボタン価格は P_1 から P_2 に下がる．これは貿易前のどちらの国のボタン価格よりも低い．

この生産集中が価格に与える影響に注目．中国の供給曲線が前方下降的なので，貿易の結果として増えた生産は，貿易前よりも低いボタン価格をもたらす．そして，中国のボタン価格は貿易前からアメリカのボタン価格より低かったことに留意しよう．これでわかるのは，貿易前の**どちらの国での**価格よりも，貿易のおかげでボタン価格は下がるということだ．

これは収穫逓増のないモデルの示すものとはかなり違う．第 6 章で構築した標準貿易モデルでは，貿易の結果として相対価格は収斂する．布が貿易前には自国で相対的に安く，外国で相対的に高ければ，貿易の影響により自国では布価格が上がり，外国ではそれが下がる．これに対し，今のボタンの例だと，貿易の影響は自国でも外国でも価格を下げることだ．この違いの原因は，規模の外部経済がある場合には，国際貿易は世界生産を 1 カ所に集中できるようにして，それによりさらに強力な外部経済の便益が実現されるからコストが下がるということだ．

外部経済と貿易パターン

ボタンの世界貿易という例だと，中国のボタン産業がアメリカの産業よりもともと生産費用が低かったとあっさり仮定した．でもそういう初期の優位性はどこから出てくるんだろう？

一つの可能性は，比較優位だ——つまり，もともとの技術や資源の違いとなる．例えば，シリコンバレーがメキシコではなくカリフォルニアにあるのは，それなりの理由がある．ハイテク産業は，高技能労働力が必要で，そうした労働力は就労年齢人口の 40% が大卒であるアメリカの方が，16% 以下のメキシコよりもずっと見つけやすい．同様に，世界のボタン生産がドイツではなく中国に集中しているのも，立派な理由がある．ボタン生産は労働集約産業で，これは平均製造業労働者の時給が世界最高の国よりは，1 ドル以下の国で操業する方がいい．

でも規模の外部経済が特徴の産業では，比較優位は貿易パターンを部分的にしか説明してくれないことが多い．たぶん世界のボタンが比較的低賃金の国でつくられるのは当然だろう．でもその国がなぜ中国でなければいけなかったかは明らかではないし，まして中国の中の特定地域にその生産が集中すべきだった理由もない．

では，規模の外部経済がある産業で，専門特化と貿易のパターンを決めるのは何だろうか．答えはしばしば，歴史的な条件だ．何かがある特定産業について，ある場所に最初の優位性をもたらし，そしてこの優位性は，最初の優位性をつくり出した条件がもはや関係なくなった後でも，規模の外部経済によって「ロックイン」されてしまう．ロンドンとニューヨークの金融センターはその明らかな例だ．ロンドンがヨーロッパの支配的な金融センターになったのは，19 世紀にイギリスが世界最先端の経済で，世界を股にかける大帝国の中心だった時代のことだ．その帝国がとっくに消え，現在のイギリスは中規模経済力でしかないけれど，それでも金融センターの役割は残っている．ニューヨークがアメリカの金融センターになったのはエリー運河のおかげだ．この運河のためにニューヨークはアメリカのトップ港湾になった．運河は今では娯楽用に使われているだけだ．それでも，ニューヨークの地位は残っている．

産業集積をつくり出すには，しばしば単なる偶然が決定的な役割を果たす．地理学者たちは，19 世紀にあるティーンエージャーがつくった結婚式の贈り物であるタフトつきベッドカバーが，ジョージア州ダルトン周辺にカーペット製造業者の集積をもたらしたという話をしたがる．シリコンバレーの存在は，ヒューレットとパッカードというスタンフォード大卒業生が，その地域のガレージで事業を始めたおかげが大きいらしい．バンガロールの場合，地元政治の気まぐれのおかげでテキサスインスツルメント社が，1984 年に投資プロジェクトを，別のインド都市ではなくバンガロールに立地すると決めていなければ，今日の姿はなかったかもしれない．

歴史が産業立地を決める結果の一つとして，産業は必ずしも「正しい」場所には立地しないということがある．いったんある国が産業の優位性を確立したら，ほかの国が潜在的にはもっと安く財を生産できても，その優位性は持続するかもしれない．

図 7.4 はこの点を示すもので，年間のボタン製造個数の関数として，製造費用を示している．2 カ国が表示されている．中国とベトナムだ．中国のボタン生産費用は $AC_{中国}$，ベトナムの費用は $AC_{ベトナム}$ だ．$D_{世界}$ は，ボタンの世界需要を示し，これは中国でもベトナムでも満たせる．

仮にボタン生産の規模の経済が，完全に企業の外部だとする．企業レベルでは規模の経済がまったくないので，各国のボタン産業は多くの小さい完全競争企業で構成さ

図 7.4
既存の優位性の重要性

ベトナムの平均費用曲線 $AC_{ベトナム}$ は，中国の平均費用曲線 $AC_{中国}$ の下にある．だからベトナムは潜在的には，中国よりも安く世界市場に供給できる．でも中国産業の方が先に確立されていたら，中国はボタンを P_1 で販売できる．これは個別ベトナム企業が独自に生産を始めた場合に直面する費用 C_0 より低い．だから歴史的な偶然で確立した専門特化のパターンは，新しい生産者の方が潜在的に低い費用をもつ場合でも維持されてしまいかねない．

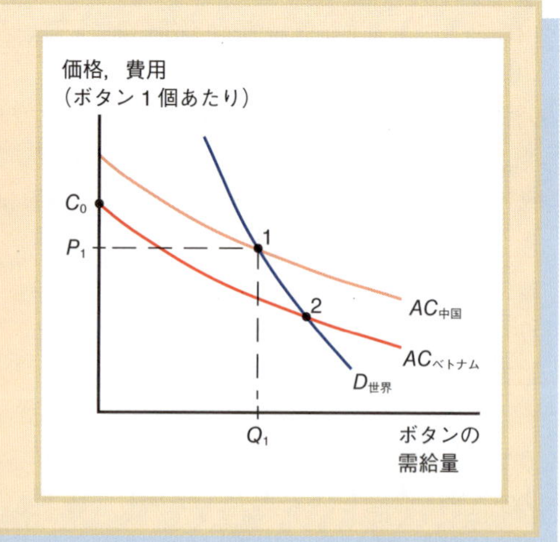

れる．だから競争で，ボタン価格は平均費用まで下がる．

ベトナムの費用曲線は中国の費用曲線の下だとしよう．理由は，まあ，ベトナムの賃金が中国より低いからとでもしようか．すると，どんな生産水準であれ，ベトナムは中国よりもボタンを安くつくれる．だったら，ベトナムが本当に世界市場に供給するはずだと思うのが人情だ．残念ながら，そうとは限らない．仮に中国が，歴史的な理由から，自国のボタン産業を最初に確立したとする．すると当初は，世界ボタン均衡は図 7.4 の点 1 で決まり，中国は年に Q_1 単位を生産し，価格は P_1 だ．そこにベトナム生産の可能性を導入しよう．ベトナムが世界市場を制覇できたら，均衡は点 2 に移る．でも当初ベトナムでまったく生産がなければ $(Q = 0)$，ボタン製造を考えている個別ベトナム企業が直面する製造費用は C_0 だ．図示したように，この費用は既存の中国産業がボタンを生産できる価格よりも上だ．だからベトナム産業は，潜在的には中国よりも安くボタンをつくれるのに，中国が一足先にボタンをつくり始めたので，中国がボタン産業を掌握し続ける．

コラム　世界をとじ合わせる

これを読んでいるときにちゃんと服を着ているなら，たぶんみなさんが身につけているものの重要な部分――具体的には，衣装の機能不全を防いでいる部分――は中国の橋頭（チャオトウ）という町でつくられた可能性が高い．ここは世界のボタンの 60%，ジッパーの相当部分を生産している．

橋頭のファスナー産業は，規模の外部経済で生じた地理的集中の古典的なパターンにあてはまる．この産業の起源は，歴史的な偶然だ．1980 年に，兄弟 3 人が道ばたに捨てられていたボタンを見つけて，ボタン事業で儲かるぞと気がついたのだった．ここには明らかに，強い規模の内部経済なんかない．町のボタンとジッパー生産を行っているのは，何百という小さな家族経営企業だ．でも，そうした小規模生産者がお互いに密集して操業していることで明らかな利点が出ている．

橋頭は珍しい例ではない．この町の産業に関する楽しい記事*が述べているように，中国では「多くの小さな町，それもほとんどの地図では点にもならないような町が，労働集約的なニッチに集中することで世界を出し抜いている（中略）歯ブラシ町の杭集（ハンジ）から出発し，ネクタイのメッカ嵊州（シェンゾウ）を過ぎ，東へ向かって安物ライターのふるさと掌起（チャンチ）を経て，沿岸を下って温嶺（ウェンリー）市の巨大靴工場を通り，そして内陸の義烏（イーウー）に戻ろう．ここは世界最大の靴下生産地というだけでなく，この世で販売されているありとあらゆるものを売っている町でもある」．

もっと広い話をすれば，中国が労働集約製品の巨大輸出業者という役割になったのは比較優位の反映だ．中国は明らかに，先進国経済と比べれば労働豊富だ．こうした労働集約財の多くは，きわめて局所化された産業で生産されている．そうした産業は，規模の外部経済から強く利益を被っているのだ．

---

* “The Tiger’s Tech,” *The Guardian* May 25, 2005.

この例が示すように，外部経済は潜在的に，誰が何を生産するか決めるにあたり，歴史的な偶然に強い役割を与えるし，確立した専門特化のパターンが比較優位に逆行している場合ですら，それが持続するようにしかねない.

貿易と厚生と外部経済

一般に，規模の外部経済は比較優位から生じるものよりもずっと大きな貿易の利益につながると考えられる．だから世界は，国際貿易のおかげで各国が違う産業に特化し，比較優位だけでなく外部経済の利益を享受できるようにしてくれることで，ずっと効率よく豊かになっている.

でも，この想定にはいくつか条件をつける必要があるかもしれない．図 7.4 で見たように，確立した優位性が重要だということは，外部経済が働く場合には正しい国が財をつくるとは限らないということを意味する．それどころか，外部経済に基づく貿易は，貿易なしの場合よりも国を貧しくしてしまう場合さえある.

国が貿易のない場合よりある場合の方が本当に損をしかねない例を図 7.5 に示した．この例では，タイとスイスがどっちも腕時計をつくれると想像している．そしてタイはもっと安くつくれるけれど，スイスの方が先に腕時計産業をつくった．$D_{世界}$ は世界の腕時計需要で，スイスが腕時計をつくっているときには，均衡は点 1 だ．でも今度は，そこにタイの腕時計需要 $D_{タイ}$ を加える．タイで腕時計の貿易が許されず，腕時計を自給自足することになれば，タイの均衡は点 2 だ．平均費用曲線が低いので，点 2 でのタイ製腕時計の価格 P_2 は，点 1 のスイス製腕時計価格 P_1 より低い.

タイが輸入する財の価格が，貿易がなくてその国が自分で財を生産しなければいけ

図 7.5
外部経済と貿易による損失

外部経済があると，貿易は潜在的には，貿易がない場合よりも国の状態を悪化させかねない．この例だと，タイはスイスから腕時計を輸入する．スイスは世界市場（$D_{世界}$）に価格（P_1）で供給できる．これはタイの生産者たちの参入をブロックできるほど低い．タイの生産者は，最初は腕時計を費用 C_0 で生産しなければならないからだ．でもタイが腕時計の貿易をすべてブロックしたら，国内市場（$D_{タイ}$）にもっと低い価格（P_2）で供給できる.

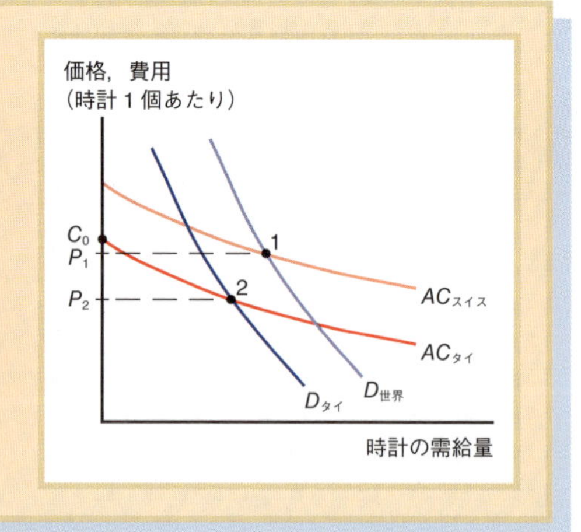

ない方が，本当に低いという状況を示した．この状況では明らかに，貿易がないよりもあった方が，その国を貧しくしてしまう．

この場合，タイには自国の潜在的な腕時計産業を外国の競争から守るインセンティブがある．でも，これで保護主義を正当化できると結論づける前に，実際には図 7.5 で示したような事例を見つけるのは，決して容易ではないことを指摘しておこう．実際，第 10 章と 11 章で強調するように，実際の外部経済を見つける難しさこそが，貿易に対する積極主義的な介入に反対する経済学者たちの主要な議論となる．

もう一つ指摘しておきたいのは，外部経済が時には専門特化と貿易の不利なパターンにつながることはあっても，集中する産業の利得を活用するのはほぼ間違いなく**世界**経済の利益になるということだ．シリコンバレーがサンフランシスコよりトロントの近くにあれば，カナダは得をするだろう．ドイツはシティ（ロンドンの金融地区で，ウォール街と同様に，世界の金融市場を支配している）をフランクフルトに移せたら得をするだろう．でも全体として，世界はこうした産業のそれぞれが**どこかに**集積していた方がありがたい．

動学的収穫逓増

最も重要な外部経済は，おそらく知識の集積から生じるものだ．一企業が製品や製造技術を経験から改善したら，ほかの企業はそれをまねて，その知識から利益を得るだろう．この知識スピルオーバーは，個別企業の生産費用が，産業全体が経験を積むにつれて下がるという状況を生み出す．

こうした知識集積から生じる外部経済は，これまで見てきた外部経済とちょっと違うことに注意しよう．これまでは，産業の費用は現在の生産量に基づいていた．この別の状況だと，産業の費用は経験に基づいていて，これはそれまでの産業の累積生産量で測るのが通例だ．例えば，鋼鉄 1 トンの生産費用は，その国が鋼鉄産業を創始して以来の鋼鉄製造総トン数と負の相関をもつこともある．この種の関係はしばしば，単位費用を累積生産量と関連づける**学習曲線**でまとめられる．こうした学習曲線を示したのが図 7.6 だ．右肩下がりになるのは，生産を通じて得た経験が費用に影響するからだ．費用が現在の生産高ではなく，それまでの累積生産にともなって下落するとき，これは**動学的収穫逓増**とよばれる．

通常の外部経済と同じように，動学的外部経済は産業における初期の優位性またはリードをロックインしてしまえる．図 7.6 では，学習曲線 L はある産業のパイオニアとなった国のもので，L^* は投入コストが低いが――例えば低賃金――生産経験が少ない国の学習曲線だ．最初の国がかなりのリードをもっていれば，2 番目の国は潜在的に低い費用をもってしても，市場に参入できないかもしれない．例えば，最初の国が累積生産量 Q_L をもっていて，単位費用 C_1 で，それに対して 2 番目の国はその財を

図 7.6
学習曲線

学習曲線は，その国の産業が現在までに生産した累積生産が大きいほど，単位費用が低くなることを示す．ある産業で大量に経験を積んでいる国(L)は，ほかの国の学習曲線(L^*)が低くても（例えば低賃金などのため），その国に経験がほとんどなければ，単位費用が低くなるかもしれない．

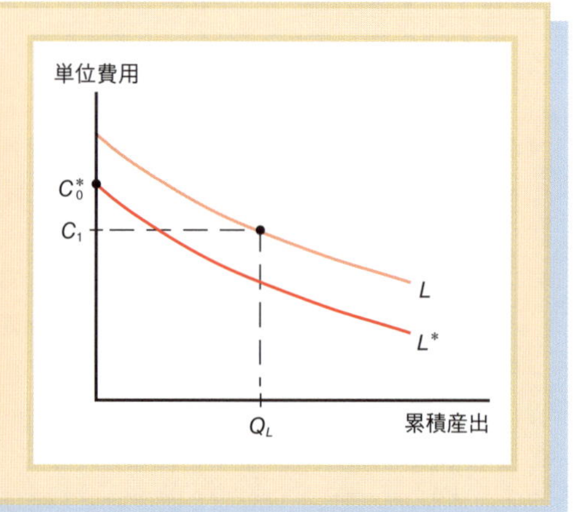

生産した経験が皆無だ．すると 2 番目の国は，最初のスタートアップ費用 C_0^* がかかるけれど，これは既存産業の現在の単位費用 C_1 より高くなる．

動学的規模の経済は，ある一時点での外部経済と同じく，潜在的には保護主義を正当化できる．仮に，ある国が生産経験さえ積めば，ある財を輸出用に生産できるだけの低コストをもつ可能性があるとしよう．でも現在は経験がないので，その財をつくっても競争力をもてない．こうした国は，その産業が自力でやっていけるまで，補助金でその財の生産を奨励したり，外国の競争から守ったりすることで，長期的に自国の厚生を高められるかもしれない．こんなふうに，経験を積めるように一時的に産業を保護しようという議論は，**幼稚産業論**とよばれる．この議論は，経済発展における貿易政策の役割をめぐる議論で，重要な役割を果たしてきた．幼稚産業論については第 10 章で詳しく説明するけれど，とりあえずは，図 7.6 で示したような状況は，非動学的な収穫逓増に関するものと同じくらい見つけにくいのだと述べておくにとどめよう．

地域間貿易と経済地理

外部経済は，国際貿易のパターン形成に重要な役割を果たすけれど，これは**地域間貿易——同じ国内の**地域間で行われる取引——のパターン形成にもっと決定的な役割を果たす．

地域間貿易での外部経済の役割を理解するには，まず地域経済の性質を議論しよう——つまり，国の中の地域経済が，国の経済の中にどうあてはまるかということだ．アメリカ産業の立地を見ると，アメリカ労働者の 60% 以上は，アメリカ国内ですら他地域に売れない製品をつくる産業に雇用されている——つまり，その生産物は地元で供

表 7.2 貿易産業と非貿易産業の数例

貿易産業	非貿易産業
映画	新聞社
証券，商品ほか	貯蓄機関
化学研究	獣医サービス

出典：J. Bradford Jensen and Lori. G. Kletzer, "Tradable Services: Understanding the Scope and Impact of Services Outsourcing," Lael Brainard and Susan M. Collins, eds., *Brookings Trade Forum 2005: Offshoring White Collar Work* (Washington, D.C.: Brookings Institution, 2005), pp. 75-116.

給するしかないということだ．表 7.2 は，貿易産業と非貿易産業の例をいくつか示す．

つまりハリウッド製の映画は全国，いや全世界で上映されても，新聞は主に地元都市で読まれる（訳注：アメリカは日本のような全国紙はあまり一般的ではなく，都市ごとの地方紙が一般的）．ウォール街は証券を取引して，アメリカ全国の顧客向けに取引を行うけれど，貯蓄銀行は主に地元の預金者が使う．アメリカ国立衛生研究所が開発する医学知識は全国に適用されるけれど，人々のペットが病気になった理由をつきとめる獣医は，買い主の家の近くにいるしかない．

ご想像のとおり，雇用に占める非貿易産業の比率は，アメリカ全国でおおむね一定だ．例えば，レストランはあらゆるアメリカ大都市で，労働力のだいたい 5% を雇用する．これに対し，貿易産業は地域ごとに重要性が大きく違っている．マンハッタンは，アメリカの総雇用のたった 2% だけれど，株式や債券取引に従事する人々の 4 分の 1 を雇用し，広告業界の雇用の 7 分の 1 を占める．

でも，貿易産業の立地を決めるものは何だろう？ 一部の例では，天然資源が重要な役割を果たす——例えばヒューストンが石油産業の中心なのは，テキサス州で石油が出るからだ．でも労働や資本といった生産要素は，地域間貿易では交際貿易に比べ，果たす役割の重要性が低い．これは，こうした要素が同じ国内だときわめて移動しやすいからだ．結果として，産業が要素を追って動くより，要素が産業を追って動く．例えば，カリフォルニア州のサンフランシスコ近くにあるシリコンバレーは，きわめて教育の高い労働力をもち，エンジニアやコンピュータ専門家の高い集積をもつ．これは別に，カリフォルニア州がエンジニアをたくさん教育するからではない．エンジニアたちの方がシリコンバレーに引っ越して，この地域のハイテク産業職に就こうとするからだ．

つまり資源は，地域間貿易では 2 次的な役割しか果たさない．むしろ専門特化と貿易を大きく動かすのは，外部経済だ．例えば，なぜこれほど多くの広告代理店がニューヨークにあるのか？ 答えは，**ほかの**広告代理店がたくさんニューヨークに立地しているからだ．ある研究が述べたように「情報共有と情報拡散が，チームと代理店の成功には決定的である（中略）．ニューヨークのような都市では，広告代理店は近隣クラスターとなってまとまる．クラスターは局所的なネットワーキングを促進し，創造性を刺激する．代理店は情報やアイデアを共有し，これを対面で行うことがきわめて重要である」[4]．実際，証拠を見ると広告産業を支える外部経済が**きわめて**局所的だということがわかる．情報スピルオーバーの便益を享受するには，広告代理店はお互いに約 300 メートル以内に立地しなければならない！

でも外部経済こそが地域的な専門特化と地域間貿易の主な理由なら，ある地域がその産業を支える外部経済を発達させる理由はどう説明しよう？　答えは一般に，歴史の偶然が決定的な役割を果たすというものだ．すでに述べたように，1 世紀半前に，ニューヨークはエリー運河のおかげで五大湖にアクセスできたから，アメリカで最も重要な港湾都市になった．おかげでニューヨークはアメリカの金融センターになった．そして金融産業が自分自身でつくり出す外部経済のおかげで，今でもアメリカの金融センターであり続けている．ロサンゼルスは，映画が屋外で撮影されて晴天が必要だった初期の映画産業の中心となった．今や多くの映画は屋内やロケで撮影されるのに，ロサンゼルスは今も映画産業の中心だ．その理由は，下のコラムで述べた外部性のためだ．

ここで，地域間貿易を動かす力は，国際貿易を動かす力とそんなに違わないのでは，と疑問に思う人もいるだろう．答えは，そのとおりであまり違わないし，特に西ヨーロッパなど密接に統合された国の経済が行う貿易の場合にはなおさらだ．実際，ロンドンはヨーロッパの金融首都の役割を果たすけれど，それはニューヨークがアメリカの金融首都として果たす役割とそっくりだ．近年では，経済学者たちの間に地域間貿易と国際貿易や，都市の台頭といった現象を，同じ現象――つまり空間的な経済相互作用――の違う側面としてモデル化する動きが高まっている．こうしたアプローチは**経済地理**とよばれることが多い．

コラム　虚飾の町の経済学

アメリカの最も重要な輸出部門は何だろうか．答えはある程度は定義次第だ．農業だという人もいるだろうし，航空機だという人もいる．でもどういうはかり方をしても，アメリカ最大の輸出産業の一つはエンターテイメント産業，特に映画だ．2011 年に，映画やビデオの輸出で生み出されたレンタル料は 143 億ドルだった．国内での興行収入は 102 億ドルでしかない．アメリカ映画は世界の大半で興行収入のトップを独占した．例えば，ヨーロッパでは全映画の興行収入の 3 分の 2 ほどを占める．

[4] J. Vernon Henderson, “What Makes Big Cities Tick? A Look at New York,” mimeo, Brown University, 2004.

なぜアメリカは世界エンターテイメントの支配的な輸出国なんだろうか．アメリカ市場の規模がとにかく大きいことで得られる重要な優位性はある．アメリカよりはるかに小さい，フランス市場やイタリア市場に向けて制作された映画は，多くのアメリカ映画の巨大制作費をとても正当化できない．だからこうした国々の映画は，通常はドラマやコメディで，これは吹き替えや字幕ではなかなか伝わらない．一方，アメリカ映画は豪華な制作やすごい特撮により言語の壁を突破できる．

でもアメリカのエンターテイメント産業支配の重要な部分は，ハリウッドへのすさまじいエンターテイメント企業集積がもたらす，外部経済からきている．ハリウッドは明らかに，マーシャルの外部経済 3 種類のうち二つを生み出している．専門特化した業者と，労働市場プールだ．最終的な製品は映画スタジオやテレビネットワークが提供するけれど，これらの企業は，独立プロデューサーの複雑な網の目や，キャスティングエージェンシーや芸能プロ，法律事務所，特撮専門家などを活用する．そして映画の最後のクレジットを見た人なら，労働市場プールの重要性はすぐにわかる．映画 1 本の制作ごとに，巨大だが一時的な軍隊が必要になっている．そこにいるのは，カメラマンやメーク係だけでなくミュージシャン，スタントマン，何をするのかわからないギャファーとかグリップとかいう仕事なんかだ（あ，そうそう，それに俳優とかいう人も）．それが 3 種類目の外部経済——知識のスピルオーバー——を生み出すかは，それほどはっきりしない．何といっても，作家ナサニエル・ウェストがかつて述べたように，映画産業を理解するカギは，「誰も何も知らない」というのに気がつくことなんだから．それでも，スピルオーバーするほどの知識があるとすれば，それは間違いなく，ほかのどこよりもハリウッドの強烈な社会環境で伝わりやすいはずだ．

ハリウッドの外部経済の力を示すのは，それがアメリカ国外から絶え間なく才能を引きつけられるということだ．グレタ・ガルボからフォン・スタンバーグ，ラッセル・クロウからギリェルモ・デル・トロまで，「アメリカ」映画はしばしば，ハリウッドに引っ越してきた野心的な外国人がつくってきた——そして最終的には，かれらが自国にとどまった場合よりも，自国においてすら多くの観客に到達できる．

ハリウッドは唯一無二だろうか？　いいや，似たような力はほかにもエンターテイメント複合拠点の台頭をもたらしている．インドは，一部は政府の政策，一部は文化的な差によりアメリカ支配から保護されてきたので，ボンベイに「ボリウッド」とよばれる映画制作クラスターが生じた．最近では，ボリウッドはインド国外でも多くのファンを得て，映画は急速に重要なインドの輸出産業になりつつある．香港には中国語圏を相手にしたかなりの映画産業がある．多くのアメリカ製アクション映画も，香港スタイルの影響を受けている．全中南米を対象とするスペイン語のテレビ放送向け専門産業が，通称テレノヴェラというものすごく長く続くメロドラマに特化して，ベネズエラのカラカスに誕生している．そして最近では，ナイジェリアの映像複合拠点——「ノリウッド」——が台頭し，デジタル技術を使うかなり低予算なビデオ映画を，主にほかのアフリカ諸国（それだけではないが）に輸出している．

まとめ

1. 貿易は，必ずしも比較優位の結果だけとは限らない．収穫逓増または規模の経済からも生じる．つまり，生産量が増えると単位費用が下がる傾向があるために生じる訳だ．規模の経済は各国に，資源や技術の差がなくても，専門特化して貿易するインセンティブを与える．規模の経済は内部（企業の規模に左右されるもの）と外部（産業の規模に左右されるもの）がある．

2. 規模の経済は，外部経済のかたちをとらない場合には完全競争の崩壊をもたらすこともある．外部経済は，企業レベルではなく産業レベルで起こるものだ．
3. 外部経済は，国際貿易のパターンを決めるにあたり，歴史と偶然に重要な役割を与える．外部経済が重要なら，ほかの国が潜在的には同じ財をもっと安くつくれる可能性があっても，大きな優位性をもって出発した国がその優位性を維持し続けるかもしれない．外部経済が重要なら，国が貿易で損をする場合もあり得る．

重要用語

学習曲線 p.173
規模の外部経済 p.162
規模の経済 p.160
規模の内部経済 p.162
経済地理 p.176
生産の平均費用 p.167
前方下降的供給曲線 p.167
専門特化した供給業者（専門サプライヤー）p.163
地域間貿易 p.174
知識のスピルオーバー p.163
動学的収穫逓増 p.173
幼稚産業論 p.174
労働市場のプール p.163

練習問題

1. 以下のそれぞれの例について，それが規模の外部経済の例か，内部経済の例かを説明しよう．
   a. 医薬品の契約研究受託をする企業の多くがサウスカロライナ州の南東部に集中している．
   b. アメリカで生産されているホンダ車はすべて，オハイオ州か，インディアナ州か，アラバマ州の工場でつくられている．
   c. ヨーロッパの大型航空機の唯一のメーカーであるエアバス社の機体はすべて，フランスのトゥールーズで組み立てられている．
   d. ニュージャージー州クランベリー市は，世界の人工香味料の首都とよばれる．
2. 収穫逓増の存在は，国同士の争いのもとだと論じられることが多い．というのも，どの国も規模の経済が特徴となる産業の生産を増やせれば得をすることになるからだ．この見方を，外部経済モデルを使って評価しよう．
3. 国際市場で取引されている製品で，動学的収穫逓増があるものを二つあげてみよう．その二つのそれぞれについて，産業内部でイノベーションと経験による学習 (Learning from Doing) が動学的収穫逓増に重要だということを説明しよう．
4. 以下の出来事が起こるにあたり，規模の経済と比較優位のどちらが相対的に重要かを評価しよう．
   a. 世界のアルミ精錬のほとんどはノルウェーかカナダで行われている．
   b. 世界の大型ジェットの半分はシアトルで組み立てられている．
   c. ほとんどの半導体はアメリカか日本で製造されている．
   d. スコッチウィスキーのほとんどはスコットランド製だ．
   e. 世界最高のワインの相当部分はフランス産だ．
5. 図 7.3 と似た状況で，ある財を生産できる二つの国が，前方下降的な供給曲線をもっているとする．でもこの場合，両国は同じ費用をもつので，供給曲線はまったく同じだ．
   a. 国際専門特化と貿易のパターンはどうなるはずだろうか？　誰が財を生産するかを決めるのは何だろう？

b. この場合の国際貿易の**便益**とは何だろうか？ それは産業が立地する方の国だけが得るものだろうか？

6. ある産業の技術がもはや急速に改善を続けていないとき，産業クラスターが分裂したり，生産が低賃金地域に移転したりするのはよくあることだ．そういう段階になったら，とにかく最先端ガチガチの機械をもつのはそんなに重要ではなくなるし，高技能労働者の必要性も減るし，イノベーションのぎりぎり最先端にいても大して優位に立てないからだ．こうした工業クラスター分裂の傾向を，外部経済の理論を使って説明しよう．

7. 最近，労働力不足が悪化して中国の賃金は上昇している．このトレンドが続けば，現在中国が圧倒的なシェアを占める外部経済産業はどうなりそうだろうか？ 特に図 7.4 に示した状況を考えよう．これはどう変化するだろうか？

8. 労働市場プーリングの議論で，同じ場所に二つの企業があると有利だと強調した．片方の企業が縮小しているときにもう片方が拡大すれば，単一の労働プールから人材を獲得できるのは，労働者にとっても企業にとっても有利となる．でも両方の企業が同時に拡大・縮小しようとすることもあるだろう．これは地理的集中への反対論となるだろうか？（数値例を慎重に考えてみよう）

9. 次の財やサービスのうち，(1) 規模の外部経済を受けそうなもの (2) 動学的収穫逓増を受けそうなもの のそれぞれに該当しそうなのはどれだろうか？ 理由もつけて答えよう．

a. ソフトウェア技術サポートサービス

b. アスファルトやセメントの生産

c. 映画

d. ガンの研究

e. 材木伐採

もっと勉強したい人のために

- Frank Graham. “Some Aspects of Protection Further Considered.” *Quarterly Journal of Economics* 37 (1923), pp. 199-227. 規模の外部経済があると，国際貿易は有害かもしれないという初期の警告．
- Li & Fung Research Centre. *Industrial Cluster Series*, 2006–2010. 香港を拠点とする貿易グループ Li and Fung（利豐）は，台頭する中国の製造業の産業集積に関する一連の報告を刊行している．
- Staffan Burenstam Linder. *An Essay on Trade and Transformation.* New York: John Wiley and Sons, 1961. 先進国同士の工業製品貿易は，主に比較優位以外の力を反映したものだという見方についての，初期の影響力の大きな主張．
- Michael Porter. *The Competitive Advantage of Nations.* New York: Free Press, 1990. 邦訳マイケル・ポーター『国の競争優位』（上下巻，ダイヤモンド社，1992）. 国の輸出の成功が，自己強化的な産業クラスター，つまり外部経済の結果だと説明したベストセラー．
- Annalee Saxenian. *Regional Advantage.* Cambridge: Harvard University Press, 1994. 邦訳アナリー・サクセニアン『現代の二都物語』（日経 BP 社，2009）. カリフォルニア州のシリコンバレーと，ボストンのルート 128 というハイテク工業地区二つに関するすばらしい比較．
- World Bank. *World Development Report 2009.* 邦訳世界銀行『世界開発報告〈2009〉: 変わりつつある世界経済地理』（一灯舎，2008）. 経済地理の証拠に関する巨大なサーベイで，中国などエマージング経済の工業クラスターについても詳しい議論あり．

CHAPTER 8

グローバル経済の企業：輸出判断，アウトソーシング，多国籍企業

この章では，規模の経済が国際的な専門特化と貿易を生む方法についての検討を続けよう．今度は，企業の内部にある規模の経済に注目する．前章で述べたように，このかたちの収穫逓増は，不完全競争を特徴とする市場構造につながる．**規模の内部経済**は，企業の平均生産費用が，生産増につれて減るというものだ．完全競争では，財の価格が限界費用まで下がる．これはこうした企業にとっては損失を意味する．最初に生産した分の，もっと高かった費用を回収できなくなってしまうからだ[1]．結果として，完全競争はこうした企業を市場から退出させてしまい，このプロセスは不完全競争を含む均衡が実現するまで続く．

不完全競争をモデル化するというのは，個別企業のふるまいを明示的に考えるということだ．これにより，現実世界では実に広くみられる企業の特徴を二つ追加で導入できるようになる．その二つとは，(1) ほとんどの産業部門では，企業はお互いに違う財を生産する．一部の財（例えばペットボトルの水，ホチキスなど）だと，製品ごとの差は小さいけれど，ほかの財（自動車，携帯電話など）では商品ごとにかなり違う．(2) パフォーマンス指標（規模や利潤など）は企業ごとに大きな開きがある．この最初の特徴（製品の差別化）は，この章では一貫して分析にとり入れる．検討を簡単にして直感を身につけるため，最初は企業の間のパフォーマンスが違わない場合を考えよう．こうして，規模の内部経済と製品差別化が組み合わさって，経済統合を通じた新しい貿易利得の源を生み出すようすを見ることにしよう．

それから，企業同士の違いを導入して，企業が国際的な力に対して示す反応の差を分析できるようにする．経済統合が企業の種類に応じて勝ち組と負け組をつくり出すのを見よう．パフォーマンスの優れた企業は栄えて拡張するけれど，パフォーマンスの低い企業は収縮する．これは貿易の利益の新しい源となる．それは，生産がパフォーマンスの高い企業の方に集中するにつれて，産業全体としての効率性が改善するとい

[1] 平均費用が下がっているときには，追加で 1 単位生産する費用（限界費用）は生産の平均費用より低くなる（その平均には，以前の高い単位費用で生産された単位の費用も含まれているからだ）．

うことだ．最後に，こうしたパフォーマンスの優れた企業はグローバル経済に参加するインセンティブが高い理由を学ぼう．その参加方法は，輸出するか，中間生産プロセスの海外アウトソーシングをするか，あるいは多国籍企業となり複数の国で操業するかのどれかとなる．

学習目標

この章を読み終わったら，こんなことができるようになる．

- なぜ規模の内部経済と製品差別化が，国際貿易と産業内貿易につながるかを理解できる．
- 産業内貿易による新しい種類の厚生改善がわかるようになる．
- 経済統合が，同じ産業内の企業に勝ち組と負け組をつくり出せることを説明できる．
- なぜ経済学者が，「ダンピング」ばかりを不公正貿易慣行としてやり玉にあげるべきでないと考えるのか説明し，なぜ反ダンピング法の施行が保護主義につながるかを説明できる．
- グローバル経済に参加する企業（輸出企業，アウトソース企業，多国籍企業）が，どうして外国市場と取引しない企業に比べ，大幅に規模が大きくパフォーマンスも高いのかを説明できる．
- 多国籍企業の存在や，経済をまたがる外国直接投資の動機を説明する理論を理解できる．

不完全競争の理論

完全競争市場――買い手も売り手もたくさんいて，そのどれも市場の大きな部分を代表していないような市場――では，企業は**プライステイカー**だ．つまり，現在の価格で好きなだけ売れると考えている製品の売り手だけれど，自分の製品に対して受け取る価格には影響を与えられないということだ．例えば，小麦農家は好きなだけ小麦を販売しても，これ以上小麦を売ったら市場価格が下がってしまうなどと心配せずにすむ．なぜ自分の販売が価格に与える影響を心配しないでいいかといえば，個々の小麦農家は誰であれ，世界市場のきわめて小さな一部でしかないからだ．

でも財を生産する企業がほんの数社しかなければ，状況は違ってくる．たぶんいちばん劇的な例をあげると，航空機製造の巨人ボーイング社は，巨大ジェット航空機市場を大ライバルたった１社，ヨーロッパのエアバス社と分かち合っている．結果として，ボーイング社は自分がもっと航空機を生産したら，世界の飛行機総供給に大きな影響を与えて，飛行機の価格が大幅に下がるのを知っている．言い換えると，ボーイング社はもっと飛行機を売りたいなら，価格を大幅に下げるしかないと知っている．つまり**不完全競争**では，企業は自社が製品価格を左右できるし，販売量を増やすには価格を下げるしかないと知っている．この状況は，二つのかたちで起こり得る．ある財の大手メーカーがほんの数社しかない場合，あるいはそれぞれの企業が（消費者から見て）競合他社と差別化された財を生産している場合だ．序文で述べたように，この種の競争は，企業レベルでの規模の経済があるときには必然的に生じる．生き残った企業の数は少数になってしまい，そして/あるいは，企業は競合が生産しているものとはっきり差別化された製品を開発しなければならない．こうした状況で，それぞれの企業は自社が**プライスセッター**だと考える．つまりプライステイカーとは違い，自分たちの製品価格を自分で選ぶ訳だ．

企業がプライステイカーでないとき，価格と生産量がどう決まるかを記述するには，追加のツールを構築する必要が出てくる．検討するいちばん簡単な不完全競争市場構造は，**純粋独占**の市場だ．これは，企業がまったく競争に直面しない市場となる．この構造のために構築したツールを，今度はもっと複雑な市場構造の検討に使える．

独占：簡単なおさらい

図 8.1 は単一の独占企業の立場を示す．この企業は右肩下がりの需要曲線に直面する（図の D）．D の右肩下がりの傾きは，この企業が生産物をもっとたくさん売るには，価格が下がるしかないことを示す．ミクロ経済学入門で習ったはずだけれど，**限界収入**曲線は需要曲線に対応する．限界収入は，追加で 1 単位販売したときに企業が獲得する，追加の収入，つまり限界収入だ．独占企業にとって限界収入は，常に価格

図 8.1
独占価格と生産判断

独占企業は限界収入（追加で 1 単位販売したときの売り上げ増）が限界費用（追加で 1 単位生産するための費用）と等しくなる生産量を選ぶ．この利潤最大化生産量が Q_M だ．この生産量が需要される価格が P_M だ．限界収入曲線 MR は需要曲線 D の下にある．独占企業にとって，限界収入は常に価格より低いからだ．独占企業の利潤は，色つきの長方形の面積に等しい．つまり，価格と平均費用との差に，生産物の販売量をかけたものだ．

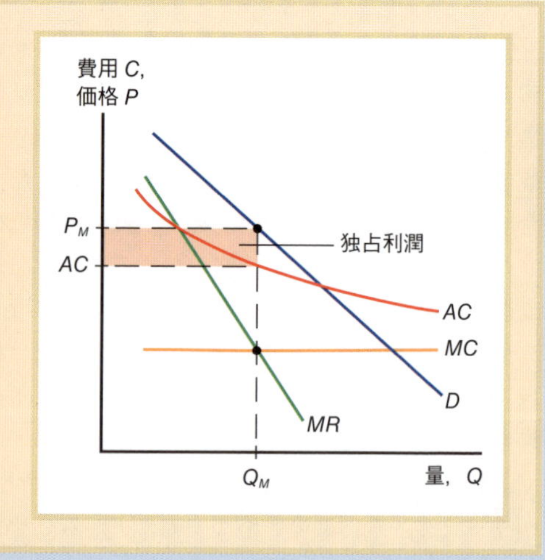

よりも低い．というのも追加で 1 単位売るためには，**すべての**単位の価格を下げなくてはならないからだ（限界の 1 単位だけ価格を下げる訳にはいかない）．だから独占企業にとって，限界収入曲線 MR は常に需要曲線より下にある．

限界収入と価格　この節の後半で行う独占競争の分析では，独占企業が 1 単位あたりで受け取る価格と限界収入との関係を見きわめるのが重要だ．限界収入は，常に価格より低い——でもどれだけ低いの？　限界収入と価格の関係は二つのことで決まる．まず，企業がすでにどれだけの生産量を売り上げているかに左右される．大した数を売っていない企業なら，その販売分を値下げしたところで大して損もしないだろう．第 2 に，価格と限界収入のギャップは需要曲線の傾きによる．これは，独占企業が追加の生産量を 1 単位売るために，どれだけ値下げが必要かを教えてくれる．とても平らな曲線なら，ちょっと値下げするだけでもう 1 単位売れる．結果として，値下げしなくても売れたはずの分についても，値下げはわずかですむから，限界収入は 1 単位あたりの価格に近くなる．逆に，需要曲線がとても急なら，追加で 1 単位売るには大幅な値下げが必要で，この場合は限界収入は価格よりずっと低くなる．

企業の直面する需要曲線が直線だと仮定すれば，価格と限界収入の関係について，もっと厳密な話ができる．この場合，独占企業の総売り上げと付け値との関係は，次の形の方程式で示せる：

$$Q = A - B \times P \tag{8.1}$$

ここで Q は企業の売る製品の単位数，P は 1 単位あたりの価格，A と B は定数だ．この章の補遺で，この場合の限界収入は次のようになることを示す．

$$\text{限界収入} = MR = P - Q/B \tag{8.2}$$

これを移項すると次のようになる．

$$P - MR = Q/B$$

式 (8.2) は，価格と限界収入のギャップは，当初の販売量 Q と，需要曲線の傾斜パラメータ B で決まることを示している．もし販売量 Q が高ければ限界収入は下がる．もっと多くの量を売るのに必要な値下げが企業にとっては費用を増やすからだ．言い換えると，B が大きければ，それだけ任意の値上げに対して売り上げの下落幅は大きくなるし，限界収入も財の価格に近くなる．式 (8.2) は，次の部分で見る貿易の独占競争モデル分析にとって決定的に重要だ．

平均費用と限界費用　図 8.1 に戻ると，AC は企業の生産**平均費用**を示す．つまり，総費用を生産量で割ったものだ．これが右肩下がりなのは，規模の経済があるというここでの仮定を反映したものだ．つまり企業の生産量が増えれば，1 単位あたりの費用はそれだけ下がる．MC は企業の**限界費用**（その企業が追加で 1 単位つくるのにかかる費用）だ．この図では，企業の限界費用は一定（限界費用曲線は平ら）としている．すると規模の経済は固定費（生産規模に関係ない部分）からしかこない．この固定費は，平均費用を生産の限界費用（一定）より上に押し上げるけれど，固定費がますます多くの生産単位に分散されるにつれて，両者の差はどんどん小さくなる．

この企業の限界費用を c として，固定費を F で表すと，企業の総費用 (C) は次のようにかける．

$$C = F + c \times Q \tag{8.3}$$

ここでも Q は企業の生産量だ．この線形費用関数から見て，企業の平均費用は次のようになる．

$$AC = C/Q = (F/Q) + c \tag{8.4}$$

すでに論じたとおり，この平均費用は常に限界費用 c より高く，生産量 Q が増えるにつれて下がる．

例えば $F = 5$ で $c = 1$ とすると，10 単位を生産する平均費用は，$(5/10) + 1 = 1.5$ となり，25 単位を生産する平均費用は $(5/25) + 1 = 1.2$ だ．どこかで見た数字に思えるかもしれない．これは前の章の表 7.1 の構築に使った数字だからだ（でもここでの場合，労働投入の代わりに単位賃金費用を使い，技術は産業全体ではなく，一企業にあてはまるとしている）．この具体的な数値例を使った限界費用と平均費用曲線を，図 8.2 にプロットした．平均費用は生産量ゼロでは無限大に近づき，生産量がとても大きいと限界費用に近づく．

独占企業の利潤を最大化する生産量は，限界収入（追加で 1 単位売って得られる収

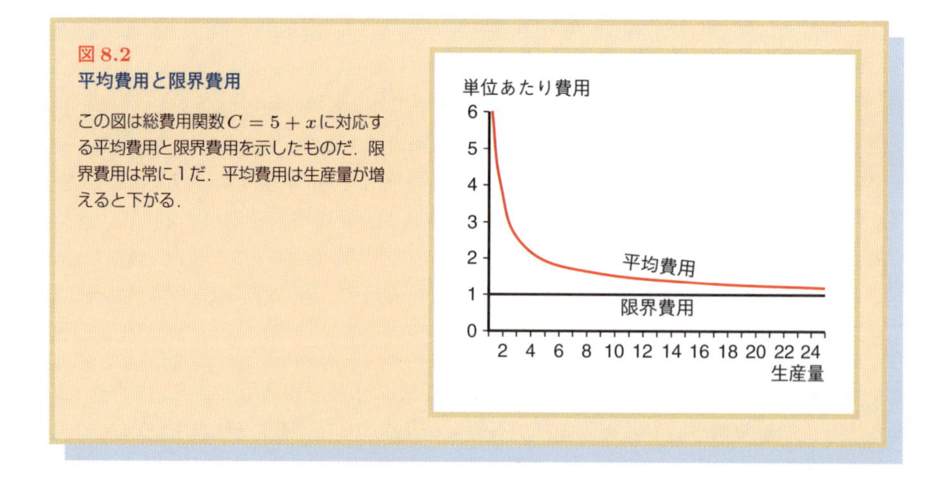

図 8.2
平均費用と限界費用

この図は総費用関数 $C = 5 + x$ に対応する平均費用と限界費用を示したものだ．限界費用は常に 1 だ．平均費用は生産量が増えると下がる．

入）が限界費用（追加で 1 単位つくる費用）と等しくなる点，つまり MC 曲線と MR 曲線の交点となる．図 8.1 で，利潤最大化生産量 Q_M が需要されるための価格は P_M だとわかる．この価格は平均費用より高い．$P > AC$ なら，独占企業は独占利潤を稼いでいる．これは色をつけた長方形で示した[2]．

独占競争

限界利潤がそのまま安泰でいられることはほとんどない．ある企業が高い利潤を得ていたら，通常は競合他社が引きつけられる．だから純粋独占の状況は，実際にはなかなかない．ほとんどの場合，競合他社の方もまったく同じ製品は売らない——そもそもつくれない（法的，技術的な理由のため）こともあるし，むしろ独自の製品ニッチを開拓する方がいい場合もある．これは，競合他社が**差別化した製品**を売る市場を生み出す．だから競合他社はたくさんいても，製品の差別化のおかげで各企業は自分の個別製品「バラエティ」やブランドについてはプライスセッターでいられる．でも，競争が増えるということは，どの価格であれ，どの企業にとっても売り上げは下がるということだ．各企業の需要曲線は競合他社が増えると内側にシフトする（これについては，この先の節でもっと厳密にモデル化する）．需要が下がるということは，つまり利潤も減るということだ．

新しい競合企業の参入インセンティブは，参入して儲かる限り続く．いったん競争がある水準に達したら，追加の参入はもう儲からなくなり，長期均衡が達成される．時には，これは市場で競合企業がほんの少数しかいなくても達成される（例えば大型ジェット航空機の市場）．するとこれは，**寡占**とよばれる市場構造につながる．この場合，一企業が産業の総生産量や平均産業価格といった市場総量に影響するだけの市場シェアをもつ[3]．これはさらにほかの企業の需要条件に影響する．だからほかの企業は，大企業の値づけ判断に応じて自分たちの価格を調整するインセンティブがあり，ほかの企業も大きいなら，その逆も成り立つ．だから寡占市場構造だと，企業の値づけ判断は**相互依存的**になる．寡占の企業はそれぞれ，自分の価格を決めるときに，競合他社に期待される反応を検討する．でもそうした反応は，今度は競合他社がこちらの行動について抱く期待に依存する——という訳で，各企業がお互いの戦略をあてようとする，複雑なゲームに入ることになる．企業 2 社の寡占モデルの例について，12 章

[2] **利潤**の経済学的な定義は，通常の会計で使われているものとは違う．会計では，労働費と材料費を超える収入はすべて利潤とよばれる．資本収益率が，その資本がほかの産業で稼げたはずの収益率より低い企業は，利潤を得ていない．だから経済学的な見方だと，資本の通常の収益率は，その企業の費用の一部であり，そうした通常の収益率を超えた分だけが利潤とみなされる．

[3] これは通常，固定費 F が需要条件に比べて高いときに起きる．各企業は平均費用を引き下げて利潤を出すために大規模に操業しなくてはならず，市場はそんな大規模企業をたくさん養えるほど大きくない．

で簡単に触れる．

ここでは，**独占競争**とよばれるずっと簡単な不完全競争の例に専念しよう．この市場構造が生じるのは，競合企業の均衡数がとても大きく，どの企業もさほど大きな市場シェアを獲得しない場合だ．すると，任意の企業の値づけ判断は，市場の総量やほかの企業の需要条件には影響せず，各企業の値づけ判断は相互に関係しなくなる．それぞれの企業は，市場総量を所与として自分の価格を決めるし，ほかの個別企業の反応はどれも影響をもたないと確信している．次に，こうした独占競争のモデルを構築しよう．それから次の節で，この市場構造に貿易を導入しよう．

モデルの仮定　まず，典型的な独占競争企業が直面する需要を記述しよう．一般に，その産業の製品に対する総需要が大きいほど，そして競合他社がつける値段が高いほど，企業はもっと製品を売るはずだ．逆に，産業の企業数が多くて，自分の価格が高いほど売れる数は減るはずだ．こうした性質をもつ企業が直面する需要を表す固有な方程式は次のとおりとなる[4]

$$Q = S \times [1/n - b \times (P - \overline{P})] \tag{8.5}$$

ここで Q は需要される生産量，S は産業の総生産量，n は産業内の企業数，b は企業の売り上げが価格にどのくらい敏感かを示す，正の定数，P はその企業が課している価格，$\overline{P}$ は競合他社がつけている価格だ．等式 (8.5) は次のように直感的に裏づけられる：もしすべての企業が同じ値段をつけたら，それぞれが市場シェア $1/n$ をもつ．ほかの企業の平均より高い値段をつける企業は，市場シェアが小さくなるし，低い値段をつけたらシェアは上がる[5]．

産業の総生産量 S は産業内の企業が課す平均価格 $\overline{P}$ に影響されないと仮定すると便利だ．つまり企業が顧客を獲得するには，ほかの企業を犠牲にするしかないと仮定する訳だ．これは非現実的な仮想ではあるけれど，分析を単純にしてくれるし，企業の競争だけに注目させてくれる．具体的には，S は市場規模の指標であり，すべての企業が同じ価格をつけたらそれぞれが S/n 単位を売るということを示している[6]．

---

[4] 等式 (8.5) は，消費者の選好がさまざまで，企業が市場の特定セグメントに合わせた変種を生産する場合のモデルから導ける．このアプローチの構築については Stephen Salop, "Monopolistic Competition with Outside Goods," *Bell Journal of Economics* 10 (1979), pp. 141-156 を参照．

[5] 等式 (8.5) をかき直すと $Q = (S/n) - S \times b \times (P - \overline{P})$ となる．もし $P = \overline{P}$ なら，この等式は簡略化されて $Q = S/n$ となる．もし $P > \overline{P}$ なら $Q < S/n$ だし，$P < \overline{P}$ なら $Q > S/n$ となる．

[6] 企業ごとに違った価格をつけても，需要方程式 (8.5) により，全企業について Q を合計したものは，総生産量 S と等しいことが保証される（$P - \overline{P}$ を全企業について合計すると必ずゼロになるため）．

今度は，典型的な企業の費用に目を向ける．ここではあっさり，典型的な企業の総費用と平均費用が等式 (8.3) と (8.4) で示されると仮定する．この最初のモデルでは，それぞれの企業は差別化された製品はつくるけれど，すべて**対称的**だというのに注意しよう．つまり，みんな同じ需要曲線 (8.5) に直面し，同じ費用関数 (8.3) をもつ．次の節でこの仮定をゆるめる．

市場均衡　個々の企業が対称的なとき，産業の状態は個々の企業の特徴を何も記述しなくても記述できる．本当に必要なのは，企業が全部で何社あるか，典型的な企業が価格をいくらに設定するかの二つだけだ．産業を分析するには——例えば国際貿易の影響を見るには——企業数 n とそれがつける平均価格 $\overline{P}$ さえわかればいい．n と $\overline{P}$ を決める方法さえわかれば，それが国際貿易でどう影響を受けるか検討できる．

$\overline{P}$ を決める方法は 3 ステップとなる．(1) まず，企業の数と典型的な企業の**平均費用**との関係を導く．この関係が右肩上がりだと示す．つまり，企業の数が増えれば各企業の生産量は下がる——そして各企業の生産量 1 単位あたりの費用も高くなる．(2) 次に，企業数とそれぞれの企業の付け値との関係を示す．これは均衡では $\overline{P}$ と等しくなるはずだ．この関係が右肩下がりだというのを示す．企業が増えれば，企業同士の競争も激しくなり，結果としてつける価格も下がる．(3) 最後に，それぞれの企業が稼ぐ利潤に基づいて，企業の参入条件と退出条件を導入する．価格が平均費用を上まわるとき，企業はプラスの利潤を得て，追加の企業が産業に参入する．逆に，価格が平均費用より下なら，利潤はマイナスなので，その損失のおかげで一部の企業は退出する．長期的には，この参入と退出のプロセスの結果，利潤はゼロに向かう．だから各企業がつける価格 P は，ステップ (1) の平均費用と等しくなる．

1. **企業数と平均費用**　n と $\overline{P}$ を決める第一歩として，典型的な企業の平均費用が，どんなかたちで産業内の企業数に左右されるかを考えよう．このモデルではすべての企業が対称的だから，均衡ではみんな同じ価格をつける．でもすべての企業が同じ価格をつけたら $P = \overline{P}$ だから，式 (8.5) により $Q = S/n$ となる．つまり，それぞれの企業の生産量 Q は産業の総売り上げ量 S の $1/n$ になるということだ．でも式 (8.4) で，平均費用は企業の生産量に反比例するのを見た．ここから，平均費用は，市場規模と産業内の企業数で決まることがわかる．式は次のとおりだ：

$$AC = F/Q + c = (n \times F/S) + c \tag{8.6}$$

式 (8.6) を見ると，ほかの条件が同じなら，**その産業に企業が多ければ，それだけ平均費用が上がる**ことがわかる．理由は，企業が増えるとそれぞれの生産量が減るからだ．例えば，年間 100 万ウィジェットを売る産業があったとしよう．もしこの産業に企業が 5 社いたら，それぞれが年間に 20 万個販売する．10 社いた

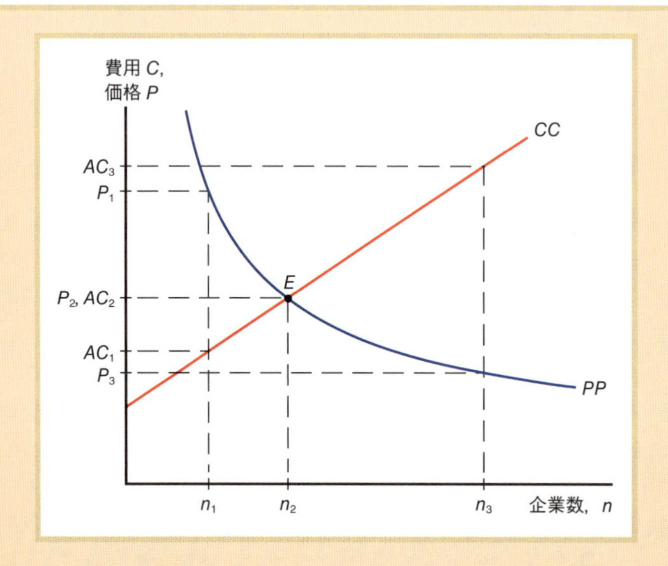

図 8.3　独占競争市場での均衡

独占競争市場での企業数と，各企業がつける価格は，二つの関係で決まる．一方では，企業の数が多いと競争が激しくなって，産業全体の価格は下がる．この関係を示すのが PP だ．また企業数が増えると，1 社あたりの販売量は減り，産業の平均費用は上がる．この関係を示すのが CC だ．価格が平均費用より高ければ（つまり PP 曲線が CC 曲線より上なら）この産業は儲かっているので，この産業への参入企業が増える．価格が平均費用以下なら，この産業は赤字だから企業はこの産業から退出する．均衡の価格と企業数は，価格が平均費用と等しくなるところ，つまり PP と CC の交点になる．

ら，それぞれの売り上げは 10 万個でしかない．だからそれぞれの企業の平均費用は上がる．n と平均費用との右肩上がりの関係を示したのが，図 8.3 の CC だ．

2. **企業の数と価格**　その一方で，典型的な企業がつける価格もまた，産業内の企業数に左右される．一般に，企業数が増えれば競争も激しくなり，価格も下がると考えられる．実はこのモデルでもそのとおりになっているけれど，証明には少し手間がかかる．基本的な技は，それぞれの企業が式 (8.1) で示した直線の需要曲線に直面することを示すことだ．それから式 (8.2) を使えば価格が決まる．

まず，独占競争モデルでは，企業はお互いの価格を所与とみなすと想定していることを思い出そう．つまり，どの企業も自社が価格を変えたらほかの企業がそれに応じて価格を変える可能性は無視する，ということだ．それぞれの企業が $\overline{P}$ を所与とするなら，需要曲線 (8.5) を次のようにかき直せる：

$$Q = [(S/n) + S \times b \times \overline{P}] - S \times b \times P \qquad (8.7)$$

ここで b は，式 (8.5) で各企業の市場シェアが，その企業の付け値にどのくらい敏感かを示したパラメータだ．さてこの式は (8.1) と同じ形で，単に定数 A の代わりに $(S/n) + S \times b \times P$ が入り，傾きを示す係数 B の代わりに $S \times b$ が入っているだけだ．これらの値を限界収入の式 (8.2) に戻せば，典型的な企業の限界収入は次のようになる：

$$MR = P - Q/(S \times b) \qquad (8.8)$$

利潤最大化する企業は，限界収入を限界費用 c に等しく設定するので

$$MR = P - Q/(S \times b) = c$$

これを移項すると，典型的な企業がつける価格が次の式のようになる．

$$P = c + Q/(S \times b) \qquad (8.9)$$

でもすでに述べたように，どの企業も同じ価格をつけたらそれぞれの企業の販売量は $Q = S/n$ になる．これを式 (8.9) に代入すると，企業数と各企業のつける価格との関係は次のようになる：

$$P = c + 1/(b \times n) \qquad (8.10)$$

式 (8.10) は代数的に，**ある産業にいる企業が多ければ，それぞれの企業がつける価格は低くなる**と述べている．これは，**限界費用に対する各企業の利幅（マークアップ）**$P - c = 1/(b \times n)$ が，競合する企業数に反比例するからだ．式 (8.10) は図 8.3 で右肩下がりの曲線 PP だ．

3. **均衡企業数**　さて，図 8.3 がどういう意味か考えてみよう．ここではある産業が 2 本の曲線でまとめられている．右肩下がりの曲線 PP は，産業の企業数が多ければ，それぞれの企業がつける価格は下がることを示している．企業が増えれば，それだけ各企業が直面する競争が激しくなるからだ．右肩上がりの曲線 CC は，産業の企業数が増えれば，各企業の平均費用がそれだけ上がると示している．企業数が増えれば，各企業の販売量は減るから，どの企業も平均費用曲線をあまり下げられなくなる訳だ．

この二つの関係の交差点が点 E で，ここに対応する企業数は n_2 だ．n_2 がもつ意義というのは，ここがこの産業で**企業利潤がゼロになる**企業数だということだ．この産業に企業が n_2 社あったら，利潤最大化価格は P_2 で，これは各企業の平均費用 AC_2 とまったく同じになる．これがさっき述べた，長期独占競争均衡だ．

その理由を理解するには，n が n_2 より小さくて，例えば n_1 だったとしよう．すると各企業のつける価格は P_1 になり，平均費用は AC_1 でしかなくなる．だから企業は

プラスの利潤を得る[7]．逆に，n が n_2 より大きくて，例えば n_3 だったとする．企業は P_3 の価格しかつけられないのに，平均費用は AC_3 になる．企業は損失を被る（利潤がマイナスになる）．次第に，各企業は利潤の出る産業に参入し，損をする産業からは退出する．企業の数が n_2 より少なければ企業数は増えるし，大きければ減って，やがて均衡価格 P_2 と企業数 n_2 社に落ち着く[8]．

これで，独占競争市場のモデルができた．これを使えば，均衡企業数とその企業がつける平均価格がわかる．このモデルを使い，国際貿易での規模の経済の役割について，いくつか重要な結論を導こう．

独占競争と貿易

独占競争モデルを貿易にあてはめるにあたって根底にある発想は，貿易が市場規模を拡大するというものだ．規模の経済がある産業では，ある国が生産できる財の種類とその生産規模は，どちらも市場の規模に制約されている．相互に貿易して，どんな個別国内市場よりも大きい統合世界市場を形成することで，各国はこうした制約をゆるめられる．各国は貿易がない場合よりはせまい種類の製品生産に専門特化できる．でも自国で生産しない財を多国から買うことで，各国は同時に消費者が享受できる財の種類を増やせる．結果として，貿易は各国が資源や技術の面で差がなくても，お互いに利益をもたらせる訳だ．

例えば仮に，国が二つあって，どっちも年に自動車 100 万台の市場があるとしよう．お互いに貿易すれば，この両国は合わせて自動車 200 万台の市場をつくり出せる．この統合市場では，どちらの国の単独市場と比べても，もっと多様な自動車が生産できるし，平均費用も低くなる．

独占競争モデルを使えば，貿易が個別国の直面する規模と多様性のトレードオフを改善できることが示せる．まずは，市場規模が大きくなれば平均価格が下がり，財の多様性が高まることを独占競争モデルで示そう．この結果を国際貿易に適用することで，貿易により個別国の国内市場のどれよりも大きな世界市場をつくり出すことがわかる．だから国際貿易を通じて市場を統合するのは，一つの国の中で市場が成長するのと同じ効果をもつ．

---

[7] これは**経済的**利潤であり，固定費や資本費用はすべて除外されていることに注意——**会計**利潤（そうした費用を除外しない）とは違う．

[8] この分析は，ちょっとした問題を見過ごしている．産業内の企業数はもちろん，5 社とか 8 社とか自然数にしかなれない．n が 6.37 社とかになったらどうしようか？　答えは，業界には 6 社いて，どの会社もちょっとだけ利潤を得るというものだ．この利潤は新規参入企業に脅かされることはない．みんな，この業界に 7 社いたら赤字になるのがわかっているからだ．独占競争のほとんどの例では，この「自然数制約」問題は大して重要ではないので，ここでは無視する．

市場規模拡大の影響

独占競争産業での企業数と，その企業がつける価格は，市場規模に左右される．大きな市場だと，企業数も，企業あたりの売り上げも増える．大市場の消費者は，小市場の消費者よりも，提示される価格も低いし製品の多様性も高くなる．

これを今のモデルの文脈で見るには，図 8.3 の CC 曲線を見直そう．これは産業内の企業数が多いほど企業あたりの平均費用が高くなることを示している．CC 曲線の定義は式 (8.6) で示される：

$$AC = F/Q + c = n \times F/S + c$$

この式を検討すると，企業数 n がいくつだろうと，産業の総生産量 S が増えれば平均費用は下がることがわかる．その理由は，企業数一定で市場が成長すれば，企業あたりの生産量は増え，各企業の平均費用は下がるからだ．だから S の大きい市場と小さい市場を比べると，大市場の CC 曲線は，小市場の CC 曲線より下にくる．

一方，各企業がつける価格を企業数と関係づけた，図 8.3 の PP 曲線はシフトしない．この曲線の定義は式 (8.10) で示される：

$$P = c + 1/(b \times n)$$

市場規模はこの式には含まれないから，S が増えても PP 曲線はシフトしない．

図 8.4 はこの情報を使って，市場規模の拡大が長期均衡にどう影響するか示している．最初，均衡は点 1 にあり，価格は P_1 で企業数は n_1 だ．産業の総売り上げ S で計測した市場規模拡大は，CC 曲線を CC_1 から CC_2 に引き下ろすけれど，PP 曲線には影響しない．新しい均衡は点 2 だ．企業数は n_1 から n_2 に増え，価格は P_1 から P_2 に下がる．

明らかに，消費者は小さな市場よりは大きな市場の一部でいたがるだろう．点 2 では，点 1 に比べて，もっと多様な製品が低い価格で手に入る．

統合市場の利益：数値例

国際貿易は大きな市場をつくれる．貿易が価格，規模，財の多様性に与える影響について，具体的な数値例で示そう．

仮に，自動車が独占競争的な産業で生産されていたとしよう．自動車のあらゆる生産者が直面する需要曲線は式 (8.5) で $b = 1/30{,}000$ だ（この値は別に特に意味がある訳ではない．単に数値例がきれいに出るよう選んだだけだ）．だからある任意の生産者が直面する需要は次のようになる．

$$Q = S \times [(1/n) - (1/30{,}000) \times (P - \overline{P})]$$

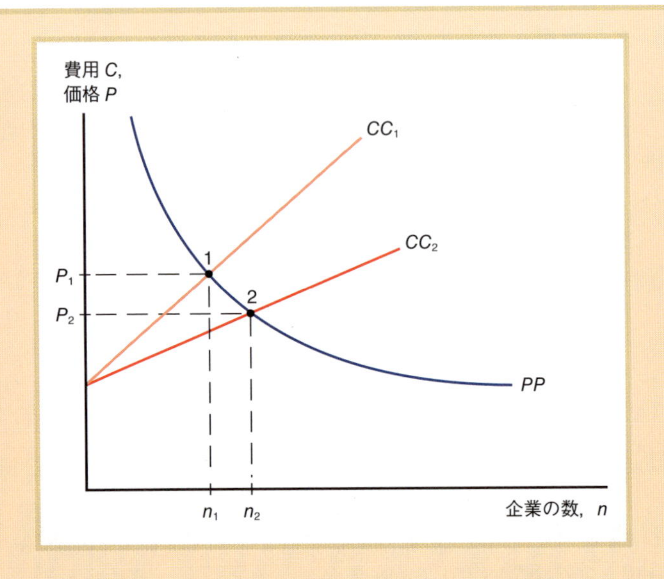

図 8.4　市場拡大の影響

市場規模の拡大は，ほかの条件が同じならそれぞれの企業が生産量を増やし，平均費用をさげられるということだ．これは CC_1 から CC_2 への下方シフトで表される．結果は，企業数の増加（つまりは提供される財のバラエティが増える）と，それぞれの価格下落の同時発生だ．

ただし Q はそれぞれの企業が売る自動車の数，S は産業全体での販売総数，n は企業数，P は企業がつける価格，$\overline{P}$ はほかの企業の平均価格だ．また，自動車生産の費用関数は式 (8.3) だとしよう．固定費 $F = \$750{,}000{,}000$ で，自動車 1 台あたりの限界費用 $c = \$5{,}000$ だ（ここでも，これらの値は単に結果の数字がきれいになるように選んだだけだ）．総費用は

$$C = 750{,}000{,}000 + (5{,}000 \times Q).$$

だから平均費用曲線は

$$AC = (750{,}000{,}000/Q) + 5{,}000.$$

さて仮に，自国と外国の 2 カ国があったとする．自国の自動車年間販売台数は 90 万台だ．外国の年間販売台数は 160 万台だ．両国はとりあえず，同じ生産費用をもつことにしておこう．

図 8.5a は，自国の自動車産業についての PP と CC 曲線を示す．貿易がないと，

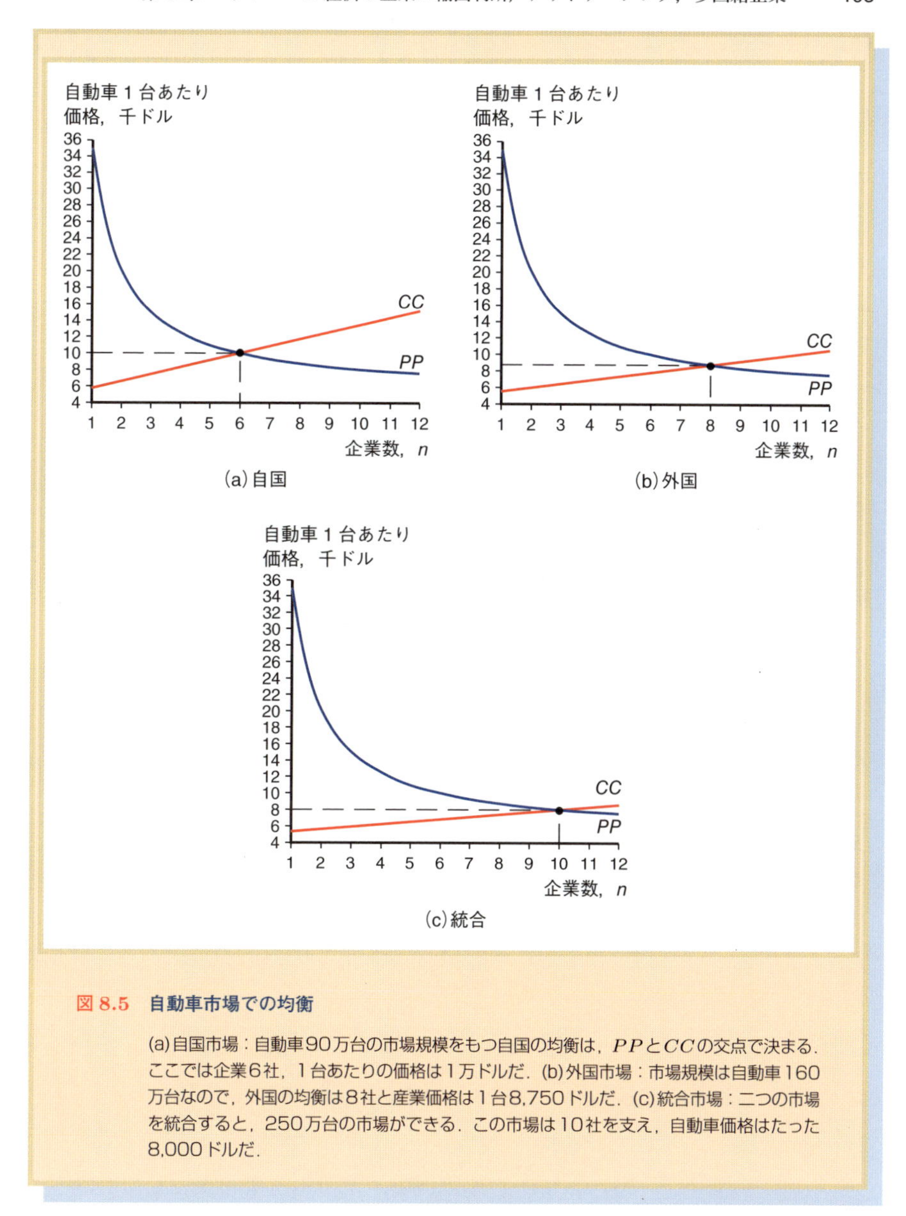

図 8.5　自動車市場での均衡

(a) 自国市場：自動車 90 万台の市場規模をもつ自国の均衡は，PP と CC の交点で決まる．ここでは企業 6 社，1 台あたりの価格は 1 万ドルだ．(b) 外国市場：市場規模は自動車 160 万台なので，外国の均衡は 8 社と産業価格は 1 台 8,750 ドルだ．(c) 統合市場：二つの市場を統合すると，250 万台の市場ができる．この市場は 10 社を支え，自動車価格はたった 8,000 ドルだ．

自国には自動車会社が 6 社あり，それぞれが自動車を 1 台 1 万ドルで売る（n と P について代数的に解くこともできる．これは本章補遺で示す）．これが長期均衡だと示すには，価格方程式 (8.10) が満たされ，この価格が平均費用に等しいことを示さなくてはならない．

限界費用 c，需要パラメータ b，自国企業数 n の実際の値を式 (8.10) に代入すると，以下のようになる：

$$P = \$10{,}000 = c + 1/(b \times n) = \$5{,}000 + 1/[(1/30{,}000) \times 6]$$
$$= \$5{,}000 + \$5{,}000$$

だから利潤最大化——つまり限界収入が限界費用に等しい——は満たされた．それぞれの企業は 90 万台/6 社 = 15 万台を販売する．だからその平均費用は次のとおり：

$$AC = (\$750{,}000{,}000/150{,}000) + \$5{,}000 = \$10{,}000$$

平均費用 1 台\$10,000 は価格と同じなので，あらゆる独占利潤は競争で消えてしまっている．この価格で各企業が 15 万台ずつ生産するのが自国市場の長期均衡だ．

外国はどうだろう？　PP と CC を描くと，（図 8.5 のパネル (b)）市場規模が自動車 160 万台の場合，曲線が交差するのは $n = 8$, $P = 8{,}750$ の地点だというのがわかる．つまり，貿易がないと外国市場は 8 社を支えて，それぞれが 20 万台を生産し，その販売価格は\$8,750 だ．ここでも，この解が均衡条件を満たすことを確認しよう：

$$P = \$8{,}750 = c + 1/(b \times n) = \$5{,}000 + 1/[(1/30{,}000) \times 8]$$
$$= \$5{,}000 + \$3{,}750$$

そして

$$AC = (\$750{,}000{,}000/200{,}000) + \$5{,}000 = \$8{,}750$$

さて自国と外国が費用なしでお互いに自動車を貿易できるとしよう．これは新しい総売り上げ 250 万台の統合市場をつくり出す（図 8.5 のパネル (c)）．もう一度 PP と CC 曲線を描くと，この統合市場は企業を 10 社支え，それぞれが 25 万台を生産して 1 台 8,000 ドルで販売することがわかる．利潤最大化とゼロ利潤の条件はここでも満たされる：

$$P = \$8{,}000 = c + 1/(b \times n) = 5{,}000 + 1/[(1/30{,}000) \times 10]$$
$$= \$5,000 + \$3,000$$

そして

$$AC = (\$750{,}000{,}000/250{,}000) + \$5{,}000 = \$8{,}000.$$

統合市場をつくった結果を表 8.1 にまとめる．表はそれぞれの単独市場と統合市場を比べている．統合市場では自国市場と外国市場のそれぞれ単独に比べ，活動できる企業も多いし，それぞれの生産規模も大きく，価格も低い．

表 8.1 市場統合の利益：仮想例

	自国市場 貿易なし	外国市場 貿易なし	統合市場 貿易あり
産業の生産量（台数）	900,000	1,600,000	2,500,000
企業数	6	8	10
企業あたり生産量（台数）	150,000	200,000	250,000
平均費用	$10,000	$8,750	$8,000
価格	$10,000	$8,750	$8,000

明らかに，統合のおかげでみんなが得をしている．大きくなった市場では，消費者は選択の幅が広がり，それでも各企業は生産を増やし，だから低価格で製品を提供できる．統合からの利得を実現するために，各国は国際貿易を行わねばならない．規模の拡大を実現するために，各企業は生産を 1 カ国に集約しなくてはならない――自国か外国のどっちかだ．それでも，その製品は両方の国の顧客に販売しなくてはならない．だからそれぞれの製品は 1 カ国だけでつくられ，ほかの国には輸出される．

この数値例は，独占競争下での貿易が，第 3 章から 6 章で扱った比較優位に基づく貿易モデルに比べてもっている，二つの新しい重要な特徴を浮き彫りにしている：(1) まず，この例は製品差別化と内部の規模の経済が，比較優位上の差がない類似国同士での貿易を生むことを示している．これは比較優位に基づくもの（各国が比較優位財を輸出）とはかなり違った貿易だ．こちらでは，自国も外国も自動車をお互いに輸出し合う．自国は一部の自動車モデルについて輸入品に対して支払いをする（外国の企業がつくった自動車に対して）．そして，自国でつくった違う種類のモデルを輸出する（自国企業がつくったもの）――そしてその逆も行う．これは**産業内貿易**とよばれるものにつながる．これは似たような財の双方向取引だ．(2) 第 2 に，この例は貿易による新しい厚生便益の経路を浮き彫りにする．貿易後の統合市場では，自国と外国の消費者双方が，自動車モデルの種類が増えて（もともと 6 種類か 8 種類だったのが 10 種類になる）得をするし，各企業が両方の国に向けて生産を集約化し，規模の経済を活用するので，値段も下がる（8,750 ドルや 10,000 ドルだったのが 8,000 ドルに）[9]．

実証的には，産業内貿易というのは気にするほどのものなんだろうか，そして製品の種類が増え，生産が集約されて平均費用低下というかたちでの貿易の利益は観察できるんだろうか．答はイエスだ．

[9] また，自国消費者が貿易統合のおかげで外国の消費者よりも得が多いことに注目しよう．これは収穫逓増と製品差別化をもつ貿易モデルでは標準的な特徴だ．小さい国の方が，大きな国よりも統合で得られる利益は大きい．これは，統合の利益はそれに伴う市場規模の増大が左右するからだ．だから最初は小さい方の国が，統合したときの市場拡大が大きくて便益も増えるということだ．

産業内貿易の重要性

世界貿易の中で，産業内貿易が占める割合は過去半世紀の間で着実に増え続けている．産業内貿易の計測は，財を個別産業に分類する産業分類体系を使っている．使用する産業分類がどのくらいきめ細かいかによって（何百種類の分類を使うか何千種類の分類を使うか）産業内貿易は，世界の全貿易フローの中で，4 分の 1 から半分近くを占める．産業内貿易は，先進工業国同士の製造業製品の貿易（世界貿易の大半はこれだ）では，それ以上に大きな役割を果たす．

表 8.2 は，2009 年時点でさまざまなアメリカ製造業について，産業内貿易がどのくらい重要だったかという指標を示している．使った指標は産業内貿易が全貿易に占める割合だ[10]．指標は金属加工機械や無機化学の 0.97 から——これらはアメリカの輸出と輸入が均衡している産業だ——アメリカが大量に輸入してほとんど輸出しない靴での 0.10 までさまざまだ．アメリカが輸出だけか，輸入だけの産業についてはゼロになる．アメリカの輸出と輸入が完全に均衡している産業では 1 になる．

表 8.2 を見ると，多くの違った産業で，アメリカの貿易において産業内貿易はとても重要な要素だ．そうした産業は，化学，医薬品，特殊機械といった高度な工業製品

表 8.2　アメリカの産業別産業内貿易指数，2009 年

産業	指数
金属加工機械	0.97
無機化学	0.97
発電機械	0.86
医薬品	0.85
科学設備	0.84
有機化学	0.79
鉄・鋼鉄	0.76
道路車両	0.70
事務機器	0.58
電気通信設備	0.46
家具	0.30
衣料アパレル	0.11
靴	0.10

[10] もっと厳密にいえば，ある産業内での産業内貿易の重要性を計算する標準公式は次のとおり：

$$I = \frac{\min(\text{輸出},\ \text{輸入})}{(\text{輸出} + \text{輸入})/2}$$

ここで min(輸出，輸入) は，輸出と輸入のうち小さい方の値だ．これは輸出と輸入の**両方**に反映された，財の双方向交換の値だ．この数値は平均貿易フロー（輸出と輸入の平均）の比率として示されている．もし貿易が一方向だけのフローなら，最小の貿易フローはゼロなので $I = 0$ だ．つまり産業内貿易はなくなる．その一方で，その国のある産業で輸出入が同じなら，正反対の極端として $I = 1$ が得られる．

をつくる産業が多い．こうした財は，主に先進国が輸出し，おそらくは生産においてかなり規模の経済が働く．その対極として，産業内貿易がほとんどない産業が出てくる．これは通常，靴やアパレルといった労働集約製品をつくる産業だ．これはアメリカが主に低開発国から輸入する財で，アメリカとこうした国との貿易は，主に比較優位が左右する．

製品の種類の増加や規模の経済からくる新種の厚生利得はどうだろう？　ドゥケスネ・キャピタル・マネジメント社のクリスチャン・ブロダとコロンビア大学のデヴィッド・ワインスタインによる最近の論文で，アメリカ輸入品の製品種類数を推計しているが，1972 年から 2001 年までの 30 年間でそれが 3 倍になったという．さらに，このアメリカ消費者にとって増えた製品の種類のおかげで，アメリカ GDP の 2.6% に相当する厚生利得があったと推計されている！[11]

数値例の表 8.1 を見ると，市場統合による規模の経済が生み出した利益は，小規模経済の方でずっと大きく表れる．統合前だと，そこでの生産は国の規模が小さすぎて，規模の経済を活用できなかった．これは，アメリカとカナダが 1964 年の北米自動車協定（メキシコは参加していない）に始まり，北米自由貿易協定（NAFTA, これはメキシコも参加）までますます統合を強めていったときにまさに起こったことだ．次の事例研究は，この統合が自動車部門での統合と効率改善をもたらしたか示している――それは特にカナダ側で強く出ている（カナダの経済規模はアメリカの 10 分の 1 だ）．

似たような貿易の利益が，現実世界でみられるほかの経済統合の密接化についても計測されている．最も有力な例の一つが，過去半世紀にわたりヨーロッパで起こったものだ．1957 年に西欧の主要国が，共通市場またはヨーロッパ経済共同体 (EEC) とよばれる，工業製品の自由貿易圏を樹立した（イギリスは後の 1973 年に EEC に加盟した）．結果として，産業内貿易が圧倒的な比率を占める貿易の急成長がみられた．EEC 内部での貿易は，1960 年代には世界全体の貿易に比べて 2 倍の速度で増えた．この統合はゆっくりと，その後の欧州連合 (EU) へと拡大した．こうした国々の一部（主に EEC の参加国）が 1999 年に共通通貨ユーロを採用したとき，それらの国々の産業内貿易はさらに増えた（EU の他国との貿易に比べても増えている）．また最近の研究では，ユーロの採用でユーロ圏内部で取引されている製品種類の数が大幅に増えている．

[11] Christian Broda and David E. Weinstein, “Globalization and the Gains from Variety,” *Quarterly Journal of Economics* 121 (April 2006), pp. 541-585 を参照.

事例研究

実際の産業内貿易：1964 年北米自動車協定と，北米自由貿易協定 (NAFTA)

アメリカのデトロイトと，カナダのウィンザーを結ぶアンバサダー橋．通常だと，この橋を 1 日 2.5 億ドル相当の自動車や自動車部品が横断する．

規模の経済が，有益な国際貿易を生み出すという異例なほどはっきりした例が，1960 年代後半のアメリカとカナダ間での自動車貿易成長によって示された．この事例は，多国籍企業が関連しているのでここでのモデルにそのままあてはまる訳ではなけれど，これまで構築してきた基本概念が現実世界でも役立つことは示してくれる．

1965 年まで，カナダとアメリカの間の関税保護により，カナダの自動車産業はおおむね自給自足となり，あまり輸出も輸入もない状態となった．カナダの自動車産業を支配していたのはアメリカの自動車産業の大手と同じだった——この特徴は，本章でまたこの先触れる——けれど，これらの企業は関税を払うよりも，おおむね別の生産設備をカナダにつくる方が安上がりだと考えた．だからカナダの自動車産業は要するに，アメリカ自動車産業のミニチュア版で，規模が 10 分の 1 程度というものだった．

米企業のカナダ子会社は，規模の小ささがずいぶん不利だというのを知った．これはカナダの工場がアメリカ側の工場より小規模でなくてはならなかったこともある．もっと重要かもしれないのが，アメリカの工場はしばしば「専用」——つまり，ある一つのモデルや部品生産に特化できる——のに対し，カナダの工場はいろいろ違うものを生産しなければならなかったということだ．おかげでカナダの工場は，定期的に閉鎖してあるアイテムの生産を別のものの生産に切り替えるために改装したり，抱える在庫を増やしたり，使う設備もなるべく汎用品にしたり，といった努力を余儀なくされた．だからカナダの自動車産業は，アメリカよりも労働生産性が 30% ほど低かった．

こうした問題を解決するため，アメリカとカナダは自動車の自由貿易地域（いくつか制限あり）を設立しようと 1964 年に合意した．これで自動車会社は生産体制を組み替えた．自動車メーカーのカナダ子会社は，カナダでつくる製品の数を激減させた．例えばゼネラルモーターズは，カナダで生産されるモデルの数を半分にした．でもカナダでの全体的な生産と雇用の水準は維持された．カナダで生産されるモデルについては，カナダ工場が北米市場全体の主要（そして多くの場合は唯一の）生産工場となったため，生産水準は激増した．逆に，カナダはもうつくらなくなったモデルをアメリカから輸入した．1962 年にカナダはアメリカに 1,600 万ドルの自動車製品を輸出し，5.19 億ドル分をアメリカから輸入していた．1968 年になると，輸出は 24 億ドル，輸入は 29 億ドルにもなった．つまり輸出も輸入も激増した．これぞ産業内貿易の見本だ．

この利益はかなりのものだったらしい．1970 年代初頭になると，カナダの自動車産業は生産性の面でアメリカにひけをとらなくなっていた．後に，この自動車産業の転換は拡張されてメキシコも含むようになった．1989 年にフォルクスワーゲン社は北米の操業をすべてメキシコに集約させ，アメリカのペンシルバニア州にあった工場を閉鎖した．このプロセスは，NAFTA（アメリカ，カナダ，メキシコが交わした北米自由貿易協定）の実施で続いた．1994 年にフォルクスワーゲン社は，新型ビートルの製造をメキシコのプエブラで開始した．この工場は今や，全北米市場向けのゴルフ，イェッタ，ビートルの新モデルバージョンをすべて生産している．2011 年にフォルクスワーゲン社はテネシー州チャタヌーガに新組み立て工場を建設してアメリカ市場に再参入し，ここで北米市場すべて向けのパサート各モデルを生産している（それまではヨーロッパから輸入されていた）．NAFTA の影響については本章の後でまた詳しく論じよう．

貿易への企業の対応：勝ち組，負け組，産業のパフォーマンス

国が二つの場合の自動車産業を扱った数値例で，経済統合が企業の競争激化をもたらすことを示した．貿易前には自動車メーカーは 14 社（自国 6 社，外国 8 社）だったのに，経済統合の後では 10 社しか「生き残れ」ない．でもそれぞれの企業の生産規模は上がる（自国企業は 15 万台，外国企業は 20 万台ずつだったのが，貿易後はどの企業も 25 万台ずつ生産）．この例だと企業は対称的と仮定したから，ずばりどの企業が退出してどれが生き残り拡張したかはどうでもよかった．でも現実世界では，企業ごとにパフォーマンスが大きく違っていて，貿易による競争激化の影響は，どうでもいいどころの話ではない．当然予想できることとして，競争が激化すると，パフォーマンスの低い企業がいちばん苦労する．退出するはめになるのはそういう企業だからだ．貿易（または経済統合）で競争が増える一方で，生き残った企業にとっては新規市場での売り上げ機会もやってくる．ここでも当然予想されることとして，パフォーマンスの最も高い企業が，そうした新しい売り上げ機会を最も活用して，大きく拡大する．

こうした構造変化は産業のレベルで決定的な影響をもたらす．パフォーマンスの高い企業が拡大して悪い企業が収縮したり退出したりすると，産業の全体としてのパフォーマンスも改善される．これはつまり，貿易と経済統合は産業のパフォーマンスに直接影響するということだ．まるで産業レベルで技術成長があったも同然となる．実証的にこうした構造変化は，産業の生産性にかなりの改善をもたらしている．

カナダがアメリカと経済統合を強化したときの場合を考えよう（さっきの事例研究と第 2 章の議論を参照）．この統合により，自動車メーカーは生産を少数のカナダ工場に集約し，その生産水準は劇的に上がったことを述べた．カナダアメリカ自由貿易協定は 1989 年に発効し，自動車協定をほとんどの製造業部門に拡大した．似たような集約プロセスが，影響を受けたカナダ製造業部門すべてで生じた．でもこれと関連し

て，淘汰プロセスもやってきた．パフォーマンス最低のメーカーは操業を停止する一方，パフォーマンスのよい企業はアメリカ市場への輸出が激増して拡張した．トロント大学のダニエル・トレフラーは，この貿易協定の影響を詳細に研究し，カナダ企業のさまざまな対応を検討した[12]．そして，影響の最も大きかったカナダ産業での生産性は，14% から 15% という劇的な成長を遂げたことを発見した（これを経済全体で見ると，雇用が一定とすれば生産性の 1% 上昇は，GDP 1% 成長に相当する）．パフォーマンス最低の企業がアメリカ企業からの競争増加で収縮退出したことだけでも，そうした産業部門での生産性 15% 上昇の半分に相当している．

生産者ごとのパフォーマンスの差

今度は，独占競争モデルの構築で採用した対称性の仮定をゆるめよう．そうすれば市場規模拡大に伴う競争で，企業ごとに受ける影響の違いを検討できる[13]．対称性の仮定は，あらゆる企業が同じ費用曲線 (8.3) と同じ需要曲線 (8.5) をもっているということだった．仮に企業が，違った限界費用水準 c_i で生産するので，費用曲線が違っているとしよう．需要曲線の方は，まだどの企業も同じだとする．企業のパフォーマンスとして，企業ごとの製品の品質差を見た場合にも，ここで導く費用差の場合ときわめて似た予想結果が出てくる．

図 8.6 は，企業 1 と企業 2 について，$c_1 < c_2$ の場合のパフォーマンス差を示している．パネル (a) には，共通の需要曲線 (8.5) と，それに伴う限界費用曲線 (8.8) を示した．どっちの曲線も縦軸の切片が同じだということに注目（式 (8.8) で $Q = 0$ を代入すると，$MR = P$ が得られる）．この切片は，式 (8.5) で $Q = 0$ のときの価格 P から得られ，需要曲線の傾きは $1/(S \times b)$ だ．すでに論じたように，限界収入曲線は需要曲線より傾きが急だ．企業 1 と企業 2 は，利潤を最大化するために生産水準を Q_1 と Q_2 に設定する．これはそれぞれの限界費用曲線が共通の限界収入曲線と交差するところで生じる．すぐにわかるのは，企業 1 は企業 2 よりも設定価格が低く，生産水準も高くなるということだ．限界収入曲線は需要曲線よりも急だから，企業 1 は企業 2 よりも，限界費用に対する利幅（マークアップ）が大きくなることもわかる．つまり：$P_1 - c_1 > P_2 - c_2$ ということだ．

---

[12] Daniel Trefler, "The Long and Short of the Canada-U.S. Free Trade Agreement," *American Economic Review* 94 (September 2004), pp. 870-895, および *New York Times* に載ったこの論文のまとめ記事："What Happened When Two Countries Liberalized Trade? Pain, Then Gain" Virginia Postel 著 (January 27, 2005); および Marc J. Melitz and Daniel Trefler, "Gains from Trade When Firms Matter," *Journal of Economic Perspectives* 26 (2012), pp. 91-118 を参照.

[13] このモデルのもっと詳しい説明が Marc J. Melitz and Daniel Trefler, "Gains from Trade When Firms Matter," *Journal of Economic Perspectives* 26 (2012), pp. 91-118 にある.

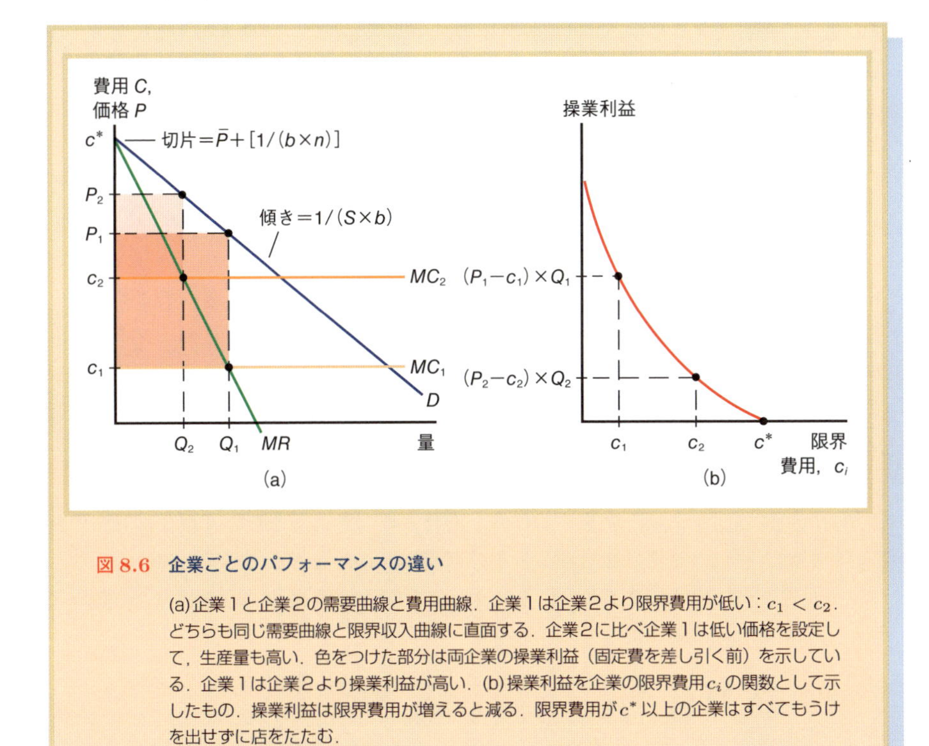

図 8.6　企業ごとのパフォーマンスの違い

(a)企業 1 と企業2の需要曲線と費用曲線．企業 1 は企業2より限界費用が低い：$c_1 < c_2$．どちらも同じ需要曲線と限界収入曲線に直面する．企業2に比べ企業 1 は低い価格を設定して，生産量も高い．色をつけた部分は両企業の操業利益（固定費を差し引く前）を示している．企業 1 は企業2より操業利益が高い．(b)操業利益を企業の限界費用c_iの関数として示したもの．操業利益は限界費用が増えると減る．限界費用がc^*以上の企業はすべてもうけを出せずに店をたたむ．

色を塗った部分は，双方の企業についての操業利益を示していて，収入 $P_i \times Q_i$ から操業費用 $c_i \times Q_i$ を引いたものだ（i はそれぞれの企業の番号だ）．ここで，固定費 F（全企業で同じとする）は回収できず，操業利益では考慮しない（つまり埋没費用またはサンクコスト）とする．操業利益は，利幅（マークアップ）に売り上げ単位数をかけたもの，つまり $(P_i - c_i) \times Q_i$ とかき直せるから，企業 1 は企業 2 よりも高い利潤を得ることがわかる（企業 1 の方が企業 2 より利幅（マークアップ）も高いし，生産高も大きいことを思い出そう）．これで，企業ごとの限界費用差に基づく関連したパフォーマンス差をすべてまとめられる．高い限界費用をもつ企業に比べ，低い限界費用の企業は (1) 低い価格をつけるけれど，限界費用に対する利幅（マークアップ）は高い; (2) 生産量も高い; (3) 利潤も大きい[14]．

図 8.6 のパネル (b) は，企業の操業利益が限界費用 c_i とともにどう変わるかを示し

[14] どの企業もまったく同じ回収不可能な固定費 F がかかると仮定したのを思い出そう．企業の操業利益が高いなら，全体としての利潤（固定費 F を差し引いたもの）も高くなる．

ている．今述べたように，これは限界費用の減少関数となる．パネル (a) に戻ると，企業は限界費用が縦軸の需要曲線の切片 $\overline{P} + [1/(b \times n)]$ より低ければ，プラスの操業利益を稼げることがわかる．この費用カットオフ点を c^* で表そう．このカットオフよりも高い限界費用 c_i をもつ企業は，実質的に市場から「高すぎて追い出される」ことになり，少しでも生産したら，操業利益はマイナスになる．こうした企業は閉鎖して生産しない方を選ぶだろう（そして総利潤では固定費 F に等しい損失を被る）．そんな企業がどうしてそもそも参入しようとするんだろうか？　明らかに，参入して固定費 F を支払う前に高い費用 c_i について知っていれば，参入は見送ったはずだ．

ここでは，将来の生産費用 c_i の見通しについて参入企業はある程度のランダムな部分に直面するものと想定する．このランダムな部分は F が支払われて埋没費用（サンクコスト）になる**まで**消えない．だから一部の企業は，総利潤（操業利益から固定費 F を引いたもの）がマイナスになるために参入の決断を後悔することになる．その一方で，一部の企業は生産費 c_i がとても低く，稼げる総利潤の水準もとても高いことを後から発見する．参入は，企業が対称的な場合に述べたのと似たようなプロセスで進む．その場合には，企業はあらゆる企業の利潤がゼロになるまで参入を続ける．ここでは，企業ごとに利潤の差があるから，参入はあらゆる潜在的な費用水準 c_i の**期待**利潤がすべてゼロになるまで続く．

市場規模拡大の影響

図 8.6 のパネル (b) は，市場規模 S を所与としたときの産業均衡をまとめたものだ．どの範囲の企業が生き残って生産するか（費用 c_i が c^* 以下の企業），その利潤が費用水準 c_i に応じてどう変わるかが示されている．経済が統合されて単一の大市場になったらどうなるだろう？　対称的な企業の場合と同じく，市場規模が大きくなれば，小さな市場よりもたくさんの企業を支えられる．これは市場規模 S の増大という直接効果に加え，競争の激化をもたらす．これから見るように，こうした変化は企業の生産費用に応じてまったく違う波及をもたらす．

図 8.7 は市場統合がもたらすそうした波及をまとめたものだ．パネル (a) では，すべての企業が直面する需要曲線 D から出発する．ほかの条件が同じなら，競争が増えればその企業にとっても需要は内側にシフトするだろう．また市場規模 S が大きくなれば，それだけで見れば需要は外側に動くはずだ．この直感は正しいし，全体として需要はパネル (a) で示された D から D' への変化を起こす．需要曲線が回転していて，小企業には内側へのシフト（生産量は下がる）となり，大企業については外側へのシフトになっている点に注目しよう．要するに，この小さい企業にとっては競争激化の影響の方が強いし，大企業にとっては市場規模拡大の方が強く効く訳だ．

また競争の激化と市場規模の拡大が需要曲線 D に与える影響を，分析的に特徴づけ

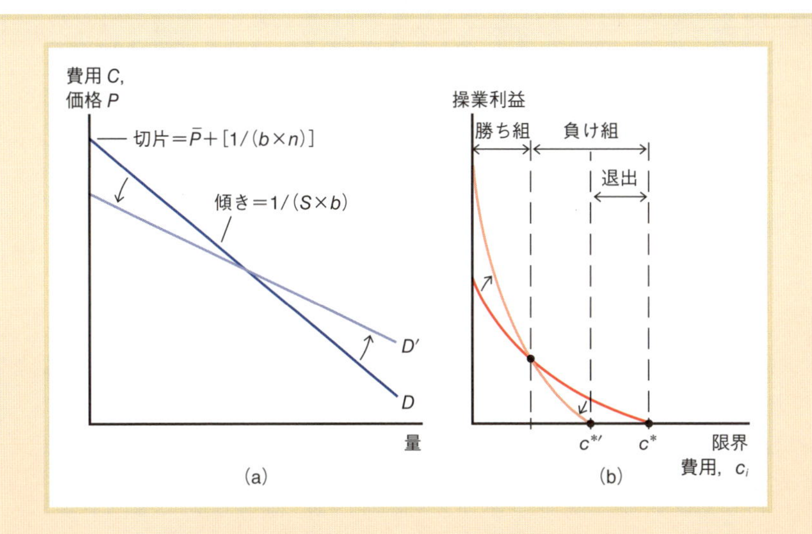

図 8.7　経済統合の勝ち組と負け組

(a)全企業の需要曲線は D から D' に変わる．もっと寝ていて，縦軸切片も小さい．(b)需要のシフトが，c_i の違う各種の操業利潤にどう影響するかを示したもの．限界費用が古い足切り水準 c^* と新しい足切り水準 $c^{*\prime}$ の間にいる企業は，退出せざるを得ない．限界費用が最も低い企業の一部は，統合で得をして利潤も増える．

ることもできる．この需要曲線の縦軸切片が $\overline{P} + [1/(b \times n)]$ で，傾きは $1/(S \times b)$ だった．市場規模 S が一定の中での競争の激化（企業数 n の増加）は，需要の縦軸切片を引き下げるけれど，傾きは変わらない．これが競争激化に伴う内側へのシフトだ[15]．市場規模 S の増加の直接的な影響は，需要曲線を平らにして（傾きを小さくする），切片は変えない．これは需要の外側への回転を引き起こす．この二つの影響を組み合せると，新しい需要曲線 D' が得られる．これはもとの需要曲線 D に比べ，縦軸切片が小さく，傾きが平らだ．

図 8.7 のパネル (b) は，この需要変化が費用水準 c_i の違う企業の操業利益にどう影響するかを示している．小企業の需要減少は，新しく，もっと低い費用カットオフ $c^{*\prime}$ をもたらす．費用水準が $c^{*\prime}$ 以上の企業は需要減により生き残れなくなり，退出するしかない．一方，平らな需要曲線は費用水準の低い企業には有利だ．利幅（マークアップ），ひいては価格を引き下げることで激化した競争に対応し，追加の市場シェア

[15] 均衡では，競争激化はまた平均価格 $\overline{P}$ の低下につながり，これはさらに切片を引き下げる．

を獲得できる[16]．これは，費用水準 c_i が最低のパフォーマンス最高の企業にとっては利潤増加を意味する[17]．

図 8.7 は，市場規模の増加が同じ産業の企業の中で，勝ち組と負け組をつくることを示している．低コスト企業は栄えて利潤と市場シェアを増やすけれど，高コスト企業は収縮し，費用が最高水準の企業は退出する．こうした企業構造の変化は，生産がもっと生産的な（低費用な）企業に集約されるにつれて，産業全体の生産性が上がるということだ．これはすでに述べたような，カナダの製造業者がアメリカの製造業との統合を強めたときに起きた実績を裏づけるものだ．こうした影響は，大国と市場を統合させる小国の方でずっと強く生じるけれど，小国だけで起こるものでもない．アメリカのような大企業でさえ，統合の強化は貿易費用の低下を通じて重要な構造効果や生産性の上昇をもたらす[18]．

貿易費用と輸出判断

ここまで，経済統合を市場規模の増大としてモデル化してきた．これは暗黙のうちに，こうした統合というのが単一の統合市場の形成にいたるまで徹底して実施されると想定している．現実には，統合がそこまで進むことは滅多にない．各国間の貿易費用は下がるけれど，なくなりはしない．第 2 章では，こうした貿易費用が，アメリカとカナダというきわめて密接に統合された経済の場合ですら，かなり大きく表れることを論じた．アメリカとカナダの国境が，カナダの州とアメリカの州との貿易量を劇的に引き下げているという話だ．

この国境越えに関連した貿易費用は，企業レベルでの貿易パターンでも顕著な特徴となっている．アメリカの企業でカナダの顧客をもつところはきわめて少ない．実はほとんどのアメリカ企業は，**まったく**輸出活動を報告していない（アメリカの顧客だけを相手にしているからだ）．2002 年に，アメリカの製造業者の中で少しでも輸出販売を報告したのはたった 18% だった．表 8.3 は，アメリカの各種産業部門で輸出販売を計上している企業の比率を示す．化学，機械，電子，運輸など総生産の中で輸出がかなりの比率を占める産業ですら，輸出企業の比率は 40% に満たない．実は，国境と

---

[16] 企業の限界費用 c_i が小さいと，それだけ限界費用に対する利幅 $P_i - c_i$ が高くなるのをお忘れなく．高コスト企業はすでに利幅が小さいから，需要増をもたらすために価格を下げる訳にはいかない．それをやったら価格が限界生産費用割れしてしまう．

[17] 一部の企業についての利潤増大を導くもう一つの方法は，平均利潤をゼロに引き下げる参入条件を使うことだ．高コスト企業の一部にとって利潤が減るなら，低費用企業の利潤は少し増えねばならない．すべての企業で均せばゼロでなくてはならないからだ．

[18] A. B. Bernard, J. B. Jensen, and P. K. Schott, "Trade Costs, Firms and Productivity," *Journal of Monetary Economics* 53 (July 2006), pp. 917-937 を参照．

表 8.3　アメリカの産業別輸出売り上げ計上企業比率，2002年

印刷	5%
家具	7%
アパレル	8%
木製品	8%
金属加工品	14%
石油・石炭	18%
輸送設備	28%
機械	33%
化学	36%
コンピュータと電気電子	38%
電気機器・設備	38%

出典：A. B. Bernard, J. B. Jensen, S. J. Redding, and P. K. Schott, "Firms in International Trade." *Journal of Economic Perspectives* 21 (Summer 2007), pp. 105-130.

関連した貿易費用がこれほど貿易を減らす大きな理由の一つは，それが国境の向こうにいる顧客にアクセスしたい，またはできる企業の数を劇的に減らすからだ（別の理由は，貿易費用のおかげで国境の向こうの顧客にアクセスする企業にとっても輸出売り上げが減ってしまうからだ）.

貿易費用が何もない統合経済では，企業は顧客がどこにいようと気にしない．今度は貿易費用をもち込んで，なぜ実際の企業が顧客の所在地を気にするのか，そしてなぜ実に多くの企業が外国の顧客にアクセスしない道を選ぶのかを説明してみよう．すぐに見るように，これで貿易費用を負担してまで輸出しようとする企業と，そうでない企業との重要な違いを説明できる．なぜ輸出したがらない企業がいるのだろう？　簡単にいうと，貿易費用はあらゆる企業の利ざやを引き下げてしまうからだ．一部の企業にとっては，そうした利ざや低下で輸出は儲からなくなる．この議論を定式化してみよう．

話を単純にするため，まったく同じ国が二つ（自国と外国）ある世界での企業の反応を考える．市場規模パラメータ S は，ここではそれぞれの国の市場規模を表すので，世界市場の規模は $2 \times S$ だ．この世界市場は，規模 $2 \times S$ の単一市場としては分析できない．この市場には今や貿易費用があるので，統合が不完全だからだ．

具体的には，企業は国境の向こうの顧客に売る場合，1 単位の販売ごとに追加費用 t がかかるとしよう．今度は，その企業がそれぞれの市場でどう振る舞うかを個別に見る必要が出てくる．すると各市場での販売量は違ってくるし，最終的にそれぞれの市場で稼ぐ利益水準も違ってくる．各企業の限界費用は一定なので（つまり生産水準に応じて変わったりしないので）各市場での値づけと販売量は切り離して検討できる．国内市場についてどう決めようと，輸出市場についての違う決定がもつ利益水準には影響しない．

自国にある企業の場合を考えよう．国内（自国）市場をめぐる状況は，図 8.6 に示したものとまったく同じだけれど，価格，生産量，利潤といった結果すべては国内市場だけについてのものになる[19]．今度は，企業 1（限界費用 c_1）と企業 2（限界費用 c_2）が輸出（外国）市場について下す決定を考えよう．外国では，自国と同じ需要曲線に直面する（両国がまったく同じと想定したので）．唯一の違いは，企業の輸出市場での限界費用が，貿易費用 t の分だけ上にシフトしているということだ．図 8.8 は，それぞれの市場で各企業についての状況を示す．

貿易費用は，輸出市場での企業の意思決定にどう影響するだろう？　これまでの分析から，限界費用が上がると企業は価格をあげ，それは販売量の低下と利潤の低下をもたらすことがわかっている．また限界費用がしきい値となる c^* 以上に上がったら，企業はその市場で操業してももうけを出せないこともわかっている．図 8.8 で企業 2 に起こっているのはそういうことだ．企業 2 は，国内市場では費用がしきい値より低い（$c_2 \leq c^*$）なので利潤を出せる．でも輸出市場では，費用がしきい値より高い（$c_2 + t > c^*$）なので利潤が出ない．これに対して企業 1 は，費用が十分に低いから国内市場でも輸出市場でも利潤が出る：$c_1 + t \leq c^*$．すべての企業について，その限界

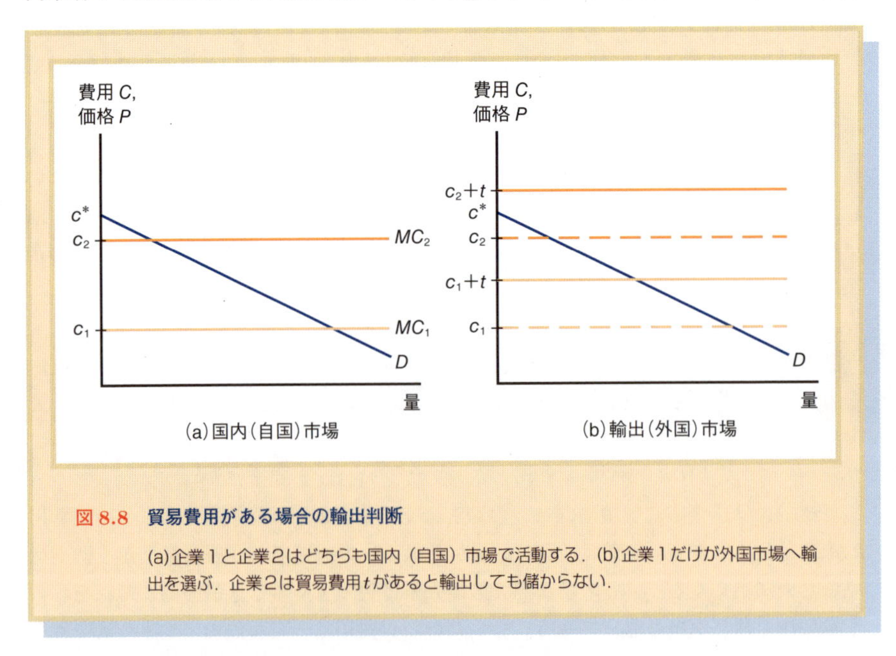

図 8.8　貿易費用がある場合の輸出判断

(a)企業 1 と企業 2 はどちらも国内（自国）市場で活動する．(b)企業 1 だけが外国市場へ輸出を選ぶ．企業 2 は貿易費用 t があると輸出しても儲からない．

19　企業数 n は自国市場で販売する企業の総数だ（これは自国の企業と，外国にいて自国に輸出している企業の両方を含む）．$\overline{P}$ は自国で販売しているすべての企業の平均価格だ．

費用 c_i をもとに同じ予想ができる．費用の最も低い $c_i \leq c^* - t$ の企業は輸出する．それよりは費用が高くて $c^* - t < c_i \leq c^*$ となる企業は，国内市場向けには生産しても，輸出はしない．費用がいちばん高い $c_i > c^*$ の企業はどちらの市場でも操業できずに退出する．

これで貿易費用のモデル化が独占競争と貿易のモデルに重要な予想を二つ追加することがわかった．この貿易費用は，どうして企業の中で輸出するのがごく一部なのかを説明してくれるし，その一部の企業が比較的大規模で生産性の高い企業（限界費用 c_i の低い企業）になる理由も説明してくれる．多くの国で行われた，企業の輸出判断についての実証分析は，輸出企業が同じ産業の中で輸出しない企業に比べ，大規模で生産性が高いという予想を圧倒的に裏づけている．アメリカの典型的な製造業では，輸出企業は平均で輸出しない企業の 2 倍以上の規模だ．平均的な輸出企業は，輸出しない企業に比べて，労働者一人あたり付加価値（生産高から中間投入財を引いたもの）を 11% 多く生産している．こうした輸出企業と非輸出企業の違いは，多くのヨーロッパ諸国ではもっと大きい[20]．

ダンピング

独占競争モデルに貿易費用を加えたことで，別のかたちでの現実性も加わってきた．市場はもはや費用なしの貿易で完全に統合されている訳ではないから，企業は市場ごとに違う価格をつけられる．貿易費用はまた，企業が市場の競争にどう対応するかにも影響する．高い限界費用をもつ企業は，限界費用に上乗せする利ざやを低めに設定することを思い出そう（そうした企業は市場シェアが低いので直面する競争も激しい）．これはつまり，輸出企業は貿易費用に対して，輸出市場での利幅（マークアップ）を下げることで対応するということだ．

図 8.8 の企業 1 の場合を考えよう．外国輸出市場での限界費用は，国内より高い $c_1 + t$ だ．この企業が国内（自国）市場でつける価格を P_1^D，輸出（外国）市場でつける価格を P_1^X とする．企業 1 は国内市場での利幅（マークアップ）は $P_1^D - c_1$ だけれど，輸出市場での利幅 $P_1^X - (c_1 + t)$ はそれより低い．するとこれは，$P_1^X - t < P_1^D$ ということだ．つまり企業 1 がつける輸出価格（貿易費用を差し引いたもの）は国内価格よりも低いことになる．

これは企業 1 による**ダンピング**といわれ，ほとんどの国では「不公正」貿易慣行と

[20] A. B. Bernard, J. B. Jensen, S. J. Redding, and P. K. Schott, "Firms in International Trade," *Journal of Economic Perspectives* 21 (Summer 2007), pp. 105-130; および Thierry Mayer and Gianmarco I. P. Ottaviano, "The Happy Few: The Internationalisation of European Firms: New Facts Based on Firm-Level Evidence," *Intereconomics* 43 (May/June 2008), pp. 135-148 を参照．

される．外国の企業は誰でも地元当局（アメリカなら商務省と国際通商委員会が関係当局になる）に訴え出て，企業 1 に対する懲罰的措置を要求できる．これは通常，企業 1 に対する**反ダンピング関税**というかたちをとり，通常は P_1^D と $P_1^X - t$ の価格差に比例したものとなる[21]．

ダンピングは貿易政策でとても議論のわかれる問題だ．ダンピングを取り巻く政策論争については 10 章で扱う．ここではとりあえず，企業 1 は外国市場で競合している外国企業と特に違う行動をしている訳ではないことを指摘するにとどめよう．その市場での企業 1 は，限界費用 $c_2 = c_1 + t$ をもつ外国企業 2 とまったく同じ利幅を設定している．企業 2 の値づけ行動はまったく合法なのに，どうして企業 1 の輸出価格決定は「不公正」貿易慣行とみなされる必要があるんだろうか？　このせいで経済学者たちは，ダンピング申し立てへの是正措置は間違っているし（詳しくは次の事例研究を参照），ダンピングが特に有害と考えるべき，経済学的にまともな理由は存在しないと思っている．

ここでの独占競争モデルは，貿易費用が輸出市場では自然に利幅（マークアップ）を引き下げるよう仕向けるのを明らかにした．輸出市場では市場シェアが低いために競争も激しくなるからだ．これで国内企業が自国市場の輸入業者について，ダンピングの申し立てをするのは比較的簡単になる．実際には，こうした反ダンピング法は市場で輸出企業を差別し，貿易障壁をつくるのに使われかねない．

事例研究　反ダンピングが保護主義の一種に

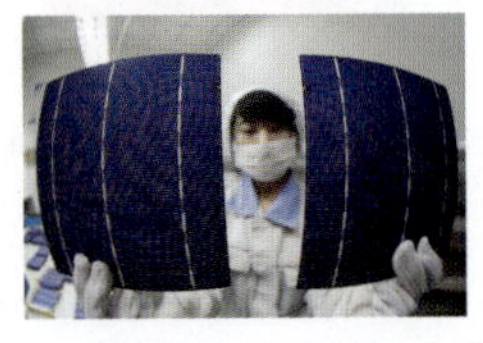

アメリカを含む多くの国ではダンピングは不公正貿易慣行とみなされている．外国企業がアメリカ市場に低価格で製品をダンピングしたせいで被害を受けたとされるアメリカ企業は，準司法的な手続きを通じて商務省に対して救済を要求できる．その申し立てが正当と認められたら，その輸入品の実際の価格と「公正な」価格との差額として計算されたものに等しい「反ダンピング関税」がかけられる．実際には，商務省は不公正な外国企業の値づけについてのアメリカ企業からの申し立てについて，大半を受理している．でもこの不公正な値づけが本当に損害をもたらしたかどうか判断するのは別の機関，国際通商委員会で，こちらは受理した案件の半数ほどを却下する．

---

[21] $P_1^X - t$ は企業 1 の輸出市場向け工場渡し (ex factory) 価格（輸出費用がかかる前の「工場のゲート」での価格）とよばれる．企業 1 が国内市場で何らかの輸送費や配送費を必要とするなら，これは国内価格 P_1^D から差し引かれて，国内市場向けの**工場渡し**価格が算出される．反ダンピング関税は，企業の国内市場向けと輸出市場向けの工場渡し価格の差に基づいて定められる．

経済学者たちは，ダンピングだけを禁止行為としてやり玉にあげるという発想が昔からあまり気に入らなかった．一つには，顧客ごとに違う価格を設定するというのは，ビジネス戦略としてまったく正当なものだからだ――航空会社が，学生や高齢者，週末も現地にとどまる旅行者などに，安い航空券を提供するのと同じだ．それにダンピングの法的な定義は，経済学的な定義とは大幅に違っている．外国企業が，輸出顧客より自国内での顧客の方に高い価格設定をしていると証明するのは難しいことが多いので，アメリカなどの国はしばしば，外国の生産費用推計をもとに，公正と称する価格を計算しようとする．この「公正な価格」ルールは，完全に通常の事業慣行を阻害しかねない．企業は経験を通じて費用を引き下げる過程や，新規市場に参入の過程で，赤字販売を進んで行うからだ．そんな動学的な配慮なしでも，ここでのモデルが示したように独占競争企業は貿易費用に伴う競争効果のおかげで，輸出市場では利幅を小さくしようとするインセンティブがあるのだ．

でも経済学者たちからのほとんど全員一致の否定的な評価にもかかわらず，ダンピングについての正式な苦情申し立ては 1970 年頃から増える一方だ．1990 年代初頭には，反ダンピング申し立ての大半は先進国に対するものだった．でも 1995 年から，発展途上国が反ダンピング申し立ての大半になっている．なかでも，ことさら大量の苦情を受けているのが中国だ．

このトレンドの背景には理由が主に二つある．まず何よりも，中国のすさまじい輸出増加だ．競争が激増して喜ぶ企業はないし，反ダンピング法は競争相手の費用を引き上げることで，企業が競争に直面せずにすむ手段となっている．第 2 に，中国企業の不公正な値づけを証明するのは，ほかの国の輸出企業の場合よりも簡単だ．中国からの輸出品激増に直面しているほとんどの先進国（アメリカを含む）は中国を「非市場」経済だとしている．ある『ビジネスウィーク』誌の記事は，アメリカ企業が中国輸出企業に対して反ダンピング苦情を申し立てるときに，この記述が大きな違いをもたらすと述べている．「これはアメリカが，費用に関する中国のデータをあっさり無視できるということだ．それが補助金つきの融資やゆがめられた市場や操作された人民元などのおかげで歪曲されていると想定されるためだ．代わりに政府は，市場経済とされるほかの発展途上国からのデータを使う．テレビや家具の場合，アメリカはインドのデータを使った――インドはこうした財をあまり輸出していないにもかかわらず．インドの生産費用の方が高いので，中国はダンピングで有罪とされた」[22]．

この引用が示唆するように，中国はテレビや家具をはじめ，クレープ紙，手押し台車，エビ，アイロン台，ビニールレジ袋，スチール柵柱，鉄パイプ，サッカリン，そして最近では太陽光パネルなどの各種製品について反ダンピング関税を課されてきた．こうした関税はとても高い．カラーテレビだと 78%，サッカリンにいたっては 330% だ．

---

[22] “Wielding a Heavy Weapon Against China,” *BusinessWeek*, June 21, 2004.

多国籍企業とアウトソーシング

企業が多国籍企業になるのはどの時点だろうか？ アメリカの統計だと，外国企業が株式を 10% 以上保有している場合に，その企業は外国支配企業であり，つまりは外国拠点の多国籍企業関連会社とされる．その理由は，10% 以上保有していれば実質的な支配を及ぼせるからというもの．同様に，アメリカ拠点の企業は，ある外国企業の 10% 以上を保有していれば多国籍企業とされる．支配する側の（所有する側の）企業が多国籍親会社，「支配される」企業は多国籍子会社とよばれる．

アメリカ企業がある外国企業の 10% 以上を買った場合，またはアメリカ企業が新しい生産設備を外国に建設した場合，その投資はアメリカの**外国直接投資 (FDI)** の流出とされる．後者の自分で工場を建てたりする場合は**グリーンフィールド** FDI とよばれ，前者は**ブラウンフィールド** FDI（またはクロスボーダー M&A）とよばれる．逆に外国企業が生産設備をアメリカに建設する投資をしたら，アメリカにとっては FDI 流入だ．次の事例研究では，FDI フローの世界的なパターンを示した．ここではとりあえず，企業が多国籍企業の親企業となる判断にだけ注目しよう．なぜ企業は外国で子会社を運営しようと思うんだろうか？

答えの一部は，その子会社が実施する生産活動次第だ．その活動は主に 2 種類に分けられる：(1) 子会社は，親会社が国内工場でやっている生産プロセスを，世界の別のところで複製する．(2) 生産チェーンが切り刻まれて，生産プロセスの一部が子会社の立地に移転される．(1) のような活動をする子会社への投資は**水平的 FDI** とよばれる．(2) のような活動の子会社への投資は**垂直的 FDI** だ[23]．

垂直的 FDI は主に，各国の生産費用の差で生じる（別の立地で実施できる生産プロセスの一部について）．各国のそうした費用差はどうして生じるのだろうか？ これは第 3 章から 6 章で構築した比較優位理論の結果でしかない．例えばインテル社（世界最大のコンピュータチップメーカー）はチップ生産を，ウェファーファブリケーション，組み立て，試験に分解した．ウェファーファブリケーションと，関連の研究開発はとても技能集約的なので，インテル社はこうした活動の大半を今でもアメリカ国内と，アイルランドやイスラエルで行っている（こうした国々は高技能労働が比較的豊富だ）[24]．でもチップ組み立てや試験は労働集約的なので，インテル社はこれを労働が

[23] 現実には，水平的 FDI と垂直的 FDI の区別は不明確だったりする．一部の大規模な多国籍親企業は，生産プロセスの一部を複製する子会社の大ネットワークを運営しているけれど，そうした子会社が親のネットワークの中で，ほかの子会社と垂直につながっていることもある．これは「複合型」FDI とよばれる．

[24] 2010 年にインテル社は，中国の大連に新しいウェファーファブリケーション工場を開設した．ここでは古いチップのモデルが生産されている．

比較的豊富なマレーシア，フィリピン，コスタリカ，中国などに移転させた．この種の垂直的 FDI は，最も急速に成長している FDI で，発展途上国への FDI 流入激増の背景にあるものだ（図 8.9 を参照）．

垂直的 FDI に対し，水平的 FDI は先進国間のフローが圧倒的に多い．つまり多国籍親会社とその子会社のどちらも，先進国にあるということだ．この種の FDI が起こる主な理由は，その企業の大きな顧客ベース近くに生産を立地させることだ．だからこういう FDI の決定では，貿易費用や輸送費用が生産費用の差よりもずっと大きな役割を果たす．世界最大の自動車メーカーであるトヨタを例にとろう（少なくとも執筆時点では最大だったが，フォルクスワーゲン社が肉迫している）．1980 年代初めには，トヨタは自動車やトラックのほとんどを日本でつくり，世界中に輸出したが，なかでも北米とヨーロッパへの輸出は多かった．そうした市場への高い貿易費用（貿易規制によるものが多かった．第 9 章参照）と需要の増加のため，トヨタはだんだん海外生産を拡大した．2009 年になると，トヨタは，自社生産車両の半分以上を外国で生産するようになった．トヨタは最も人気ある車種カローラの生産プロセスを，ブラジル，カナダ，中国，インド，日本，パキスタン，南アフリカ，台湾，タイ，トルコ，アメリカ，イギリス，ベトナム，ベネズエラの工場で複製している．これがまさに水平的 FDI の実践だ．

事例研究　世界の FDI フローのパターン

図 8.9 は過去 40 年にわたり世界的な FDI フローがどれほど増加したかを示したものだ．まずは全世界でのパターンを見よう．全世界では FDI フローは差し引きでトントンになる必要がある．だから世界の流入は世界の流出と等しい．1990 年代半ばから後半にかけて，多国籍活動が激増したのがわかる．これは世界の FDI フローが 5 倍以上になった時期だ．そして 2000 年代初頭にも，また 5 倍になった．また FDI 成長率はあまり一定せず，巨大な山と谷があるのもわかる．こうした山や谷は，世界の株式市場の変動と相関している（特にアメリカ株式市場の変動に大きく左右されている）．2000 年の金融崩壊（ドットコムバブルの崩壊）と，2007〜09 年の直近の金融危機も，やはり世界的な FDI フローの暴落をもたらした．もっと最近だと，2012 年には世界 GDP が成長を見せて最大の株式市場がすべて急伸したのに，世界 FDI フローは激減した（経済回復と政治的な安定性の脆弱さに関連する不確実性が大きな理由だった——また多国籍企業による利潤回収も大きな原因だ）．こうした FDI フローの変動部分は，かなりがクロスボーダー M&A に関わるもので，グリーンフィールド FDI は比較的安定している．

国のグループ間での FDI 流入分布を見ると，歴史的に見て，最も裕福な OECD 諸国が FDI 流入の最大の受け入れ先だったことがわかる．でもそうした流入（これは M&A に伴う FDI が集中している部分だ）が，そのほかの低所得国に向かう FDI よりずっと不安定だというのもわかる．最後に，OECD 以外の国に向かう FDI フローの割合が着実に増えてきたこともわかる．2009 年以来，これが世界 FDI フローの半分以上を占める．BRICS 諸国（ブラジル，ロシア連邦，中国，インド，南アフリカ）がその相当分を占めている．これらの国々への FDI フローは，過去 10 年で 20 倍にもなっている．

図 8.10 は，FDI 流出を行う企業を擁するトップ 25 カ国を示している．こうしたフローはとても変動が激しいし，最近の危機でそれに拍車がかかっているので，過去 3 年の平均で見ている．すると FDI 流出は相変わらず先進経済が圧倒的だとわかる．でも大きな発展途上国，特に中国（香港を含む）がますます存在感を増しているのもわかる．それどころか，FDI でいちばんの急成長部門は，発展途上国**から**ほかの発展途上国**への**フローだったりする．中国やインドの多国籍企業は，この比較的新しい FDI で重要な役割を果たす．また国際税政策が FDI 立地をかたちづくるのもわかる．例えば英領ヴァージン諸島は，国際タックスヘイブンとしての地位がなければ，トップ 25 カ国に入るはずがない[25]．こうした立地から FDI を行うのは，主にオフショア企業だ．会社登記は英領

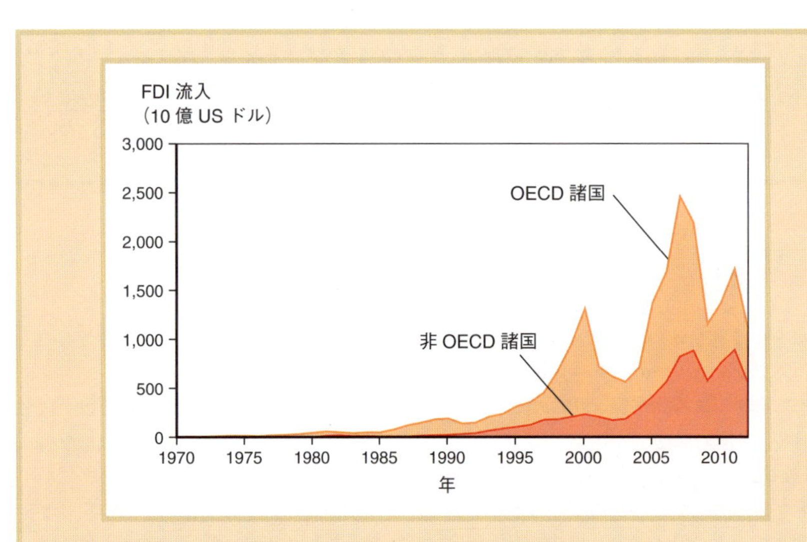

図 8.9　経済統合の勝ち組と負け組

世界的なFDIフローは1990年代半ばから大幅に増えたけれど，年ごとの増加率はとても不安定だ．歴史的に，ほとんどのFDI流入はOECDの先進国に向かった．でも途上国や移行経済に向かうFDI流入の比率は，着実に高まり，2009年からは世界FDIフローの半分以上を占める．

出典：世界銀行，世界開発指標．

[25] 英領ヴァージン諸島は，FDI 受け入れ国としてはもっと上位にくる．2012 年には，世界第 5 位の FDI 受け入れ国だった．

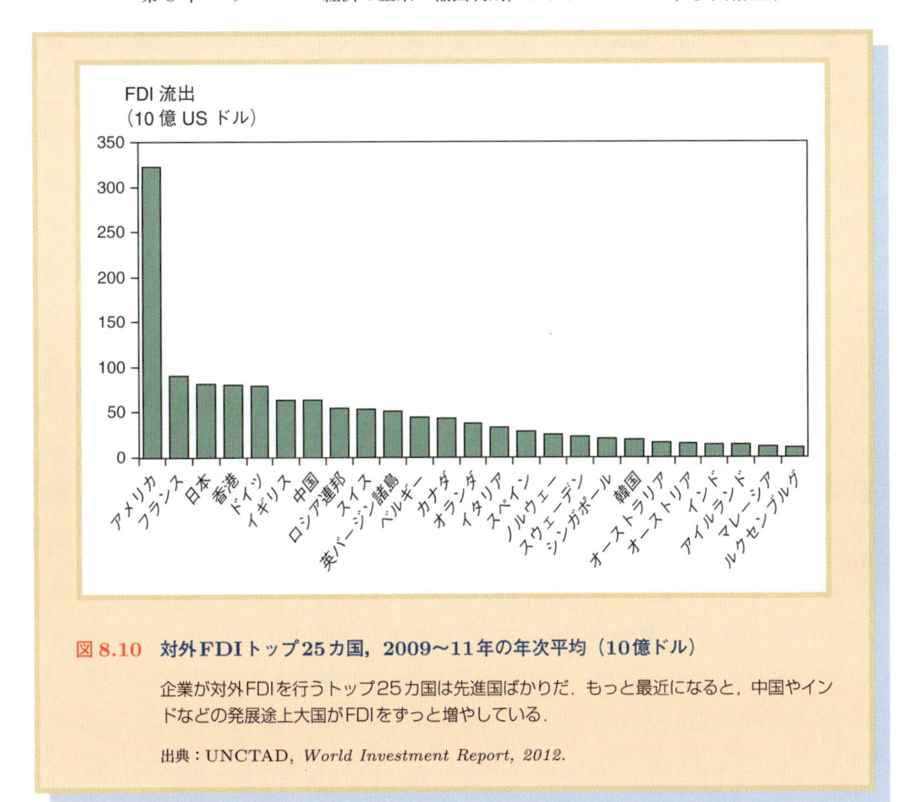

図 8.10　対外 FDI トップ 25 カ国，2009〜11 年の年次平均（10 億ドル）

企業が対外 FDI を行うトップ 25 カ国は先進国ばかりだ．もっと最近になると，中国やインドなどの発展途上大国が FDI をずっと増やしている．

出典：UNCTAD, *World Investment Report, 2012.*

ヴァージン諸島だけれど，生産活動は世界のどこか別のところで行われている．

世界経済での多国籍企業の存在を計測するのは，FDI フローだけではない．ほかの手法は売り上げ，付加価値（売り上げから中間財購入を差し引いたもの），雇用などの経済活動に基づくものだ．FDI 子会社の売り上げはしばしば多国籍企業のベンチマークとして使われる．これは，多国籍企業の活動を輸出量と対比させるときに関係するベンチマークを与えてくれる．でも多国籍企業の売り上げは，各国の GDP とも比較される．これは例えば，大規模多国籍企業が，世界の多くの国の GDP より高い売り上げをもつことを示す．2000 年には世界全体として，最大級の多国籍企業（トップ 200 社）の総売り上げは，世界 GDP の 27% 以上となった．

この比較はずいぶんショッキングながら，誤解のもとだし，多国籍企業の影響を過大に示してしまう．国の GDP は付加価値を見ているからだ．この GDP 尺度だと，中間財の二重計上がない．これに対し，ある多国籍企業が別の多国籍企業に販売する中間財は，多国籍企業の売り上げを合計すると二重計上される（最初は中間財メーカーの売り上げとなり，次にその中間財を使うメーカーが販売する財の最終価値の一部として計上される）．だから多国籍企業と GDP の比較を適切に行うには，付加価値を見るべきだ．この尺度だと，最大級の多国籍企業が生産する付加価値は，2000 年には世界 GDP の 4.3% を占めた．まだかなり大きな割合とはいえ，27% という数字ほどは目立たない．

外国直接投資 (FDI) をめぐる企業の意思決定

今度は，企業の水平的 FDI をめぐる意志決定をもっと詳しく見よう．水平的 FDI を動かす主要な要因が，輸出に伴う高い貿易費用であり，このために企業は顧客の近くに生産を立地させるインセンティブができるのだと述べた．その一方で，生産には規模の経済が働く．結果として，あまり生産プロセスをたくさん複製して，収穫逓増を活用できないほど生産規模の小さい施設を操業するのは費用対効果が低い．これは FDI の**近接集積トレードオフ**とよばれる．産業部門ごとに FDI の規模を見た実証データを見ると，このトレードオフの重要性が強く裏づけられる．貿易費用が高い産業部門（例えば自動車産業）に FDI 活動は集中している．でも，規模に対する収穫逓増が重要で，平均的な工場規模が大きい産業だと，FDI に比べて輸出量が高くなる．

実証データを見ると，**産業内での**企業レベルでの方が FDI についてもっと強力な選別パターンがある．多国籍企業は，同じ国内の非多国籍企業に比べ，ずっと規模も大きいし生産性も高い．ある国の多国籍企業と，その国の輸出企業を比べてみた場合ですら，多国籍企業の方が規模も生産性も高くなっている．FDI の意志決定に関連する近接集積トレードオフに対し，企業の対応がどう違ってくるかを分析するために，独占競争モデルに戻ろう．

水平的 FDI の意志決定　近接集積トレードオフは，図 8.8 でまとめた企業の輸出判断モデルにどう収まるだろうか？　さっきは，企業が外国の顧客にアクセスしたければ，道は一つしかなかった．輸出して，輸出品 1 単位ごとにかかる貿易費用 t をかぶることだ．今度は，水平的 FDI により多国籍企業になるという選択肢を導入しよう．企業は外国に生産施設を建設することで，貿易費用を回避できる．もちろん，そういう生産整備の建設は高価だし，外国子会社のためにもう一度固定費 F をかぶることになる（でも，この追加の固定費は自国での同社のもともとの生産設備を建設する建設費と等しくなる必要はないことに注意しよう．その個別の国に固有な条件がこの費用を左右する）．単純化のため，自国と外国が似たような国で，企業は外国工場でも同じ限界費用で財を生産できるとしよう（水平的 FDI は似たような要素価格をもつ先進国の間で起こることが多いのを思い出そう）．

すると，輸出か FDI かという企業の選択は，単位輸出費用 t と追加の生産設備を立ち上げる固定費 F とのトレードオフとなる．単位あたりの費用と固定費とのトレードオフはすべて，規模の問題に落ち着く．この企業が外国市場で Q 単位を売り上げるなら，輸出するには貿易関連の総費用 $Q \times t$ がかかることになる．これと固定費 F との比較になる訳だ．もし $Q > F/t$ なら，輸出の方が高くつくので，FDI が利潤最大化の選択だ．

ここから FDI は規模による足切りが生じる．この足切りは近接集約トレードオフをまとめたものになる．一方では高い貿易費用，そして他方では固定生産費の低下は，どちらも FDI の足切り水準を下げる．でも企業の規模はそのパフォーマンス指標に左右される．かなり低い費用 c_i をもつ企業は，外国顧客に Q 単位以上を売りたいはずだ．これをやる最も費用対効果の高い方法は，外国に子会社をつくって多国籍企業になることだ．費用水準が中くらいの企業でも，外国の顧客に販売したいだろう．でもかれらの意図する売り上げ Q はかなり低いから，FDI ではなく輸出の方が，そうした顧客へのアクセスとしていちばん費用効果が高い．

垂直的 FDI の意志決定　生産チェーンを分解してその一部を外国子会社に移すという決断も，単位あたり費用と固定費とのトレードオフが関係してくる——だからここでも，企業活動の規模が結果を決めるための決定的な要素となる．垂直的 FDI となると，鍵となる節約が生じる場所は，国境を越えた財の輸送ではない．むしろ，移転される生産チェーンの部分での費用差をめぐるものだ．前に説明したように，こうした費用差はもっぱら比較優位の力で生じる．

この費用差について，ここではこれ以上の説明は控えて，むしろそうした費用の差がある場合に，なぜあらゆる企業が低賃金国で子会社を運営して，外に出せる作業のうち最も労働集約的なものを任せてしまわないのか，という問題を考えよう．その理由は，水平的 FDI の場合と同じく，垂直的 FDI の方も適切な特徴をもつ国に外国子会社をつくるための巨額の固定費投資が必要となるということだ[26]．ここでも水平的 FDI の場合と同じく規模による足切りが生じる．それは一方で生産費用の差に左右されるし，他方では外国子会社運営の固定費に左右される．その足切り水準以上の規模で操業する企業だけが，垂直的 FDI に手を出そうとする．

アウトソーシング

ここまでの多国籍企業をめぐる議論は，ある重要な動機を無視してきた．多国籍企業の形成につながる，生産施設の**立地動機**については論じてきた．でもまだ論じていない点として，なぜ親企業は現地に子会社を**保有**して，単一の多国籍企業として活動したがるんだろうか．これは**内部化動機**とよばれる．

水平的 FDI の代わりに，親会社は現地の独立企業とライセンス契約をして，自社製

[26] 明らかに，賃金などの要素価格はその重要な一部だけれど，交通公共インフラ，法制度の質，多国籍企業に対する課税や規制政策も同じくらい重要だ．

品を生産販売させたっていいはずだ．垂直的 FDI の代わりに，親会社は現地の無関係な独立企業と契約して，最高の費用優位性をもつ外国で，生産の個別部分をやってもらえばいい．この垂直的 FDI の代替手法は，**外国アウトソーシング**とよばれる（時には外国だというのは暗黙でわかるので，単にアウトソーシングという）．

オフショア化は，生産チェーンの一部を外国に出すということで，外国アウトソーシングと垂直的 FDI の両方を含む．オフショア化は過去 10 年で激増して，世界的なサービス貿易（例えばビジネスサービスや電気通信サービス）増加の主要原因になっている．製造業では，中間財の貿易は 2008 年の世界貿易の 40% を占めた．中間財が多国籍企業の子会社ネットワーク内で生産されるとき，そうした中間財の出荷は企業内貿易に分類される．企業内貿易は，世界貿易のざっと 3 分の 1 を占め，アメリカの貿易だと 40% 以上だ．

この内部化選択を決める主要な要素は何だろうか？　その企業の独占技術についてのコントロールは，内部化を明らかに有利にする一例だ．ほかの企業に，別の地域で生産プロセスを丸ごと実施するようライセンス契約をする（水平的 FDI の代わり）というのは，一部の独占技術を失うというかなりのリスクがある．その一方で，無関係な独立企業が親会社よりも低コストで生産プロセスを複製できるという確証もない．すると内部化には強い優位性ができるので，ライセンス供与で生産プロセスを複製させるという代替案よりも水平的 FDI の方が広く好まれている．

アウトソーシングと垂直的 FDI とのトレードオフは，これに比べるとかなりはっきりしない．無関係な独立企業が，親企業よりも低コストで生産プロセスの一部を（同じ立地で）つくり上げられる理由はいろいろ考えられる．まず何よりも，独立企業は生産プロセスのまさにそのせまい一部だけにずばり特化できる．結果として，このプロセスを多くの親会社のために実施するようになれば，規模の経済も活用できる[27]．ほかの理由として，地元の所有があれば，生産設備での経営管理上のインセンティブを一致させて監督しやすくなる点を強調する説もある．

でも内部化は，生産の重要な投入を供給するサプライヤーと企業との垂直統合の場合には，独自の優位性も提供できる．最初に合意に達した後で，費用のかかる条件見直しの可能性を避ける（少なくともそれを減らす）ことができるというものだ．こうした紛争は，最初の合意をかわした時点での法的な契約書の中で仕様指定できない（または強制できない）多くの個別属性から生じかねない．するといずれの側かが生産をホールドアップしてしまう可能性が生じる．例えば買い手企業は，つくらせた部品の品質が仕様どおりでないと主張して値下げを要求したりする．サプライヤー側は，買い手が要求した

[27] アウトソーシングされた財やサービスを提供する企業は，顧客一覧をあまりに拡大させたために，今や自分が大規模多国籍企業となりつつある．かれらはせまいサービス（または生産プロセスの一部）を提供しているけれど，それを世界中の顧客企業のためにあちこちで複製している．

仕様変更が費用増大につながったといって，納品時に高い値段を要求するかもしれない．

こうしたトレードオフを定式化する作業が，最近の研究でかなり進んでいる．この研究は，この重要な内部化判断がどのように行われるかについて，企業が垂直的 FDI を通じてサプライヤーと統合したがる場合と，外国のそうしたサプライヤーとの独立契約関係を選ぶ場合とを記述することで説明しようとする．こうした理論の構築は，この教科書の範囲を超える．最終的に，こうした理論の多くは生産上の費用節約と，生産プロセスの一部を海外移転する固定費との各種トレードオフに帰着する．

どういった企業が，各種のオフショア化の選択の中でどれを選ぶかという記述は，モデルの仮定次第でかなり変わる．それでも，オフショア化の選択についてこうしたモデルのほぼすべてから出てくる予想が一つある．オフショア化しない場合（生産チェーンを分解して一部を外国に移転しない場合）と比べると，垂直的 FDI と外国アウトソーシングの両方が，低い生産費用と高い固定費用との組合せとなる，という点だ．すでに見たとおり，これはどちらのオフショア化を選ぶ企業の場合でも規模の足きりがあるということだ．だからオフショア化を選んで中間投入の一部を輸入するのは，いずれの場合も大企業だけに限られることになる．

中間財を輸入する企業の選別方式は，企業の輸出選択について述べたものと似ている．比較的生産性の高い（低コストの）企業のサブセットだけがオフショア化（中間財輸入）を選び，輸出（外国顧客にアクセス）する．その理由は，そうした企業だけが，高い固定費と低い単位費用（その費用は生産費用の場合もあるし貿易関連費用の場合もある）とのトレードオフが有利になるほどの規模で操業しているからだ．

実証的に見て，オフショア化して中間財を輸入する企業は，輸出をする企業と重なっているだろうか？　答えは圧倒的なイエスだ．2000 年のアメリカの場合，中間財を輸入した企業の 92%（雇用で見た割合）が輸出もしている．つまりこうした輸入企業は，アメリカの輸出企業と同じ特徴をもつ．国際貿易に従事しないアメリカ企業に比べ，ずっと大規模で生産性も高かった訳だ．

事例研究　仕事を外国に輸出？　アメリカのオフショア化と失業

「設計はここでやるけど，地獄の方が労働が安いもんでね」

企業が生産チェーンの一部を外国にオフショア化するときには，中間財や中間サービスを輸入することになる．例えば，企業は部品，コンポーネント，あるいは組み立てられた製品を丸ごと輸入するかもしれない．外国に所在する会計士やコールセンターを使うことで，ビジネスサービスを輸入するかもしれない．次節で論じるように，こうした中間財への貿易の全体的な影響は，これまで注目してきた最終財の貿易ととても似ている．それでも，雇用のオフショア化の影響となると，一つ追加の側面がある．輸入中間財の低価格は，企業の所有者やその消費者に利益を与えるだけじゃない．企業に残った労働者にも恩恵がある——価格が下がると企業は中間財の購入を増やそうとするからで．これは残った労働者の生産性を改善するからだ[28]．

この生産性効果はまた，オフショア化企業に残った生産プロセスに従事する労働者の雇用を増やすようにうながす．多くの場合，オフショア化企業の全体としての雇用効果はプラスだ．アメリカ多国籍企業についてのいくつかの研究によれば，多国籍企業は外国雇用を拡大すると，同時にアメリカ国内の雇用も増やす[29]．

外国にアウトソーシングして，外国サプライヤーの所有を維持しない企業の場合はどうだろう？　アメリカの製造業部門全体をカバーする，ある最近の研究によれば，全体として 2001〜07 年のオフショア化増加は，確かにアメリカ製造業雇用にマイナスの影響を与えた[30]．でも，オフショア化と関連した雇用喪失は，この時期の総雇用喪失のごくわずか (2.3%) でしかなかった．総雇用喪失はかなりの規模だった．アメリカの製造業雇用減少は，200 万人にのぼる（過去 30 年にわたり，アメリカの製造業雇用はゆっくり減少してきた）．でもオフショア化はこのトレンドの中で，ごくわずかな役割しか果たしていない．

この研究はまた，残った労働者への生産性効果がとても重要な役割を果たしていることを発見した．オフショア化の費用便益のため，企業はアメリカの国内操業を大幅に拡大して追加の労働者を雇うのだ．この雇用増でいちばん恩恵を受けたのは，非生産労働者たちだ．かれらはそもそもオフショア化に伴う失業効果で直接苦しむ可能性が低い層だったからだ．でも生産労働者たちも，オフショア化に関連したこの雇用拡大で恩恵を受けている．そうした生産労働者の，当初の解職失業は，この雇用増大反応のおかげで半減している．

オフショア化に伴う労働者解職を緩和するもう一つの道筋は，最終財での貿易の場合と同様に，中間財や中間サービスが双方向で取引されるということだ．アメリカでは，一般紙や多くの政治家たちはオフショア化に伴う雇用喪失ばかりをあげつらう[31]．特に懸念されるのが，オフショア化によるサービス雇用の喪失だ．最近の技術トレンドのおか

---

[28] オフショア化がもつこの追加の側面と，それが低技能労働者に与える影響は，有力な新論文で強調されている．Gene M. Grossman and Esteban Rossi-Hansberg. “The Rise of Offshoring: It’s Not Wine for Cloth Anymore.” *The New Economic Geography: Effects and Policy Implications*, 2006, pp. 59-102 を参照．

[29] Mihir Desai, C. Fritz Foley, and James R Hines. “Domestic Effects of the Foreign Activities of US Multinationals.” *American Economic Journal: Economic Policy,* (January 2009) を参照．

[30] Greg C. Wright, “Revisiting the Employment Impact of Offshoring.” University of Essex, mimeo, 2013 を参照．

[31] 消費者団体のパブリック・シティズンは，2012 年国会議員選挙でオフショア化を糾弾する政治広告が急増したと報告している（30 州にまたがる選挙活動でオフショア化を糾弾する広告が 90 件みられた）．

げで，「オフショア化可能」なビジネスサービスが大幅に拡大したからだ（第 2 章での議論を参照）．おかげで『USA トゥデイ』紙の「アメリカのサービス雇用がますます海外へ：オフショア化成長の見込み」といった見出しが登場するようになった[32]．でも，ある国のオフショア化は相手国にとっては**インショア化**だ．つまり，中間財や中間サービスのあらゆる輸入取引について，生産プロセスのオフショア化された部分を引き受けた国の側では，それに対応する輸出取引がある．そして実はアメリカについては，このサービス雇用のインショア化（中間サービスの輸出）は，サービス雇用のオフショア化（中間サービスの輸入）よりも急速に進んでいて，差し引きでサービス雇用はプラスとなっている．そしてそのプラス分は増大中だ．図 8.11 は，オフショア化に関連したサービス分野（金融，保険，電気通信，ビジネスサービス，つまりは旅行，輸送，ロイヤルティ以外のすべての取引サービス）での，アメリカの国際取引をプロットしている[33]．明らかに，全体としてのアメリカの雇用から見て，ビジネスサービス貿易のトレンド面で恐ろしげなところはまったくない．

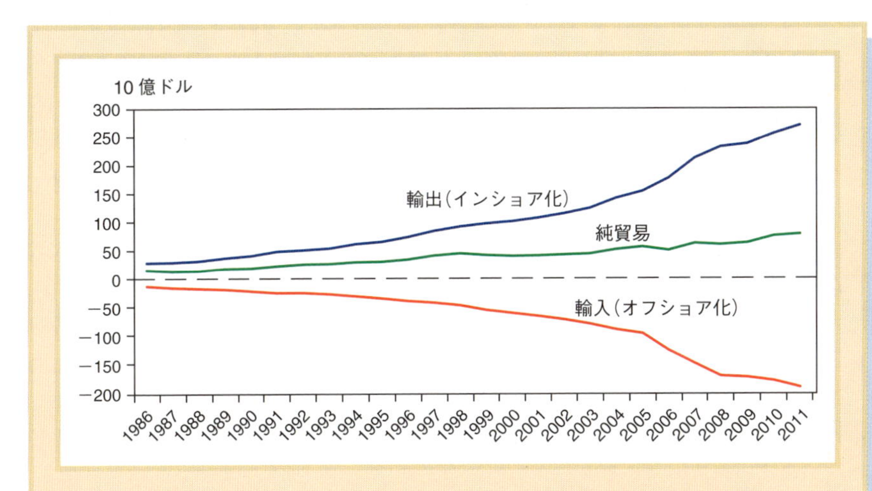

図 8.11　アメリカのビジネスサービス国際貿易（全サービス貿易から観光，交通輸送，ロイヤルティやライセンス料を除いたもの），1986〜2011 年

アメリカのサービスオフショア化は，アメリカのビジネスサービス輸入に表れている．サービスのオフショア化は過去 10 年で激増したけれど，アメリカのインショア化（ビジネスサービスの輸出）はそれ以上に成長している．純収支はプラスで，過去 10 年で大幅に増えている．

出典：アメリカ経済分析局．

[32] *USA Today*, December 7. 2012.

[33] こうした貿易フローは，多国籍企業が外国の子会社と行う取引も含む．輸出から輸入を引いた純額は，多国籍企業の取引でも，系列関係のない企業間の取引でも，アメリカはプラスになっている．

アメリカの雇用に対するオフショア化の影響について，こうした各種の事実を考え合わせると，オフショア化が単に「海外への雇用の輸出」でしかないという見方は誤解のもとだ．確かに，アメリカ拠点の企業がコールセンターをインドに移転したり，製品組み立てを中国に移転したりすれば，アメリカで実施されていた個別の仕事の一部はインドや中国で実施されることになる．でも証拠を見ると，総雇用の面から見ると，そうした仕事はアメリカでのほかの仕事で置き換わる．その一部はオフショア化企業の拡大効果のおかげだし，また一部は中間財や中間サービスを外国にある企業に提供する企業（インショア化）のおかげだ．

でも，ほかのかたちの貿易とまったく同じで，中間財の貿易は所得分配にとても大きな影響を与える．オフショア化で解職されたコールセンターや製造業の労働者たちは，成長する企業が雇用する人々ではないことが多い．かれらの窮状は，ほかの労働者が獲得する利得でいささかも軽減されない．次の節では，こうした全体的な厚生上の影響を論じよう．

多国籍企業と外国アウトソーシングの影響

この章でこれまで，規模の内部経済，製品差別化，企業のパフォーマンス差が組み合わさって，貿易の利得が生じる新しい道筋が生じることを述べた．製品の多様性が増加し，企業が平均費用曲線を下ってもっと大規模で生産的な企業に集約されることで，産業としてのパフォーマンスも高まる．多国籍での生産とアウトソーシング拡大は，厚生にどんな影響を与えるだろうか？

たった今，多国籍企業やアウトソーシングする企業は，生産（またはその一部）をある立地に移転させるのを有利にするような費用差を活用しているのを見た．基本的にこれは，貿易に国を開放したときに生じる生産の移転ととてもよく似ている．第3章から第6章で見たように，貿易に国が開放されると，生産の立地は比較優位で生じた費用の違いを活用するようにシフトする．

だから，多国籍企業やアウトソーシングの場合にも似たような厚生面の影響が予想できる．生産を，費用差を利用するかたちで移転させると，全体としては貿易の利得が生じるけれど，たぶん所得配分にも影響が出て，一部の人は損をすることになるだろう．アウトソーシングが長期的に所得格差に与えかねない影響の一つについては，第5章で論じた．

でも，多国籍企業や，もっと一般的にはアウトソーシングの最も目立つ影響は，グローバル化への対応として一部の企業が雇用を増やす一方で，ほかの企業が雇用を減らすという短期的な影響となる．産業内貿易と関連した非自発的な労働者（特に低技能労働者）の失業で発生する，大規模な費用については第4章で述べた．オフショア化に伴う失業から生じる費用も，似たような特徴をもつ労働者にとって同じくらい厳しいものとなる．第 4 章で論じたように，この深刻な懸念に対していちばんいい政策対応は，やはり失業者に適切なセーフティーネットを提供することで，しかもその非自発失業をもたらした経済的な力に基づく区別をつけたりしないことだ．生産の移転による各地の費用差活用を阻害するような政策は，一部の人々にとっての短期的費用は防止するものの，長期的な経済全体の利益蓄積も阻害してしまう．

まとめ

1. 貿易は比較優位の結果とは限らない．収穫逓増または規模の経済からも生じることもある．つまり，生産高が増えれば単位費用が低くなりがちということだ．規模の経済があれば，各国の資源や技術に差がなくても，専門特化して貿易をするインセンティブが生じる．規模の経済は内部（企業の規模に左右される）と外部（産業の規模に左右される）がある．
2. 企業内部での規模の経済は，完全競争を崩してしまう．企業レベルでの収穫逓増の結果を分析するには，代わりに不完全競争のモデルを使う必要がある．この種のモデルとして重要なのは独占競争モデルで，企業や貿易の分析に広く使われている．
3. 独占競争では，ある産業には差別化された製品をつくるたくさんの企業がある．こうした企業は個別の独占事業者として行動するけれど，利潤の出る産業には追加の企業が参入して，独占利潤はその競争のためになくなってしまう．均衡は市場規模に左右される．大きな市場は多くの企業を支えられる．そのそれぞれが小さな市場の場合に比べ，生産規模を拡大して平均費用を下げられる．
4. 国際貿易は，どんな単独の国内市場よりも大きい統合市場を生み出す．結果として，消費者に提供される製品の多様性を増やしつつ，同時に値段を下げられるようになる．このモデルが生み出す貿易は産業内貿易だ．
5. 企業のパフォーマンスに差があるとき，経済統合は勝ち組と負け組を生む．生産的（費用の低い）企業は栄えて拡大するけれど，それほどでもない企業（高コスト企業）は収縮する．最も生産性の低い企業は退出を余儀なくされる．
6. 貿易費用がある場合，市場は貿易があっても完全には統合されない．企業は市場ごとに違った価格を設定できる．こうした価格は，その企業が感じている競争の激しさとともに，貿易費用を反映したものとなる．貿易費用があると，輸出しようとするのは生産性の高い企業の中でもごく一部となる．残りの企業は国内市場だけにとどまる．
7. 企業が輸出品に対して国内価格よりも低い価格（貿易費用分を差し引いたもの）を設定するのがダンピングだ．貿易費用の結果として，企業は輸出市場の方で強い競争を感じるようになる．そうした輸出市場では，その企業のシェアは小さくなるからだ．すると企業は，国内販売に比べて輸出販売の方の利幅を小さくする．この行動がダンピングとされる．ダンピングは不公正貿易慣行とされるけれど，独占競争と貿易費用があり両国の企業が同じ振る舞いをするモデルから自然に導出されるものだ．ダンピング防止政策はしばしば市場の中で外国企業に不利な差別を行い，貿易障壁を設けるのに使われる．
8. 一部の多国籍企業は，大規模な顧客ベースの近くにある外国設備に生産プロセスを複製することもある．これは水平的外国直接投資 (FDI) とよばれる．別のやり方は，ある市場で外国子会社を操業するのではなく，その市場に輸出することだ．輸出と FDI とのトレードオフは，FDI の場合には単位費用が下がる（貿易費用がないから）けれど，外国での設備設置のために追加の固定費がかかるということだ．操業規模がかなり大きな企業でないと，輸出より FDI を選んだりはしない．

9. 一部の多国籍企業は，生産チェーンを分解して，その一部を外国設備で実施する．これは垂直的外国直接投資 (FDI) とよばれる．別のやり方は，生産のそうした部分を独立した外国企業にアウトソーシングすることだ．こうした操業方式はどちらもオフショア化とよばれる．オフショア化しない場合に比べると，オフショア化は生産費用が低くてすむけれど，固定費が加算される．操業規模がかなり大きな企業でないと，オフショア化はしない．

10. 多国籍企業と，生産の一部を外国にアウトソーシングする企業は，生産立地の費用差を活用している．これは産業レベルでの生産が，各国の相対費用差で決まってくる比較優位モデルと似ている．その厚生面での影響も似ている．多国籍生産とアウトソーシングの増大で総利得は増大するけれど，所得分配の変化も生じて，一部の人は損をしてしまう．

重要用語

オフショア化 p.216
外国アウトソーシング p.216
外国直接投資 (FDI) p.210
寡占 p.185
規模の内部経済 p.180
限界収入 p.182
限界費用 p.184
限界費用のマークアップ p.189
産業内貿易 p.195
純粋独占 p.182
垂直的 FDI p.210
水平的 FDI p.210
製品差別化 p.185
ダンピング p.207
独占競争 p.186
内部化動機 p.215
反ダンピング関税 p.208
不完全競争 p.182
平均費用 p.183
立地動機 p.215

練習問題

1. 完全競争下では，企業は価格を限界費用と等しくする．規模の内部経済があると，なぜ企業はこれができないのだろうか？

2. p.191 の数値例で扱った二つの国が，自動車市場を第三国とも統合させることにした．この国は自動車の年間市場が 375 万台だ．新しい統合市場で貿易後の企業数，企業あたり生産量，自動車 1 台あたり価格を求めよう．

3. 自動車産業の企業の固定費（工場の設立費用，資本設備など）が 50 億ドルで，変動費は完成車 1 台あたり$17,000 とする．企業が増えると市場の競争が激しくなるので，自動車産業への参入企業が増えると，市場価格は下がる．具体的には，n を産業内の企業数としたとき，価格は $P = 17{,}000 + (150/n)$ になる．仮に，アメリカとヨーロッパの自動車市場がそぞれ消費者 3 億人と 5.33 億人だとする．

   a. 貿易が**ない**場合の，アメリカとヨーロッパの自動車市場における均衡企業数をそれぞれ計算しよう．

   b. 自動車産業が貿易に対して閉鎖されていた場合の，アメリカとヨーロッパでの自動車の均衡価格を求めよう．

   c. さてアメリカがヨーロッパと，自動車の自由貿易に合意したとする．ヨーロッパとの貿易協定で，自動車市場にはアメリカの 3 億人に加え，消費者 5.33 億人が加わる．アメリカとヨーロッパの統合市場で自動車企業は何社になるだろう．自動車の新しい均衡価格はいくら？

d. (c) と (b) で，なぜアメリカでの価格は違うんだろうか？　消費者たちは自由貿易で得をしただろうか？　どういうかたちで得をしているだろうか？

4. 単一の統合市場で，企業にパフォーマンス差があるモデルに戻ろう（p.200）．さてここで新技術が開発された．どんな企業もこの新技術を導入できるけれど，これを使うには追加の固定費用投資が必要だ．新技術の便益は，企業の生産限界費用を一定額だけ引き下げてくれることだ．

a. 一部の企業にとってはこの新技術採用が利潤最大化になるけれど，一部の企業にとってはそうならないということはあり得るだろうか？　どの企業が新技術を採用したがるだろうか？　採用しない企業との違いは何だろう？

b. 今度は，貿易費用がかかるとしよう．貿易費用と技術採用の両方がある場合の新しい均衡で，企業は輸出すべきか，新技術を採用すべきかを判断する．輸出企業は，そうでない企業に比べて新技術を採用する見込みは高いだろうか，低いだろうか？　その理由は？

5. この章では，対称的な 2 カ国の間でダンピングが起こる状況を述べた．両国の規模が違ったら話がどう変わるかを簡単に説明しよう．

a. ある市場で競争している企業の数は，その市場に輸出している企業がダンピングの非難を浴びる可能性にどう影響するだろうか？（ダンピングで糾弾される可能性は，その企業の国内価格と輸出価格との差と相関しているものとする．価格差が大きければ，ダンピングの非難を受ける可能性はそれだけ高まる）

b. 小国からの企業が，大国への輸出でダンピングの糾弾を受ける可能性は，大国から小国に輸出する企業に比べて高いだろうか？

6. 次の中で外国直接投資 (FDI) はどれだろう？

a. サウジアラビアの実業家が IBM の株を 1,000 万ドル分買う．

b. 同じ実業家がニューヨークのアパートビルを 1 棟買う．

c. フランス企業がアメリカ企業と合併する．アメリカ企業の株主たちは，自分たちの株をフランス企業の株に交換する．

d. イタリア企業がロシアに工場を建てて，ロシア政府の契約業者としてその工場の管理運営を行う．

7. 以下のそれぞれについて，外国直接投資が水平的か垂直的かを述べよう．さらに，その投資がそこであげられている国にとって，FDI の流入か流出かを説明しよう．

a. マクドナルド社（アメリカの多国籍企業）がヨーロッパで新規レストランの開店経営を行う．

b. トタール社（フランスの多国籍石油企業）がカメルーンの油井の所有権と採掘権を購入する．

c. フォルクスワーゲン社（ドイツの多国籍自動車メーカー）がアメリカで新しい販売店をいくつか開く（この時点でフォルクスワーゲン社はアメリカではまだ自動車をまったく生産していないとする）．

d. ネスレ社（スイスの食品飲料多国籍メーカー）がブルガリアに新しい生産工場を建てて，キットカット・チョコレートバーを生産する（ネスレ社はキットカットを世界 17 カ国で生産している）．

8. 規模の内部経済があるなら，なぜ企業が一部の製品を複数の工場で生産するのが理にかなっている場合なんかがあり得るんだろうか？

9. アパレルや靴のほとんどのメーカーは，労働がたっぷりある国（主に東南アジアとカリブ海）に生産をアウトソーシングしたがる——でもそうした企業は，現地供給業者と統合しようとはしない．これに対して，多くの資本集約産業の企業は供給業者と統合したがる．労働集約の衣料産業と，資本集約産業とで，なぜこのように選択が違うのか説明できるような差はどこにあるだろうか？
10. 前の問題であげた産業の例を考えよう．そうした選択は，産業内の**企業内**貿易の度合いについて何を意味しているだろうか？　つまり，産業の中で企業内の貿易の比率が高くなる産業はどういう産業だろうか？

もっと勉強したい人のために

- Andrew B. Bernard, J. Bradford Jensen, Stephen J. Redding, and Peter K. Schott. “Firms in International Trade.” *Journal of Economic Perspectives* 21 (Summer 2007), pp. 105-130. アメリカ企業に注目した，企業レベルでの貿易に関する実証パターンを一般向けに記述したもの．
- Andrew B. Bernard, J. Bradford Jensen, and Peter K. Schott. “Importers, Exporters, and Multinationals: A Portrait of Firms in the US that Trade Goods,” T. Dunne, J. B. Jensen, and M. J. Roberts, eds. *Producer Dynamics: New Evidence from Micro Data.* Chicago: University of Chicago Press, 2009 所収．アメリカ企業とアメリカ国内で活動する多国籍企業に注目した，企業レベルでの貿易に関する実証パターンを一般向けに記述したもの．
- Robert Feenstra. “Integration of Trade and Disintegration of Production in the Global Economy.” *Journal of Economic Perspectives* 12 (Fall 1998), pp. 32-50. サプライチェーンが多くのプロセスに分断され，それぞれが違う立地で実施されているようすの説明．
- Gordon Hanson, Raymond Mataloni, and Matthew Slaughter. “Vertical Production Networks in Multinational Firms.” *Review of Economics and Statistics* 87 (March 2005), pp. 664-678. アメリカで活動する多国籍企業に基づく垂直 FDI パターンの実証的記述．
- Keith Head. *Elements of Multinational Strategy.* New York: Springer, 2007. 多国籍企業に注目した最近の教科書．
- Elhanan Helpman. “Trade, FDI, and the Organization of Firms.” *Journal of Economic Literature* 44 (September 2006), pp. 589-630. 企業のパフォーマンス差を組み込んだモデルに関する最近の研究や，多国籍企業やアウトソーシングに関する最近の論文についての専門的サーベイ．
- Elhanan Helpman. *Understanding Global Trade.* Cambridge, MA: Harvard University Press, 2011. 貿易の比較優位理論と，企業に基づくもっと最近の理論とをカバーした一般向けの本．
- Elhanan Helpman and Paul R. Krugman. *Market Structure and Foreign Trade.* Cambridge: MIT Press, 1985. 独占競争モデルなど，規模の経済を含む貿易モデルに関する専門的な説明．
- J. Bradford Jensen. *Global Trade in Services: Fear, Facts, and Offshoring.* Washington, DC: Peterson Institute for International Economics, 2011. サービス貿易増加

がアメリカ経済に与える影響に注目した一般向けの本.

- James Markusen. "The Boundaries of Multinational Enterprises and the Theory of International Trade." *Journal of Economic Perspectives* 9 (Spring 1995), pp. 169-189. 貿易と多国籍企業に関するモデルの一般向けサーベイ.
- Thierry Mayer and Gianmarco I. P. Ottaviano. "The Happy Few: The Internationalisation of European Firms: New Facts Based on Firm-Level Evidence." *Intereconomics* 43 (May/June 2008), pp. 135-148.
- Marc J. Melitz and Daniel Trefler, "Gains from Trade When Firms Matter," *Journal of Economic Perspectives* 26 (2012), pp. 91-118. 企業のパフォーマンス差を含む独占競争モデルを，本章よりも詳しく構築する非専門的なサーベイ．この論文はまた，カナダアメリカ自由貿易協定の施行後にカナダ企業でみられた証拠についての詳細な説明も含む.

第8章補遺

APPENDIX TO CHAPTER 8

限界収入を決める

独占と独占競争の検討で，ある企業が直面する需要曲線が与えられたときの限界収入について，代数的な記述があると便利だ．具体的には，企業が次のような需要曲線に直面するとする：

$$Q = A - B \times P, \tag{8A.1}$$

この場合の限界収入はこうなる：

$$MR = P - (1/B) \times Q. \tag{8A.2}$$

この補遺では，なぜこれが成り立つかを示そう．

まず，需要曲線は企業の売り上げを価格の関数として示すものになっているけれど，これを変形すると，逆に価格を売り上げの関数として示せることに注目しよう．式 (8A.1) を変形するとこうなる：

$$P = (A/B) - (1/B) \times Q. \tag{8A.3}$$

企業の収入は，それが受け取る価格に，販売単位数をかけ算すればいい．R が企業の売り上げだとすると，次のように表せる：

$$R = P \times Q = [(A/B) - (1/B) \times Q] \times Q. \tag{8A.4}$$

今度は，企業の売り上げ台数が変わったら企業の収入がどうなるか考えよう．仮に企業が売り上げを，ほんの少し，つまり dX だけ増やすことにしたとしよう．そして新しい売り上げの水準は $Q = Q + dQ$ になる．すると売り上げ増の後の企業収入 R' は次のとおり：

$$\begin{aligned} R' = P' \times Q' &= [(A/B) - (1/B) \times (Q + dQ)] \times (Q + dQ) \\ &= [(A/B) - (1/B) \times Q] \times Q + [(A/B) - (1/B) \times Q] \times dQ \\ &\quad - (1/B) \times Q \times dQ - (1/B) \times (dQ)^2. \end{aligned} \tag{8A.5}$$

式 (8A.5) は式 (8A.1) と式 (8A.4) を代入すれば簡略化できて次のようになる：

$$R' = R + P \times dQ - (1/B) \times Q \times dQ - (1/B) \times (dQ)^2. \tag{8A.6}$$

でも売り上げの変化 dQ が小さければ，それを2乗した $(dQ)^2$ はものすごく小さい (例えば1の2乗は1だけれど，1/10の2乗は1/100だ)．だから Q の小さな変化については，式 (8A.6) の最後の項は無視できる．すると結果的に，売り上げ量が少し**変化**したときの収入の変化は次の式となる：

$$R' - R = [(P - (1/B) \times Q)] \times dQ. \tag{8A.7}$$

だから**追加の売り上げ 1 単位に対する**収入増加——これは限界収入の定義だ——は次のとおり：

$$MR = (R' - R)/dQ = P - (1/B) \times Q,$$

これは，式 (8A.2) で述べたとおりだ．

第II部

国際貿易政策

CHAPTER 9

貿易政策のツール

これまでの章は「どうして国は貿易するのか」という質問に答えるため，国際貿易の原因と影響や，貿易する世界経済の仕組みを**記述**してきた．この質問はそれ自体としておもしろいものだけれど，「国の貿易政策はどうあるべきだろうか？」という質問に答えるのに役立つならば，その答えはなおさらおもしろくなる．例えば，アメリカが自動車産業を日本や韓国の競合から守りたいなら，関税を使うべきか輸入割当を使うべきか？　輸入割当方式だと誰が恩恵を受けて，誰が損をするだろう？　その便益は費用を上まわるものになるだろうか？

この章は，国際貿易について政府が採用している政策を検討する．そうした政策にはいろいろ違った行動が含まれる．例えば国際取引の一部への課税，ほかの取引に対する補助金，ある特定輸入品の輸入金額や輸入量に対する法的な制限などだ．この章はつまり，貿易政策の最も重要なツールの影響を理解するための枠組みを提供するものとなる．

学習目標

この章を読み終わったら，こんなことができるようになる．

- 関税の費用と便益，厚生効果，関税政策の勝ち組と負け組を評価できる．
- 輸出補助金と農業補助金がなんなのかを説明し，それがアメリカとヨーロッパでの農業貿易にどう影響しているかを論じられる．
- 自発的輸出制限 (VER) が輸入国と輸出国それぞれに与える影響を認識し，こうした VER の厚生効果が関税や輸入割当政策と比べてどうかを説明できる．

基本的な関税の分析

関税は，貿易政策の中で最も簡単なもので，財が輸入されたときに課される税だ．**従量関税**は，輸入される財の単位ごとにかかる固定費用というかたちになる（例えば石油 1 バレルあたり 3 ドル，という具合）．**従価関税**は，輸入財の価値に対して一定割合でかかる税金だ（例えば輸入トラックに対してアメリカは 25% の関税をかけている――p.241 のコラムを参照）．どっちの場合も，関税の影響はある国への財の出荷費用を上げることだ．

関税は最古の貿易政策で，伝統的に政府の歳入源として使われてきた．例えば所得税導入前は，アメリカ政府の歳入の大半は関税だった．でも関税の真の狙いは，通常は二つあった．歳入をもたらすだけでなく，ある特定の国内産業部門を守ることだ．例えば 19 世紀初め，イギリスは関税（有名な穀物法）を使って自国農業を輸入品との競争から保護した．19 世紀末には，ドイツもアメリカも新興産業部門を，工業製品輸入に関税をかけることで保護した．関税の重要性は，現代では低くなっている．最近の政府は国内産業を保護するのに，各種の**非関税障壁**，例えば**輸入割当**（輸入量の制限）や**輸出制限**（輸出量の制限――通常は輸出国が，輸入国からの要請に応えて設定する）を使いたがるのが通例だからだ．それでも，関税の影響についての理解は，ほかの貿易政策理解のためにもいまだに重要だ．

第 3 章から 8 章で貿易の理論を構築するにあたっては，**一般均衡**の視点を採用した．つまり，経済のある部分での出来事は，ほかの部分にも波及効果をもたらすことを十分に認識しているということだ．でも多くの（すべてではない）場合，ある産業部門についての貿易政策は，そうした政策が経済のほかの部分にどう波及するか細かく考えなくても，そこそこ理解できる．つまりほとんどの場合，貿易政策は**部分均衡**の枠組みで検討できるということだ．経済全体への影響がとても重要になった場合には，一般均衡分析に立ち戻ることにしよう．

単一産業での需要，供給，貿易

自国と外国という二つの国があって，どっちも小麦を生産して消費するとしよう．小麦は両国間を費用ゼロで輸送できる．各国の小麦産業は単純な競争産業で，需要供給曲線は市場価格の関数となる．通常，自国の需給は自国通貨でみた価格に左右され，外国の需給は外国通貨でみた価格に左右される．でも，通貨同士の為替レートは，この市場で実施されている各種貿易政策には影響を受けないとする．そういう市場では，貿易がない場合の価格が違っているなら貿易が生じる．仮に貿易なしだと小麦価格が外国より自国の方で高かったとしよう．さてここで外国貿易を認めよう．自国での小麦価格は外国より高いから，商社は小麦を外国から自国に移動させる．小麦の輸出で外国では小麦価格が上がり，自国では価格が下がり，やがて価格差は消える．

世界価格と貿易量を決めるには，新しい曲線を二つ定義すると役に立つ．自国**輸入需要曲線**と外国**輸出供給曲線**だ．これらはその根底にある国内需要供給曲線から導かれる．自国輸入需要は，自国消費者が需要する量のうち，自国生産者が供給する量を

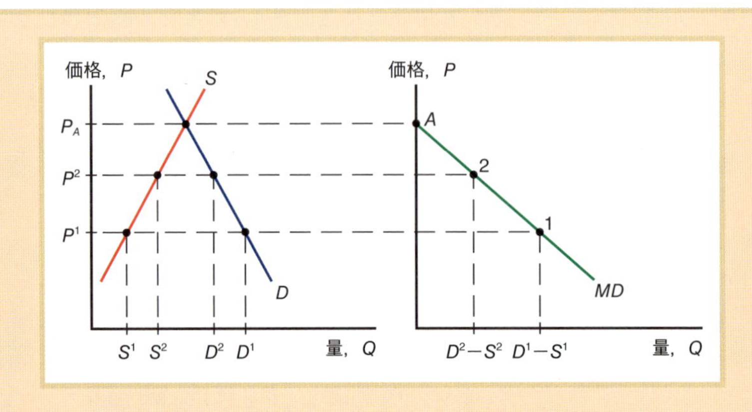

図 9.1　自国の輸入需要曲線を導く

財の価格が上がると，自国消費者の需要は減り，自国生産者の供給は増えるので，輸入品の需要は下がる．

超える部分だ．外国輸出供給は，外国生産者が供給する量のうち，外国消費者が受容する量を超える部分だ．

図 9.1 は，自国輸入需要曲線の導き方を示す．価格 P^1 では，自国は D^1 を需要し，自国生産者は S^1 しか供給しない．結果として自国輸入需要は $D^1 - S^1$ になる．価格を P^2 に上げると，自国消費者は D^2 しか需要せず，自国生産者は供給量を S^2 に上げるので，輸入需要は $D^2 - S^2$ に下がる．こうした価格と量の組合せは，図 9.1 の右パネルに点 1 と点 2 としてプロットした．輸入需要曲線 MD が右肩下がりなのは，価格が上がると需要される輸入品の量は減るからだ．P_A で，自国の需給は貿易がない状態で等しくなるので，自国輸入需要曲線は P_A で価格軸と交差する（P_A では輸入需要=ゼロになる）．

図 9.2 は，外国輸出供給曲線 XS の導き方を示したものだ．P^1 で外国生産者たちは S^{*1} を供給し，外国消費者たちはたった D^{*1} しか需要しないから輸出できる総供給は $S^{*1} - D^{*1}$ だ．P^2 になると外国生産者たちは供給量を S^{*2} に増やし，外国消費者たちは需要量を D^{*2} に下げるから，輸出できる総供給は $S^{*2} - D^{*2}$ に増える．価格が上がると，輸出できる財の供給も増えるので，外国輸出供給曲線は右肩上がりになる．貿易がないと，P_A^* で需給が一致して，外国輸出供給曲線は P_A^* で価格軸と交差する（P_A^* では輸出供給=ゼロ）．

世界均衡が起こるのは，自国輸入需要が外国輸出供給と一致するときだ（図 9.3）．両曲線の交わる価格 P_W で，世界供給は世界需要と一致する．図 9.3 の均衡点 1 で，

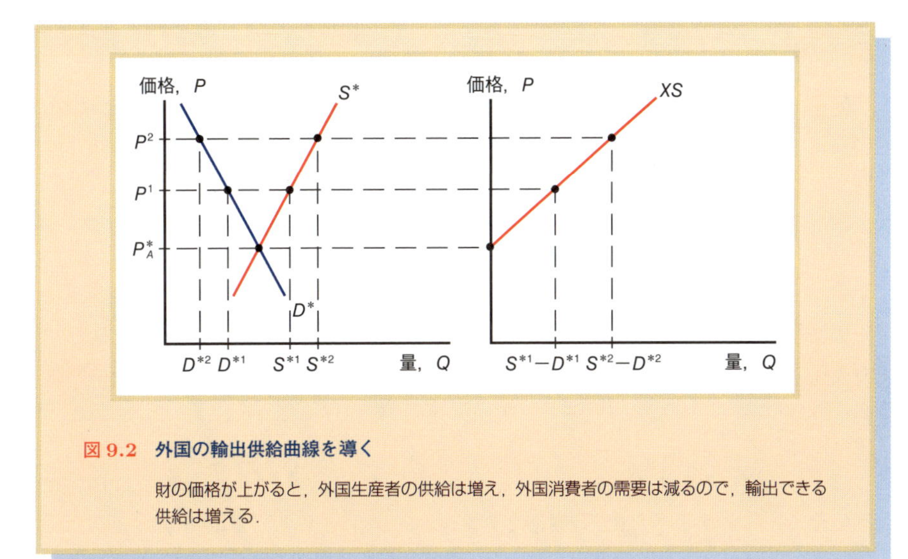

図 9.2　外国の輸出供給曲線を導く

財の価格が上がると，外国生産者の供給は増え，外国消費者の需要は減るので，輸出できる供給は増える．

図 9.3
世界均衡

均衡世界価格は，自国輸入需要（MD 曲線）が外国輸出供給（XS 曲線）と等しくなる点だ．

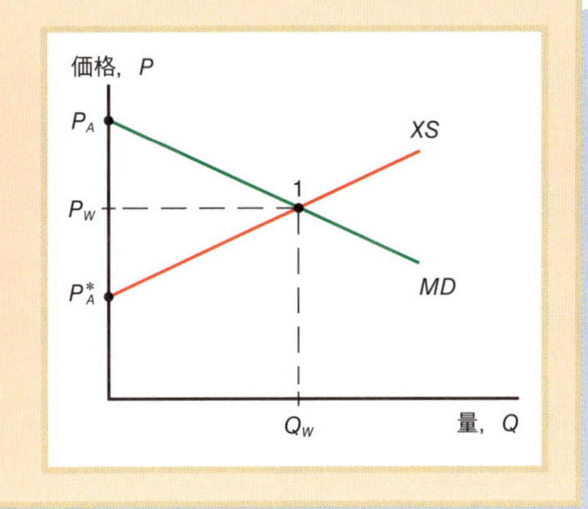

次が成り立つ：

$$\text{自国需要} - \text{自国供給} = \text{外国供給} - \text{外国需要}$$

両辺を移項すると，この式をかき直して次のようにできる．

$$\text{自国需要} + \text{外国需要} = \text{自国供給} + \text{外国供給}$$

つまりは次のとおり：

$$\text{世界需要} = \text{世界供給}$$

関税の影響

財を出荷する人の立場からすると，関税は輸送費と同じだ．自国が輸入するすべての麦 1 ブッシェルあたり 2 ドルの関税をかけたら，出荷者たちは二つの市場の価格差が少なくとも 2 ドルはないと，小麦を出荷したがらない．

図 9.4 は小麦 1 単位あたり t の従量関税（図の t）をかけたときの影響を示す．関税がないと，小麦の価格は自国でも外国でも P_W で等しくなる．これは世界市場を示す中央パネルの点 1 でわかることだ．でも関税があると，出荷者たちは自国価格が外国価格を少なくとも t 上まわらないと，小麦を外国から自国に運んだりはしない．でも小麦が出荷されなければ，自国では小麦の過剰需要が起こり，外国では供給過剰が起こる．だから自国での価格は上がり，外国での価格は下がって，やがて両国の価格差は t になる．

つまり関税を導入することで，二つの市場の価格には溝ができる．関税は自国での価格を P_T に上げて，外国での価格を $P_T^* = P_T - t$ に下げる．自国では，生産者たちは価格が上がったから供給を増やす一方，消費者たちは需要を減らすので，需要される輸入も減る（MD 曲線の点 1 から点 2 への移動でわかる）．外国では，価格が下がって供給は減り，需要は増えるから，輸出供給も減る（XS 曲線の点 1 から点 3 への移動で示される）．だから取引される小麦の量は自由貿易量 Q_W から関税つきの量 Q_T に下がる．貿易量 Q_T で，自国輸入量が外国輸出供給と等しくなるのは $P_T - P_T^* = t$

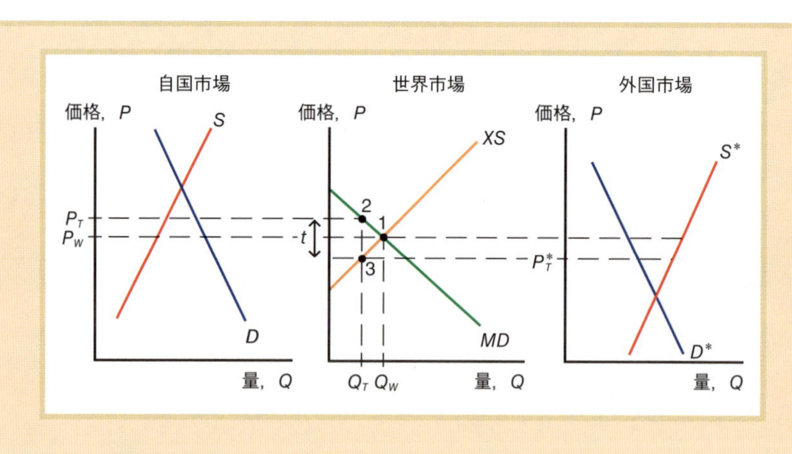

図 9.4　関税の影響

関税は，自国価格を引き上げて外国価格を下げる．だから貿易量は減る．

図 9.5
小国での関税

国が小さいと，そこでの関税は輸入財の外国価格を引き下げられない．結果として，輸入品価格は P_W から $P_W + t$ に上がり，需要される輸入品の量は $D^1 - S^1$ から $D^2 - S^2$ に下がる．

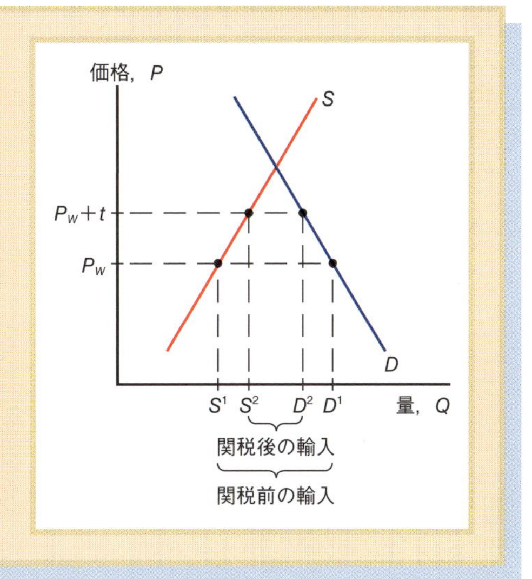

のときだ．

自国での P_W から P_T への価格上昇の幅は，関税の額よりは小さい．関税の一部は外国の輸出価格低下に反映されるので，自国消費者には転嫁されないからだ．これは関税や，そのほか輸入を制限するあらゆる貿易政策の普通の結果だ．でもこの影響が輸出者の価格に与える影響は，実際にはとても小さいことが多い．小国が関税をかけるときには，輸入する財が世界市場で占めるシェアは，そもそもがごくわずかなものだから，その輸入が減ったところで世界価格（外国輸出価格）にはほとんど影響がない．

外国輸出価格に影響できない「小国」の場合に関税が与える影響を，図 9.5 に図示した．この場合，関税はその関税をかけた国で，その輸入財の価格を関税の全額分だけ引き上げ，P_W から $P_W + t$ にする．輸入財の生産は S^1 から S^2 に上がり，その財の消費は D^1 から D^2 に下がる．関税のおかげで，つまり輸入は関税をかけた国で減る．

保護の量を計測

輸入財への関税は，その財の国内生産者が受けとる価格を引き上げる．この効果こそが，しばしば関税の主要な狙いとなる——国内生産者を，輸入競争で生じる低価格から**守る**ことだ．実際の貿易政策を分析するときには，関税などの貿易政策がどの程度の保護を実際に提供するか考えることが重要になる．その答えは通常，自由貿易下で実現するはずの価格と比べた比率で表現される．例えば砂糖の輸入割当は，アメリカの砂糖生産者が受けとる価格を 35% 引き上げている．

関税の場合，保護を計測するのは何のひねりもなさそうだ．関税が従価税で，輸入品の価額に比例するなら，関税率それ自体が保護の量を示す．関税が従量税なら，関税を関税抜きの価格で割れば，従価に相当する数字が出てくる．

でも，これほど単純に保護の率を計算しようとするのは問題が二つある．まず，もし小国という想定があまりよい近似でなければ，関税の効果の一部は国内価格を上げるよりは外国輸出価格を下げるものとなる．貿易政策が外国の輸出価格を左右するという効果は，ときにはかなり大きくなる．

第 2 の問題は，関税が財の生産の段階ごとに，与える影響がずいぶん違っていたりするということだ．これを示すために簡単な例をあげよう．

仮に，ある自動車が世界市場で 8,000 ドルで売られていて，その自動車の部品の総額が 6,000 ドルで売られているとする．ここで，二つの国を比べよう．片方は自動車組立て産業を立ちあげたい国，もう片方はすでに組立て産業をもっていて，部品産業を立ちあげたい国だ．

国内自動車産業を奨励するため，最初の国は輸入完成車に 25% の関税をかける．おかげで国内組立て企業は完成車 1 台あたり 8,000 ドルではなく，10,000 ドルの値段をつけられる．この場合，組立て企業が 25% の保護しか受けていないというのは間違いになる．関税前なら，国内組立てが行われるのは，それが 2,000 ドル（完成車の価格 8,000 ドルと，部品代 6,000 ドルの差額）以下で実施できる場合だけだった．でも関税後には，組立てに 4,000 ドル（完成車の価格 10,000 ドルと部品代の差額）かかっても実施される．つまり，25% の関税率は，組立て業者に対して**実効保護率** 100% を提供することになる．

今度は二番目の国が，部品の国内生産奨励のため，輸入部品に 10% の関税をかけたとしよう．すると国内組立て業者にとっては，輸入部品の費用は 6,000 ドルから 6,600 ドルに上がる．完成車の関税には変化がなくても，この政策は国内での組立てをあまり有利でなくしてしまう．

関税前には，2,000 ドル $(\$8,000 - \$6,000)$ で組立てができれば事業として成立したけれど，関税後だと地元での組立ては，それが 1,400 ドル $(\$8,000 - \$6,600)$ でできないと引き合わない．すると部品への関税は，部品製造業者にはプラスの保護を提供するけれど，組立て業者に対しては，マイナス 30% $(-600/2,000)$ という負の実効保護をもたらすことになる．

この例と似たような理屈で，経済学者たちは個別産業ごとに関税などの貿易政策が実際に提供している実効保護の度合いについて，入念な計算をするようになった．例えば経済発展を促進するための政策（第 11 章）は，しばしば関税そのものよりずっと高い実効保護率につながる[1].

関税の費用と便益

関税は，輸入国での財の価格を引き上げて，輸出国での価格を引き下げる．こうした価格変化の結果，消費者たちは輸入国では損をして，輸出国では得をする．生産者は，輸入国では得をして，輸出国では損をする．さらに，関税をかけている政府は歳入を得る．こうした費用と便益を比べるためには，それらを定量化する必要がある．関税の費用と便益を計測する手法は，ミクロ経済分析でおなじみの二つの概念を使っている．消費者余剰と生産者余剰だ．

消費者余剰と生産者余剰

消費者余剰は，消費者が購入でどれだけ得をしているかについて，その人が実際に支払う金額と，その人が支払うつもりでいた金額との差を見ることで計測する．例えばある消費者が，小麦 1 ブッシェルに対して 8 ドル支払うつもりだったのに，実際の価格がたった 3 ドルだったら，その購入で得られた消費者余剰は 5 ドルだ．

消費者余剰は，市場需要曲線から導ける（図 9.6）．例えば，消費者が財を 10 単位購入する上限価格が 10 ドルだったとする．すると，購入された 10 単位目の財は，消費者にとっては 10 ドルの価値があったはずだ．それより低ければ，消費者は買わなかったはずだからだ．それより高ければ，もっと高い値段でも喜んで買ったはずだ．さて，消費者たちに 11 単位買ってもらうには，価格を 9 ドルまで下げる必要があったとする．すると，11 単位目は，消費者にとっては 9 ドルの価値しかなかったことになる．

価格が 9 ドルだったとしよう．すると消費者は，11 単位目の財についてはまさにその 9 ドルしか払う意志がないから，その 1 単位については消費者余剰をまったく得られない．でも 10 単位目については，10 ドル払う意志があったから，その単位については消費者余剰 1 ドルを得ている．9 単位目については 12 ドル支払う意志があったとしよう．その場合，その単位についての消費者余剰は 3 ドルだ．これをずっと続ける．

この例を一般化すると，P が財の価格で Q がその価格で需要される量だとすると，

[1] ある産業部門に提供される実効保護率は，正式には $(V_T - V_W)/V_W$ と定義される．ここで V_W はその産業部門での世界価格における付加価値，V_T は貿易保護のもとにおける付加価値だ．今の例でいうと，P_A を完成車の世界価格として，P_C をそのコンポーネントの世界価格とし，t_A は輸入車の従価関税，t_C はコンポーネントの従価関税とする．関税が世界価格に影響しないなら，それが組立て業者に提供する実効保護率は

$$\frac{V_T - V_W}{V_W} = t_A + P_C\left(\frac{t_A - t_C}{P_A - P_C}\right)$$

になる．自分で確認してみよう．

図 9.6
需要曲線から消費者余剰を導く

売られた 1 単位ごとの消費者余剰は，実際の価格と消費者たちが支払う意志のあった金額との差だ．

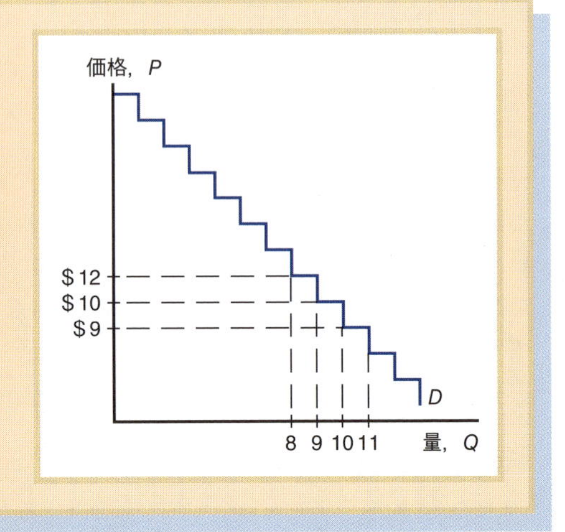

図 9.7
消費者余剰の幾何学

消費者余剰は，需要曲線より下で価格より上の部分の面積に等しい．

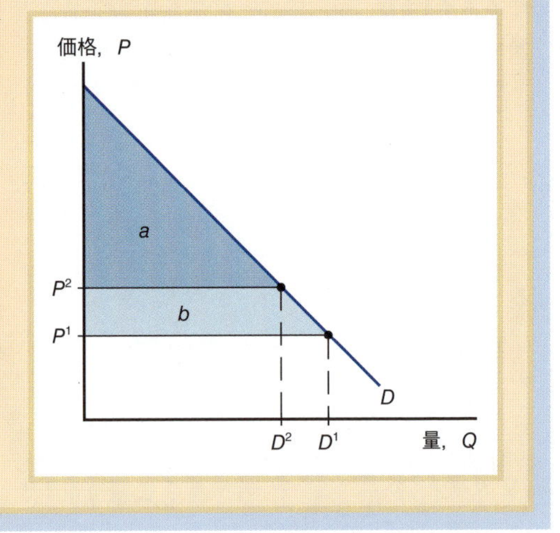

消費者余剰は，需要曲線の Q まで以下の部分から，P と Q の積を差し引いたものとなる（図 9.7）．もし価格が P^1 なら，需要される量は D^1 で消費者余剰は a の部分と b の部分の面積合計となる．価格が P^2 まで上がると，需要される量は D^2 に減って，消費者余剰は b の分だけ減って，a だけになる．

生産者余剰も似たような概念だ．2 ドルで製品を売っていいと思っている生産者が，実際には 5 ドルで売れたとすると，生産者余剰 3 ドルを得る．消費者余剰を需要曲線から導くのに使ったのと同じ手順で，供給曲線から生産者余剰を導ける．P が価格で，

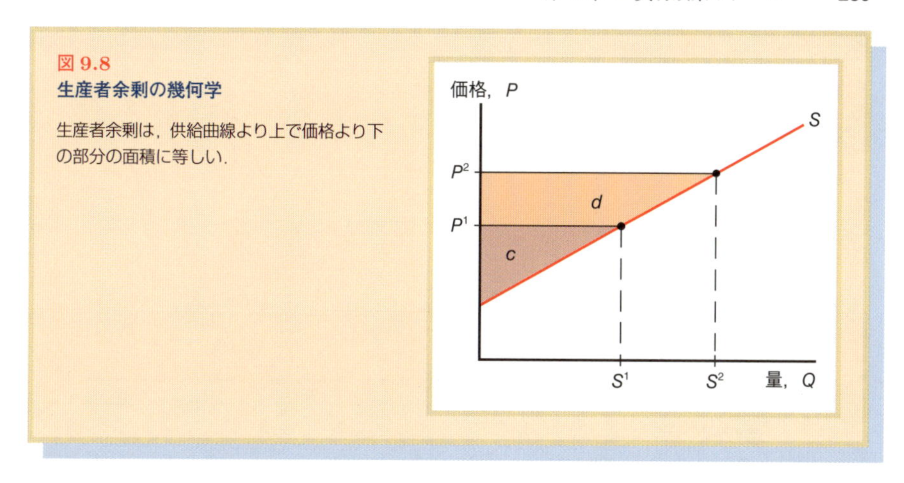

図 9.8
生産者余剰の幾何学

生産者余剰は，供給曲線より上で価格より下の部分の面積に等しい．

Q がその価格での供給量なら，生産者余剰は，P と Q の積から，Q までの供給曲線以下の面積を引いたものとなる（図 9.8）．価格が P^1 なら，供給される量は S^1 で，生産者余剰は c の面積になる．価格が P^2 に上がると，供給量は S^2 に上がり，生産者余剰は c に追加の面積 d を足したものとなる．

消費者余剰と生産者余剰の概念に関連したいくつかの難しい点は，計算方法をめぐる専門的な話なので，無視してまったくかまわない．もっと重要なのは，ある市場で生産者と消費者が得る直接の利得が，**社会的な**利得を正確に計測しているのかという点だ．消費者余剰と生産者余剰でとらえられていない追加の費用便益が，第 10 章で論じられる貿易政策反対運動の主張の核心となっている．でもここではとりあえず，消費者余剰と生産者余剰で計測される費用と便益にだけ注目することにしよう．

費用と便益を計測する

図 9.9 は輸入国にとっての関税の費用と便益を示している．関税は国内価格を P_W から P_T に引き上げるけれど，外国輸出価格を P_W から P_T^* に下げる（さっきの図 9.4 に戻ってみよう）．国内生産は S^1 から S^2 に上がり，国内消費は D^1 から D^2 に下がる．違うグループそれぞれへの費用と便益は，5 つの領域の面積，a, b, c, d, e の合計として表せる．

まず国内生産者への利得を考えよう．かれらは前より高い価格を受けとり，このため生産者余剰が大きくなる．図 9.8 でみたように，生産者余剰は価格以下の領域で供給曲線より上の部分の面積に等しい．関税前に，生産者余剰は P_W より下で供給曲線より上の部分の面積だった．価格が P_T に上がると，この余剰は a で示した面積分だけ増える．つまり，生産者は関税で利得がある．

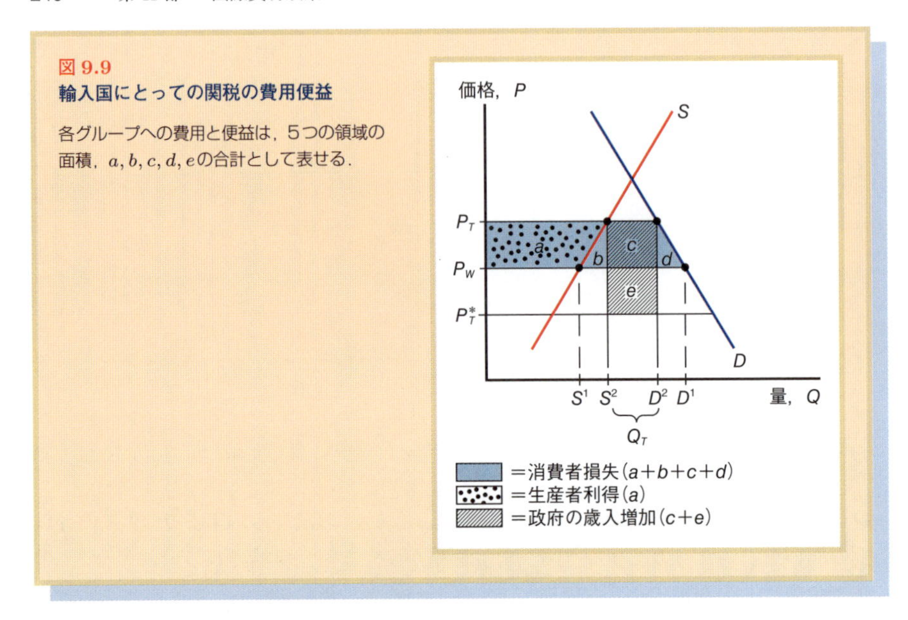

図 9.9
輸入国にとっての関税の費用便益

各グループへの費用と便益は，5つの領域の面積，a, b, c, d, eの合計として表せる．

国内消費者も前より高い価格に直面するので損をする．図 9.7 でみたように，消費者余剰は価格より上だけれど需要曲線より下の部分の面積だ．消費者が直面する価格は P_W から P_T に上がるので，消費者余剰は $a+b+c+d$ で示される面積の分だけ減る．だから消費者は関税で痛手を受ける．

ここには第 3 のプレーヤーもいる．政府だ．政府は関税収入を集めることで得をする．これは関税率 t に輸入量 $Q_T = D^2 - S^2$ をかけたものだ．$t = P_T - P^*_T$ だから，政府歳入は c と e の面積を足したものになる．

こうした利益や損失は受ける人々が違うから，全体としての関税の費用便益評価は，我々がそれぞれのグループへの便益 1 ドルをどのくらい高く評価するかで変わってくる．例えば生産者余剰を得るのが主に金持ちの資源所有者で，消費者たちは平均より貧しいなら，その財が奢侈財で，買うのは金持ちでも生産するのは低賃金労働者である場合に比べて，違った評価を受けるだろう．また政府の役割のおかげでさらに曖昧さが増す．政府はその歳入を使って，とても必要とされる公共サービスをまかなうだろうか，それともその歳入を，千ドルもする高価な便座にむだ遣いしてしまうだろうか？　こうした問題はあるけれど，貿易政策を分析する人々は，限界のところではそれぞれのグループへの 1 ドル分の利得や損失は，同じ社会的価値をもつと想定することで，国民の厚生に関税が与える純効果を計算しようとするのが通例だ．

そういうことで，関税が厚生に与える純影響を見よう．関税の純費用は次のとおりだ：

$$\text{消費者損失} - \text{生産者利得} - \text{政府歳入} \tag{9.1}$$

あるいはこれらの概念を図 9.9 の面積で置きかえると次のとおりだ：

$$(a+b+c+d)-a-(c+e)=b+d-e \tag{9.2}$$

つまり，国全体としての損失を示す面積をもった「三角形」が二つあり，それを相殺する利得を示すだけの面積をもつ「長方形」がある．この利得や損失を解釈する便利な方法は次のとおり：三角形は，関税が消費や生産のインセンティブを歪めるせいで生じる**効率性損失**で，長方形は関税が外国輸出価格を引き下げるために生じる**交易条件の利得**を示す．

利得は，関税を課す国が外国の輸出価格をどこまで押し下げられるかにかかっている．その国が世界価格に影響を与えられないなら（図 9.5 に示した「小国」の場合），交易条件の利得を示す領域 e が消える，関税が厚生を減らすのは明らかになる．関税は，輸入品が実際より高いように見せかけることで，生産者と消費者の双方のインセンティブを歪める．経済にとって，追加 1 単位の消費の費用は，輸入追加 1 単位の価格になるのに，関税は国内価格を世界価格より引き上げるので，消費者たちは消費を減らし，限界の 1 単位が関税を含んだ国内価格に等しい厚生をもたらすようになるところに押し下げる．これはつまり，追加の生産 1 単位が経済にもたらす価値が，それにより減る輸入 1 単位の価格だということになる．でも国内生産者たちは，限界費用が関税を含む価格に等しくなるまで生産を増やす．だから経済は自国で，その財を追加で何単位か生産するけれど，それは外国でならもっと安く買えるものなのだ．

コラム　因果と関税はめぐる

今，関税が生産者余剰を増やし，その代償として消費者余剰損失を出すのを見た．関税にはほかにもいろいろな間接費用がある．おかげで貿易国同士が，自前の関税により報復しあったりする（これにより，最初に関税を課した国の輸出生産者が痛手を受ける）．また，経済条件が完全に変わってしまった後でも，それをなくすのはとんでもなくむずかしい．関税で外国の競争から守られている，少数の生産者グループを政治的に結束させてしまうからだ（これについては第 10 章でもっと論じる）．最後に，大型関税があると生産者たちは創意あふれる――でも最終的にはむだな――努力を通じてそれを避けようとする．

アメリカに工場をつくる前に，スバルは商用軽トラック関税を迂回するため，アメリカ向け輸出用ピックアップトラックの荷台部分に，プラスチック製シートを二つボルト止めした．するとこのスバル BRAT は乗用車の分類となって関税を避けられた．

「ニワトリ税」とよばれる関税の場合，あまりに長く続いたので（47 年でまだ継続中），もともとその関税を維持しろと強力にロビイングした生産者たち自身が，いまや痛手を受けるようになってしまった！* ニワトリ税とよばれるのは，それが 1960 年代初期にアメリカのニワトリ輸出に対して西欧諸国が課した関税への報復として，リンドン・ジョンソン大統領が設けたからだ．アメリカの報復は，ドイツに的を絞っていた（ドイツは最初のニワトリ関税の背後にいた主要な政治力だった）．そして商用軽トラックの輸入に対し，25% の関税をかけた．当時，そうした車両の大メーカーはフォルクスワーゲン社で，アメリカへの輸出も多かった．やがてもともとの関税の多くは廃止されたけれど，ニワトリと商用軽トラックの関税は残った．フォルクスワーゲン社は軽トラック生産をやめてしまったけれど，その頃になるとアメリカの「ビッグスリー」とよばれる自動車トラックメーカーは，日本のトラックメーカーからの競争を心配し，その関税を維持するようロビイングした．これに対して日本メーカーは，そうした軽トラックをアメリカで生産するようになった（第 8 章参照）．

結果として，この税金の影響を受けることになった最新の会社はフォード社だ．これは関税の維持を訴えた「ビッグスリー」の一つだ！ フォード社はヨーロッパで小型商用バン「トランジットコネクト」を生産している．これは（小型なので古いせまい街路も通れるから）ヨーロッパの都市向けなのだ．でも最近の燃料価格高騰で，このトラックへの需要が一部のアメリカ都市でも急上昇した．2009 年にフォード社は，こうした車両をアメリカで販売しはじめた．25% 関税を避けるため，フォード社はこれらの車両をアメリカに輸出する前にリアウィンドウ，リアシート，シートベルトを取り付ける．するとこれらの車両は商用トラックではなく，乗用車に分類され，関税率もずっと低い 2.5% ですむ．メリーランド州ボルチモアにその車両が到着すると，リアシートはすぐに取り外されて，リアウィンドウは金属パネルに付け替えられる――そしてフォード社のディーラーに送られるわけだ．

* Matthew Dolan, “To Outfox the Chicken Tax, Ford Strips Its Own Vans,” *Wall Street Journal*, September 23, 2009 を参照.

関税の純厚生効果を図 9.10 にまとめた．負の影響は，二つの三角形 b と d で示される．最初の三角形は**生産歪曲損失**で，関税が国内生産者に，その財をつくらせすぎることから生じる損失だ．第 2 の三角形は国内**消費歪曲損失**で，関税のために消費者たちによるその財の消費が少なすぎてしまうことから生じるものだ．こういう損失に対して，長方形 e が示す交易条件の利得を対比させなくてはならない．これは関税により外国輸出価格が下がることから生じるものだ．外国価格に大きな影響を及ぼせない小国という重要な例では，この最後の影響が消える．だから関税の費用は間違いなくその利得を上まわる．

貿易政策のほかのツール

関税はいちばん単純な貿易政策だけれど，現代世界では国際貿易への政府介入のほとんどは，別のかたちをとる．例えば輸出補助金，輸入割当，自発的輸出制限，ロー

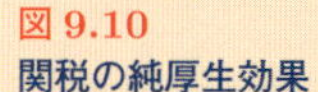

図 9.10
関税の純厚生効果

色つきの三角形は効率性損失を示し，長方形は交易条件の利得を示す．

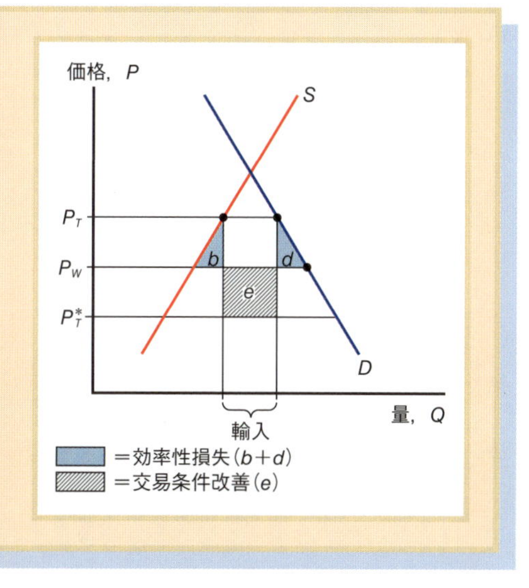

カルコンテンツ要求などだ．ありがたいことに，関税さえ理解できれば，こうしたほかの貿易ツールを理解するのもそんなにむずかしくはない．

輸出補助金：理論

輸出補助金は，財を外国に出荷する企業や個人に対する支払いだ．関税と同じく，輸出補助金は従量制（1 単位量ごとに固定額）の場合もあるし，従価制（輸出額に対する一定割合）の場合もある．政府が輸出補助金を提供するとき，出荷者たちは国内価格が外国価格を補助金額だけ上まわる金額のところまで，その財を輸出する．

輸出補助金が価格に与える影響は，関税のずばり正反対になる（図 9.11）．輸出国の価格は P_W から P_S に上がるけれど，輸入国の価格は P_W から P_S^* に下がるので，価格上昇は補助金額よりも小さくなる．輸出国では，消費者たちは痛手を受け，生産者が得をし，政府は補助金に支出が必要なので損をする．消費者の損失は $a+b$ の面積となる．生産者利得は $a+b+c$ の面積だ．政府補助金（輸出量かける補助金額）は $b+c+d+e+f+g$ の面積だ．だから純厚生損失は $b+d+e+f+g$ の面積合計だ．このうち b と d は消費と生産の歪曲による損失を示す．関税が生み出すのと同じ種類のものだ．これに加えて，関税とは反対に，輸出補助金は輸出品の価格を外国市場で P_W から P_S^* に引き下げるので，交易条件を悪化させる．このため追加で交易条件損失 $e+f+g$ が生じ，これは $P_W-P_S^*$ に補助金を使って輸出された量をかけたものと等しくなる．だから輸出補助金は，間違いなく便益以上の費用がかかる．

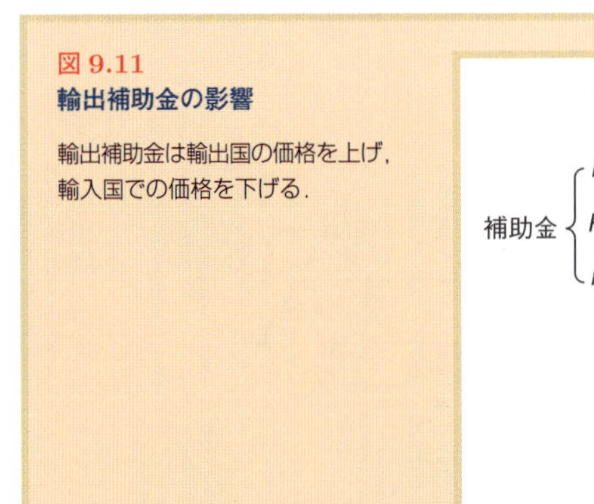

図 9.11
輸出補助金の影響

輸出補助金は輸出国の価格を上げ，輸入国での価格を下げる．

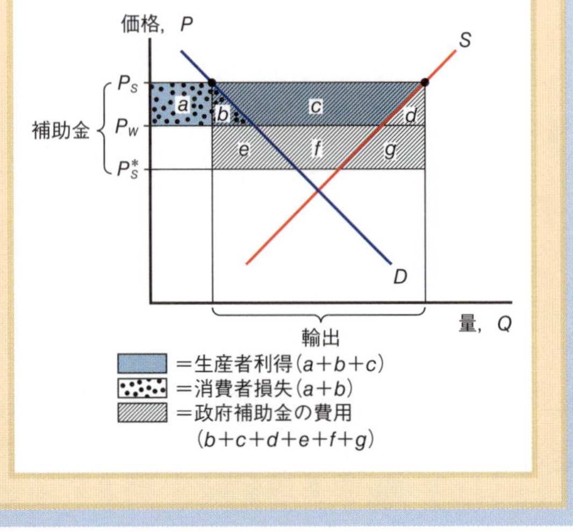

事例研究　ヨーロッパの共通農業政策

1957 年に，ヨーロッパの 6 カ国——ドイツ，フランス，イタリア，ベルギー，オランダ，ルクセンブルグ——がヨーロッパ経済共同体を結成し，これがその後，ヨーロッパのほとんどを含むまでに成長した．今や欧州連合 (EU) とよばれるこの共同体がもたらした，二大影響は貿易政策についてのものだ．まず，EU 加盟国はお互いの関税を廃止し，関税連合をつくり出した (次章で説明)．第 2 に，EU の農業政策はすさまじい輸出補助金プログラムへと発展した．

EU の共通農業政策 (CAP) は，もともとは輸出補助金ではなく，指定補助水準以下に価格が下がったときには EU が農産物を買い上げることで，ヨーロッパの農民たちに高い価格を保証するものだった．この政策が大量の輸入品をもたらさないように，これはもともとヨーロッパと世界農業価格の差を相殺するような関税とセットになっていた．

でも 1970 年代から，EU が設定した補助価格はあまりに高すぎて，ヨーロッパ——自由貿易下ではほとんどの農産物について輸入国になるはず——は消費者が買いたがる以上に生産をしていた．おかげで EU は，大量の食料を買って貯蔵するはめになった．たとえば 1985 年末には，ヨーロッパ諸国は牛肉 78 万トン，バター 120 万トン，小麦 1200 万トンを貯蔵している．こうした備蓄が果てしなく増えるのを防ぐため，EU は余剰の生産量を処分しようとして輸出を補助することにしたのだった．

図 9.12
ヨーロッパの共通農業政策

農業価格は世界価格より高いばかりか，ヨーロッパの市場を均衡させる水準すら上回っている．輸出補助金は，それによって余る生産量を処分するために使われている．

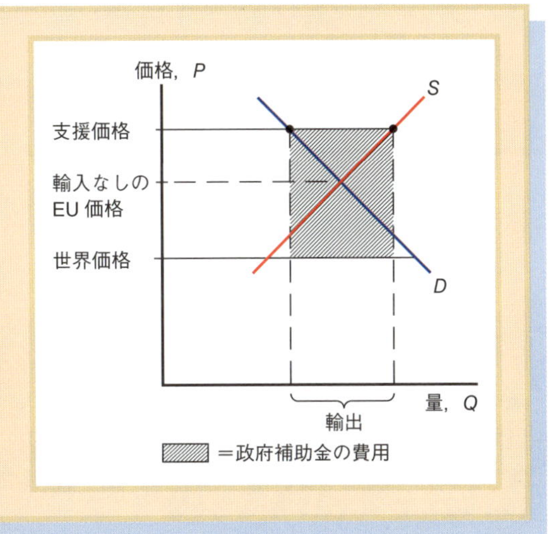

図 9.12 に CAP の仕組みを示した．もちろん，図 9.11 に示した輸出補助金とまったく同じだけれど，ヨーロッパは自由貿易下では輸入国になるはずだという点だけが違う．補助価格は，補助金なしで生じる世界価格より上だというだけでなく，輸入なしの場合で需給を一致させる価格さえ上まわっている．結果として生じる余剰を輸出するには，ヨーロッパ価格と世界価格の差を相殺する輸出補助金の支払いが必要となる．補助金つき輸出自体が世界価格を引き下げがちなので，必要な補助金額も増える．最近の研究の推計だと，ヨーロッパ消費者への厚生費用は，2007 年には農業生産者に対する便益を 300 億ドル（215 億ユーロ）近く上まわっていた[2]．

CAP はヨーロッパの消費者にかなりの純費用を負担させているのに，EU での農民たちの政治的な強さが圧倒的すぎて，このプログラムを刈り込むのはむずかしくなっている．圧力の一つの源がアメリカなどほかの食品輸出国で，かれらはヨーロッパの輸出補助金が自分たちの輸出品価格を押し下げてしまうと文句をいっている．また CAP の財政負担も懸念の一つだ．2013 年に CAP はヨーロッパの納税者たちに 780 億ドル（580 億ユーロ）の負担をかけている——そしてこの数字は，食品消費者たちの間接費用は含んでいない．ヨーロッパ農家への政府補助は，農産物生産額の 22% にものぼる．アメリカではこれが 8.6% だから，その 2 倍以上だ（アメリカの農業補助は，作物の一部だけに絞られている）．

[2] Pierre Boulanger and Patrick Jomini, *Of the Benefits to the EU of Removing the Common Agricultural Policy*, Sciences Politique Policy Brief, 2010 を参照．

最近のヨーロッパ農業政策改革は，価格補助によるインセンティブ歪曲を減らしつつ，農民に補助を継続しようという努力の反映だ．政治家たちの計画が実施されたら，農民たちはますます生産量とは連動しない直接支払いを受けるようになる．これは農業価格を引き下げて生産を減らすはずだ．

輸入割当：理論

輸入策は，一部の財について輸入できる量を直接制限する方式だ．この制限を実施するには，一部の個人の集団や企業に対してライセンスを発行するのが通例だ．例えばアメリカは外国産チーズに輸入割当を設けている．チーズ輸入を認められている企業は，一部の商社だけで，それぞれが毎年，輸入できるチーズのポンド数の上限を割当てられている．各企業の割当量は，過去に輸入したチーズの量に基づいている．砂糖と衣料を筆頭とするいくつかの重要な例では，アメリカ国内での販売権が輸出国の政府に直接与えられている．

輸入割当が，輸入を制限するけれどなぜか国内価格を上げないといった誤解は是非とも避けてほしい．**輸入割当がその輸入財の国内価格を引き上げる**のは間違いないことだ．輸入が制限されれば，直接的な結果は，当初の価格だとその財の需要が国内供給と輸入の合計を上まわるということだ．すると価格は市場が均衡するまで競り上げられる．最終的には輸入割当は，同じ水準だけ輸入を制限する関税と同じだけ，国内価格を引き上げる（国内独占がある場合は，輸入割当は価格をそれ以上に引き上げる．この章の補遺を見てほしい）．

輸入割当と関税との違いは，輸入割当だと政府には歳入がないということだ．輸入品の制限に関税ではなく輸入割当が使われると，関税の場合に政府歳入として出てきたはずの金額は，その輸入ライセンスをもらった人が集める．だからライセンス保有社たちは，輸入品を買ってそれを高い価格で国内市場に流せる．輸入ライセンス保有車が得る利潤は**輸入割当レント**とよばれる．輸入割当の費用と便益を評価する場合，誰がそのレントを懐に入れるかを見きわめるのがとても重要だ．ありがちなこととして，国内市場での販売権が輸出国の政府に割当てられる場合，レントが外国に移転されるので，輸入割当の費用は等価な関税に比べてずっと高いものになる．

事例研究　輸入割当の実例：アメリカの砂糖

アメリカの砂糖問題の起源は，ヨーロッパの農業問題と似たようなものだ．連邦政府による国内価格保証により，アメリカでの価格は世界市場価格水準より高くなった．でも

欧州連合 (EU) と違い，アメリカでの国内供給は国内需要を上まわるものではない．だからアメリカは，砂糖の輸入割当により国内価格を目標水準に維持できている．

この輸入割当の特徴は，アメリカで砂糖を売る権利が外国政府に割り振られ，その外国政府は自国居住者にその権利を割当てるということだ．結果として，砂糖割当で生じたレントは外国人が獲得する．輸入割当は生の砂糖（ほぼすべてサトウキビ）の輸入も精製糖の輸入も制限する．図 9.13 にアメリカの輸入制限がアメリカでの生砂糖の価格に与える影響を，世界価格との比較で示した．これでわかるように，こうした輸入制限はアメリカの国内価格を世界価格より高くするのにかなり役だった．世界価格が 2010〜11 年に高騰したとき，輸入制限は緩和されたけれど，それでもアメリカでの価格の高騰は防げなかった――そしてそれは相変わらず世界価格よりずっと高かった．

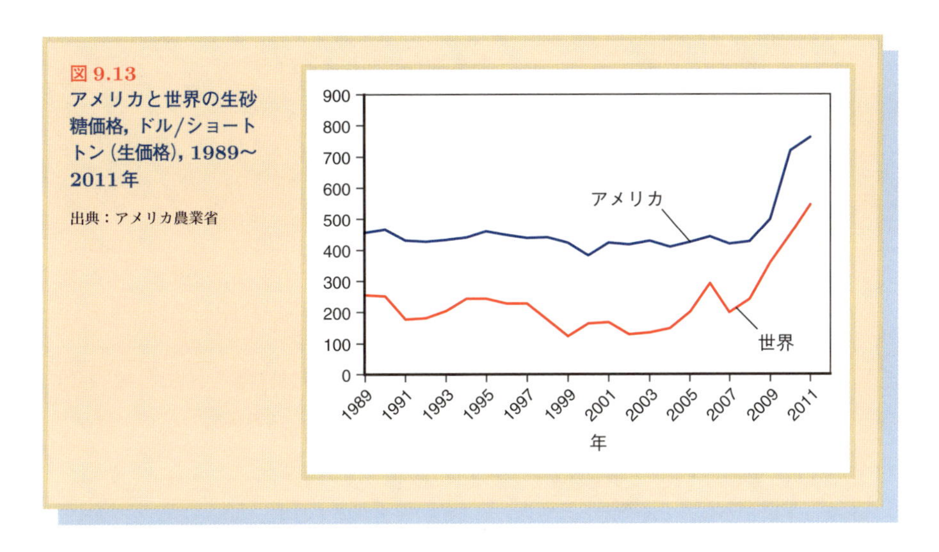

図 9.13
アメリカと世界の生砂糖価格，ドル/ショートトン（生価格），1989〜2011年
出典：アメリカ農業省

では，こうした輸入制限とそれに伴う高い砂糖価格による影響についての最新の予測を説明しよう[3]．図 9.14 は，生砂糖の市場均衡を，輸入割当がある場合とない場合を示したものだ．現在では，輸入割当で生砂糖の輸入は 340 万トンに限られ，アメリカの生砂糖総生産は 840 万トンになる．これによりアメリカの砂糖価格は世界価格水準の 34% 増しになっている．輸入制限がなければ，アメリカ価格は世界価格水準にまで下がる．図は，生砂糖の世界市場でアメリカが「小国」だと仮定して描かれている．つまり，輸入割当をなくしても，世界価格に大きな影響はないという想定だ．この推計によると，自由貿易は砂糖輸入を 84% 増やして，国内生産はそれにともなって 11% 縮小する．

[3] この推計値は 2014 年についてのもので，2013 年に輸入制限が撤廃されたと想定している．詳細については Beghin, John Christopher and Amani Elobeid, “The Impact of the U.S. Sugar Program Redux.” *Food and Agricultural Policy Research Institute (FAPRI) Publications*, 2013 を参照.

図 9.14
アメリカの砂糖輸入割当の影響

輸入割当は，生砂糖輸入を340万トンに制限している．割当がなければ，砂糖輸入量は84%増えて620万トンになる．輸入割当の結果，砂糖価格は世界市場での496ドル／トンではなく，747ドル／トンになっている．これはアメリカの砂糖生産者には利得をもたらすけれど，アメリカ消費者には大きな損失だ．割当のレントは外国政府の懐に入るので，その損失を相殺する利得はない．

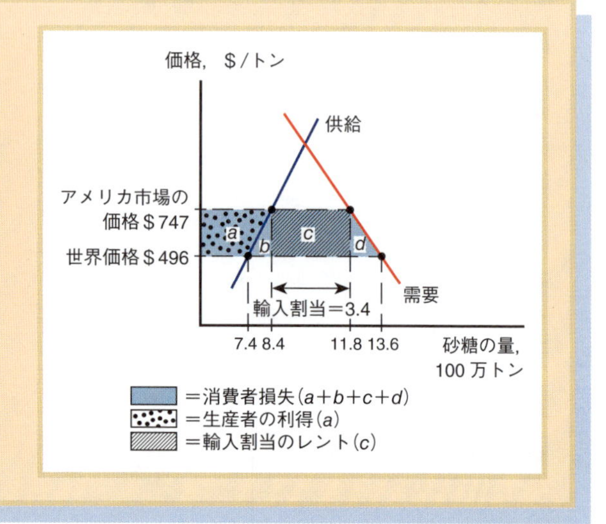

輸入割当の厚生効果は，a, b, c, d の面積で示される．消費者たちは，高い価格のせいで $a + b + c + d$ の余剰を失う．この消費者損失の一部は，アメリカ砂糖生産者への移転がある．生産者たちは，生産者余剰 a を手に入れる．損失の一部は生産の歪曲 b と消費の歪曲 d だ．輸入権をもらう外国政府へのレントは c の面積で示される．

こうした厚生効果に金額をつけるなら，生砂糖価格が精製砂糖価格をどれだけ引き上げるかを考え，それがさらに砂糖を含むあらゆる食品の価格上昇をもたらすか考える必要がある．アメリカの消費者が支払う最終的な食品価格上昇は大したものじゃない——0〜2% というところだ——でもそうした価格上昇が，実に広く消費されている財の巨大なバスケットにかかるので，全体として失われる消費者余剰はすさまじいものになる．2014 年についての推計値（2013 年に砂糖輸入割当が廃止されたという仮想シナリオとの比較）では，その損失は 35 億ドルになる！　さらに，精製砂糖の高い価格のせいで，食品産業（精製砂糖を材料に使うあらゆる食品生産者）の生産者余剰も失われる．これで消費者余剰に加えて 9.09 億ドルの生産者余剰が消え，アメリカの砂糖輸入割当の総費用推計は 44 億ドルにのぼる．

もちろんアメリカの砂糖生産者たちは，高い砂糖価格のおかげで得をしている．2014 年の推定利得は総額 39 億ドルだ（そうした利得の大半は砂糖加工業/精製業に行き，砂糖農家に行くのは「たった」4.86 億ドルだ）．最後に，アメリカで砂糖を売る権利を割当てられた外国砂糖輸出業者たちも，そうした割当権で利益を得る——かれらはアメリカの高価格と世界価格との差額を懐に入れるからだ（そうした外国輸出業者のいくつかは，アメリカの巨大砂糖精製業者が所有している）．砂糖利用者（消費者と食品生産者）の損失 44 億ドルと，砂糖生産者の利得 39 億ドルとの差額は，大半がこの外国輸出業者への利得だ（砂糖の死荷重損失はかなり小さいため）．

消費者だけでなく，砂糖を使う食品生産者たちも，アメリカでの砂糖価格を不自然に高くしている輸入割当で痛手を受けている．砂糖輸入割当を廃止すれば，チョコレート・菓子製造業の雇用は 34% 増えると推計されている．お菓子のダムダムスはいまでもオハイオ州の工場で製造されているけれど，そのメーカーであるスパングラー社はキャンディケーンの製造をメキシコに移した．北米菓子産業の相当部分は，砂糖価格がずっと低いカナダやメキシコに移転している．スパングラー社 CEO のカーク・ヴァショーは，生産工場をオハイオ州からカナダに移せば 1 日 1 万 5,000 ドル節約できると推計している[5]．

保護というのは，生産者の小さな集団（そのそれぞれが巨額の利益を得る）に利益を提供するため，大量の消費者（その一人ひとりの負担は小さい）に損を与えるという傾向をもつ．砂糖輸入割当は，それを極端なかたちで示している．この場合，年次消費者損失は，一人あたり「たった」11 ドル，つまり平均的な世帯なら年額 30 ドルに満たない．無理もないことだが，普通のアメリカ人は砂糖の輸入割当なんか存在すら知らないし，だから実効性のある反対もほとんどない．

でも生砂糖生産者（農家も加工業者も）にとって，この輸入割当は死活問題だ．こうした生産者たちが雇っている労働者はたった 2 万人ほどだから，生産者たちがこの輸入割当で受け取る利得は，労働者一人あたり 20 万ドルの暗黙の補助金に相当する．だから砂糖生産者たちが，この保護を死守すべくきわめて活発に動いているのも当然のことだ．2012 年議会選挙では 450 万ドル以上を寄付して，アメリカ砂糖連合はさらに 2013 年アメリカ農園法（これはアメリカの砂糖輸入制限を再承認するものだった）の議会投票までの 1 年間で，さらに 300 万ドルもロビイング費用をかけている[4]．

この保護に反対する人々は，しばしば批判の根拠として消費者余剰や生産者余剰ではなく，輸入制限により「救われた」雇用一件あたりの消費者の負担額をあげる．明らかに，この輸入割当で間接的に確保された従業者一人あたり 20 万ドルの補助がなくなれば，砂糖生産者たちは雇用を収縮させて減らそうとするだろう．この雇用収縮の推計は，下は 500 人から上は 2,000 人までさまざまだ．この大きな雇用損失を考慮しても，砂糖輸入割当はアメリカ消費者にとって，救われた雇用一件あたり 175 万ドルの費用となっている．そしてこの費用は，高い砂糖価格のせいで食品産業が被っている雇用喪失は考慮していない．

砂糖の制限が撤廃されたら，精製砂糖価格の低下は砂糖を使用する食品産業の大幅な拡大を引き起こす．すでにこうした産業部門での生産者余剰が 9.09 億ドル増える話はした．でもこの拡大はさらに，新しい雇用を 1 万 7,000 から 2 万件生み出す．実際，この拡大はかなり大きくて，アメリカは砂糖を含む食品の純輸出国になれるほどだ．砂糖生産者の方で救われる雇用（500〜2,000 件）と食品部門で失われる雇用（17,000〜20,000 件）とを比べると，保護の雇用面での課題は，もはや救われた雇用あたりの消費者の負担が天文学的という話ではないことがわかる．むしろ，雇用は砂糖輸入割当によって全

---

[4] 砂糖輸入制限を撤廃する改正案が 2013 年農園法案（2013 年砂糖改革法案）に導入された．でも上院では 45 対 54，下院では 206 対 221 と僅差で否決された．

[5] “Farm Bill’s Subsidy for Sugar under Pressure” *Columbia Dispatch,* June 20, 2013 を参照．

然救われてなどいなくて，単純に雇用は**失われている**のだ．

自発的輸出制限 (VER)

輸入割当の変種としては，**自発的輸出制限 (VER)**，またの名を自発的制限合意 (VRA) がある（貿易政策の官僚的世界ではなんでも 3 文字の略称になってしまうらしい！）．VER は，貿易割当だけれど，輸入国側ではなく輸出国側が課すものになっている．いちばん有名な例は，1981 年以降に日本がアメリカへの自動車輸出を制限したものがある．

自発的輸出制限は，通常は輸入国側の要請で実施され，輸出国側は，ほかの貿易制限を予防するためにそれに同意する．第 10 章で見るとおり，一部の政治的法的利点のおかげで，場合によっては VER が貿易政策として好まれることがある．でも経済学的な観点からだと，自発的輸出制限は，ライセンスが外国政府に割当てられる輸入割当とまったく同じで，だから輸入国にとってきわめて高価につく．

VER は必ず輸入国にとって，同じ量だけ輸入を制限する関税よりも高価につく．関税との違いは，関税なら政府歳入になったはずのものが，VER では外国人たちが懐に入れるレントになるということだ．だから VER は輸入国にとって明らかな損失になる．

1980 年代のアメリカで見られた三大自発的輸出制限——繊維とアパレル，鋼鉄，自動車——の研究によれば，こうした制限の消費者への費用のうち 3 分の 2 は，外国人が稼いだレントとなったとのことだ[6]．つまり，費用の大半は，効率性喪失よりは所得移転だということだ．この計算が強調するもう一つの点として，国民の観点からすると，VER は関税よりずっと高くつくということだ．この事実を考えると，各国政府がほかの貿易政策よりも VER を好む場合がずっと多いという事実は慎重な分析が必要となる．

VER の一部は 1 カ国だけが相手ではない．いちばん有名な多国間合意は，多国間繊維協定だろう．これは 2005 年頭まで，22 カ国の繊維輸出を制限した．こうした多国間自発的制限協定は，これまた 3 文字の略称で知られている：OMA，つまり「秩序あるマーケティング協定 (Orderly Marketing Agreement)」なるものだ．

---

[6] David G. Tarr, *A General Equilibrium Analysis of the Welfare and Employment Effects of U.S. Quotas in Textiles, Autos, and Steel* (Washington, D.C.: Federal Trade Commission, 1989) を参照．

事例研究　自発的輸出制限の実例

日本車

1960 年代と 1970 年代のほとんどにわたり，アメリカの消費者と外国消費者の買う車の種類が違っていたために，アメリカ自動車産業は競争からおおむね隔離されていた．アメリカの買い手は，ガソリン税の低い広大な国に暮らしていたので，ヨーロッパ人や日本人よりずっと大きな車を好み，外国企業はおおむね大型車市場でアメリカに挑もうとはしなかった．

でも 1979 年に，石油価格激増と一時的なガソリン不足のおかげで，アメリカ市場は突然小型車にシフトした．日本の自動車メーカーは，もともと価格がアメリカの競合自動車会社に比べて低下しつつあったけれど，その新しい需要を埋めにきた．日本の市場シェアが激増し，アメリカの生産が下がると，アメリカ産業の保護を要求する強い政治力が生じた．一方的に動いて貿易戦争を引き起こすのを嫌ったアメリカ政府は，日本政府に輸出を制限してくれと頼んだ．日本は，従わないとアメリカが一方的に保護主義手段に出るのではと恐れて，販売を制限するのに合意した．最初の合意は 1981 年で，日本からアメリカへの輸出台数を 168 万台に制限した．1984 年の改訂でその総台数は 185 万台に増えた．1985 年には，この合意は失効して更新されなかった．

この自発的輸出制限の影響は，いくつかの要因のおかげでややこしくなった．まず，日本車とアメリカ車はどう見ても，完全な代替品とはいえない．第 2 に，日本の産業はこの輸出割当に対し，車の品質を上げて機能の高い大型車を販売することで対応した．第 3 に，自動車産業は明らかに完全競争になっていない．それでも，基本的な結果は自発的輸出制限のこれまでの議論の予想どおりだ．アメリカでの日本車価格は上がり，そのレントを懐に入れたのは日本企業だった．アメリカ政府の推計だと，アメリカへの総費用は 1984 年には 32 億ドルで，そのほとんどは効率性損失ではなく，日本への移転だった．

中国のソーラーパネル

自発的輸出制限は，WTO ルールの下ではもう認められていないけれど，これは政府間交渉で決まって輸出業者に課される合意だけの話だ．最近になって，EU と中国はソーラーパネルの中国からの輸出が急増したことで貿易紛争になり，その解決策として中国の生産者たちは，EU 諸国への輸出をソーラーパネル 7 ギガワット分以下に制限することに「合意」し，さらにその輸入パネルにも価格に下限を設けた．EU のソーラーパネルメーカーは不満だった．この合意のおかげで，中国からのソーラーパネル輸入すべてに対して反ダンピング関税 47% を課すのが先送りされてしまったからだ（この脅しがあったからこそ，中国のソーラーパネル生産者たちは譲歩した）．でも，反ダンピング関税を適用したら，中国からの対抗措置もかなり厳しいものとなっただろう．中国の官僚たちはすでに，中国輸入に対して高い関税をかけるはずのヨーロッパ製品一覧――豪華なファッション財やワインを含む――を作成し終えていた．中国の生産者たちは，かわりに輸出制限と価格下限に合意するよう説得された．こうすれば，EU での高い価格は享受できるからだ．最大の損をかぶったのはヨーロッパの消費者たちだ．かれらはソーラーパネル（ひいては環境）のためにかなり高い金額を支払わされることになったわけだ．

ローカルコンテンツ要求

ローカルコンテンツ要求というのは，最終財のうち指定割合については現地産品を使えという制限だ．この割合は物理的な単位で指定されることもある．1960 年代のアメリカ石油輸入割当の場合がそうだった．また場合によっては，価値ベースで指定されることもある．ある財の価格の中で，国内の付加価値分の最低水準を要求するわけだ．ローカルコンテンツ法は，製造業の基板を組立てから中間財にシフトさせようとする発展途上国が広く使ってきた．アメリカでは，1982 年に自動車についてローカルコンテンツ法案が提出されたけれど，施行はされなかった．

国内部品メーカーの立場からすれば，ローカルコンテンツ規制は輸入割当と同じかたちの保護を与えてくれる．地元調達しなければならない企業の立場からすると，影響はちょっと違う．ローカルコンテンツ規制は，輸入を厳格に制限するものではない．企業は，国内調達さえ増やせばもっと輸入も増やしていい．つまり企業にとっての輸入品実効価格は，輸入された投入と国際投入の価格の平均になるということだ．

例えば，さっきの自動車の例を思いだそう．あの例では，車の部品を輸入すると 6,000 ドルだった．仮に同じ部品を国内調達したら 10,000 ドルで，組立て企業は国内部品を 50% 使うよう義務づけられているとする．だったら，かれらが直面する平均部品費用は 8,000 ドルだ $(0.5 \times \$6,000 + 0.5 \times \$10,000)$．これは車の最終価格に反映される．

重要な点は，ローカルコンテンツ規制は政府歳入も割当レントもつくり出さないということだ．むしろ輸入財と国産財との価格差は，最終価格の中で平均化され，消費者に転嫁される．

ローカルコンテンツ規制でのおもしろい工夫は，地元産部品を使うかわりに，製品の一部を輸出することで規制を満たすのを認めるというやり方だ．これが重要になることもある．例えばアメリカの自動車企業がメキシコで操業していると，その一部の部品をメキシコからアメリカに輸入させるわけだ．アメリカでその部品をつくったほうが安上がりな場合でもこれをやる．そうすることで，メキシコ市場向けの車をメキシコでつくるときに，メキシコ産部品の使用量を減らせるからだ．

コラム　ギャップの橋渡し

第 8 章で，中間財の貿易が――最終財の貿易と同じく――総厚生利益を生み出すことを述べた（その利益の分配はまるで均等でないことも述べたが）．それに加えて，安い輸入中間財へのアクセスは，生産規模の拡大につれて企業に私的な利益をもたらす．だから，アメリカの政府機関（地方，州，連邦のすべて）はそうした機会の利用が明示的に禁じられていると知ったら，ちょっとびっくりするかもしれない．アメリカのバイ・アメリカン法は，もともと 1933 年に可決したもので，政府機関は多くの具体的に指定された投入をアメリカ企業から買うよう義務づけられている――その投入財についての外国の入札額が，アメリカ企業の最低入札額を 25% 以上下まわらない限り．この条項は，厳しい景気後退に応じて可決された 8,310 億ドルの景気刺激パッケージ，2009 年アメリカ回復再投資法 (ARRA) にも含められた．ARRA の資金を使うあらゆる公共事業は，鉄，スチール，工業製品についてはアメリカ製品を使わなくてはならない（25% の価格差があれば外国製品でもいいのは同じ）．

通常，アメリカと外国の入札価格差は，25% よりはずっと小さいから，バイ・アメリカン条項は最大 25% 以下の費用上昇をもたらす．でも，中国は超大規模インフラプロジェクトだけで使われる，一部のきわめて特殊な鉄鋼製品の生産において，独自の能力を発達させつつある（中国でのそうしたプロジェクト需要が大きいことで得られた経験による部分が大きい）．こうした特殊鉄鋼製品については，中国生産者と，ごく少数のアメリカ企業の価格差はその 25% 上限に達しつつある――一部のインフラプロジェクトはすさまじい規模だということもあり，この差額はかなりの金額になる．

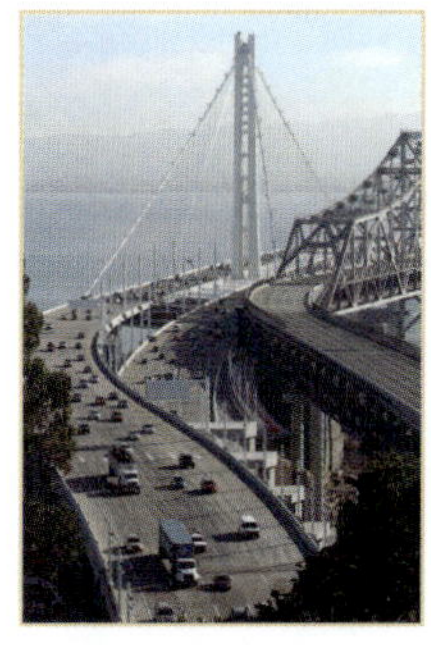

サンフランシスコとオークランドを結ぶ新ベイブリッジ．

サンフランシスコとオークランドを結ぶ新しいベイブリッジ建設で，一部の重要な鉄鋼部品での中国の入札金額と，たった 1 社の米企業入札価格とでは 23% もの開きがあり，これは 4 億ドルの費用差額になる．これはあまりに巨額だったから，カリフォルニア州は ARRA に基づく連邦資金をあきらめて，将来の橋の通行量で返済する債券を発行して建設資金をまかなうことにした．こうした資金調達の道は，ほかの多くのインフラプロジェクトでは使えないから，そういうプロジェクトはバイ・アメリカン条項によるきわめて高い費用を負担せざるを得ない．

こうした条項はアメリカの納税者にとって費用を増やすだけでなく，とても重要なプロジェクトの一部に大幅な遅れを生じさせている．プロジェクト責任者たちは，一部の重要な部品や構成要素はアメリカ製品がまったくないと証明するのに必要な行政書類をあれこれ用意しなければならないからだ．これはアメリカ国土安全保障省でも起こった．電子荷物検査装置を運営しようとしたら，業社がそれを空港のセキュリティシステムと統合するのに必要な外国部品を調達するときに，許可がなかなか下りなかったのだった．最後に，バイ・アメリカン条項のせいでほかの外国政府も類似の保護主義的な条項を盛り込むようになり，アメリカ企業が事業機会から閉め出されるようになっている．

そのほかの貿易政策ツール

政府が貿易を左右する方法はほかにもいろいろある．そのいくつかについて手短に触れよう．

1. **輸出信用補助**　これは輸出補助のようだけれど，買い手に対する補助付き融資というかたちを採る．アメリカはほかの多くの国と同じく，輸出入銀行 (EXIM Bank) という政府機関をもっていて，輸出促進のために少なくとも多少は補助をつけた融資を提供している．
2. **国内調達**　政府調達や，強く規制されている企業の調達は，輸入品より国産品の方が高価な場合でも，国産品の利用を指定される場合がある．古典的な例はヨーロッパの電気通信産業だ．EU 諸国は原理的には相互に自由貿易となっている．でも電気通信機器の主要購入者は，電話会社だ――そしてヨーロッパの電話会社はごく最近まですべて政府所有だった．こうした政府所有電話会社は，外国業者より高くついても国内業者から調達する．結果として，ヨーロッパの中で電気通信機器はほとんど貿易されていない．
3. **規制障壁**　ときに政府は，公式でないかたちで輸入を制限したがる．幸か不幸か，通常の健康，安全，関税をめぐる手続きをゆがめて，貿易の邪魔をする強力な障壁を設けるのは実に簡単だ．古典的な例は 1982 年のフランスの政令で，日本製ビデオデッキはすべて，ポワチエ（すべての大型港湾から遠く離れた内陸の都市）にある小さな税関を経由するようにと定めた――これで実際の輸入はごくわずかなものに限られてしまった．

貿易政策の影響：まとめ

貿易政策の主要ツールが与える影響を便利にまとめたのが表 9.1 だ．ここでは 4 種類の貿易政策が消費者の厚生に与える影響を比べている．

表 9.1　各種貿易政策の影響

政策	関税	輸出補助金	輸入割当	自発的輸出制限
生産者余剰	増加	増加	増加	増加
消費者余剰	下落	下落	下落	下落
政府歳入	増加	下落 （政府支出増加）	不変 （レントはライセンス保持者に）	不変 （レントは外国人に）
国の総厚生	はっきりしない （小国なら下落）	下落	はっきりしない （小国なら下落）	下落

この表はどう見ても，介入的な貿易政策の旗振りをしているようには見えない．すべての貿易政策は生産者に利益を与えて消費者に痛手を与える．こうした政策が経済厚生に与える影響は，よくてもはっきりしない．政策のうち二つは，間違いなく国全体に痛手を与えるし，関税と輸入割当は，世界価格を引き下げられる大国でないと，純便益が出る可能性すらない．

だったら，なぜ各国政府はこんなにしょっちゅう，輸入を制限して輸出を促進しようとするんだろうか．この問題を第 10 章で採り上げよう．

まとめ

1. これまでの分析では市場の一般均衡を強調してきたけれど，貿易政策の分析では通常は部分均衡アプローチで十分だ．

2. 関税は外国価格と国内価格との間に断絶をもたらし，国内価格を関税率よりは小さく引き上げる．でも重要かつ意義深い例外は，外国価格を大きく左右できない「小さな」国の場合だ．この小国の場合，関税は国内価格に完全に反映される．

3. 関税などの貿易政策の費用と便益は，消費者余剰と生産者余剰の概念を使うと計測できる．これらの概念を使うことで，ある財の国内生産者たちは，関税がかれらの受け取る価格を引き上げるせいで利益を得ることが示せる．同じ理由で，国内消費者は損をする．また政府歳入も利益を得る．

4. 関税の損失と利益を通算してみると，国民厚生に対する純影響は二つの部分に分けられることがわかる．一方では，効率性の損失で，これは国内生産者や消費者たちが直面するインセンティブの歪曲から生じるものだ．もう一方では貿易の利得面があり，これは関税が外国輸出価格を引き下げる傾向を反映するものとなる．外国価格を左右できない小国の場合，二番目の影響はゼロだから，間違いなしに損失となる．

5. 関税の分析は，ほかの貿易政策手段の分析にそのまま適用できる．輸出補助金，輸入割当，自発的輸出制限などの手段がある．輸出補助金は関税と似たような効率性損失を引き起こすけれど，交易条件悪化を引き起こすことでそうした損失をさらに悪化させる．輸入割当と自発的輸出制限は，政府が何の歳入も得ないという点で関税とは違う．むしろ政府歳入となったはずのものは，輸入ライセンスをもらった人々（輸入割当の場合）や外国人（自発的輸出制限の場合）のレントとして積み上がる．

重要用語

交易条件利得 p.241
効率性損失 p.241
実効保護率 p.236
自発的輸出制限 (VER) p.250
従価関税 p.231
従量関税 p.230
消費者余剰 p.237
消費歪曲損失 p.242
生産者余剰 p.238
生産歪曲損失 p.242
非関税障壁 p.231
輸出供給曲線 p.231
輸出制限 p.231
輸出補助金 p.243
輸入需要曲線 p.231
輸入割当 p.231
輸入割当レント p.246
ローカルコンテンツ要求 p.252

練習問題

1. 自国の小麦需要曲線は

$$D = 100 - 20P$$

供給曲線は

$$S = 20 + 20P$$

自国の**輸入**需要関数を導いてグラフにしよう．貿易がなければ小麦の値段はいくらになる？

2. 今度は外国を加えよう．こちらの需要曲線は

$$D^* = 80 - 20P$$

供給曲線は

$$S^* = 40 + 20P$$

a. 外国の輸出供給関数を導いてグラフにしよう．貿易がなければ外国での小麦の値段はいくらになる？

b. 今度は自国と外国が貿易できるようにしよう．輸送費はゼロだ．自由貿易かでの均衡を見つけてグラフにしよう．世界価格はいくら？　貿易量はどのくらい？

3. 自国は小麦輸入に対し，従量関税 0.5 を課している．

a. 関税が以下に与える影響を見きわめてグラフ化しよう．(1) 各国での小麦価格 (2) 各国での小麦の需要量と供給量 (3) 貿易量

b. 次のそれぞれのグループの厚生に関税が与える影響を見きわめよう．(1) 自国輸入競合生産者 (2) 自国消費者 (3) 自国政府

c. 関税がもたらす交易条件の改善，効率性損失，厚生への総影響をグラフで示して計算しよう．

4. 外国がずっと大きな国で，その需給は次のようだとしよう．

$$D^* = 800 - 200P,\ S^* = 400 + 200P$$

(これは貿易なしの場合の外国での小麦価格が，問題 2 と同じだということに注意しよう)

自由貿易均衡を計算しなおして，自国による 0.5 の従量関税の影響を調べよう．結果の違いを，本文中の小国の例に関する議論と関連づけてみよう．

5. 中国が世界価格 200 ドルの自転車に 50% の関税をかけ，世界価格が総額 100 ドルのバイク部品には関税がかからない場合，中国における自転車の実効保護率はいくらになるだろう？

6. アメリカは，燃料用エタノールの輸入を制限し，同時にガソリンにエタノールを混ぜる用途へのインセンティブを提供している．このためエタノールの価格は，自由貿易の場合に比べて 15% ほど上がっている．でも，トウモロコシについては自由貿易があり，これは発酵させて蒸留するとエタノールがつくれるし，エタノールの費用の約 55% となる．トウモロコシをエタノールに変えるプロセスに対する実効保護率はいくらになるだろう？

7. 問題 2 の例に戻ろう．自由貿易から出発して，外国が輸出業者に対し，小麦 1 単位あたり 0.5 の補助金を提供しているとしよう．各国での価格と，個別グループや経済全体の厚生への影響を計算しよう．

8. 貿易政策についての知識を使って，次の発言を評価しよう．

a. 「失業を減らす効果的な方法は，輸入財に対して関税をかけることだ」

b. 「関税は，小国よりも大国での方がマイナスの影響が大きい」

c. 「自動車製造雇用がメキシコに向かっているのは，メキシコでの方が賃金がアメリカよりずっと低いからだ．だからわが国はアメリカとメキシコの賃金率の差に相当するだけの関税を自動車にかけるべきだ」

9. アシレマ国は「小国」で，世界価格を左右できない．ピーナッツを一袋あたり 10 ドルで輸入している．需要曲線は次のとおり：

$$D = 400 - 10P$$

供給曲線は次のとおり：

$$S = 50 + 5P$$

自由貿易均衡を示そう．それから，ピーナッツ輸入を 50 袋に制限する輸入割当が以下に与える影響を計算してグラフ化しよう．

a. 国内価格の上昇

b. 輸入割当のレント

c. 消費歪曲損失

d. 生産歪曲損失

10. 関税，輸入割当，補助金がすべて純厚生損失をもたらすなら，どうしてアメリカや EU 諸国などの先進工業国の間でこれらが実に広く，特に農業部門で行われるんだろうか？

11. 製造業労働者たちは，経済のほかの労働者に比べて賃金が最低だったとする．製造業製品に巨額の関税がかかったら，経済の中の実質所得**分配**にはどんな影響が出るだろうか？

もっと勉強したい人のために

- Jagdish Bhagwati. “On the Equivalence of Tariffs and Quotas,” Robert E. Baldwin et al., eds. *Trade, Growth, and the Balance of Payments.* Chicago: Rand McNally, 1965 所収．独占下での関税と輸入割当の古典的な比較．
- W. M. Corden. *The Theory of Protection.* Oxford: Clarendon Press, 1971. 関税，輸入割当などの貿易政策の影響に関する一般的なサーベイ．
- Robert W. Crandall. *Regulating the Automobile.* Washington, D.C.: Brookings Institution, 1986. 文句なしに最も有名な自発的輸出制限に関する分析を含む．
- Robert C. Feenstra. “How Costly Is Protectionism?” *Journal of Economic Perspectives* 6 (1992), pp. 159-178. 保護主義政策に伴う費用を計測した実証研究をまとめたサーベイ論文．
- Gary Clyde Hufbauer and Kimberly Ann Elliot. *Measuring the Costs of Protection in the United States.* Washington, D.C.: Institute for International Economics, 1994. 21 の産業分野におけるアメリカの貿易政策評価．
- Kala Krishna. “Trade Restrictions as Facilitating Practices.” *Journal of International Economics* 26 (May 1989), pp. 251-270. 外国と自国の生産者がどちらも独占力をもつ場合の輸入割当の影響に関する先駆的な分析．通常の結果は，どちらの生産者の利潤も増える――犠牲になるのは消費者だ．
- Patrick Messerlin. *Measuring the Costs of Protection in Europe: European Commercial Policy in the 2000s.* Washington, D.C.: Institute for International Economics, 2001. 欧州の貿易政策とのその影響についてのサーベイで，アメリカについての Hufbauer and Elliot の研究と類似．
- D. Rousslang and A. Suomela. “Calculating the Consumer and Net Welfare Costs of Import Relief.” *U.S. International Trade Commission Staff Research Study* 15.

Washington, D.C.: International Trade Commission, 1985. この章で使った枠組みについての記述で，この枠組みを実際に本当の産業に適用するにはどうしたらいいかの議論.

- U.S. International Trade Commission. *The Economic Effects of Significant U.S. Import Restraints.* Washington, D.C., 2009. 保護貿易がアメリカ経済に与える影響についての，定期的に更新される経済分析.

第9章補遺

APPENDIX TO CHAPTER 9

独占がある場合の関税と輸入割当

この章の貿易政策分析は，市場が完全競争なのですべての企業が価格を所与とするものと想定している．でも第8章で論じたように，国際貿易財の多くの市場は不完全競争だ．国際貿易政策の影響は，市場での競争の性質に左右されたりする．

不完全競争市場での貿易政策の影響を分析するときには，新しい懸念が生まれる．国際貿易は独占力を制限するので，貿易を制限する政策は独占力を増やしかねないということだ．ある国で，その財の生産者が1社しかなくても，外国の供給業者がたくさんいて自由貿易があれば，価格は上げられなくなる．でも，もし輸入が輸入割当で制限されていたら，同じ企業は競争の恐れなしに自由に価格を上げられる．

貿易政策と独占力のつながりは，ある国が財を輸入して，その輸入競争生産を支配しているのがたった一つの企業である場合を考えれば理解できる．この国は世界市場では十分小さいので，輸入価格は貿易政策には左右されない．このモデルでは，自由貿易，関税，輸入割当の影響を検討して比べてみよう．

自由貿易のモデル

図9A.1は，国内独占業者が輸入からの競争に直面する市場での自由貿易を示す．Dが国内需要曲線だ．つまり，国内居住者からのその製品に対する需要になる．P_Wはその財の世界価格だ．輸入はその価格でなら無限に提供される．国内産業は，たった一つしか企業がなく，その限界費用曲線はMCだ．

この市場で貿易がなければ，国内企業は通常の利潤最大化独占企業としてふるまう．Dに対応するのは限界収入曲線MRで，企業は独占利潤最大化の生産量Q_Mと価格P_Mを選ぶ．

でも自由貿易があると，この独占行動はできない．この企業がP_Mの値段など，P_W以上のどんな値段をつけても，誰も製品を買ってくれない．もっと安い輸入品があるからだ．だから国際貿易は独占企業の価格にP_Wという天井を設けてしまう．

この価格制限を前にして独占企業ができる最大限のことは，限界費用が世界価格と等しくなるQ_fまで生産することだ．価格P_Wで，国内消費者はその財をD_f単位要求するから，輸入の量は$D_f - Q_f$になる．でもこの結果は，国内産業が完全競争だったときに起こるはずのこととまったく同じだ．つまり自由貿易があると，国内産業が

図 9A.1
自由貿易下の独占企業

輸入競争の脅しで独占企業は関税競争産業のようにふるまう

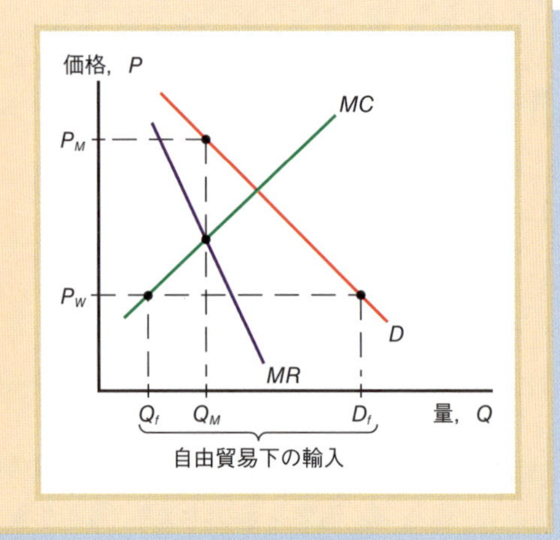

独占だということは，結果に一切影響しない．

関税があるモデル

関税の影響は，国内産業がつけられる価格の上限を引き上げることだ．もし従量関税 t が輸入品にかかると，国内産業は今や $P_W + t$ の値段をつけられる（図 9A.2）．それでも国内産業は，独占価格まで値段を引き上げられるわけではない．世界価格に関税を足したものよりも値段が高くなれば，消費者はやはり輸入品を選ぶからだ．だから独占企業としては，Q_t で限界費用と等しい値づけをすることだ．関税は国内産業の生産量だけでなく国内価格も引き上げ，需要は D_t に下がるので輸入は減る．でも国内産業は相変わらず，完全に競争的だった場合と同じ量を生産する[7]．

輸入割当のモデル

政府が輸入に制限をかけ，輸入量をある固定水準 $\overline{Q}$ までと決めたとする．独占企業は，P_W 以上に値段を引き上げても，売上げのすべてを失うわけではないことを認識する．その価格での国内需要から，認められた輸入量 $\overline{Q}$ を引いた量が売れるわけだ．だから独占企業が直面する需要は，国内需要から認められた輸入量を引いたものとなる．輸入割当後の需要曲線を D_q と定義する．これは国内需要曲線 D と平行だけれ

[7] 関税が，独占産業と完全競争産業とで違った影響をもつ場合が一つある．それは，関税が高すぎて輸入品が完全に排除されてしまう場合だ（禁止関税）．競争的な産業の場合，いったん輸入品が排除されたら，関税をそれ以上上げても何の影響もない．でも独占企業は，実際の輸入量がゼロであっても，輸入品の**脅威**により価格を制限せざるを得ない．だから禁止関税の引き上げは，独占企業に価格を利潤最大化価格 P_M 近くまで引き上げられるようにしてくれる．

図 9A.2
関税に守られた独占企業

関税があれば独占企業は価格を上げられるけれど，その上げ幅は輸入の脅威でまだ限られる．

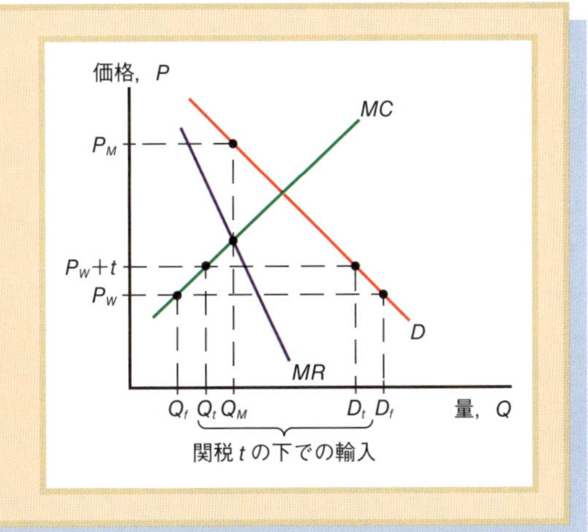

ど，左に $\overline{Q}$ 単位だけシフトしている（これは輸入割当が強制的なもので，国内価格が世界価格 P_W 以上の場合だ．図 9A.3 参照）．

D_q に対応するのは新しい限界収入曲線 MR_q だ．輸入割当で保護された企業は，この新しい限界収入に等しい限界費用を設定することで利潤を最大化し，Q_q 生産して値段を P_q に設定する（だからこの財を 1 単位輸入するライセンスは，$P_q - P_W$ のレントを発生させる）．

図 9A.3
輸入割当に守られた独占企業

いまや独占企業は好きなだけ価格を引き上げられる．輸入品の国内価格も上がることがわかっているからだ．

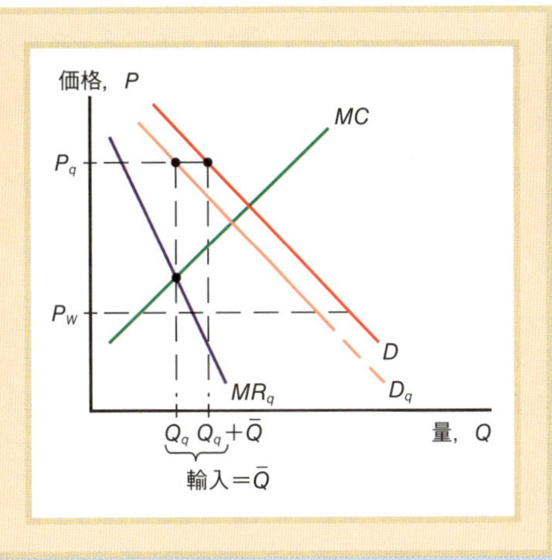

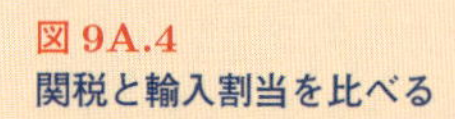

図 9A.4
関税と輸入割当を比べる

輸入割当は，同じ輸入量を実現する関税よりも低い国内産出と高価格をもたらす．

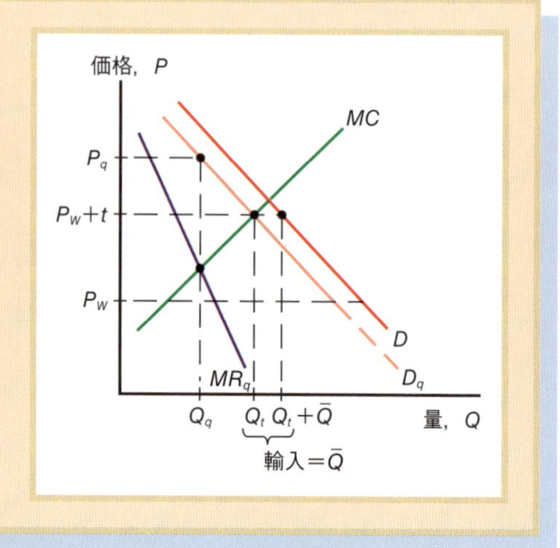

関税と輸入割当を比べる

それでは，関税と輸入割当の影響がどう違うかを比べよう．このためには，**同じ水準の輸入量**をもたらす関税と輸入割当を比べる（図 9A.4）．この関税水準 t は，輸入量 $\overline{Q}$ をもたらす．だから，関税の代わりに政府があっさり輸入量を $\overline{Q}$ に制限したらどうなるかを考えよう．

図を見ると，二つの結果が違うことがわかる．関税だと国内生産は Q_t で，国内価格 P_W+t になる．輸入割当だと国内生産量はもっと低い Q_q になり，価格はもっと高い P_q だ．関税で保護されている場合，独占国内産業は，完全に競争的だった場合と同じふるまいをする．輸入割当で保護された場合だと明らかに違ってくる．

この違いが起こる理由は，輸入割当が関税よりも強い独占力をつくるからだ．独占産業が関税で保護されているときには，国内企業は価格を上げすぎたら相変わらず輸入品に負けるのを知っている．これに対し輸入割当だと絶対的な保護が得られる．国内価格をどんなに上げても，輸入量は輸入割当を超えることはない．

この比較から考えて，政府が国内の独占力を気にするのであれば，貿易政策の道具としては輸入割当より関税を活用すべきだということになりそうだ．でも実際には，国内産業保護はますます関税から離れ，輸入割当を含む非関税障壁に向かいつつある．これを説明するためには，政府を動かす力として経済効率性以外のものに目を向ける必要がある．

CHAPTER 10

貿易政策の政治経済

2005 年 11 月 8 日，アメリカ政府と中国政府は合意文書に調印した．中国がアメリカの圧力に屈して，各種の繊維衣料の対米輸出についての輸出制限を行うことに合意したのだった．例えば中国は 2006 年に，アメリカには靴下を 7.723 億足以上は輸出しないと合意している．この合意はアメリカの消費者にとって，靴下などの価格を大幅に引き上げている．中国はこの点ではアメリカの要求を受け入れたけれど，工業製品や農産物についての関税を引き下げろというアメリカの要求には反発した．

つまり中国政府もアメリカ政府も，第 9 章の費用便益分析によれば，便益よりは費用の多いはずの政策をなんとしても実現したいと思っていたわけだ．明らかに，政府の狙いは単純な費用便益の測定を超えたものを反映している．

この章では，政府が貿易政策を経済学者たちの費用便益計算に基づいて行うべきではない，あるいは少なくとも，実際にはそうしない，理由のいくつかを検討する．実際に貿易政策を動かす力の検討は第 11 章と 12 章でも続ける．これらの章は，それぞれ発展途上国と先進国が直面する貿易政策課題の特徴を扱う．実際の貿易政策を理解するための第一歩は，政府が貿易に介入**すべきでない**理由としてはどんなものがあるかを考えることだ——つまり，自由貿易を支持する理由は何か，ということだ．この質問に答えられたら，介入を支持する議論は，自由貿易支持論の根底にある想定への挑戦として検討できる．

学習目標

この章を読み終わったら，こんなことができるようになる．

- 伝統的な貿易からの利益を超えた，自由貿易支持論を展開できる．
- 自由貿易に反対する国民厚生議論を評価できる．
- 貿易政策の「政治経済」的な見方の背後にある理論と実証を結びつけられる．
- 国際交渉や合意が世界貿易をどう促進してきたか説明できる．
- 特恵貿易協定が生み出す独特の問題を論じられる．

図 10.1
自由貿易を効率性の観点から支持する

関税などの貿易制限は，生産と消費の歪曲につながる．

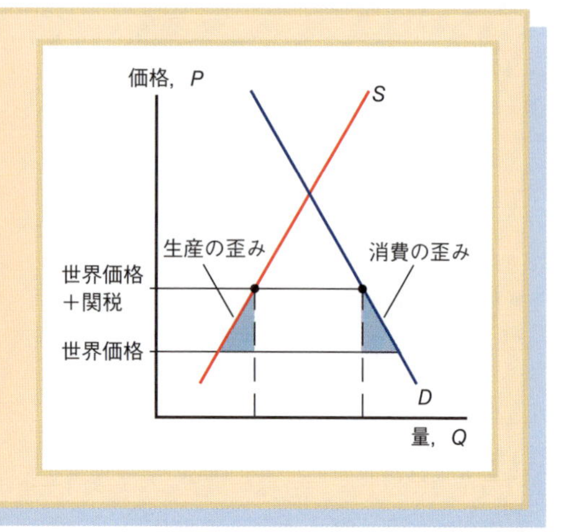

自由貿易の支持論

完全な自由貿易に近いとさえいえるようなものは，どの国ももっていない．香港は，法的には中国の一部だけれど独自の経済政策をもっていて，現代経済の中では関税も輸入割当もない唯一の経済かもしれない．それでもアダム・スミスの時代以来，経済学者たちは貿易政策がめざすべき理想として自由貿易を推奨してきた．ある水準では，理論的モデルは自由貿易が保護主義に伴う効率性の損失を避けられると示唆している．多くの経済学者たちは，自由貿易が生産と消費の歪曲を除去するだけにとどまらない追加の利益を生み出すと考えている．最後に，自由貿易が政策として完璧とはいえないと思っている経済学者たちですら，政府が実施しそうなほかのどんな政策よりも通常はマシだと考えている人が多い．

自由貿易と効率性

自由貿易の効率性支持論は，関税の費用便益分析の裏返しでしかない．図 10.1 は外国輸出価格に影響を与えない小国の場合でこの基本的な論点を繰り返したものだ．関税は二つの三角形の面積で示される純損失を経済に与える．これは生産者と消費者の経済インセンティブ歪曲から生じる損失だ．逆に，自由貿易に移行すればこうした歪曲がなくなり，国民の厚生は高まる．

現代世界では，この章の後で説明する理由から，関税率は一般に低いし，輸入割当もそんなに見られない．結果として，関税や輸入割当による歪曲の総費用推計は，か

表 10.1	世界的自由貿易への移行による便益（対GDP比）
アメリカ	0.57
EU	0.61
日本	0.85
発展途上国	1.40
全世界	0.93

出典：William Cline, *Trade Policy and Global Poverty* (Washington, D.C.: Institute for International Economics, 2004), p. 180.

なりつつましい規模になっている．表 10.1 は世界的な自由貿易への移行から得られる利益推計を GDP 比で示したもので，比較的最近のものだ．世界全体については，この推計によれば，保護主義は GDP の 1% 以下の費用でしかない．自由貿易からの利益は，欧米などの先進経済の場合には小さくて，もっと貧しい「発展途上国」だと少し大きめだ．

自由貿易の追加の利益[1]

経済学者たちの間では，こうした計算は，自由貿易によるかなり大きな利益を示すものであっても，それが話のすべてではないという考え方が強い．小国一般，特に発展途上国の場合だと，多くの経済学者たちは伝統的な費用便益分析ではとらえきれていない重要な利益があると論じる．

一つの追加利益は，第 7 章と 8 章で主題にした規模の経済に関係する．保護された市場は産業の集約を阻害することで，規模の外部経済からの利益を制限してしまう．規模の内部経済の場合，それは生産を国際的に断片化させるだけでなく，競争を減らして利潤を引き上げることで，保護産業部門にあまりに多くの企業が参入するようにしてしまう．せまい国内市場に企業が乱立することで，それぞれの企業の生産規模は非効率になる．保護が非効率な規模を生むという好例は，アルゼンチンの自動車産業で，これは輸入制限のために台頭した．効率的な組立工場は，年間生産台数 8 万から 20 万台の規模なのに，1964 年に年商 16 万 6,000 台しかなかったアルゼンチンの自動車産業には 13 社もいた！　一部の経済学者によれば，過剰な参入とそれに伴う非効率な生産規模を抑止するのは，標準的な費用便益計算を超える自由貿易の理由になる．

自由貿易支持のもう一つの議論は，実業家たちに，輸出の新しい方法を探したり輸入品と競争したりするインセンティブを与えることで，自由貿易は政府が輸出入パターンを決めてしまう「管理」貿易よりも学習とイノベーションの機会を与える，という

[1] 追加的な自由貿易への利益としてここで論じられたものは，「動学的」利益とよばれることもある．競争やイノベーションの増加は，生産や消費の歪曲を除くよりも効果が発揮されるまでに時間がかかったりするからだ．

ものだ．第11章は，輸入割当と関税からもっと開放的な貿易政策に移行したときに，予想外の輸出機会を見つけた低開発国の経験を論じている．

それと関連する自由貿易の利益は，輸出を行うのは生産性の高い企業で，生産性の低い企業は国内市場にとどまるという第8章で述べた傾向に関係したものだ．ここから示唆されるのは，自由貿易への移行は，産業のミックスを高い生産性をもつ企業にシフトさせることで，経済全体を効率的にするということだ．

こうした追加の自由貿易支持論は定量化が難しいものだけれど，それをやってみた経済学者もいる．一般に，規模の経済と不完全競争を考慮したモデルは，表10.1に示したものよりも大きな数字を出す．でも，自由貿易からの利益が本当はどれだけ増えるのかについては，意見が大きく分かれる．自由貿易からの追加利益が一部の経済学者たちの思っているほど大きいなら，関税や割当，輸出補助金などにより貿易を歪曲する費用は，それに応じて伝統的な費用便益分析の計測よりも大きくなる．

レントシーキング

輸入品が関税ではなく輸入割当で制限されている場合，その費用は**レントシーキング**とよばれるプロセスにより拡大される．第9章で，輸入割当を施行するには，政府は輸入ライセンスを発行することになり，経済的レントをそのライセンス受給者の懐に入れる．一部の例では，個人は企業は輸入ライセンスを獲得するために，かなりの費用をかける——実質的には，経済の生産的なリソースの一部をむだにしているわけだ．

有名な例がインドで1950年代と1960年代に起きた．当時，インド企業は生産能力に応じて輸入投入財を買う権利を割り振られていた．これは過剰投資のインセンティブをつくり出した——例えば製鉄会社は，もらえる輸入割当ライセンスを増やしたいからというだけで，必要以上の高炉を建設しようとしたりする．この遊休設備を建設するのに使われた資源は，図10.1に示された費用を上まわる保護の費用となる．

レントシーキングの例として，もっと最近でふうがわりな例としては，アメリカによるツナ缶の輸入がある．ツナ（マグロ）は「関税割当制」というもので保護されている．マグロは少量（アメリカ消費量の4.8%）までは6%の低関税で輸入できるけれど，それを超える輸入はすべて12.5%の関税率になる．どういうわけか，輸入ライセンスはない．毎年，マグロを低関税率で輸入できる権利は早い者勝ちで割り振られる．結果として，アメリカにマグロを持ち込もうとする高価な競争が起こってしまう．アメリカ国際貿易委員会がこのレントシーキングの過程を次のように表現している：

> 輸入業者たちは，TRQ [関税割当制] のできる限り多くのシェアを手に入れようとして，保税倉庫に12月末に大量のツナ缶を備蓄しておき，年が明けた瞬間にその倉庫の製品を出荷する．

12 月に輸入業者たちが大量のツナ缶を倉庫に積み上げるために使う費用は，アメリカ経済にとって通常の保護貿易費用を超える損失となる．

自由貿易支持の政治的な議論

自由貿易の政治的支持論は，自由貿易への政治的なコミットメントは，原理的にもっとよい政策があるにしても，実際上はよいアイデアだったりするという事実を反映したものだ．経済学者たちはしばしば，実際の貿易政策は国民的な費用や便益よりも，特殊利権政治にばかり支配されていると主張する．経済学者たちは，理論的には選択的に関税や輸出補助金をかける方が国民の厚生を増やせることを示せるけれど，実際には，貿易に対する高度な介入プログラムを実施しようとする政府機関はすべて，利益団体につかまって所得を政治的な影響力の強い部門に再分配する道具として使われてしまうのだと論じる．この議論が正しいなら，純粋に経済学的な根拠でみれば，自由貿易が必ずしも考えられる最適な政策でなかったとしても，例外なしの自由貿易を支持する方がマシかもしれない．

これまでの節で述べてきた三つの議論は，おそらくほとんどの国際経済学者たち（少なくともアメリカの学者たち）の視点を代弁したものとなっている：

1. 伝統的に計測された，自由貿易からの逸脱費用は大きい
2. 自由貿易にはほかにも便益があるから，保護主義的な政策の費用はもっとふくらむ
3. 自由貿易からの高度な逸脱を図ろうとする試みはすべて，政治プロセスにより覆されてしまう

それでも，自由貿易から逸脱する方がいいという知的にまともな議論は存在するので，これはきちんと理解しておくべきだ．

事例研究　「1992」の利益

1987 年に，欧州共同体（今は欧州連合，EU）の加盟国は，公式には「単一ヨーロッパ議定書」とよばれるものに合意した．これは，真に統合された欧州市場をつくりだそうという意図のものだった．この法律は 5 年で施行されることになっていたから，そこに内包された施策はまとめて「1992」とよばれるようになった．

「1992」の奇妙なところは，欧州共同体はすでに関税連合だったから，ヨーロッパ内の貿易では関税や輸入割当はもう存在していなかったということだ．だったら後は何を自由化すればいい？　1992 支持者たちは，ヨーロッパ内部にはまだかなりの国際貿易障壁があると主張した．そうした障壁の一部は，国境を越える費用だ．例えば，フランスとドイツの間で財を運ぶトラックが，法的な手続きのために止まらなくてはならないという事

実だけでも，長い待ち時間につながり，時間とガソリンのむだになる．似たような費用がビジネス旅行者にもかかる．ロンドンからパリへの飛行機は1時間でも，入国審査と通関で1時間余計に待たされる．規制の違いも，市場の統合を制限した．例えば，ヨーロッパ各国で食品をめぐる保健規制が違うので，イギリス製品をトラックにつめてフランスに持って行ったり，その逆をしたりというわけにはなかなかいかない．

こういうちょっとした貿易障壁をなくすのは，政治的にとても難しいプロセスだった．仮にフランスが，ドイツからの製品はノーチェックで入れてしまうことにしたとしよう．フランス人たちは，フランスの安全基準を満たさない工業製品や，フランスの保健基準に合わない食品や，フランスの医師が認めていない医薬品などを与えられてしまうかもしれない．だから各国が真にオープンな国境をもつには，各国が共通の基準に合意して，フランスの要件を満たすものはドイツでも認められ，その逆も可能になる必要がある．1992交渉の主要な仕事は，つまり何百という分野での規制を協調させることだった．この交渉は，各国の文化的な差のせいで，しばしば熾烈なものになった．

みんながいちばん感情的になったのは食品だった．先進国はどこでも，人工着色料などは規制して，消費者たちが発がん物質や有毒物質を知らずに食べたりしないようにしている．でも，最初に提案された人工着色料規制は，いくつかの伝統的なイギリス食品の外見を破壊してしまう．ピンク・バンガース（朝食用ソーセージ）は白くなり，ゴールデン・キッパー（ニシンの干物）は灰色になり，豆の煮物は明るい緑ではなく濁った緑になってしまう．大陸側の消費者は気にもしなかった．かれらとしては，そもそもイギリス人がそんなものを食えること自体が理解不能だった．でもイギリス側では，この問題が国民アイデンティティ喪失の恐れと結びついてしまい，この規制案を緩和することがイギリス政府にとっては最重要課題となったので，必要な例外がなんとか得られた．その一方で，ドイツは何世紀もの歴史をもつビール純度法を満たさないビールの輸入を受け入れざるを得ず，イタリアはなんと――恐ろしいことに！――間違った種類の小麦でつくられたパスタを受け入れざるを得なくなった．

でも，こんな面倒な交渉を何のためにやるんだろうか？　1992にどんな潜在的な利益があるのだろうか？　直接的な利益を推計しようという試みはどれも，かなり慎ましい利益を示唆していた．国境を越えるための費用は，その財の出荷額の数%に満たない．そうした費用をなくしても，ヨーロッパ全体の実質所得の増加は，どうみても1%に満たない．それでも，欧州委員会（EUの行政部門）の経済学者たちは，真の利益はずっと大きいと主張した．

この主張は，欧州市場の統合は企業の競争を高め，もっと効率的な生産規模を実現するという見方にかなり依存していた．アメリカとの比較がかなり活用された．アメリカの購買力と人口はEUと似ているのに，国境はなく完全な統合市場だ．欧州委員会の経済学者たちは，多くの産業で欧州の市場は断片化しているようだと指摘した．大陸全体を単一市場として見るかわりに，企業はどうも細かいゾーンに切り分けて，それぞれが小規模な国ごとの生産者の縄張りになっているようだった．経済学者たちの主張では，貿易障壁がすべてなくなれば，こうした生産者たちの統合が起こり，生産性の大幅な向上が起こるはずだった．こうした推定上の利益で，1992 の便益推計は，その時点の EU 諸国の所得を数 % にまで引き上げた．さらに委員会の経済学者たちは，ヨーロッパ経済の効率性向上により，インフレと失業のトレードオフが改善するから，間接的な便益があるのだと論じた．あれやこれやの計算のあげく，委員会は 1992 の推定利益が，ヨーロッパの所得の 7% になると推計した[2]．

この議論に参加した人は，誰もこの 7% という数字がことさら信頼できるものとは思っていなかったけれど，多くの経済学者たちは，利益がかなりのものになるという委員会の確信を共有していた．でも，市場の断片化は貿易政策よりは文化的な問題だろうという懐疑派もいた．例えばイタリアの消費者たちがほしがる洗濯機は，ドイツで好まれるものとはかなり違う．イタリア人たちは比較的少数の服しか買わないけれど，買う物はスタイリッシュで高価だ．だから服への投資を保存する，穏やかに洗う低回転の洗濯機が好みだったのだ．

いまや 1992 年からずいぶんたったので，支持者も懐疑派もそれなりにポイントはついていたのが明らかだ．一部の例では，かなりの産業統合が起きた．例えばフーヴァー社はフランスの掃除機工場を閉鎖して，生産をすべてイギリスのもっと効率の高い工場に集約した．ほかの例では，古い市場の断片化が明らかになくなったし，ときにはそれが驚くようなかたちとなった．例えばイギリスのスライス済み食パンがフランスで人気商品になるなどだ．でも場合によっては，まったく統合の兆しがない市場もある．ドイツ人は輸入ビールに見向きもせず，イタリア人は柔らかい小麦のパスタなんか受け入れない．

1992 の経済的利益はどのくらいだろう？　2003 年に，欧州委員会が単一ヨーロッパ議定書の影響を振り返ろうとしたときには，1992 年以前の推計よりは慎ましい値になった．利益は GDP の 1.8% だった．この数字が正しければ，ちょっとがっかりする数字ではあるけれど，失敗とはいえない．

国民厚生から見た自由貿易反対論

ほとんどの関税や輸入割当などの貿易政策手段は，主にある特定の利益集団の所得を保護するために実施される．でも政治家たちはしばしば，そうした政策が国全体の利益のために実施されていると主張するし，たまにはそれが事実だったりすることさえある．経済学者たちはしばしば，自由貿易からの逸脱は国民の厚生を減らすと主張するけれど，活発な貿易政策がときには国全体の厚生を高められると考えるべき理論的な根拠はある．

[2] Michael Emerson, Michel Aujean, Michel Catinat, Philippe Goubet, and Alexis Jacquemin, “The Economics of 1992,” *European Economy* 35 (March 1988) を参照．

図 10.2
最適関税

大国なら，最適関税 t_o があって，交易条件の限界利得が生産と消費歪曲からくる限界効率性損失とちょうど等しくなる.

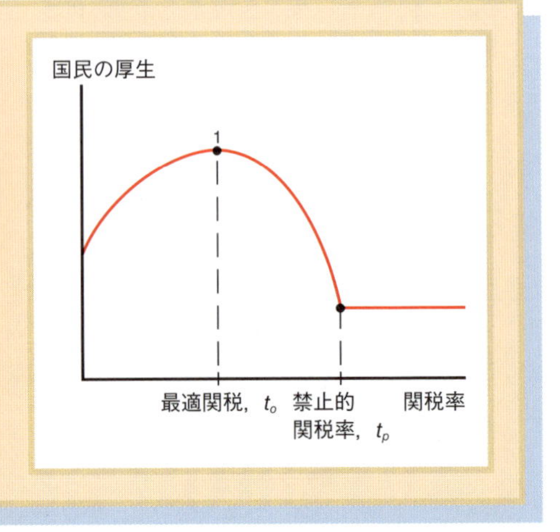

交易条件に基づく関税支持論

自由貿易からの逸脱を支持する議論の一つは，費用便益分析からまっすぐ出てくるものだ．外国輸出業者の価格を左右できる大国なら，関税は輸入品の価格を下げて交易条件の便益を生み出す．この便益は，関税の費用とつきあわせる必要はある．関税は生産と消費のインセンティブをゆがめるからだ．でも，場合によっては関税の交易条件便益が，その費用を上まわることはあるから，**交易条件に基づく関税支持論**はあり得る．

この章の補遺では，関税が十分に小さければ，交易条件の便益は必ず費用より大きいことを示している．だから関税率が低ければ，大国の厚生は自由貿易の場合より高まる（図 10.2）．でも関税率が高くなると，やがて費用の方が利得より急速に上がり始め，国民厚生と関税率の関係を示す曲線は下降を始める．貿易を完全に止めてしまう関税率（図 10.2 の t_p）は，国を自由貿易よりひどい状況にしてしまう．関税率を t_p 以上に上げても何の影響もないので，曲線は平らになる．

図 10.2 の曲線上の点 1 では，関税率は t_o で，国民厚生は最大となる．国民厚生を最大化する関税率 t_o は**最適関税**だ（慣習として，**最適関税**という用語は通常，あらゆる検討から見ていちばんいい関税ではなく，交易条件により正当化される関税のことを指す）．最適関税率は常にプラスだけれど，あらゆる輸入をなくす禁止関税率（t_p）よりは必ず低い．

輸出部門に対して交易条件の議論はどんな政策を示すだろうか？　輸出補助金は交易条件を**悪化**させ，文句なしに国民厚生を引き下げるので，輸出部門の最適政策は負の補助金でなくてはならない．つまり，外国人にとって輸出価格をあげるような**税金**だ．最適関税と同じく，最低輸出税は常にプラスだけれど，輸出を完全に止めてしまう禁止税よりは低い．

サウジアラビアなどの産油国の政策は，石油の輸出に課税して，ほかの世界にとっての価格を上げることだった．石油価格は時によって上下変動を繰り返してきたけれど，サウジアラビアが自由貿易にした方が得をしたはずだと主張するのは難しい．

でも交易条件に基づく自由貿易否定論には，いくつか重大な制約がある．ほとんどの小国は輸入品だろうと輸出品だろうと世界価格に影響を与える力がほとんどないので，交易条件議論は実質的にはほとんど意味がない．アメリカのような大国だと，問題は交易条件に基づく議論は，要するに自国の独占力を使い，ほかの国を犠牲にして自分が利益を得るという議論に等しいということだ．アメリカはもちろん，ある程度はこれを実行できるけれど，こんな収奪的な政策はたぶん，ほかの大国から報復を招く．報復的な貿易政策のやりとりが続けば，今度は本章の後の方で述べる国際的な貿易政策協調の試みがダメになってしまう．

つまり交易条件に基づく自由貿易反対論は，知的には完璧だけれど，実用性は疑わしい．実際には，政府が貿易政策を正当化するのに本気で持ち出されるよりは，経済学者の理論的な主張として強調される場合の方が多い．

国内市場の失敗に基づく自由貿易反対論

交易条件の問題を考えなければ，自由貿易支持の基本的な理論的根拠は，消費者余剰と生産者余剰の概念を使った費用便益にあった．多くの経済学者たちは，こうした概念，特に生産者余剰が費用便益を適切に計測しないという反論をもとに自由貿易否定論を出している．

なぜ生産者余剰は，財の生産の便益を適切に計測していないのか？　今後の二つの章では，いろいろな理由を検討する．例えばある産業部門で使われる労働は，その産業がなければ失業したり過少雇用されたりするかもしれない．資本市場や労働市場の欠陥で，リソースは本来よりもゆっくりした速度でしか高収益部門に移転しないこともある．そして新産業や特に革新的な産業からの技術スピルオーバーの可能性もある．これらはすべて「**国内市場の失敗**」という全般的な見出しのもとに分類できる．つまりこうした例のすべてで，その国の市場のどれかがきちんと働いていない――労働市場が均衡しない，資本市場が資源を効率的に配分していない，といった具合だ．

例えば仮に，ある財の生産がもたらす経験が，経済全体の技術を改善するけれど，その産業部門の企業はそうした便益を回収できないので，生産量決定の際にはそれを考慮しないとする．すると追加の生産には**限界社会便益**があるのに，これは生産者余剰の計測ではとらえられない．この限界社会便益は，関税などの貿易政策を正当化で

図 10.3
国内市場の失敗に基づく関税支持論

財の生産が，生産者余剰ではとらえられない追加の社会便益を生むなら（(b)のグラフでの領域 c で示したもの），関税が厚生を高める．

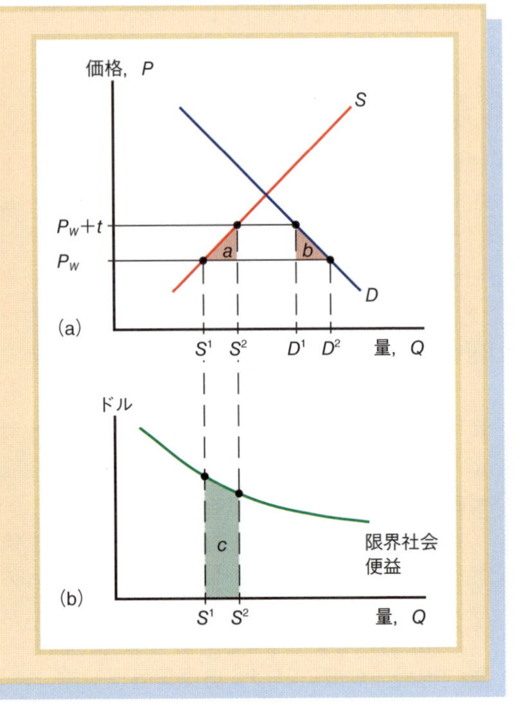

きる．

図 10.3 は，国内市場の失敗を根拠にした自由貿易否定論を図示したものだ．図 10.3(a) は小国の関税について，伝統的な費用便益分析を示す（交易条件効果が含まれないということだ）．図 10.3(b) は，生産者需要測定で考慮されていない限界便益を示す．図を見ると，国内価格を P_W から P_W+t に引き揚げる関税の影響を示している．生産は S^1 から S^2 に上がり，結果として a で示した部分の生産歪曲が起きる．消費は D^1 から D^2 に下がり，結果として消費の歪曲が b で示した面積の分だけ生じる．もし消費者余剰と生産者余剰しか考えないと，関税の費用は便益を上まわることになる．でも図 10.3(b) を見ると，この計算は関税の方が自由貿易よりも望ましくなるかもしれない追加の便益を見すごしていることがわかる．生産増加は，限界便益曲線の S^1 から S^2 までの下の面積，つまり c で示される部分に相当する社会便益をもたらす．それどころか，交易条件の場合と似た議論から，もし関税が十分に小さければ，c の面積は常に $a+b$ の面積を上まわり，どこかに厚生を最大化する関税があって，自由貿易の場合よりも高い水準の社会厚生をもたらすということが示せる．

国内市場の失敗に基づく自由貿易反対論は，経済学で**次善の理論**とよばれるもっと一般的な概念の特殊例だ．この理論では，何もしないという政策はどんな市場についてのものであっても，そのほかすべての市場がきちんと機能している場合にしか望ましいとはいえないのだ，と述べている．ほかの市場が機能していないなら，ある市場でインセンティブを歪めるように思える政府介入は，ほかの部分での市場の失敗の結果を相殺することで，実は厚生改善になるかもしれないという．例えば，もし労働市場が機能不全で完全雇用を実現できないなら，労働集約産業に補助金を出す政策（完全雇用経済では望ましくない）は妙案かもしれない．賃金をもっと柔軟にするなどして，労働市場を直す方がよいけれど，何らかの理由でこれが無理なら，ほかの市場に介入するのは問題軽減の「次善の」方法かもしれない．

経済学者たちが次善の理論を貿易政策に適用するときには，経済の**内部**機能の不完全性が，外部経済関係への介入を正当化するかもしれないと論じている．この議論は，国際貿易が問題の源ではないことを認めつつ，それでも貿易政策が少なくとも部分的な解決を提供できるかもしれないという．

市場の失敗説はどこまで納得できるものだろうか？

こうした理論が最初に提唱されたときには，市場の失敗説は自由貿易支持論の相当部分を否定するように見えた．結局のところ，我々が暮らす実際の経済が市場の失敗なしの世界だなんて主張したがる人はいないのだから．特に貧困国では，市場の不完全性は山ほどある．例えば，失業や，都市部と地方部のすさまじい賃金率格差は，多くの低開発国にみられる（第 11 章）．市場がうまく機能しないという証拠は，先進国ではそれほど露骨でないにしても，やはり大きな市場の失敗があると示唆する仮説を構築するのは簡単だ――例えば革新的な企業がイノベーションの報酬を完全に独占できないといったことだ．国の厚生を上げられる介入の可能性があるのに，自由貿易を擁護するわけにはいかないのでは？

自由貿易に対する防衛線は二つある．一つは，国内の市場の失敗はその問題の源泉を直接狙った国内政策で矯正すべきだと主張する．二番目は，経済学者たちは政策の処方箋を出せるほどきちんと市場の失敗を診断できないというものだ．

国内市場の失敗は国内政策の変更で対応すべきで，国際貿易政策の出る幕ではないという指摘は，計測されない限界社会便益すべてを考慮するよう改訂した費用便益分析により裏づけられる．図 10.3 は，関税が生産と消費に歪曲を引き起こしても，社会便益を生み出すような生産増加をもたらすことで，厚生を高めるかもしれないということを示した．もし同じ生産増が関税ではなく生産補助金で実現したら，消費者への価格は増えず，消費損失 b は避けられる．言い換えると，奨励したい個別活動を直接狙うことで，生産補助金は完全に伴う付随費用をある程度は避けられる．

この例は，市場の失敗に対処するときの一般原則を浮き彫りにしている．市場の失敗には，いつもできるだけ直接的に対処する方がいい．間接的な政策対応は，経済の別のところに予想外のインセンティブ歪曲をつくり出してしまうからだ．だから国内市場の失敗で正当化される貿易政策は，決して最も効率的な対応ではあり得ない．常に「最善」よりは「次善」でしかないのだ．

この洞察は，貿易政策考案者たちにも重要な意味をもつ．貿易政策を提案するときには常に，同じ問題を矯正するための純粋な国内政策と比較すべきだ，ということだ．もし国内政策があまりに高価すぎたり，望ましくない副作用があったりするようなら，貿易政策の方は間違いなくそれ以上に望ましくないはずだ——費用がそれほど明確でないにしても．

例えばアメリカでは，自動車の輸入割当は，自動車産業の労働者の雇用を守るために必要なのだという根拠で支持されてきた．輸入割当支持者たちは，アメリカ労働市場は硬直的すぎて，自動車労働者たちは賃金カットやほかの産業への転職で雇用を確保できないのだと論じる．さて同じ問題に対処する純粋な国内政策を考えよう．自動車労働者を雇用する企業への補助金だ．こうした政策は，すさまじい政治的な反発にあう．一つには，保護なしで現在の雇用水準を維持するためには巨額の補助金支払いが必要となり，これは連邦政府の財政赤字を増やすか増税かのどちらかをもたらす．さらに，自動車労働者たちは工業部門でもいちばん高賃金の労働者たちだから，世間はそこに補助金を出すのに必ず反対する．自動車労働者への雇用補助が議会で可決されるとは思えない．でも輸入割当の方が**もっと高価だ**．同じだけ雇用は増やしても，消費者の選択の歪曲もついてくるからだ．唯一の違いは，費用が直接的な政府支出ではなく高い自動車価格というかたちをとるので，見えにくくなるということだ．

国内市場の失敗に基づく保護主義正当化を批判する人々は，この例が典型的なものだという．自由貿易からの逸脱のほとんどは，費用より便益が高いから採用されたのではなく，世間がその真の費用を理解し損ねているから起きているのだというわけだ．だから貿易政策の費用をそれに代わる国内政策と比べるのは，こうした費用がどれほど高いかに注目させるための便利な方法だという．

自由貿易第 2 の擁護論は，市場の失敗は通常は厳密にみきわめるのが難しいので，適切な政策対応がどうあるべきなのかもはっきりしないというものだ．例えば，低開発国で都市部の失業があったとしよう．適切な政策とは何だろうか？　一つの仮説は(第 11 章でもっと詳しく検討するけれど)，都市産業部門を保護する関税が失業者を生産的な仕事に引き込んで，関税の費用を十分に上まわるだけの社会便益を生み出すと述べる．でも別の仮説は，この政策は都市部に大量の移住を引き起こすので，失業はむしろ増えると述べる．この仮説のどちらが正しいかをみきわめるのは難しい．経済学理論は，適切に機能する市場の仕組みについてはいろいろ教えてくれるけれど，機能していない市場については示唆がぐっと減ってしまう．市場が機能不全になるやり方はたくさんあるし，次善の政策の選択は，その市場の失敗の細部に左右されてしまう．

正しい次善の貿易策をみきわめる難しさは，さっき述べた自由貿易についての政治的な支持を強化するものだ．もし貿易政策の専門家たちが，政策を自由貿易からどう逸脱させるべきかについてまるで自信がなくて，お互いの間でも意見が違っているなら，貿易政策が国民の厚生なんかまるっきり無視して，特殊利益団体政治に支配されるのは実に簡単だ．市場の失敗がそもそも大したものでないなら，自由貿易にコミットする方が，もっと柔軟なアプローチというパンドラの箱を開けるよりは最終的にいい結果になるかもしれない．

でもこれは，経済学よりはむしろ政策についての判断となる．ここで認識すべきなのは，しばしば経済学理論は自由貿易をドグマ的に擁護したがるといって非難されるけれど，実際にはそんなことは**ない**という点だ．

所得分配と貿易政策

ここまでの議論は，国民の厚生議論に基づいて関税政策を支持・不支持するものだった．これは出発点としては適切だ．国民の厚生と，ある特定グループの厚生とを区別することで，問題を明確にするのに役立つし，貿易政策の支持者たちは通常，その政策が国全体に便益をもたらすと主張するのが通例だからだ．でも実際の貿易政策の政治を見るときには，国民の厚生なんてものが実は存在しないという現実に向き合う必要がある．実在するのは個人の欲望だけで，これは政府の目的におおむね不完全なかたちでしか反映されない．

個人の選好はどういうかたちで類型され，実際に見られる貿易政策を生み出すんだろうか．単一の，一般的に認められた答えというのはないけれど，政府が抽象的な国民の厚生という指標よりは，政治的な成功を最大化しようとしていると想定するモデルを検討する経済分析研究はますます増えている．

選挙での競争

政治科学者たちは，昔から政党同士の簡単な競争モデルを使い，有権者の選好が実際の政策にどう反映されるかを示してきた[3]．このモデルは次のような仕組みだ．仮に，競合する政党が来期選挙で自分の党が勝てるような政策を手当たり次第に約束するつもりだとしよう．そして，政治は一次元に沿って記述できるとする．例えば関税率の水準といったものだ．そして最後に，仮に有権者たちは好みの政策が違っているとする．例えば，技能集約的な財を輸出して，労働集約的な財を輸入する国があった

[3] Anthony Downs, *An Economic Theory of Democracy* (Washington, D.C.: Brookings Institution, 1957) を参照．

図 10.4
政治的競争

有権者たちは選好する関税率の順に並べられている．もしある党が高い関税率 t_A を提案したら，相手の党はちょっと低い関税率 t_B を提示すれば有権者たちのほとんどを獲得できる．この政治競争で，どちらの党もメジアン有権者の選好する関税率 t_M に近い関税率を提案することになる．

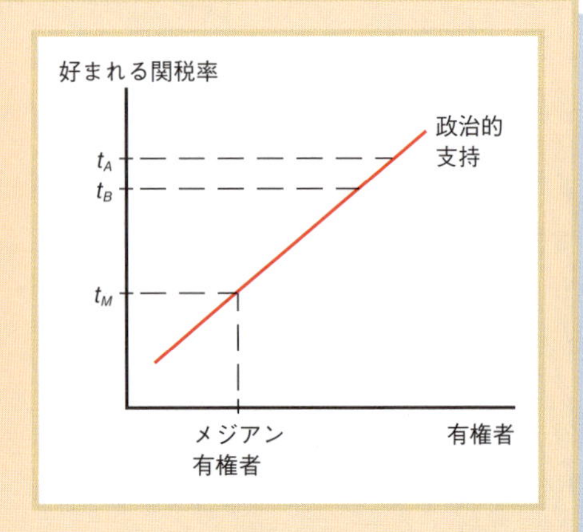

としよう．すると高技能有権者たちは低い税率を支持するだろう．でも低技能有権者たちは，国が高い関税をかける方が有利だ（第 5 章で論じたストルパー＝サミュエルソン効果のため）．だから，すべての有権者を好みの関税率の順番に一列に並べてみるとしよう．最低関税を好む人はいちばん左，最高関税を好む人はいちばん右という具合だ．

するとこの二つの政党は，どんな政策を実施すると公約するだろうか？　答は，中道を見つけようとする，というものだ――具体的には，どっちも**メジアン有権者**の好む関税率に集まってくる傾向が出るということだ．メジアンとはつまり，一列に並んだ有権者の中で，ずばりちょうど真ん中という人物になる．その理由を理解するには，図 10.4 を考えてみよう．この図では，有権者たちは選好する関税率の順番に並べられており，それが仮想的な右肩上がりの曲線で示されている．t_M はメジアン投票者の選好する関税率だ．さて，政党の片方がメジアン有権者の選好するものよりかなり高い，t_A の関税率を提案したとしよう．するともう片方の政党はちょっと低い関税率 t_B を提案すれば，その公約は低い関税を欲しがるあらゆる有権者，つまりは多数派に支持される．言い換えると，政治的にはメジアン有権者の求めるものより高い関税率なら，それを下まわる提案をした方が常に政治的には利益になる．

似たような理由づけで，もし反対政党の提案がメジアン有権者の望むものよりも低いものを提案していれば，利己的な政治家たちはそれを上まわる提案をしたがることもわかる．だから両方の政党は結局，メジアン有権者の求めるものに近い関税を提案することになる．

政治科学者たちは，この単純なモデルをいろいろ改変している．例えば，一部の分析者は票を獲得するにあたって党の活動家たちの役割が重要だという．こうした活動家たちはイデオロギーで動くことが多いので，かれらの支持は政党がこれほど日和見的になるのを防いだり，各政党がこれほど見分けのつかない政策を採用したりするのを防いだりするという．それでも，選挙競争のメジアン有権者モデルは政治的な決断が現実世界でどう行われるかについて考える方法として，とても有益だった．現実世界では，政策が所得配分に与える影響の方が，効率性に与える影響よりも重要だったりするのだ．

でもメジアン有権者モデルがあまりうまく機能しないように見える分野の一つが，まさに貿易政策なのだ！　実は，このモデルはほぼ必ず，間違った方の予測をしてしまう．このモデルによると．政策は有権者の中でどれだけの人が喜ぶかに基づいて選ばれるはずだ．少数の人に大きな損をもたらすけれど，大量の人々に便益を与えるような政策こそが政治的に勝つはずだ．広範に損失を広げて，少数の人々にだけ役立つという政策は負けるはずだ．でも実際には，保護主義的な政策というのは，まさに前者より後者のような説明にあてはまることが多い．例えば，アメリカの乳製品産業は複雑な関税と輸入割当の仕組みで外国の競争から保護されている．こうした制限は，アメリカのほとんどあらゆる家庭に損失をもたらす一方，国の総労働力のたった 0.1% ほどしか雇っていない乳製品業界にずっと小さな便益を提供しているだけだ．なぜこんなことが政治的に起こるんだろうか？

集合行為

今や有名となった本で，経済学者マンサー・オルソンはある集団を代表する政治活動が公共財だと指摘した．つまり，そうした活動の便益は集団の全員が享受するもので，その活動を行う個人だけが享受するのではない[4]．仮に消費者が地元議員に手紙を書いて，自分の好きな輸入財の関税を引き下げてくれと頼み，この手紙がその議員の投票を変えて，低関税が承認されたとする．するとその財を買うすべての消費者が，手紙を書く手間をかけなくても低関税で便益を得る．

こうした政治の公共財的な性格は，全体としては大きな損失をもたらす――でも各個人にはわずかな損失でしかない――政策は大した反対を受けないかもしれないということを示す．ここでも，乳製品保護主義の例をとろう．この政策は平均的なアメリカ世帯に，年額およそ 3 ドルほどの費用をかけている．では消費者は地元議員に働きかけて，こんな政策をやめさせるべきだろうか？　個人の利己性の立場からいえば，間違いなくそんなことはしない方がいい．手紙一通なんて政策には実に些末な影響しかないので，個人がそんな手紙から得る利得はたぶん，その便せん代にもならないし，

[4] Mancur Olson, *The Logic of Collective Action* (Cambridge: Harvard University Press, 1965). 邦訳マンサー・オルソン『集合行為論』ミネルヴァ書房，1983.

まして切手代には絶対見合わない（それどころか，それ自体として興味があるのでない限り，そんな政策の存在について調べる手間にすら引き合わないだろう）．それでも，有権者百万人が手紙を書いて，乳製品保護を止めさせろと要求したら，間違いなくこの保護は撤廃され，そうした手紙を書く手間を大きく上まわるだけの便益を消費者にもたらす．オルソンの表現では，これは**集合行為**の問題だ．集団全体としては有利な政策を要求するのが利益にかなうけれど，それぞれの個人からすれば特に利益にはならない．

集合行為の問題は，集団が小さい（だから各個人が有利な政策の便益の相当部分を獲得できる）場合と，その集団が団結力の強い（だから成員たちが集合的な利益のために動員できる）場合にいちばんうまく克服できる．乳製品保護のような政策が起こる理由は，乳製品生産者は比較的小さな，よく組織された集団を構成していて，各構成員は自分が受けとる暗黙の補助の規模について熟知しているのに対し，乳製品消費者たちは巨大な数の人々で，自分たちを利益団体として認識さえしていないからだ．だから集合行為問題は，便益よりも費用をたくさん生み出すだけでなく，助ける有権者よりはるかに多くの人々に痛手を与える政策が，それでも採用されてしまう理由を説明できる．

コラム　政治家の買収：1990 年代からの証拠

本文で説明したように，政府が国民の厚生を全体として最大化したがっていると考えるなら，実際の貿易政策はまるで筋が通らないように思えるだろう．これに対し，特別利益団体が影響力をお金で買えると考えるなら，実際の貿易政策は筋が通っている．でも，政治家たちが本当に買収できるという直接的な証拠はあるだろうか？

1990 年代のいくつか重要な貿易問題に関するアメリカ議会の投票が，便利なテストケースとなる．その理由は，アメリカの選挙献金法が政治家たちに，献金の金額と出所を公開するように義務づけているからだ．この公開情報で，経済学者や政治家学者たちは，こうした献金と実際の投票結果に相関があるかを検討できる．

ロバート・ボールドウィンとクリストファー・マギーによる 1998 年の研究*は，二つの重要な投票に注目する．1993 年の北米自由貿易協定（通称 NAFTA，以下で詳述）と，1994 年の関税及び貿易に関する一般協定（通称 GATT で，これまた以下で詳述）の最新合意の批准をめぐる投票だ．どちらの投票もかなり熾烈な戦いとなり，票を分けたのは概ねビジネス VS 労働という区別だった——つまり，実業集団は強く賛成していた．労働組合たちは強く反対した．どちらの場合にも，実業界が支援する自由貿易の立場が勝った．NAFTA の場合，結果は最後までわからなかった．そして票差——下院で 34 票差——はあまり大きなものではなかった．

ボールドウィンとマギーは，議員の出身地区の経済特性や実業界と労組による献金などを考慮に入れた計量経済モデルを推計した．そして，投票パターンにはお金が大きく影響することを発見した．この影響を評価する方法の一つは，「反実仮想」をいろいろ試すことだ．実業界からの献金がなければ，労組からの献金がなければ，あるいはどちらかも献金がなければ，全体としての投票結果はどう変わっただろうか？

次の表はその結果をまとめたものだ．1 行目は，それぞれの法案に賛成票を投じた議員数を示す．可決には最低 214 票必要だったことをお忘れなく．2 行目は，ボールドウィンとマギーの方程式が予測した得票数だ．NAFTA では当たっているけれど，GATT については何票か過大に推計している．3 行目は，労組からの献金がなければ各法案がどのくらいの得票だとモデルが予想しているかを示す．次の行は，実業界からの献金なしで賛成票を投じた議員数の推定だ．最後の行は，どっちもなければどうだったかという推計だ．

	NAFTA 賛成	GATT 賛成
実際	229	283
モデル予想	229	290
労組献金なし	291	346
実業界献金なし	195	257
献金なし	256	323

この推計が正しければ，献金は総投票にかなりの影響があった．NAFTA の場合，労組の献金は本来なら支持票を投じていた議員 62 人を反対にまわした．実業界からの献金がなければ，この推計によると NAFTA の賛成票は 195 票しかない——可決には足りない票数だ．

その一方で，双方が献金をしていたので，その影響は相殺しあう傾向にあった．ボールドウィンとマギーの推計から見れば，労組と実業界がどちらも献金していなければ，NAFTA も GATT も結局可決していたはずだということになる．

たぶんこれらの個別の事例では，両側からの献金が最終的な結果を買えなかったと結論づけるのは間違っているだろう．本当に重要な結果は，政治家たちは確かに買収できるということだ——つまり特別利益を強調する貿易政策理論は正しい方向を向いているわけだ．

---

* Robert E. Baldwin and Christopher S. Magee, "Is Trade Policy for Sale? Congressional Voting on Recent Trade Bills," Working Paper 6376, National Bureau of Economic Research, January 1998.

政治プロセスのモデル化

集合行為の論理は，一見すると不合理な貿易政策の説明として経済学者たちが昔から引合いに出してきたものだけれど，この理論は団結力のある利益団体が実際にどうやって政策に影響を与えるかという手法面ではいささか漠然としている．そのギャップを埋めようとして，政治プロセスの単純化したモデルを考える研究が増えてきている[5].

この分析の出発点はすぐにわかる．政治家たちは人気ある政策を主張することで選挙に勝つこともあるけれど，成功する選挙戦は広告，世論調査などでお金もかかる．だから政治家としては，十分に大金を目の前にぶら下げられたら，典型的有権者の利益に反する立場を採用する方が有利なこともある．追加のお金で得られる票の方が，人気のない立場を採ることで失われる票より価値が高いかもしれない．

だから貿易政策の政治経済に関する現代的なモデルは，利益団体が政府による政策実施を条件として献金を提供し，政策を「買う」一種のオークションを念頭に置いている．政治家たちは，国全体の厚生を無視はしないけれど，有権者の厚生を少し減らしても，選挙資金増大との間である程度のトレードオフがなりたつ．結果として，団結力の強い集団——つまり集合行為の問題を克服できる集団——は公共全体を犠牲にしても自分たちの利益をひいきにするような政策を手に入れられる．

保護されるのは誰？

実務的な問題として，輸入競争から実際に保護されるのはどの産業だろうか？　多くの発展途上国は伝統的に，輸入代替工業化という政策の中で多様な製造業を保護してきた．この政策と，それが最近になって昔よりもずっと人気が衰えてきた理由については第 11 章で扱う．先進国での保護主義の範囲はずっとせまく，実際問題として保護主義のほとんどは，たった二つの産業部門に集中している．農業と衣服だ．

農業　現代経済にはあまり農民はいない——アメリカでは，農業は総労働人口 1.3 億人のうち，200 万人ほどを雇っているだけだ．でも農民たちは，通常は組織力が高く政治的に強力な集団で，多くの場合にきわめて高い実効保護率を獲得しおおせている．ヨーロッパの共通農業政策については第 9 章で論じた．このプログラムの輸出補助金は，多くの農業製品が世界価格の 2，3 倍の値段で売られるということだ．日本では，政府は伝統的に米の輸入を禁止して，日本の主食の国内価格を世界価格の 5 倍以上に押し上げている．この禁止は，1990 年代半ばの凶作のおかげで少し緩められたけれど，1998 年末には——アメリカを含む多国の抗議を受けたのに——日本は米の輸入に 1,000% の関税をかけた．

アメリカは通常は食品輸出国なので，関税や輸入割当は価格を引き上げないということだ（砂糖や乳製品は例外だ）．農民たちは連邦政府からかなりの補助金を得てきたけれど，政府はお金を直接支払いたがらないので（見えにくい形で消費者に費用をこっそり負担させるのはかまわない），こうした補助金の規模は限られている．政府が

---

[5] なかでも Gene Grossman and Elhanan Helpman, “Protection for Sale,” *American Economic Review* 89 (September 1994), pp. 833–850 を参照．

表 10.2	アメリカ保護主義の厚生費用（単位：10億ドル）	
	2002年推計	**2015年予測**
合計	14.1	2.6
繊維アパレル	11.8	0.5

出典：アメリカ国際貿易委員会

嫌がるおかげで，アメリカの保護の大半は，もう一つの大きな保護分野に集中している．それが衣服産業だ．

衣服　衣服産業は，二つの部分で構成される．繊維（紡績と織布）にアパレル（布を衣服にすること）だ．どちらの産業も，歴史的に関税や輸入割当で手厚く保護されてきたけれど，特にアパレルはそれが顕著だ．2005 年まで，衣服は多国間繊維協定 (MFA) のもとにあり，これは多くの国に対して，輸出割当と輸入割当を設定していた．

アパレル生産は，二つの重要な特徴をもつ．それは労働集約的だ．労働者は比較的資本は少なくてすむし，時にはミシンさえあればよく，長期の正式な教育を大量に受けている必要もない．そして技術は比較的単純だ．最貧国にすらこの技術を移転するのはさほど難しくない．結果として，アパレル産業は低賃金国が強い比較優位をもつ分野となり，高賃金国は強い比較劣位がある．また伝統的に見て先進国では労働者の団結力が強い産業分野だ．例えば，多くのアメリカ衣料労働者は昔から，国際女性衣服労働者連合により代表されてきた．

この章の後の部分で，貿易交渉がどう機能するかは説明する．1994 年に調印された，ウルグアイラウンドの貿易交渉で最も重要な取決めの一つは，MFA の段階的なフェーズアウトだ．これは 2004 年末に起きた．2005 年には輸入割当が中国に対して再び課されたけれど，こうした輸入割当もその後廃止されていった．執筆時点では，衣服の貿易はもはやあまり多くの制限に直面してはいない．

表 10.2 は，アメリカの保護主義において衣服がどれほど重要だったかを示している．そして，衣服の制限が終わったことでどれくらいの差が出たかも示す．まだ MFA が施行されていた 2002 年に，衣服の制限は，アメリカ保護主義の全体的な厚生費用の 8 割を占めていた．MFA はライセンスを輸出国に対して発行したので，アメリカへの厚生費用のほとんどは，生産や消費の歪みからではなく，輸入割当のレントが外国人にいったことで生じたものとなった．MFA 廃止により，衣服保護の費用と，ひいてはアメリカ保護主義の全体的費用が激減した．

国際交渉と貿易政策

ここまで貿易政策の政治をめぐる議論は，あまり元気が出るものではなかった．国民の厚生を上げる貿易政策はなかなか編み出せないし，貿易政策はしばしば利益団体の政治に支配されていると論じてきた．考えられるあらゆる便益を大幅に上まわる費用をかけるような貿易政策の「怪談」は山ほどある．だから，貿易理論の実務面について，とてもシニカルになるのは簡単だ．

でも実際には，1930 年代から 1980 年頃まで，アメリカやほかの先進国はだんだん関税などの貿易障壁を取り除いてきたし，そうすることで国際統合の急激な増加を後押しした．図 10.5 は，1891 年から 2010 年までの課税輸入品に対する平均関税率を示している．1930 年代初頭に激増してから，その後はゆっくり下がっている[6]．ほとんどの経済学者たちは，この継続的な貿易自由化がきわめて有益だったと考える．貿易政策の政治についてこれまで述べてきたことを考えるなら，なぜ関税の除去が政治的に可能だったんだろうか？

答えの少なくとも一部は，戦後の一大自由化は**国際交渉**を通じて実現されたというものだ．つまり各国政府は相互に関税を引き下げると合意したわけだ．こうした合意は各国の輸入競合産業に対する保護の引下げを，相手国の輸出産業保護緩和と結びつけた．こうした関連づけは，これから論じるとおり，各国のよい貿易政策採用を阻害しかねない政治的な困難の一部を相殺させる役にたつ．

交渉の利点

単独政策として関税を引き下げるより，相互合意の一部としてやる方が簡単な理由は，少なくとも二つある．まず，相互合意はもっと自由な貿易に向けた支持を動員しやすくする．第 2 に，貿易に関する交渉合意は，各国政府が自滅的な貿易戦争にはまるのを回避させてくれる．

国際交渉が，もっと自由な貿易支持に与える影響は，特にひねりのないものだ．輸入

---

[6] 平均保護率の変化についての指標は，問題が生じやすい．というのも輸入品の構成は変わるからだ――そしてその変化はまさに関税率のせいだったりする．例えば，一部の財にあまりに高い関税をかけてそうした財の輸入を一切止めるようにした国があったとする．すると実際に輸入された財に対する平均関税率はゼロになる！　これを補正するため，図 10.5 で我々が使っている指標は，「課税対象」輸入品だけの関税率を示している．これはつまり，何らかの理由で関税免除だった輸入品は含まれていない．ピーク時には，アメリカの関税率は高すぎて，関税対象となる財は，輸入品のたった 3 分の 1 になった．1975 年には，そのシェアは 3 分の 2 になった．結果として，あらゆる財に対する平均関税率は，課税対象輸入品に対するものよりもずっと落ち方が小さかった．でも図 10.5 に示した数字は，アメリカが実際に体験した大きな自由貿易について，ずっと正確な図式を提供してくれるものだ．

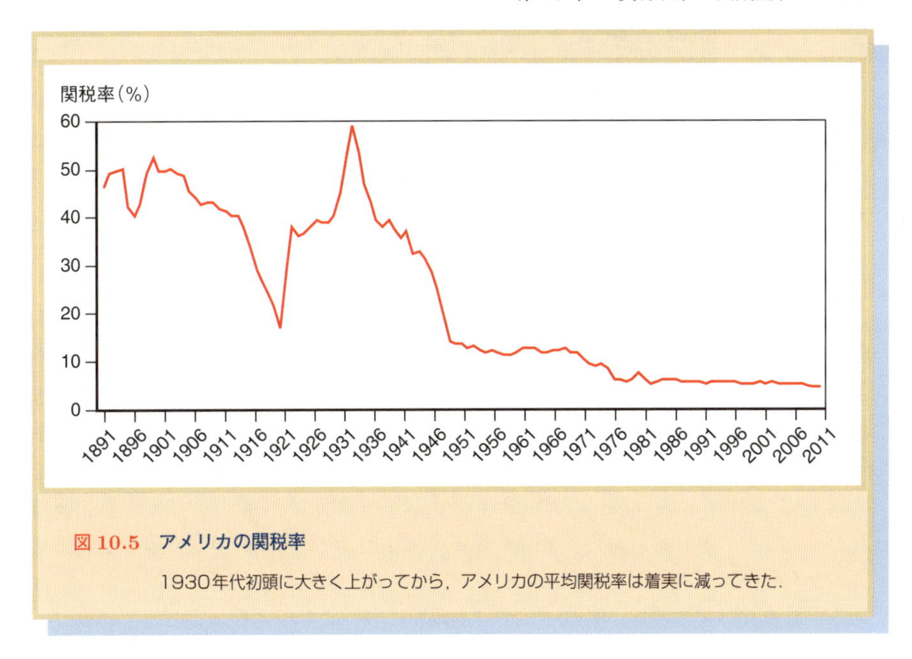

図 10.5　アメリカの関税率

1930年代初頭に大きく上がってから，アメリカの平均関税率は着実に減ってきた．

競合生産者は，通常は消費者よりも事情に詳しいし団結力も強いという話をした．国際交渉は，国内輸出業者をそれに対抗する勢力として引き出せる．例えば日米は，アメリカ側は日本からの競争に対して国内製造業者を守る輸入割当を控えるかわりに，日本はアメリカからの農産物やハイテク製品輸出に対する障壁を撤廃する，という合意に達したりする．アメリカの消費者たちは，外国財の輸入割当が自分たちにとって高くついても，それに対する反対運動を実施するほどの政治的有効性をもてないけれど，外国市場にアクセスしたい輸出業者たちは，輸入割当の相互撤廃をロビイングすることで，消費者の利益を守ってくれるかもしれない．

国際交渉はまた**貿易戦争**を避けられる．貿易戦争の概念は，様式化した例をあげると明確になる．

世の中にアメリカと日本の 2 カ国しかなくて，これらの国々には二つの政策的な選択肢しかないとする．自由貿易か保護貿易か，というものだ．仮に両国政府は異様なほど明晰で，どの個別政策結果についても，満足度に関するはっきりした数値指標が出せるとしよう（表 10.3）．

この表に示した個別の利得の値は，二つの想定に基づいている．まず，各国政府は相手国の政策が所与のものとなったら，保護主義を採るとする．つまり，日本がどんな政策を採っても，アメリカ政府としては保護主義を採用した方がいい．この想定は，

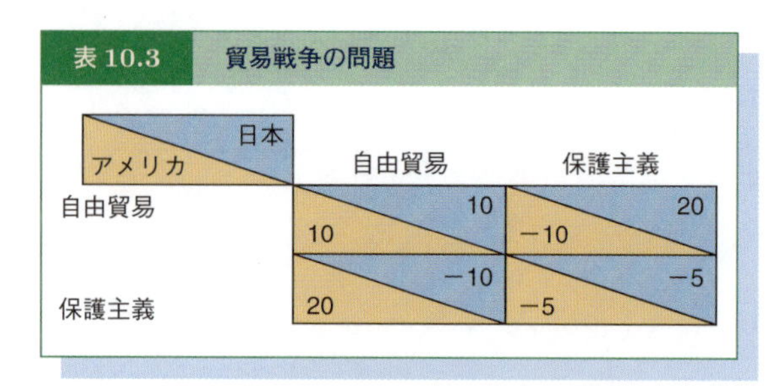

表 10.3　貿易戦争の問題

アメリカ＼日本	自由貿易	保護主義
自由貿易	10 10	20 −10
保護主義	−10 20	−5 −5

決して間違いなく正しいものではない．多くの経済学者たちは，相手国政府が何をしようと，自国は自由貿易が最高の政策だと主張するだろう．でも各国政府は公共の利益を守るだけでなく，自分の政治的利益も守ろうとする．前節で述べたような理由から，政府はしばしば一部の産業への保護を断るわけにはいかない状況に陥る．

表 10.3 に組み込まれた第 2 の想定は，各国政府が個別に動いた場合には保護主義の方がよくても，両方が自由貿易を選んだら，両方とも得をするというものだ．つまりアメリカ政府は，自国市場を開放することによる損失よりも，日本市場開放から得られる利益の方が大きいし，同じことが日本政府についてもいえる．この想定の裏づけとしては，貿易の利益を見ればすぐにわかる．

ゲーム理論を勉強した人なら，この状況が**囚人のジレンマ**だとわかるはずだ．各国政府は，単独で最高の判断をするならば保護主義を選ぶ．こうした選択は，表の右下を選ぶ結果となる．でも両国政府としては，どっちも保護主義にならない方が得だ．左上のマスは，両国にとって高い利益をもたらす．自分にとって最高と思える判断を独自に下すことで，各国政府は最高の結果を実現できずに終わる．もし各国が単独で保護主義に走れば，貿易戦争が起きてどっちも損をする．貿易戦争はドンパチ戦争ほど深刻ではないけれど，その回避方法は武力紛争や軍拡競争の回避問題と似ている．

明らかに日米は保護主義を控えるという合意（例えば協定）を結ぶべきだ．どちらの政府も，自分たちの行動の自由を制限する方がよい結果となるし，その条件としては相手国もそうした行動の自由を制約することだ．協定があればみんなが得をする．

これはきわめて単純化した例だ．現実世界では国の数もたくさんあるし，自由貿易と輸入に対する完全な保護との間には，多くの段階がある．それでも，この例から見て国際合意を通じて貿易政策を協調する必要はあるし，そうした合意で実際に違いが出てくるようだ．実際，現在の国際貿易の仕組みは一連の国際的な合意を中心に構築されている．

国際貿易交渉の小史

国際的協調による関税引下げという貿易政策は 1930 年代にさかのぼる．1930 年に，アメリカは驚くほど無責任な関税法であるスムート＝ホーレイ法を可決した．この法律の下で関税率は急上昇し，アメリカの貿易は激減した．一部の経済学者は，スムート＝ホーレイ法が大恐慌の悪化に一役買ったと主張する．この法律可決から数年以内で，アメリカ政権は関税を下げる必要があると結論した．でもこれは，政治的な連合構築という深刻な問題をもたらした．関税引下げはすべて，議会の中で選挙区に競合財生産企業をもつ議員からの反対を受けるし，その便益はあまりに広く薄く生じるから，そうした議員と対決するために動員できる議員はほぼいない．関税引下げには，何か輸出業者に対する具体的な便益と結びつける必要がある．この政治問題に対する最初の解決策は，2 国間関税交渉だった．アメリカは何かの財の主要輸出国――例えば砂糖輸出国――に接触して，その国がアメリカの輸出品に対する関税を下げてくれたら，こちらは砂糖の関税を引き下げるよ，ともちかけるわけだ．この取引がアメリカの輸出業者に対してもつ魅力のおかげで，砂糖の圧力団体がもつ政治力に対抗できるようになる．相手の外国側でも，外国砂糖輸出業者にとってこの取引がもつ魅力は，輸入競合圧力団体の政治的影響力を相殺しやすくする．こうした 2 国間交渉は，アメリカ輸入品の平均関税率を，1932 年の 59% から，第二次世界大戦直後の 25% まで下げるのに役だった．

でも 2 国間交渉は，国際協調の利益を完全には活用していない．一つには，2 間交渉の便益は何も譲歩していない国に「スピルオーバー」しかねない．例えばアメリカがブラジルとの取引の結果としてコーヒーの関税を引き下げたら，コロンビアも世界価格上昇の恩恵を受けたりする．さらに，一部の有利な取引は本質的に 2 カ国以上が関係する．アメリカはヨーロッパへの売上げを増やし，ヨーロッパはサウジアラビアへの売上げを増やし，サウジは日本への売上げを増やし，日本はアメリカへの売上げを増やす．だから，国際貿易自由化の次のステップは，多数の国が参加する多国間交渉へと進むことだった．

多国間交渉は，第二次世界大戦終結後，すぐに始まった．もともと戦勝連合国の外交官たちは，これが国際貿易機関 (International Trade Organization) として提案された組織の主導で進むものと想定していた．この組織は，国際通貨基金 (IMF) や世界銀行（本書後半で述べる）と並ぶものになるはずだった．1947 年に ITO の成立を待ちきれなかった 23 カ国が，**関税及び貿易に関する一般協定 (GATT)** とよばれるようになった暫定的なルールのもとで，貿易交渉を開始した．結局のところ，ITO は激しい政治的反発（特にアメリカ）に直面して立ち消えとなった．だからその暫定合意がその後 48 年にわたって世界貿易を支配することになる．

公式には，GATT は合意であって組織ではない――合意に参加する国は公式には「会員，加盟国」ではなく「締結国，署名国」とよばれる．実際には，GATT はジュネーブに常設の「事務局」をもっていて，みんなそれを「GATT」とよんでいた．1995 年に**世界貿易機関 (WTO)** が設立され，やっと 50 年前に構想された正式な組織ができた．でも GATT はまだ力をもっており，システムの基本的な論理はいまだに変わっていない．

貿易に対する GATT-WTO を理解する方法の一つは，機械的なアナロジーを使うことだ．これは世界経済という重い物体を，ゆっくりと斜面――自由貿易への道――を押し上げるよう設計された装置だ．そこに到達するには，物体を正しい方向に押すための「テコ」と，逆戻りを防ぐための「ラチェット」が必要になる．

システムの主要なラチェットは，**バインド**/譲許税率だ．ある関税率が「バインド」するとき，その関税をかけている国は，将来的にその関税率を上げないと約束する．現在，先進国のほとんどあらゆる関税率はバインドされているし，発展途上国の関税率も，3 分の 2 はバインドされている．でも，バインドされた税率にも多少は身動きの余地はある．ほかの国の同意をとりつければ，関税率は上げられる．これは通常，ほかの関税を引き下げることで補償するということだ．実際には，バインディングはとても有効で，過去半世紀で関税の逆戻りはほとんどない．

関税のバインドだけでなく，GATT-WTO の仕組みは通常，貿易の非関税障壁も防ごうとする．輸出補助は認められない．ただし一つ大きな例外がある．GATT 創始時に，アメリカは農業輸出には抜け道をつくれと固執して，それがその後 EU によって大規模に活用されている．

この章で前に指摘したように，アメリカの保護貿易が実際にもたらす費用は，輸入割当によるものだ．GATT-WTO の仕組みは実質的に，既存の輸入割当を「適用除外」する．とはいえ，そうした割当を廃止させたり，関税に変えたりする努力は継続しているし，成功することもある．新しい輸入割当は，「市場の混乱」に対処するための一時的手段として以外は，一般に禁止されている．「市場の混乱」は定義されていない用語だけれど，通常は国内産業をいきなり廃業に追い込むような，輸入の急増と解釈されている．

自由化を先に進めるためのテコは，**貿易ラウンド**とよばれる，いささか様式化されたプロセスだ．そこでは，多くの国が集まって，一連の関税削減など貿易自由化に向けた手段を話し合う．1947 年以来，8 回のラウンドが完了しており，その最後のもの――1994 年に終わったウルグアイラウンド――が WTO を設立させた．2001 年に，ペルシャ湾の都市ドーハでの会合が第 9 ラウンドを開始させたけれど，2014 年の時点では，どうやら合意に達するのには失敗したらしい．ドーハラウンドの目に見える失敗の理由については後で説明する．

GATT の最初の 5 ラウンドは，「並行」2 国間交渉というかたちを採った．各国がペアになって，多数の国と同時に交渉するというかたちだ．例えば，ドイツがフランスとイタリアの両国に便益を与える関税削減を提示する場合，この両国に互恵的な譲歩を求める．もっと突っ込んだ取引ができることと，世界的に第二次世界大戦からの経済復興が進行中だったことで，大幅な関税削減が可能になった．

6 回目の多国間貿易交渉は，ケネディラウンドとよばれ，1967 年に完了した．この合意は，主要工業国による一律 50% の関税削減をもたらした．ただし，一部の指定産業では関税は元のままだった．交渉は，特別扱いをしない産業の関税をどのくらい引き下げるかよりは，むしろどの産業を例外扱いするかに集中した．全体として，ケネディラウンドは平均関税を 35% ほど引き下げた．

通称東京ラウンド貿易交渉（1979 年に完了）は，ケネディラウンドよりややこしい公式に基づいて関税を引き下げた．加えて，自発的輸出制限や秩序あるマーケティング合意といった非関税障壁の乱立を抑えるために，新しい取決めが確立された．最後に 1994 年に，第 8 ラウンドの交渉，通称ウルグアイラウンドが完了した．このラウンドの条件は，熾烈な論争の果てにアメリカ議会で承認された．この交渉の結果を次に説明しよう．

ウルグアイラウンド

主要な国際貿易交渉は，例外なしにどこかエキゾチックな場所でのセレモニーで始まり，どこか別の場所でのセレモニー的な調印式で終わる．GATT のもとでの世界貿易交渉第 8 ラウンドは，ウルグアイのプンタ・デル・エステで 1986 年に開始された (だからウルグアイラウンドとよばれる)．参加国はその後ジュネーブに戻り，そこで長年にわたる条件提示のやりとりや，脅しとその報復を繰り返した．そして何よりも，何万時間にもわたる会議が繰り広げられたが，それがあまりに退屈すぎて，最も経験豊かな外交官ですら居眠りしてしまったほどだ．このラウンドは，予定では 1990 年に終わる予定だったのに，深刻な政治的困難に直面した．1993 年末，交渉はやっと，合意 400 ページにわたる基本文書を作成し終えた．加盟国の個別市場や製品に関する具体的な約束を詳述した付属の補遺文書もできた――全部で 2 万 2,000 ページほどになる．この合意は 1994 年 4 月にモロッコのマラケシュで調印され，その年内には主要国に批准された――アメリカを含む一部の例では，激しい政治的な論争を巻き起こしたが．

文書の長さが示唆するように，ウルグアイラウンドの最終結果はなかなかまとめにくい．でも最も重要な結果は，貿易自由化と行政改革という見出しでくくれるだろう．

貿易自由化

ウルグアイラウンドは，それまでの GATT 交渉と同じように，世界中で関税率を引き下げた．数字だけ見るとかなりすごそうだ．先進国の平均関税は，このラウンドのおかげでほとんど 40% 近く下がった．でも実は，関税率はもともとかなり低かった．実のところ，平均関税率は 6.3% から 3.9% に下がっただけで，世界貿易はこれでちょっとしか増えなかった．

この全体的な関税削減よりも重要だったのは，二つの重要な分野で貿易を自由化しようという動きだった．その分野とは，農業と衣服だ．

農業製品の世界貿易はきわめて歪んでいる．日本は，米や牛肉などの国内価格が世界価格の何倍も高くなるような輸入制限で悪名高い．ヨーロッパの共通農業政策によるすさまじい輸出補助金については第 9 章で述べた．ウルグアイラウンドの冒頭で，アメリカは野心的な目標をもっていた．2000 年までに農業製品の自由貿易を実現するというものだ．実際に達成できたものはずっと慎ましかったけれど，それでも重要だった．この合意は 6 年以内に，農業輸出国に補助金の価額を 36% 減らすように義務づけ，補助金つき輸出品の量を 21% 減らすように指示した．輸入割当で農民を保護する日本のような国は，輸入枠を関税で置き換えるようにいわれ，その関税率を今後引き上げてはいけないとされた．

繊維や衣服の世界貿易も，やはり第 9 章で論じた多国間繊維協定 (MFA) のもとで大きく歪んでいた．ウルグアイラウンドは MFA を 10 年かけて段階的に廃止させ，繊維や衣服の貿易に対する量的制限をすべて廃止することにした（一部では高関税が残っている)．これはかなり劇的な自由化だ——前に述べたように，ほとんどの推計では衣料の保護はほかのあらゆる保護主義施策を合計したよりも大きな費用をアメリカ消費者に強いていたのだから．でも MFA の段階的廃止で使われた公式は，ずいぶん「先送り」になっていたことは指摘しておこう．つまり，ほとんどの自由化は 2003 年と 2004 年に先送りされ，最終的な輸入割当の廃止は 2005 年 1 月 1 日になってしまう．

確かに，MFA 終結で中国からの衣料輸入は激増した．例えば 2005 年 1 月に，中国は綿ズボンを 2,700 万着アメリカに輸出した．1 年前にはそれが 190 万着だった．そして欧米の衣服生産者からは熾烈な政治的反応があった．新しい制限が中国の衣服輸出にはかけられたものの，こうした制限もだんだん廃止されていった．衣服の国際貿易は，実はおおむね自由化された．ウルグアイラウンドで，最後に重要な貿易上の活動は，政府調達をめぐる新しいルール群だ．これは民間企業や消費者ではなく，政府機関が行う購入だ．こうした調達は昔から，建設から車両にいたる多くの種類の財について，保護された市場を提供してきた（第 9 章の「バイ・アメリカン」条項に関する囲み記事を思いだそう)．ウルグアイラウンドは，多様な政府契約を輸入品へと開くはずの新しいルールを構築した.

体制改革：GATT から WTO へ

ウルグアイラウンドをめぐる報道のほとんどと，その後世界貿易システムをめぐる論争の大半は，このラウンドで新しい機関，世界貿易機構 (WTO) が構築されたことをめぐるものだ．1995 年にこの組織は GATT を管理運営してきた臨時の事務局と置き換わった．第 12 章で見るように，WTO はグローバル化反対論者たちが嬉々として石を投げる組織となった．WTO は右派からも左派からも，一種の世界政府として機能して，各国の独立主権を侵害する存在だと糾弾されている．

WTO と GATT はどう違うんだろうか？　法的な観点からすると，GATT は暫定的な取決めでしかなく，WTO は立派な国際機関だ．でも実際の官僚組織は小さい（職員 500 人）．元の GATT 文書の更新版が，WTO 規則に採用されている．でも GATT は財の貿易にしか適用されない．サービスの世界貿易——つまり保険，コンサルティング，銀行業といった実体のないもの——は合意されたルールがまったくなかった．結果として，多くの国は外国のサプライヤに対して公然と，または実質的に差別するような規制をかけていた．GATT によるサービス貿易の無視は，ますます露骨な見落としになってきた．というのも，現代経済はますます物理的な財よりはサービス生産に集中しつつあるからだ．だから WTO 合意はサービス貿易についてのルールである「サービスの貿易に関する一般協定」(GATS) を含んでいる．実際には，こうしたルールはまだサービス貿易にあまり影響を与えていない．その主要な目的は，将来の貿易ラウンド交渉の基盤となることだ．

財の生産からサービスの生産への広範なシフトに加え，先進国は物理資本への依存から「知的財産」への依存へのシフトを経験している．これは特許や著作権で保護されている（30 年前なら，現代的な企業の筆頭はゼネラルモーターズ社だったろう．今やそれがアップル社やグーグル社になっている）．だから国際財産圏の国際的な適用を定義するのも大きな関心事項になっている．WTO はこの問題について，「知的所有権の貿易関連の側面に関する協定」(TRIPS) で対応しようとしている．製薬業界への TRIPS 適用は，激しい論争の的になっている．

でも WTO の最も重要な新しい側面は，一般にはその「紛争解決」手順だとされている．ある国が別の国を，貿易システムのルールに違反したと糾弾したときに，基本的な問題が生じる．例えばカナダがアメリカに対し，材木の輸入を不公正に制限していると糾弾したとしよう——そしてアメリカが，そんなことはないと否定したとする．さてどうしようか？

WTO 以前にも，カナダが訴えを持ち込める国際調停制度はあったけれど，その審議は何年，いや何十年もかかるのが常だった．そして判決が出ても，それを強制する方法は何もなかった．だからといって，GATT ルールに実効性がなかったということじゃない．アメリカだろうとほかの国だろうと，決まりを足蹴にするような国という評判はイヤだから，行動を「GATT 準拠」にするようかなりの努力をする．でもグレーゾーンの問題は，決着がつかずに終わる場合が多かった．

WTO は，ずっと公式で実効性ある手続きをもっている．専門家パネルが選ばれて双方の主張を聞き，通常は 1 年以内に最終的な結論を出す．上告されても，手続き全体は 15 カ月以上はかからないことになっている．

ある国が，確かにルール違反をしているとWTOが結論づけたとしよう——そしてその国が，それでも政策を変えるつもりはないといったとする．さてどうなる？　WTO 自体には強制力はない，でも，苦情を申し立てた国には報復の権利が与えられる．今のカナダとアメリカの例を使うと，カナダ政府はアメリカの輸出品に対して制限をかけても，WTO ルールに違反したとはみなさないという権利を与えられたりする．p.300 のコラムで述べるバナナ紛争の場合だと，WTO の裁定は，EU が違反しているというものだった．ヨーロッパがそれでも態度を改めなかったので，アメリカは一時的に，デザイナーハンドバッグといった商品に関税をかけた．

希望と期待としては，そこまで行く紛争はほとんどないだろうというものだ．多くの場合，WTO に紛争を持ち込むという脅しだけで調停につながるはずだ．他の例の大半では，各国は WTO の裁定を受け入れて政策を変えた．次の囲みは，WTO 紛争解決手順が機能した例を示している．アメリカとベネズエラの輸入ガソリンをめぐる紛争だ．囲みで説明するように，この例もまた WTO が国家主権を軽視すると糾弾する人々にとっては，格好の事例となった．

コラム　紛争の解決——そして新たな紛争の火種に

WTO の新しい紛争解決手順の第 1 号案件は，最も議論の多いものの一つでもある．WTO 支持者から見れば，これは新しい仕組みの有効性を示すものだ．反対者にいわせると，それはこの組織が環境保護などの重要な社会目的をじゃまする存在だという証拠だ．

この問題は，アメリカの新しい大気汚染基準をめぐるものだった．この基準はアメリカで販売されるガソリンの化学構成についてのルールを決める．一律基準は，WTO のルール下では間違いなく合法だ．でも新しい基準にはいくつか抜け道があった．アメリカ国内の石油精製所や，生産高の 75% 以上をアメリカで販売している石油精製所は，1990 年の汚染物質水準に基づく「ベースライン」を与えられていた．この規定はおおむね，輸入ガソリンについて設定したものよりもゆるい基準となり，つまりは国内石油精製所からのガソリンを有利にしていたわけだ．

ベネズエラは，アメリカにかなりの量のガソリンを輸出しているので，1995 年頭にこの新しい公害規制について苦情を申し立てた．ベネズエラの主張では，この規制は「内国民待遇 (national treatment)」の原則に違反しているという．この原則は，輸入財は国内財と同じ規制を受けるべきだ（つまりそうした規制が間接的な保護主義の形式として使われてはいけない）というものだ．1 年後，WTO が指名したパネルは，ベネズエラの訴えを支持した．アメリカは上告したけれど，拒否された．そしてアメリカとベネズエラは，規制の改定を協議した．

ある水準では，これはまさに WTO が想定どおりのことをやるという実証になっていた．アメリカは貿易協定の文面にかなり露骨に違反する規制を導入した．そして小さくて影響力も限られた国がそうした手法について苦情を申し立てたら，かなりすばやく結果が得られた．

これについて，環境保護論者たちは無理もないことながら不満だった．WTO 規制は実質的に，空気をきれいにしたはずの手法を阻止することになったのだから．さらに，大気清浄化の規制が善意で進められていたことには疑問の余地はない――つまり，その規制は別に輸出を排除しようというのではなく，本当に大気汚染を減らそうとしたものだった．

WTO 擁護者たちは，明らかにアメリカが輸入品を差別しないような規制をつくればよかっただけだと指摘する．そうしなかったのは，石油精製産業への政治的な譲歩で，だからこれは本当に，実質的に一種の保護主義となっていた．WTO のルールについてせいぜいいえるのは，それがアメリカの環境保護活動家たちにとって，業界との政治的な取引をしづらくしたというくらいだ．

反グローバル化運動の信仰（これについては第 12 章で触れる）の中で，大気清浄化基準に対する WTO の介入は金科玉条のような地位を得てしまった．この一件は，WTO が各国の独立主権を奪い，社会的環境的に責任ある政策の採用を阻止してしまうまたとない例だと思われている．でもこの一件の現実を見ると，そんなスッパリした話とはほど遠い．もしアメリカが「きれいな」空気清浄化規制を導入してガソリンの出所で区別を設けなければ，WTO としても何ら文句はなかったはずなのだ．

便益と費用

ウルグアイラウンドの経済的な影響をみきわめるのは難しい．そもそも，そのための手間を考えてほしい．推計をするためには，すさまじい量の文献を，一つの理解不能な専門用語（法律用語）から別の理解不能な用語（経済用語）に翻訳し，その翻訳に数字をつけて，それをすべて世界経済のコンピュータモデルに食わせなければならない．

いちばん広く引合いに出される推計は，GATT 自身と OECD（経済協力開発機構）によるものだ．OECD も別の国際組織で，金持ち国だけが入れ，本部はパリにある．どちらの推計も，世界経済全体への利得は年額 2,000 億ドルを超え，世界の所得を 1% ほど上げているとする．いつもながら，この推計に対しては，多すぎるという批判も少なすぎるという批判もある．一部の経済学者たちは，推計値は過大だという．特に，この推計では輸出入が新しい自由化の動きに強い反応を示すと想定しているからだ．それよりは数が多いけれど少数派の批判者たちは，こうした推計値はどう考えても大幅に過小だという．それはこの章でさっき説明した「動学的」な理由のせいだとのこと．

いずれにしても，通常の貿易自由化の論理があてはまるのは明らかだ．ウルグアイラウンドの費用は，集中した，団結力の強いグループが受けるものだし，便益は広く分散した人々が享受する．農業での自由化進展は，ヨーロッパや日本など，農産物価格が世界水準よりはるか上の国にいる，少数ながら影響力の強い農業人口に痛手を与える．こうした損失は，そうした国々の消費者や納税者たちにとっての利益で相殺され，はるかに上まわる利益が出る．でもそうした利益はきわめて広く薄いものなので，あまり認識はされない．同じように，繊維や衣服の貿易自由化は，そうした産業の労働者や企業に集中的に痛手をつくり出すけれど，はるかに大きいのにあまり目に見えない消費者の利益の方がずっと大きい．

ウルグアイラウンドのこうした強い分配上の影響を考えると，そもそもこういう合意が達成されたということ自体が，実は驚異的なことだ．実際，1990 年の目標時点で合意に近いものすらまったく達成できていなかったため，多くの評論家たちは，もう貿易交渉プロセスすべてが死んだと宣言するようになった．当初期待されたよりは慎ましい規模とはいえ，最終的に合意が達成されたという事実は，いくつか絡み合った政治的計算のおかげだろう．アメリカでは，GATT が大幅な自由化をもたらした場合の農業輸出業者にとっての利得とサービス輸出業者にとっての潜在的な利得は，服飾産業の苦情を相殺するのに役だった．多くの発展途上国がこのラウンドを支持したのは，それが自国の繊維衣服輸出に新しい機会をもたらすからだ．また，合意のもとで交渉されていたいくつかの「譲歩」は，どのみちいずれは起こったはずの政策変化を実施するための，一種の口実でもあった．例えば，ヨーロッパの共通農業政策の巨額の費用は，どのみち最近の財政赤字で早晩カットされるに決まっていた．

でもこのラウンドの最終的な成功の重要な要因となったのは，それが失敗したら起こることをみんなが恐れたせいだった．1993 年になると，アメリカでも他国でも保護主義的な潮流が強く現れはじめた．本来ならこの合意に従わなかったはずの国における貿易交渉――フランス，日本，韓国など，強力な農業ロビーが貿易自由化に反対している国――は，合意しない方が危険だろうと恐れたわけだ．つまり，ラウンドが失敗すれば単に進展が停まるというだけでなく，それまでの 40 年で実現してきた自由貿易への歩みが大幅に逆転しかねないと恐れたのだ．

事例研究 WTO の試金石

2002 年 3 月，アメリカ政府は輸入鋼鉄製品に 30% の関税をかけた．公式の理由は，アメリカ産業が輸入急増に直面して，リストラの時間が必要だというものだった．でも誰が見ても本当の理由は政治だった．鋼鉄産業が集中しているウェストバージニア州，オハイオ州，ペンシルバニア州は，2004 年選挙で重要な「浮動州」になると広く予想されていたのだ．

ヨーロッパ，日本，中国，韓国はアメリカの鋼鉄関税について，WTO に苦情を申し立て，アメリカの行動が違法だと述べた．2003 年 7 月に，WTO パネルもそれに合意して，アメリカの行動は違法だとした．多くの評論家は，この裁決に対するアメリカの反応こそが WTO の信頼性に対する決定的な試金石になると考えた．世界最強の国は，本当に国際組織にいわれて，政治的に重要な関税を廃止するだろうか？ 貿易戦争が迫っているという声さえ聞かれた．

ところがアメリカはこの裁決に従い，鋼鉄関税を 2003 年 12 月に廃止した．この決定の公式な説明は，この関税が当初の目的を果たしたというものだった．でもほとんどの評論家は，主要な動機は EU からの脅しだと考えた．EU は，報復措置を執る許可を WTO から得ていて，アメリカの輸出品 20 億ドル分以上に対して関税をかける準備を整えていた（ヨーロッパ人もアメリカ人に負けず劣らず政治がわかっているので，関税の対象となったのは――はい，ご名答――政治的な「浮動州」で生産される財だった）．

これで WTO は大きな試験に合格した．それでも，アメリカが EU からの苦情に譲歩するのは当然かもしれない．EU は，アメリカとだいたい同じ規模をもつ経済で，経済的な超大国なのだから．次の問題は，WTO がアメリカや EU などに対し，もっと小さな経済に有利な裁決を下すだろうかということだった．

2005 年 3 月に画期的な裁決が出た．WTO は，アメリカによる綿生産者に対する補助金が違法だというブラジルの訴えに同意したのだった．アメリカは，いうことをきいて補助金を廃止すると述べたものの，2009 年になっても準拠に向けて部分的にしか動いていなかった．そこで WTO はブラジルに対し，アメリカの輸出品に対する大幅な制裁での報復を許した．2010 年に，アメリカはブラジルと暫定的な取引に合意し，多くの譲歩をして即座の制裁を先送りにしてもらった．でも，2013 年現在でそれまでの結果に不満なブラジルは，まだ政策を実行するぞと脅し続けている．

ドーハの失望

世界貿易交渉における第 9 次のラウンドは，2001 年にペルシャ湾の都市ドーハでのセレモニーで皮切りとなった．それまでのラウンドと同じく，これも難しい交渉が山積みだった．でも 2010 年夏の時点で，どうも新しい事態が起きているようだった．GATT 創設以来初めて，貿易交渉ラウンドがまったく合意の見えないまま決裂しそうなのだった．

ドーハラウンドの見かけ上の失敗は，これまでの貿易交渉で実現された進歩を覆すものではないことは是非とも理解してほしい．世界貿易システムは，「テコ」――貿易自由化を先に進める国際貿易交渉――と「ラチェット」，主に逆戻りを防ぐための関税バインディング方式で構成されていることを思いだそう．最新の貿易ラウンドで，テコは失敗したらしいけれど，ラチェットはまだ動いている．これまでの 8 ラウンドで実現した関税削減は，今でも有効だ．結果として，世界貿易は，現代史のこれまでのどの時期よりも，今の方がずっと自由になっている．

実は，ドーハが一見すると失敗したのは，これまでの貿易交渉の成功に負うところがずいぶん大きい．これまでの交渉が貿易障壁を減らすのに実に成功してきたため，残った貿易障壁はかなり低いもので，これ以上の自由化から得られる便益は慎ましいものにしかならないのだ．実際，アパレルや繊維以外のほとんどの製造業製品については，貿易障壁は今やほとんどないも同然だ．もっと自由な貿易への移行からくる潜在的な利益は，農業の関税や輸出補助をなくすことで生じる――これは政治的にいちばん微妙な分野なので，自由化される分野としてもいちばん最後になっている．

コラム　農業補助金は第三世界に痛手を与えるか？

ドーハ交渉での発展途上国からの大きな不満は，富裕国に相変わらず巨額の農業輸出補助金や生産補助金が出ているということだった．アメリカの綿花の補助は，世界の綿花価格を引き下げて西アフリカの綿花農民に痛手を与えているが，これがいちばんよく引合いに出される例だ．

でも第 9 章で，輸出補助金は通常は輸入国の厚生を高めると習った．財がもっと安く買えるからだ．だったら富裕国の輸出補助金は，実は貧困国を助けるはずじゃないの？

答は，多くの場合にはそのとおり，というものだ．表 10.5 に示した推計値は，ドーハラウンドが成功したら，中国はかえって痛手を受けると示している．なぜか？　中国は，製造業製品を輸出して食品など農産物を輸入しているので，農業補助金がなくなると痛手を受けるのだ．

そして富裕国の輸出補助金で実際に便益を受けているのは，中国だけじゃない．一部の第三世界農民は，欧米からの補助つき食品輸出の低価格により痛手を受けている――でも第三世界の都市住民はそれで恩恵を受けているし，補助金つき製品と競合しないコーヒーなどの財を生産している農民も得をする．

これを示す好例がアフリカだ．ドーハラウンドが低所得アフリカ諸国に与えそうな影響の推計を調べると，ほとんどの場合，アフリカ諸国はかえって痛手を受けるという結果になっている．高い食品価格の負の影響が，綿花のような作物の高価格による利益をずっと上まわってしまうからだ．

表 10.4 はこの論点を示したものだ．これは，「完全自由化」――つまり残った貿易障壁や輸出補助金をすべて廃止――による厚生増大がどこからくるか，そしてそれが各国にどう分配されるかを示した世界銀行の推計だ．現代世界では，農業は国際貿易の 10% 未満にしかならない．それでも，この世界銀行の推計だと，農業貿易を自由化すれば 世界全体にとって，自由貿易からの利益のうち 63% が実現される．そしてこうした利益はなかなか得にくい．すでに述べたとおり，富裕国の農民は政治プロセスにお願いをきいてもらうのがとても上手なのだ．

実はドーハラウンドで，可決に最も近いところまできた提案は，完全な自由化のはるか手前で止まってしまっていた．結果として，このラウンドが成功していたとしても，その利益はたぶんかなり小さいものだったろう．表 10.5 は，厚生利益を所得の比率として，ドーハが実現されたかもしれない二つのシナリオのもとで世界銀行による推計値を示している．一つは「野心的」なシナリオで，とても実現が困難なもの，そして「あまり野心的でない」シナリオ，つまり「微妙」な産業部門が大きな自由化から逃れたものだ．野心的なシナリオですら，世界全体の利益は GDP のたった 0.18% にとどまる．もっと実現しそうなシナリオでは，利益はそのさらに 3 分の 1 以下だ．中所得と低所得国では，利益はもっと小さくなる（なぜ中国はかえって損をするんだろうか？　上の囲みで説明したように，輸入農産物にかえって高い価格を払うことになってしまうからだ）．

表 10.5 の数字の低さは，なぜラウンドが失敗したかの説明に役立つ．貧困国は各種提案が自分たちにとってあまり役に立たないのを理解した．そして富裕国からずっと大きな譲歩を得ようと強く出た．一方の富裕国は，何か見返りがない限り強力な圧力団体，特に農民たちを怒らせる政治的リスクをとりたくはなかった――そして貧困国

表 10.4　自由貿易の潜在利益の分配比率（%）

	貿易自由化するもの			
経済	農産物と食品	繊維衣服	その他商品	全て
先進国	46	6	3	55
途上国	17	8	20	45
全世界	63	14	23	100

出典：Kym Anderson and Will Martin, “Agricultural Trade Reform and the Doha Agenda,” *The World Economy* 28 (September 2005), pp. 1301-1327.

表 10.5　二つのドーハシナリオでの利益（対所得比率，%）

	野心的	あまり野心的でない
高所得	0.20	0.05
中所得	0.10	0.00
中国	−0.02	−0.05
低所得	0.05	0.01
全世界	0.18	0.04

出典：表 10.4 を参照.

は，残った関税を富裕国の要求に応えるほど大きく引き下げる意欲はなかった.

2007 年 6 月には，ドーハラウンド復活のかなり必死の試みがあった．これはアメリカの政治的カレンダーのせいだ．通常，議会はアメリカ大統領に対して，貿易促進権限という特権を与える．これは非公式にファストトラックともよばれる．貿易促進権限が発効すると，大統領は議会に貿易協定案を示して，それを可決するか否決するか迫れる——議員たちは，自分の選挙区産業の特別保護を与えたりするような修正案は出せない．この権限がないと，貿易協定は原型をとどめないほど歪められてしまう.

でもブッシュ大統領の貿易促進権限は 2007 年 7 月末に失効する予定で，民主党が多数の議会は，レームダックとなった共和党大統領に新しい権限を与える気はなかった．そこでみんな気がついたのは，2007 年夏に合意が達成されなければ，次期大統領の政権にかなり入ってからでないと，どんな合意もあり得なくなってしまうということだった．そこで，ドイツのポツダム市で，主要 4 プレーヤーたちの会合が開かれた．アメリカ，EU，ブラジル，インドだ (中国も傍聴した)．結果はにらみ合いだった．アメリカと EU は，ブラジルとインドに対して製造業製品に市場を開かないと責め立て，ブラジルとインドはアメリカと EU が農業方面でほとんど何もしていないと責めた.

2008 年 7 月に，もう一度ラウンド再起をかけた試みがあった．でもアメリカ，インド，中国の間で農業貿易に関する見解の相違があり，交渉はたった 8 日で決裂した．執筆時点では，ラウンド全体が停止状態で，誰も失敗を認めてはいないけれど，活発な交渉は何も行われていない.

特恵貿易協定

これまで記述してきた国際貿易協定は，関税率の「無差別」削減を行うものだった．例えばアメリカがドイツと輸入機械の関税を下げることに合意したら，新しい関税率は，ドイツからの輸入品だけでなく，ほかのあらゆる国からの機械輸入にも適用される．ほとんどの関税では，こうした無差別性が普通だ．実はアメリカは多くの国に，公式には「最恵国待遇」(MFN) とよばれる地位を当てる．これは，その国の輸出業者たちは，最低の関税を支払う国よりも低い関税だけですむ，という保証だ．MFN 待遇の国は，こうして同じ関税率を支払う．GATT での関税削減は常に——一つ大きな例外を除けば——MFN をもとに行われる．

でも，いくつかの国が**特恵貿易協定**を結び，その中ではお互いに課する関税は，ほかの国から同じ財が輸出されてきた場合よりも低い．GATT は一般にそうした協定を禁止しているけれど，ちょっと奇妙な例外を設けている．A 国が，C 国からの輸入品よりも B 国からの輸入品に低い関税を設定するのはルール違反だけれど，B 国と C 国がお互いの製品にゼロ関税をかけるように合意した場合にはその限りではない．つまり，GATT は特恵貿易協定を MFN 原理違反として一般に禁止しているけれど，それが合意国同士の自由貿易につながるならば容認する[7]．

一般に，2 カ国以上の国が自由貿易の確立に合意したら，二つの方法がある．一つはお互いの財が他国に関税なしで出荷できるような**自由貿易圏**を確立することだ．でも各国は，外の世界に対しては関税を各国それぞれ独自に設定できる．あるいは**関税同盟**を設立し，各国で話し合って関税率を揃えることもできる．北米自由貿易協定——これはカナダ，アメリカ，メキシコの間で自由貿易を確立する——は自由貿易地域をつくり出す．例えば協定の中には，カナダとメキシコが中国からの繊維製品に対して同じ関税率を適用すべきだという要件はない．これに対して欧州連合は，完全な関税同盟だ．すべての加盟国は，個別の輸入財に対して同じ関税率の適用に合意しなくてはならない．それぞれの仕組みには長所も短所もある．それを囲みで示そう．

本章でさっき述べた条件さえ守られれば，関税削減は経済効率を引き上げるよいことだ．当初，特恵関税は完全の全面引下げほどではなくても，決して悪いものではないように思えるだろう．結局のところ，パンが半分でもないよりはましでは？

驚くかもしれないけれど，この結論はあまりに楽観的すぎる．関税同盟に入ることで国が自分の状態を悪化させることもあり得る．その理由は，英仏米を使う仮想的な例で示せるだろう．アメリカは小麦の低価格生産者だ（ブッシェル 4 ドル）．フランスは中費用生産者（ブッシェル 6 ドル），イギリスは高費用生産者（ブッシェル 8 ドル）だ．イギリスもフランスもあらゆる小麦輸入に対して関税をかける．イギリスがフランスと関税同盟を結んだら，フランスに対する関税はなくなるけれど，アメリカに対しての関税は残る．これはイギリスにとっていいことか悪いことか？　それを答えるには二つの場合を考えよう．

---

[7] ここでの理屈は，経済的というよりは法的なものらしい．各国は，自国の国境内では自由貿易が認められている．カリフォルニアのワインがニューヨークに出荷されるとき，フランスワインと同じ関税をかけろと主張する人はいない．だから MFN 原理は政治単位内部では適用されない．でも政治単位って何だろう？　GATT はこの潜在的に地雷まみれの問題を迂回して，どんな経済（国）の集団も，国ができることをやれるようにした．何か国境を定義したら，その中では自由貿易を行ってかまわないのだ．

まず，イギリスの当初の関税が十分高くて，仏米どちらからの小麦輸入も阻止されていたとする．例えば，関税がブッシェル 5 ドルなら，アメリカの小麦輸入にはブッシェル 9 ドルかかり，フランスからの小麦輸入はブッシェル 11 ドルだ．だからイギリスの消費者たちはむしろ，ブッシェル 8 ドルのイギリスの小麦を買う．フランス小麦の関税が廃止されると，フランスからの輸入品がイギリスの国内生産に置き換わる．イギリスの観点からすると，これは利益だ．国内で小麦 1 ブッシェルつくるには 8 ドルかかるけれど，イギリスはフランスの小麦 1 ブッシェルを買うのに，輸出品をたった 6 ドル分つくればすむからだ．

その一方で，関税がもっと低い，例えばブッシェル 3 ドルとかで，関税同盟参加前にはイギリスは自国で小麦生産をせずにアメリカから小麦を買っていたとする（消費者への費用はブッシェル 7 ドル）．関税同盟が形成されると，消費者はアメリカ小麦を 7 ドルで買うよりもフランス小麦を 6 ドルで買う．だからアメリカからの小麦輸入はなくなる．でも，アメリカ小麦は実際にはフランス小麦より安い．イギリスの消費者がアメリカ小麦に対して支払う 3 ドルの税金は，政府歳入となるからイギリス経済にとっては純費用ではない．イギリスは小麦輸入に対する支払いをしつつ，得をするためには，もっと輸出に資源を割かねばならない．

この損失の可能性もまた，次善の理論の一例だ．イギリスは当初，インセンティブをゆがめる政策を二つもっていたと考えよう．アメリカ小麦に対する関税とフランス小麦に対する関税だ．フランス小麦に対する関税はインセンティブをゆがめるように思えるけれど，実際にはアメリカ小麦に対する関税で生じるインセンティブのゆがみを相殺するのに役立っていたかもしれない．だからフランス小麦への関税を廃止したら，厚生が本当に下がる可能性もある．

さっきの二つの例に戻ると，関税同盟の形成でイギリスが新しい貿易を実現する場合には利益が生じることに注目しよう——フランスの小麦が国内生産に置き換わる場合だ．でも，同盟外の国との貿易に代わって，同盟内の国同士の貿易がでてくるだけなら損をする．特恵貿易協定の分析では，前者は**貿易創造**とよばれ，後者は**貿易転換**とよばれる．関税同盟が望ましいかどうかは，それが主に貿易創造効果をもつか，貿易転換効果をもつかに依存する．

コラム　自由貿易圏 VS 関税同盟

自由貿易圏と関税同盟との違いは，一言でいうと，前者は政治的にはストレートながら実務面では頭痛の種であるのに対し，後者はその真逆だということだ．

まず，関税同盟の場合を考えよう．いったんこうした同盟ができてしまえば，関税の適用は比較的簡単だ．この同盟の境界を超えたら関税を支払うけれど，その後は同盟国間を自由に行き来できる．マルセイユやロッテルダムで荷下ろしされた貨物は，そこで関税は支払うけれど，その後トラックでミュンヘンに送られても追加の税金はかからない．でもこの簡単な仕組みが機能するには，各国が関税率に合意しなければならない．貨物の荷下ろしがマルセイユ，ロッテルダム，またはハンブルグだろうと同じでなくてはならない．そうでないと輸入業者は料金を最低にする入り口を選ぶからだ．だから関税同盟は，ドイツもフランスもオランダも，そのほかすべての国が同じ関税をかけることに同意しなくてはならない．これはそう簡単ではない．各国は，実質的に独立主権の一部を超国家的な存在である欧州連合 EU に譲り渡しているわけだ．

これがヨーロッパで実現した理由はいろいろある．経済統合が欧州民主国の戦後政治同盟を強化するという信念もその一つだ（EU 創始者の一人は，EU はヨシフ・スターリンの銅像を建てるべきだと冗談を飛ばした．スターリンの脅威がなければ，EU は決してまとまらなかったかもしれないからだ）．でも，ほかの場所ではそうした条件は存在しない．NAFTA をつくった 3 カ国は，関税を何やら超国家的な存在に譲り渡すなんてちょっと考えられないだろう．それをやった場合には，アメリカの利害にそれなりの重きを与えつつ，アメリカがカナダやメキシコの貿易政策を実質的に指図できないようにする必要がある．だから NAFTA は，メキシコの財が関税なしでアメリカに入れるしその逆もできるようにするけれど，メキシコとアメリカが他国から輸入する財について，共通の対外関税を採用するなどということは求めない．

でもこれは，別の問題を引き起こす．NAFTA の下では，メキシコ労働者がつくったシャツは自由にアメリカに持ち込める．でもアメリカがほかの国からのシャツに高い関税を維持したいと思ったのに，メキシコはそんなつもりがなかったとする．だったら，誰かがバングラデシュなどからメキシコにシャツを輸出して，それをトラックに積んでシカゴに向かっても止めようがないのでは？

答えは，アメリカとメキシコは自由貿易をしていても，メキシコからアメリカへ出荷される財は，相変わらず通関が必要ということだ．そして，その財が本当にメキシコ製で，第三国からの積み替え輸入ではないと証明する文書がある場合に限り，無税でアメリカに入国を許される．

でも，なにをもってメキシコ製のシャツとすればいいんだろうか．シャツ自体はバングラデシュ製でも，ボタンをつけたのはメキシコ人なら，それはメキシコ製といえるだろうか？　たぶん無理だろう．でも，ボタン以外のすべてがメキシコ製ならば，たぶんメキシコ製といえるだろう．ここで言いたいのは，関税同盟ではない自由貿易圏を実際に適用するためには，各国は相変わらず国境で財をチェックする必要があるし，さらにその財が関税なしで国境を越えられるかを決めるための「原産地規則」の複雑な束を決めなくてはならないということだ．

結果として，NAFTA のような自由貿易協定は，大量の書類作業という負担を引き起こす．これは，そうした貿易が原理的には自由な場合でも，大きな貿易の障害となりかねない．

コラム 特恵貿易の魅力とは

EU は何度も，バナナに関する貿易特恵の問題をめぐり，山ほどの問題に陥ってきた．

世界のバナナ輸出の大半は，いくつかの中米の小国からやってくる――これが本来の「バナナ共和国」というやつだ（訳注：こうした国々の多くがアメリカの傀儡政権だったので，これは形ばかりの傀儡国家という侮蔑的な意味をもつ）．でもいくつかのヨーロッパ諸国は，カリブ海にある旧・現植民地からバナナを伝統的に買ってきた．こうした島国の生産者を守るため，フランスとイギリスは歴史的に中米の「ドルバナナ」に輸入関税をかけてきた．ドルバナナは，おおむね西インド諸島のバナナより 4 割方安い．でもドイツは西インド諸島に植民地をもったことがないので，ドルバナナを自由に輸入してきた．

1992 年以降のヨーロッパ市場統合で，既存のバナナ方式は維持不能となった．安いドルバナナをドイツで輸入し，ヨーロッパの他国に簡単に出荷できるからだ．これを避けるため，欧州理事会は 1993 年に，ドルバナナに対する新しい共通ヨーロッパ輸入割当を設ける計画を発表した．ドイツはこの動きに怒って抗議し，それが違法だとさえ述べた．欧州共同体を設立したローマ条約に，ドイツが自由にバナナを輸入できるという明示的な保証（「バナナ議定書」）があることを指摘したのだ．

どうしてドイツ人たちはバナナをめぐってこんなサル騒ぎを展開したんだろうか？　東ドイツの共産主義支配下では，バナナは貴重な贅沢品だった．ベルリンの壁崩壊後にいきなり安いバナナが手に入るようになったことで，それが自由のシンボルとなったのだった．だからドイツ政府はバナナ価格を急に引き上げる政策を非常に嫌ったわけだ．

結局ドイツ人たちはぶつぶつ言いつつも，新しいヨーロッパ式のバナナ貿易特恵統合システムを受け入れた．でも，論争はこれでは終わらなかった．1995 年にアメリカが参戦し，既存の特恵制度を濫用する猿芝居で，ヨーロッパ人たちは中米諸国の利益だけでなく，強力なアメリカ企業であるチキータ・バナナ社の利益も犠牲にしていると主張した．同社の CEO はちょうど，民主党と共和党の政治家に大金を献金したところだった．

1997 年に WTO は，ヨーロッパのバナナ輸入方式は国際貿易ルールに違反していると裁定した．するとヨーロッパは少し改訂した方式を導入したけれど，このバナナ分裂を解決しようとする生焼けの対応はむだに終わった．アメリカとの紛争はさらに激化し，やがてアメリカはデザイナーハンドバッグやペコリーノ・チーズなどに高い関税をかけて報復した．2001 年にヨーロッパとアメリカは，バナナ輸入割当を段階的になくす計画に合意した．この計画は，カリブ海諸国に大きな不安と警鐘をつくり出した．ヨーロッパ市場への特恵アクセスを失ったら，ひどいことになると恐れたのだ．でも，話はこれでも終わらなかった．2005 年 1 月に，EU はバナナの輸入割当を廃止するけれど，通称 ACT 諸国（アフリカ，カリブ海，太平洋――つまりはヨーロッパの旧植民地）からこないバナナへの関税を 3 倍にすると発表した．中南米諸国は即座にこの新関税が不当だと訴え，2007 年 12 月に WTO は，ヨーロッパの最新のバナナ方式が，以前のものと同じく違法だと裁定した（このニュースでチキータ・バナナ社の株価は高騰した）．

最後に 2009 年 12 月になって，EU は南米バナナ生産国と合意に達した．最恵貿易を完全廃止はしないけれど，7 年かけてバナナ関税を 3 分の 1 引き下げるというものだ．

事例研究　南米の貿易転換

1991 年に，南米の 4 カ国，アルゼンチン，ブラジル，パラグアイ，ウルグアイがメルコスールという自由貿易圏を形成した．この同盟はすぐに大きな影響を貿易に与えた．たった 4 年で，これらの国々同士の貿易額は 3 倍になったのだ．地域の指導者たちは誇らしげに，メルコスールが大成功だと発表した，これは経済改革のもっと広いパッケージの一部だった．

でも域内貿易増加という点でメルコスールは明らかに成功していたものの，最恵貿易圏の理論を考えると，これは必ずしもいいこととは限らない．新しい貿易が，本来ならそのほかの世界と行われたはずの貿易を犠牲にして生じたものなら——つまり，この同盟が貿易を創造するのではなく転換されただけなら——むしろ厚生を引き下げたかもしれない．そしてまさに，世界銀行の主任貿易エコノミストは 1996 年の研究で，メルコスールの域内貿易増加にもかかわらず——いやむしろ，その成功がほかの貿易を犠牲にして生じたために——参加諸国にとっての純効果はおそらくマイナスだったろうと結論づけた．

要するにこの報告は，メルコスールの結果として加盟国の消費者たちは，他国からの安いけれど関税の重い工業製品のかわりに，近隣国からの高価な工業製品を買うよう仕向けられた，と論じていた．特にメルコスールのおかげで，ブラジルのきわめて保護された，いささか非効率な自動車産業は，実質的にアルゼンチンの市場を囲い込み，おかげで他国からの輸入品を置き換えた．ちょうど本文で，フランスの小麦がイギリス市場でアメリカ小麦にとってかわったのと同じだ．最初のドラフト報告書はこう述べていた．「こうした発見は，地域的な貿易協定がもつ潜在的な悪影響についての，もっとも説得力ある困った証拠となるように思える」

でも最終的に刊行された報告には，この文言はなかった．最終ドラフトがマスコミに流れて，メルコスール政府から怒濤のような抗議を引き起こしたのだった．特にブラジルは激怒していた．その圧力に負けて，世界銀行は報告書の発表を延期し，やがて山ほど注意書きをつけたバージョンを発表した．とはいえ，その最終刊行版の中ですら，報告書はメルコスールが，完全に非生産的ではなかったにしても，かなりの貿易転換を引き起こしたというかなり強い主張を行っていた．

まとめ

1. 完全な自由貿易を実践している国はほとんどないけれど，ほとんどの経済学者たちは自由貿易を望ましい政策として支持し続けている．この支持は，3 種類の議論に根ざしている．一つ目は，自由貿易からの効率性利益についての定式化した分析であり，これは貿易政策の費用便益分析を逆に読んだものとなる．二番目として，多くの経済学者は自由貿易がこの定式化分析を超える追加の利益を生み出すと信じている．最後に，複雑な経済分析を実際の政策に翻訳するのが難しいので，自由貿易は考えられる最高の政策だと思わない経済学者たちですら，それが有益な簡易目標だと考えている．

2. 自由貿易から逸脱した方がいいという知的にまともな議論がある．原理的には明らかに有効な議論の一つは，各国は最適関税と輸出税を通じて交易条件を改善できるというものだ．でもこの議論は実践面ではあまり重要でない．小国は輸入価格や輸出価格に大して影響力をもてないので，交易条件改善のために関税などの政策は使えない．大国は，交易条件を左右はできるけれど，関税を設けたら貿易協定を混乱させて報復を招きかねない．
3. 自由貿易から逸脱するべきだというもう一つの主張は，国内市場の失敗に基づく．もし労働市場などの国内市場がまともに機能していなければ，自由貿易からの逸脱は，ときにこの機能不全の影響を減らすのに貢献することもある．次善の理論によれば，ある市場がきちんと機能しないときには，政府がほかの市場の介入を控えるのが最適とはいえない．もしある財の生産に，生産者余剰の指標でとらえられない限界社会便益があるなら，関税は厚生を高めるかもしれない．
4. 市場の失敗はたぶんよくあることだけれど，国内市場の失敗議論は，あまり野放図に適用すべきではない．まず，それは貿易政策よりは国内政策をどうにかすべきだという主張になる．関税は国内市場の失敗を相殺するにあたり，常に劣った「次善の」方法でしかない．問題は常に根源で直接的に対処するのがいちばんいい．さらに市場の失敗は分析が難しいので，適切な政策提言を自信をもって行うのは難しい．
5. 実際には，貿易政策は所得分配についての懸念に支配されている．貿易政策の政治をモデル化する唯一無二の方法はないけれど，いくつか便利な手法が提案されている．政治科学者たちは，政策はなるべく多くの有権者を集めようとする政党の競争により決まると論じることが多い．最も単純な場合には，これはメジアン有権者の利益となる政策の採用につながる．でもこの考え方は多くの問題について便利ながら，貿易政策についてはこの分析はいささか非現実的な予測を引き出してしまうようだ．貿易政策は，一般社会の利益よりは，小さい集中したグループの利益を優先することが多い．経済学者と政治学者たちは，通常これについて集合行為問題を持ち出すことで説明する．個人は自分が所属する集団のために政治的に動く動機づけがほとんどないから，団結力の強い集団——通常は利害の大きい小集団——の方が，多数派を犠牲にして自分の利益となる政策を実現できてしまう．
6. 貿易政策が純粋に国内だけで決まるなら，貿易自由化に向けた進展はきわめて実現困難だ．でも実際には，先進国は国際交渉のプロセスを通じ，関税の大幅な削減を実現してきた．国際交渉は関税削減という主張を二つの方法で後押しする．輸出業者たちに直接の利害を与えることで自由貿易支持層を広げられるし，各国政府も，国際協調のない政策がもたらす相互に不利となる貿易戦争を避けられるようになる．
7. 1930 年代に 2 国間交渉である程度の貿易自由化が進展したけれど，第二次世界大戦後には，主に「関税及び貿易に関する一般協定」(GATT) の下での多国間合意を通じて国際協調が行われてきた．GATT は官僚組織と，実施規則をもっており，国際貿易システムの中心的な機関となる．直近の世界的な GATT 合意で，新しい組織である世界貿易機関 (WTO) もできて，合意の監視と強制を行うようになった．
8. 多国間交渉を通じて実現してきた全体としての関税削減に加え，一部の国は特恵貿易協定を交渉して成立させている．これは調印国同士の関税を下げるけれど，そのほかの世界に対しては下げないというものだ．GATT の下では 2 種類の特恵貿易協定が認められている．関税同盟は，加盟国が共通の外部関税を設定するものだ．自由貿易圏では，加盟国がお互いの生産物に対しては関税をかけないけれど，外部に対しては独自の関税率を設定する．どちらの合意も，経済的厚生に対する影響ははっきりしない．こうした協定への参加が費用の高い国内生産をほかの参加国からの輸入品で代替するなら——貿易創造の場合——その国は利益を得る．でも加盟により，外部からの低コスト輸入品が，加盟国からの高コスト輸入品で置き換わるなら——貿易転換の場合——その国は損をする．

重要用語

関税及び貿易に関する一般協定 (GATT) p.285
関税同盟 p.297
限界社会便益 p.271
交易条件に基づく関税支持論 p.270
国際交渉 p.282
国内市場の失敗 p.271
最適関税 p.270
次善の理論 p.272
集合行為 p.278
囚人のジレンマ p.284
自由貿易圏 p.297
自由貿易の効率性支持論 p.264
自由貿易の政治的支持論 p.267
世界貿易機関 (WTO) p.286
特恵貿易協定 p.297
バインド p.286
貿易戦争 p.283
貿易創造 p.298
貿易転換 p.298
貿易ラウンド p.286
メジアン有権者 p.276
レントシーキング p.266

練習問題

1. 「フィリピンのような小国にとって，自由貿易への移行は大きな利益がある．消費者や生産者は，選択を行うにあたって，政府の政策が決めた人工的な価格ではなく，真の費用をもとに判断ができる．せまい国内市場の制約から脱出もできる．起業精神に新しい地平を開く．そしてもっとも重要なこととして，それは国内政策をきれいにするのに役立つ」．この発言の中にある自由貿易支持論を同定して分類してみよう．

2. 以下のうち，関税や輸出補助金を支持する議論として有効性をもつ可能性があるのはどれで，まったく成り立たないのはどれだろうか？　その答えについて説明しよう：

a. 「アメリカが石油を輸入する量が多ければ，それだけ次の石油危機で原油価格が上がってしまう」

b. 「チリからの季節外の果物輸入増加は，今や冬場のブドウといった産物のアメリカにおける供給の 8 割を占めているが，こうしたかつては贅沢品だったものの価格急落に貢献している」

c. 「アメリカの農産物輸出は，農民たちにとっての所得上昇というだけでない——アメリカの農業部門に財やサービスを売るすべての人にとっても所得が上がるということだ」

d. 「半導体は技術における原油みたいなものだ．自前のチップを生産しないなら，マイクロエレクトロニクスを使うあらゆる産業にとってきわめて重要な情報の流れが阻害されてしまう」

e. 「材木の実質価格は 4 割も下がったので，材木労働者何千人もが転職を余儀なくされている」

3. ある小国は，ある財を 1 単位あたり世界価格 10 で輸入できる．その財の国内供給曲線は次のとおりだ：

$$S = 20 + 10P$$

需要曲線は次のとおりだ：

$$D = 400 - 5P$$

さらに，生産 1 単位ごとに限界社会便益が 10 生じる．

a. 輸入品に 1 単位あたり 5 の関税がかけられた場合の厚生への総影響を計算しよう．

b. 1 単位あたり 5 の生産補助金が出た場合の総影響を計算しよう．

c. どうして生産補助金は関税よりも大きな厚生利益を生み出すんだろうか？

d. 最適な生産補助金はいくらになるだろうか？

4. 上の問題 3 で，需要と供給は同じだけれど，生産の限界社会便益はなかったとする．でも政治的な理由から，政府は生産者への 1 ドル相当の利益を，消費者利益 3 ドルか政府歳入 3 ドル分の価値があると計算している．1 単位あたり 5 の関税をかけたときに，**政府の狙い**にはどんな影響が出るかを計算しよう．

5. ポーランドが EU に加盟するとき，ポーランドの自動車生産費用は 2 万ユーロで，ドイツでの生産費用は 3 万ユーロだとわかった．仮に関税同盟をもつ EU が，自動車に X パーセントの関税をかけ，日本での生産費用は Y（ユーロ建て）だったとする．ポーランドが EU に加盟すると，貿易**創造**が起きるか，貿易**転換**が起きるかについて，以下のそれぞれのシナリオについて論じよう：

a. $X = 50\%,\ Y = 18,000$ ユーロ

b. $X = 100\%,\ Y = 18,000$ ユーロ

c. $X = 100\%,\ Y = 12,000$ ユーロ

6. 「アメリカが日本やヨーロッパの貿易政策について愚痴っても仕方ない．各国は自分の最高の利益となることを何であれやる権利がある．外国の貿易政策に文句をいうよりも，アメリカは他国に好き勝手にさせて，自分たちは自由貿易に対するこだわりを捨てて相手に倣えばいいのだ」．この見方について，経済学的に，そして政治経済的に論じてみよう．

7. 最適関税の主張について，直感的な説明をしてみよう．

8. 国の経済厚生をもとに政府が貿易政策を立案したら，貿易戦争の問題はやはり表 10.3 にあるような囚人のジレンマで示されるだろうか？　政府がこのかたちで政策立案した場合に，ゲームの均衡解は何になるだろうか？　保護主義の戦略を選ぶ可能性はあるだろうか？

9. アメリカは，アメリカ消費者を保護するために一部の中国製品の輸入を制限する行動をとっている．例えば，鉛を含むおもちゃ，健康基準に合わない海産物などだ．一部の人は，これがダブルスタンダードだという．こうした基準で財を制限するなら，低賃金労働でつくられた財の輸入も制限すべきじゃないか，というわけだ．これは正当な議論だろうか？　その理由も説明しよう．

もっと勉強したい人のために

- W. Max Corden. *Trade Policy and Economic Welfare*. Oxford: Clarendon Press, 1974. 保護主義の経済学的な支持論と否定論に関する古典的なサーベイ．
- I. M. Destler. *American Trade Politics*, 4th edition. Washington, D.C.: Peterson Institute for International Economics, 2005. 貿易政策構築の現実世界におけるプロセスと，その時間的な展開に関する包括的な描写．

- Gene M. Grossman and Elhanan Helpman. *Interest Groups and Trade Policy.* Princeton: Princeton University Press, 2002. 貿易政策の現代的な政治経済学モデルに関する論文や事例研究の集まり.
- Jeffrey Schott. *The Uruguay Round: An Assessment.* Washington, D.C.: Institute for International Economics, 1994. 直近の GATT ラウンドの課題や成果に関する，涙が出るほど短くて読みやすいサーベイと，関連研究の多くのサーベイ.
- Peter Van den Bossche. *The Law and Policy of the World Trade Organization.* Cambridge: Cambridge University Press, 2008. 包括的なサーベイ．国際貿易の法的枠組みに関する条文やほかの材料を含む.
- World Trade Organization, *Understanding the WTO*. Geneva: World Trade Organization, 2007. この機関の役割と歴史に関する便利な自己サーベイ.

第10章補遺

APPENDIX TO CHAPTER 10

最適関税がプラスだという証明

関税は常に，大国の交易条件を改善するけれど，生産と消費をゆがめる．この補遺では，関税が十分に低ければ，交易条件が常に歪曲損失よりも大きいことを示そう．つまり，プラスの最適関税が常に存在するということだ．

この論点を出すために，需要供給曲線がすべて線形，つまりは直線になっている場合に注目する．

需要と供給

輸入側の自国は，以下のような需要曲線をもつとする：

$$D = a - b\tilde{P} \tag{10A.1}$$

ここで $\tilde{P}$ は財の国内価格だ．供給曲線は次のようになる：

$$Q = e + f\tilde{P} \tag{10A.2}$$

自国の輸入需要は，国内需要と供給の差に等しい．

$$D - Q = (a - e) - (b + f)\tilde{P} \tag{10A.3}$$

外国の輸出供給も直線になる．

$$Q^* - D^* = g + hP_W \tag{10A.4}$$

ここで P_W は世界価格だ．自国の国内価格は関税分だけ世界価格を上まわる．

$$\tilde{P} = P_W + t \tag{10A.5}$$

関税と価格

関税は国際価格と国内価格を断絶させ，国内自国価格を上げて世界価格を下げる（図10A.1）．

世界均衡では，自国輸入需要は外国輸出供給と等しくなる．

$$(a - e) - (b + f) \times (P_W + t) = g + hP_W \tag{10A.6}$$

P_F は，関税がない場合に生じる世界価格だ．そして関税 t は，国内価格を次の水準に上げる：

図 10A.1
関税が価格に与える影響

線形モデルでは，関税が価格に与える影響を厳密に計算できる．

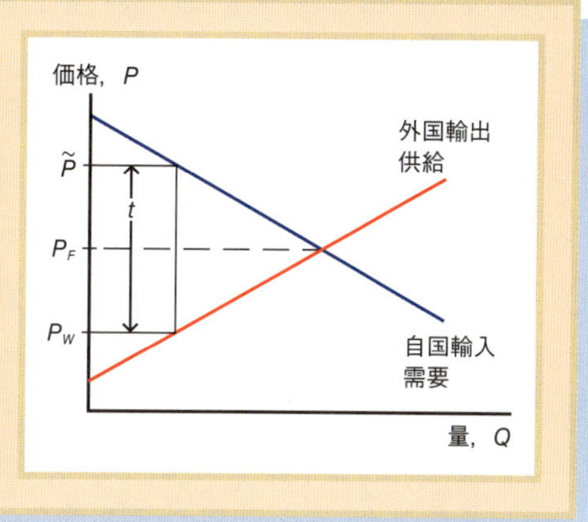

$$\tilde{P} = P_F + th/(b+f+h) \quad (10A.7)$$

そして世界価格は以下に下がる．

$$P_W = P_F - t(b+f)/(b+f+h) \quad (10A.8)$$

（小国の場合，外国の供給はきわめて弾性的だ．つまり h はとても大きい．だから小国なら，関税は世界価格にはほとんど影響せず，国内価格をほとんど関税の金額だけ引き上げる．）

関税と国内の厚生

ではここまで学んだことを使って，関税が自国の厚生に与える影響を導きだそう（図 10A.2）．Q^1 と D^1 は，自由貿易下での消費と生産の水準を示す．関税があると，国内価格は上がり，結果として Q は Q^2 に上がり，D は D^2 に下がる．ここで

$$Q^2 = Q^1 + tfh/(b+f+h) \quad (10A.9)$$

および

$$D^2 = D^1 - tbh/(b+f+h) \quad (10A.10)$$

世界価格低下に伴う利益は，図 10A.2 の長方形の面積で，つまり価格の下落分に，関税後の輸入の量をかけたものになる：

$$\begin{aligned} 利益 &= (D^2 - Q^2) \times t(b+f)/(b+f+h) \quad (10A.11) \\ &= t \times (D^1 - Q^1) \times (b+f)/(b+f+h) - (t)^2 \times h(b+f)^2/(b+f+h)^2 \end{aligned}$$

消費のゆがみからの損失は，図 10A.2 の二つの三角形の面積の和だ：

$$損失 = (1/2) \times (Q^2 - Q^1) \times (\tilde{P} - P_F) + (1/2) \times (D^1 - D^2) \times (\tilde{P} - P_F)$$

図 10A.2
関税の厚生効果

関税の純便益は，色つきの長方形の部分から，三角形二つの面積を引いたものとなる．

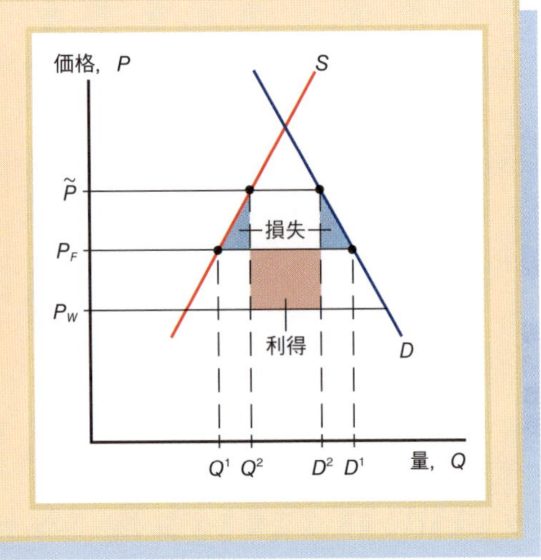

$$= (t)^2 \times (b+f) \times (h)^2/2(b+f+h)^2 \qquad (10A.12)$$

すると厚生への純効果は以下のとおりだ：

$$利益 - 損失 = t \times U - (t)^2 \times V \qquad (10A.13)$$

ここで U と V はややこしい数式になるけれど，関税の水準とは独立でプラスの数字となる．つまり純効果は，プラスの数に，関税率をかけたものと，マイナスの数に関税率の 2 乗をかけたものの合計になる．

これで，関税が十分に小さければ純効果はプラスに必ずなることがわかる．その理由は，数字が小さくなると，その数字の 2 乗はその数字よりも急激に小さくなるからだ．20% の関税率が純損失になったとする．そのときは 10% にしてみよう．関税の効果のプラス部分は 20% の場合の半分になってしまうけれど，マイナスの部分は 4 分の 1 の大きさになる．それでも純効果がマイナスなら，5% にしてみよう．この場合も，マイナスの影響はプラスの影響の倍も減る．どこかの十分に小さい関税で，マイナスの効果はプラスの効果より小さくなる．

CHAPTER 11

発展途上国の貿易政策

これまでは，貿易政策のツールとその目的について，特に文脈を指定せずに分析してきた——つまり，そうした政策を実施しようとしているのがどういう国なのかをあまり述べてこなかった．各国はそれぞれ独自の歴史と課題をもっているけれど，経済政策を論じるにあたっては，国ごとの差で目につくものが一つある．所得水準だ．表11.1が示唆するように，各国は一人あたり所得が大幅に違う．一方の端には先進国があり，そのメンバーは西欧，ヨーロッパ人たちが主に入植した国（アメリカなど），日本だ．こうした国々は，一人あたり所得が年額4万ドルを超えたりする．でも世界人口の大半は，ずっと貧しい国に住んでいる．こうした**発展途上国**[1]の所得の幅はとても大きい．こうした国の中でも韓国などは，今や「新興工業国」の一員とされ，公式統計で見ても，かれらの自負からしても，実質的には先進国の地位にある．これに対してバングラデシュのような国は，ひどく貧しいままだ．それでも，ほとんどあらゆる発展途上国にとって，先進国との所得ギャップを縮めようという努力は，経済政策の中心的な目標となってきた．

表11.1	一人あたりGDP，2009年（ドル，物価水準調整済み）
アメリカ	49,428
ドイツ	40,511
日本	37,449
韓国	32,954
メキシコ	14,943
中国	10,371
バングラデシュ	1,929

出典：Conference Board Total Economy Database

[1]「**発展途上国**」というのは，国際機関の使う用語で今や標準的なものとなっているけれど，一部の「発展途上」の国は，実は生活水準が長期にわたって低下したりしている．もっと記述的ながらあまり礼儀正しくない用語は**低開発国（LDC）**だ．

なぜ一部の国はほかよりもこんなに貧しいんだろうか？　なぜ一部の国は，1 世代前は貧しかったのに劇的な進歩をとげられて，一部の国はそれができていないんだろうか？　これは実に論争の多い問題だし，これに答えようとするのは――それをいうなら長年にわたり経済学者たちが提示してきた答えを詳しく説明するだけでも――本書の範囲を超えてしまう．でもここでいえるのは，経済発展についての見方の変化が，貿易政策の決定に大きな役割を果たしてきたということだ．

第二次世界大戦後 30 年にわたり，多くの発展途上国の貿易政策は，経済発展の鍵は強い製造業部門の創設だという信念に強く影響されていた．そして，製造業部門をつくる最高の方法は国内製造業者を国際競争から守ることだとされた．この章の前半は，この輸入代替工業化の根拠を記述し，その戦略に対する批判も述べる．そうした批判は 1970 年あたりからますます広まり，1980 年代後半に新しい常識が台頭して自由貿易の美徳を強調するようになった．この章の後半では，1980 年代から起こった発展途上国の貿易政策の大転換を説明する．

最後に，経済学者たちは国ごとの巨大な所得格差の持続理由について論争してきた．特に 1960 年代以来，ますます多くのアジア諸国が驚異的な経済成長で世界を驚かせたこともある．この章の最後の部分では，この「アジアの奇跡」の解釈と，それが国際貿易政策にとってもつ（おおいに議論の分かれる）意味合いについて述べる．

学習目標

この章を読み終わったら，こんなことができるようになる．

- 発展途上国でこれまで実践されて生きた保護主義擁護論を振り返り，輸入代替工業化と「幼稚産業」論を説明できる．
- 「二重経済」の背後にある基本的な発想と，それが国際貿易にどう関係するかをまとめられる．
- 中国やインドなどのアジア諸国で近年見られた経済史を論じ，急速な経済発展と国際貿易への参加との関係を詳述できる．

輸入代替工業化

第二次世界大戦から 1970 年代まで，多くの発展途上国は工業製品の輸入を制限することで自国の発展を加速させようとした．国内市場に財を供給する製造業部門を育てようという訳だ．この戦略に人気が出た理由はいくつかあるけれど，輸入代替についての理論経済学的な議論がその台頭には重要な役割を果たした．こうした議論の中でたぶんいちばん重要なものが，**幼稚産業論**だ．これについては第 7 章で触れた．

幼稚産業論

幼稚産業論によると，発展途上国は製造業について**潜在的な**比較優位があるけれど，途上国の新生製造業は最初のうちは先進国のよく発達した製造業と太刀打ちできない．だったら，製造業に足がかりを与えるために，政府は一時的に新産業を支え，国際競争に立ち向かえるようにすべきだ．この議論によれば，関税や輸入割当を工業化始動のための一時的手段として使うのは筋が通っていることになる．世界最大級の市場経済が，貿易障壁の背後で工業化を始めたというのは歴史的な事実だ．アメリカは 19 世紀に工業製品に高い関税をかけたし，日本は 1970 年代まで広範な輸入制限を設けていた．

幼稚産業論の問題点　幼稚産業論は実にもっともらしいし，確かに多くの政府にとって説得力があるものだった．でも経済学者たちは，この議論に多くの落とし穴を指摘し，慎重に使った方がいいと示唆してきた．

まず，将来比較優位をもつことになる産業に，今の時点で移行しようとするのは必ずしもよい考えとは限らない．今は労働が豊富な国があって，資本を蓄積しつつあるとしよう．十分に資本が蓄積されたら，資本集約産業にも比較優位が出てくる．でも，だからといってそういう産業を今すぐ発展させるべきだとはいえない．例えば 1980 年代に韓国は自動車輸出国になった．たぶん資本と技能労働がとても希少だった 1960 年代に韓国が，自動車産業を発展させようとしたら，うまくいかなかっただろう．

第 2 に，保護自体が産業に競争力をもたせるのでない限り，製造業保護は何もいい結果を生まない．例えばパキスタンとインドは製造業部門を何十年も保護し続けて，最近になってかなりの製造業製品輸出を発達させてきた．でも輸出されているのは，保護を受けた重工業ではなく，繊維のような軽工業だった．製造業を保護しなくても，軽工業部門は独自に工業製品輸出を実現しただろうという主張は十分に成り立つ．一部の経済学者は「疑似幼稚産業」の場合について警告してきた．これは産業が当初は保護されていて，それから保護とはまったく関係ない理由で競争力をつけるというものだ．この場合，幼稚産業保護は成功に見えても，実は経済にとって純費用となってしまう．

もっと一般的には，産業を立ち上げるのに費用がかかって時間がかかるからといって，何か国内市場の失敗がない限り政府が介入すべきだという根拠にはならない．幼稚産業が，十分に高い資本収益を得られるはずで，ほかの生産要素が発達させるだけの価値があるなら，民間投資家たちが政府の支援なしでもその産業を発展させるはずじゃないか？　ときには，民間投資は産業の目先の収益だけを考えて，将来の見通しを考えないといわれる．でもこの議論は市場のふるまいと一貫性をもたない．少なくとも先進国では，投資家たちはしばしば収益がずっと先で不確実な産業を支援する（例えば，アメリカのバイオテクノロジー産業を見てみよう．この分野は，商業的な売上げを一件も上げないうちから，何年にもわたり何億ドルもの資本を集めてきた）．

幼稚産業保護に対する市場の失敗による正当化　幼稚産業論を正当化するには，産業が新しいうちは常に隔離されるべきだという，もっともらしいが怪しげな議論を超える必要がある．幼稚産業保護が正当化されるかは，第 10 章で述べたような分析次第だ．つまり，成長の初期にいる産業の保護を支持するには，民間市場がその産業を本来ほど急速に発展させられないような，具体的な市場の失敗と関連づけねばならない．幼稚産業論の高度な支持者たちは，幼稚産業保護を適切なものにしそうな市場の失敗を二つ見つけている．**不完全な資本市場**と，**占有可能性**の問題だ．

幼稚産業を**正当化する不完全な資本市場という議論**はこんな具合だ：もし発展途上国に，伝統部門（例えば農業）の貯蓄を新しい部門（例えば製造業）の投資に使えるようにする金融制度機関群（例えば効率的な証券市場や銀行）がなければ，新産業の成長は，こうした産業の企業が現在利潤を出せるかどうかにより制約されてしまう．だから初期の利潤が低いと，投資の長期的な収益性が高くても投資への障害となりかねない．最善の政策は，もっといい資本市場をつくることだけれど，新産業の保護は，その産業の利潤を増やしてもっと急速な成長を可能にするので，次善の政策手段として正当化される．

幼稚産業保護の**占有可能性議論**はいろいろなかたちがあり得るけれど，そのすべてに共通しているのは，新産業の企業が社会便益をつくり出すのにそれに対して補償されないという発想だ．例えば，初めてある産業に参入する企業は，技術を現地の状況に適合させたり，新市場を開拓したりする「起業」費用を負担しなければならなかったりする．もしほかの企業がそうした起業費用を負担せずにそれを真似するだけですむなら，先駆者たちはそうした初期の投資に対してまったく収益を得られない．だから先駆的な企業は，物理的な産出を生産するだけでなく，無形の便益（例えば知識や新市場）をつくり出したのに，それに対する財産権を確立できない．場合によっては，新産業創出からの社会便益はその費用を上まわるのに，占有可能性の問題により，民間起業家は誰も参入したがらないかもしれない．最善の答えは，企業の無形の貢献について補償することだ．でもこれが無理なら，関税などの貿易政策を使うことで，新産業への参入をうながすのが次善の策になる．

幼稚産業保護を支持する不完全な資本市場という議論も，占有可能性の議論も，明らかに自由貿易への介入を正当化する**市場の失敗**という議論の特殊ケースだ．違いは，この場合には議論は**すべての**産業に適用されるわけではなく，**新**産業だけに適用されるということだ．でも市場の失敗アプローチに伴う一般的な問題はここでも健在だ．実際には，どの産業が本当に特別扱いを受けるべきか評価するのはむずかしいし，発展を促進するつもりだった政策が，特殊利益団体に牛耳られてしまうリスクもある．幼稚産業がいつまでも成長せず，ずっと保護に頼りっぱなしという例はたくさんある．

保護を通じて製造業を促進

幼稚産業論にはいろいろ疑念があるけれど，多くの発展途上国はこの議論が，製造業産業の発展に特別な支援を与える理由として説得力があると考えた．原理的には，そうした支援には多くの方法がある．例えば，国は製造業生産一般に補助金を出してもいいし，比較優位を発展させられると思う製造業製品の輸出に補助金を集中してもいい．でもほとんどの発展途上国では，工業化の基本的な戦略は，関税や輸入割当を使って貿易を制限し，輸入製造業製品を国産品で代替することで，国内市場向けの産業を発達させることだった．製造業製品の輸入を制限することで，国内産業を奨励するという戦略は，**輸入代替工業化**の戦略として知られる．

どうしてそこで選択が必要なのか，と思う人もいるだろう．輸入代替と輸出を両方とも奨励すればいいんじゃないか？　答えは，第 6 章における関税の一般均衡分析に戻る．輸入を減らす関税は，必然的に輸出を減らすのだ．輸入代替産業を保護することで，国は実際の，または潜在的な輸出部門から資源を奪う．だからある国が，輸入品の代替を実現しようとすれば，それは必ず輸出増大を妨げる選択になる．

通常は工業化政策として輸出促進より輸入代替が選ばれた理由は，経済学と政治のミックスとなる．まず，1970 年代まで，多くの発展途上国は自国が工業製品を輸出できるのか疑問視していた（でもこの疑念は，製造業保護についての幼稚産業論自体を疑問視することにもなるはずではあるけれど）．かれらは，工業化は製造業輸出の成長ではなく，輸入品を国内産業に代替させることで生じるしかないと考えていた．第 2 に，多くの場合，輸入代替工業化政策は既存の政治的なバイアスと見事に整合した．すでに 1930 年代の大恐慌と 1940 年代前半の貿易の戦時混乱期に，中南米諸国が輸入代替品を開発せざるを得なかった話はした（第 10 章）．こうした国々では，輸入代替は直接的に，強力で確立された利益集団の利益となったけれど，輸出促進ですぐに利益を得る集団はいなかった．

また，輸入代替政策の支持者の一部は，世界経済が新規参入にきわめて不利になっていると思っていたことも指摘しておこう．既存工業国の優位性はとにかく大きすぎて，新興工業国にはその優位をとても克服できないというわけだ．極端な論者は，発展途上国を先進国と切り離すような全般的政策を主張したほどだ．でももっと穏健な保護貿易支持者たちでさえ，国際経済システムが系統的に，発展途上国の利益に反するように機能しているという見方を 1980 年代まで続けていた．

1950 年代と 1960 年代は，輸入代替工業化の絶頂期だった．発展途上国は通常，まず工業の最終段階，つまり食品加工や自動車組立の保護から始めた．発展途上国の中でも大きな国だと，国内産品がほぼ完全に輸入消費財を置き換えた（とはいえ製造業を実施していたのは，しばしば外国の多国籍企業ではあったけれど）．消費財の代替の可能性が尽きてしまうと，こうした国々は中間財，例えば自動車の車体，鋼鉄，石油化学製品などの保護に向かった．

ほとんどの発展途上経済では，輸入代替の動きはその論理的な限界の手前で止まった．コンピュータ，精密工作機械などの高度な工業製品は輸入され続けた．それでも，輸入代替工業化を推し進める大きめの国は，輸入を驚くほど減らした．その最も極端な例がインドだ．1970 年代初頭，インドの石油以外の輸入は，GDP のたった 3% ほどだった．

製造業の成長を奨励する戦略としては，輸入代替は明らかに成功した．中南米経済は，総生産のうち先進国と同じくらいの割合を製造業から得るようになった（インドの割合は低かったけれど，これは貧困な人口が所得の相当部分を食品に費やし続けたからというだけだ）．でもこうした国にとって，製造業の奨励はそれ自体が目的ではなかった．むしろそれは，経済発展という最終目的のための手段だった．輸入代替工業化は，経済発展を促進しただろうか？　深刻な疑念が生じたのはここだ．1950 年代と 1960 年代初期には多くの経済学者が輸入代替政策に賛成したものの，1960 年代になると，輸入代替工業化はますます厳しい批判を受けるようになった．実際，経済アナリストや政策立案者の力点は，輸入代替の奨励から，ダメな輸入代替政策で生じた被害をどう補正するかという点に移ったのだった．

事例研究　メキシコ，輸入代替工業化を放棄

1994 年にメキシコは，カナダとアメリカとともに北米自由貿易協定 (NAFTA) に調印した――この協定は，第 12 章で説明するように，きわめて激しい論争をよんだものだ．でもメキシコが輸入代替工業化から，比較的自由な貿易に転換したのは，実は同国が NAFTA に参加する十年近く前から始まっていたのだった．

メキシコの自由貿易への転向は，半世紀の歴史をひっくり返すものだった．多くの発展途上国と同様，メキシコは 1930 年代の大恐慌時代に保護主義に転じた．第二次大戦後，保護された国内市場のための工業化という政策は明示的なものとなった．1950 年代と 1960 年代には，貿易障壁がますます高くなり，メキシコ産業はますます自給自足になった．1970 年代になると，メキシコは工業製品の輸入は，国内ではとんでもない費用をかけないと生産できない高度な機械などにおおむね限るようになっていた．

メキシコ産業は，ほとんど輸出品を生産しなかった．同国の外国売上げは，主に石油と観光で，唯一の大きな製造業輸出は**マキラドーラ**からのものだった．これはアメリカ

国境にある特別な工場で，一部の貿易制限から除外されていた．

でも 1970 年代末になると，メキシコは経済的な苦境に直面した．インフレは上昇し，対外債務も増えた．その問題が頂点に達したのは 1982 年で，メキシコは外国債務をきちんと返済できなくなった．これはながびく経済危機を引き起こした——そして政策が激変した．

1985 年から 88 年にかけて，メキシコは関税を大幅に引き下げ，それまで産業を保護していた輸入割当をほとんど撤廃した．新しい政策目標は，メキシコをアメリカ経済と密接に統合させ，工業製品の大輸出国にすることだった．1990 年代に NAFTA がやってきても，貿易障壁は大して減らなかった．というのも，メキシコはすでに貿易自由化のいちばん面倒な部分を 1980 年代に終えていたからだ．でも NAFTA は，政策変化が逆転することはないと投資家たちに保証を与えた．

ではこの政策変更はうまくいっただろうか？ 輸出は確かに激増した．1980 年に，メキシコの輸出は GDP のたった 10.7% だった——その大半が石油だ．でも 2012 年には，輸出は GDP の 34% で，主に工業製品だ．今日では，メキシコの製造業は小さな国内市場に奉仕するだけでなく，統合された北米製造業システムの立派な一部になっている．

メキシコ経済全体にとっては，自由化の結果はいささかがっかりするものだった．一人あたり所得は過去 25 年で増えたけれど，その成長率はメキシコが輸入代替工業化政策を進めていた頃よりも低い．

すると貿易自由化は間違っていたんだろうか？ そうともいえない．メキシコ経済の成績を見てきたほとんど（全員ではないが）の経済学者たちは，成長が比較的低いのを教育の貧しさなどの要因のせいだとする．でも事実として，メキシコの輸入代替からの転向は，メキシコを輸出国にするには大成功したけれど，もっと広範な経済発展という面では期待したほどの成果はあげられていない．

製造業びいきの結果とは：輸入代替工業化の問題点

輸入代替工業化は，輸入代替を実施している国々が先進国に追いついていないのが明らかになってくると，だんだん人気を失った．それどころか，一部の発展途上国は，国内製造業基盤を発展させたのに，先進国との差が開く一方となった．インドはアメリカに比べると，独立直後の 1950 年より 1980 年の方が貧しかった．

どうして輸入代替工業化は，想定どおりに成功しなかったんだろうか？ いちばん重要な理由はどうも，幼稚産業論がみんなの思ったほど普遍的に有効ではなかったということらしい．その国が工業製品に比較優位がない根本的な理由があるなら，一時的に保護を加えたところで，競争力のある製造業部門はつくり出せない．経験からみて，発展に失敗する理由はしばしば，単なる製造業経験の欠如よりも根深いことがわかってきた．貧困国は技能労働も，起業家も，管理職能力もなく，社会組織でも問題を抱えているので，スペアパーツから電力にいたるあらゆるものの信頼できる供給を維持できない．こうした問題は，経済政策で何とかできるものかもしれないけれど，**貿易政策では解決できない**．輸入割当は，非効率な製造業部門が生き残れるようにはしてくれるけれど，その産業部門の効率を直接上げてくれたりはしない．幼稚産業論は，一時的に関税や輸入割当の防壁をあげれば，低開発国の製造業部門も効率を上げられるよう学習するというものだ．実際には，これは必ずしも，いや一般的にすら成り立たない．

輸入代替が約束の便益をもたらせなかったので，産業促進に使われるこうした政策の費用の方に注目が集まった．この問題については，多くの低開発国の保護主義政策がインセンティブをひどく歪めてしまったという証拠がますます増えつつある．問題の一部は，幼稚産業を育成するのに多くの国が使った，やたらに複雑な手法だった．つまり，単純な関税のかわりに，複雑でしばしば重複する輸入割当や為替レートの統制，ローカルコンテンツルールを使ったのだった．行政的な規制がどの程度の保護を提供しているのか見きわめるのもむずかしいことが多く，各種研究をみると，保護の度合いはしばしば政府の意図よりも高く，産業ごとの変動も激しかった．表 11.2 に示すように，中南米や南アジアの一部産業は，200% 以上の関税に相当する保護を各種規制により受けていた．こうした高い実効保護率のせいで，生産費用が代替した輸入品の 3 倍や 4 倍であっても，そうした産業は生き残れてしまった．市場の失敗に基づく保護貿易の最も熱烈な支持者ですら，これほど高い実効保護率となると，なかなか擁護できなかった．

表 11.2　一部の発展途上国での製造業実効保護率（パーセント）

メキシコ (1960)	26
フィリピン (1965)	61
ブラジル (1966)	113
チリ (1961)	182
パキスタン (1963)	271

出典：Bela Balassa, *The Structure of Protection in Developing Countries* (Baltimore: Johns Hopkins Press, 1971), p. 82.

それに加えて生じる費用としておおいに注目を集めたのは，輸入制限が非効率なほど小規模な生産を促進してしまう傾向があるという点だった．発展途上国の市場は，最大級の国ですらアメリカや EU とは比べものにならない．だからその国内市場全体ですら，効率的な規模の生産工場を可能にするほどの規模がないことも多い．でもこうした小さい市場が，例えば輸入割当などで保護されていると，その市場にたった 1 社が入ってくれれば，独占利潤を稼げてしまう．こうした利潤をめぐる競争のおかげで，本来なら 1 社でさえ操業する余地がない市場に，数社が参入してくるので，生産はきわめて非効率な規模で行われてしまう．小国の規模の問題に対する答は，第 8 章で述べたように，限られた種類の製品の生産と輸出に専念して，ほかの財は輸入することだ．輸入代替工業化は，国内市場に対する工業生産にこだわることで，この選択肢をなくしてしまった．

輸入代替工業化の批判者たちは，これがほかの問題によって拍車がかかったとも論じている．例えば所得不平等や失業などだ．

1980 年代末には，輸入代替工業化の批判は経済学者たちにだけでなく，世界銀行などの国際組織にも広く受け入れられるようになった——そして当の発展途上国の政策立案者たちもそれを認め始めた．統計的な証拠をみると，なるべく自由な貿易政策を採った発展途上国は，平均すると保護主義的な政策を採った国よりも高い成長を見せているという示唆が得られるようだった（ただしこの統計的な証拠を疑問視する経済学者たちもいる）[2]．この知的な潮流の一変で，実際の政策も大きく変わり，多くの発展途上国は輸入割当を廃止して関税率を引き下げた．

1985 年以来の貿易自由化

1980 年代半ばから，多くの発展途上国が関税率を引き下げ，輸入割当など貿易制限を廃止した．発展途上国がもっと自由な貿易に向けて方向転換したことが，過去 25 年の貿易政策をめぐる大きな話題となる．

1985 年以後，多くの発展途上国は関税を下げ，輸入割当を廃止し，一般に自国経済を輸入との競争に開放した．図 11.1 は全発展途上国の平均と，重要な発展途上国であるインドとブラジルについて，関税率の推移を示している．インドとブラジルは，かつては開発戦略として輸入代替に大きく頼っていた．ご覧のとおり，この 2 カ国で関税は劇的に下がっている．ほかの多くの発展途上国でも，これほどではないにしても，似たような貿易政策の変化が起きている．

発展途上国の貿易自由化は，はっきりした影響を二つもたらした．一つは貿易量の激増だ．図 11.2 は，発展途上国の輸出入を，対 GDP 比で 1970 年から示したものだ．ご覧のとおり，GDP 比はこの期間に 3 倍となり，ほとんどの成長は 1985 年以降に起きている．

もう一つの影響は，貿易の性質の変化だ．貿易政策の変化以前は，発展途上国は主

[2] Francisco Rodriguez and Dani Rodrik, “Trade Policy and Economic Growth: A Skeptic’s Guide to the Cross-National Evidence,” Ben Bernanke and Kenneth S. Rogoff, eds., *NBER Macroeconomics Annual 2000*. Cambridge, MA: MIT Press for NBER, 2001 所収を参照．

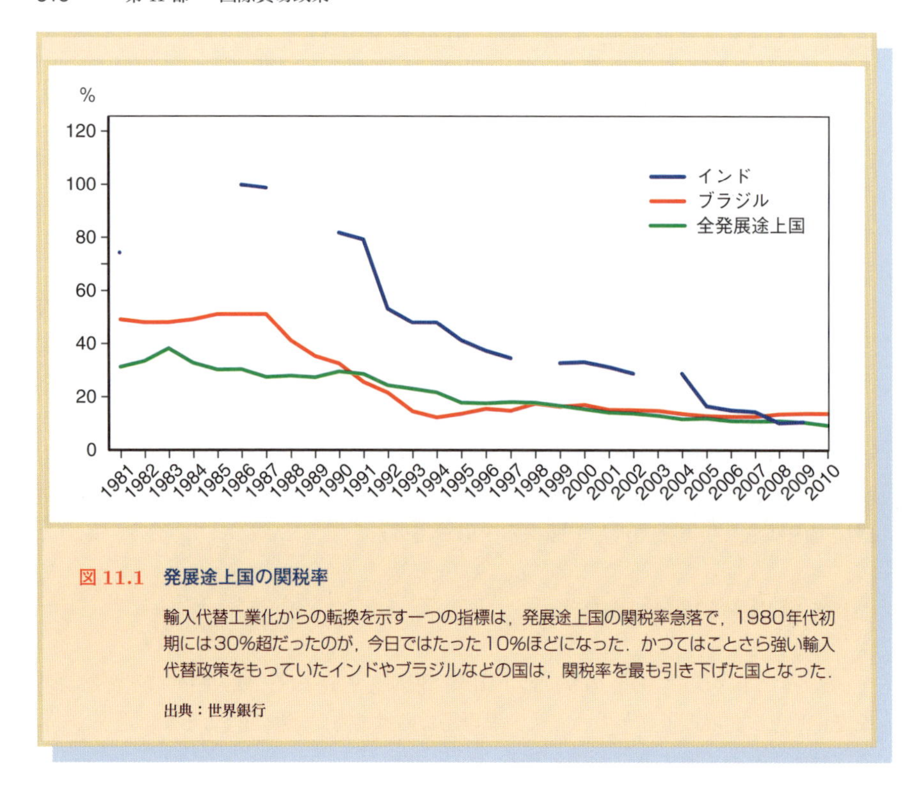

図 11.1　発展途上国の関税率

輸入代替工業化からの転換を示す一つの指標は，発展途上国の関税率急落で，1980年代初期には30%超だったのが，今日ではたった10%ほどになった．かつてはことさら強い輸入代替政策をもっていたインドやブラジルなどの国は，関税率を最も引き下げた国となった．

出典：世界銀行

に農業と鉱物資源を輸出した．でも図 2.6 で見たとおり，それが 1980 年以降には変わった．発展途上国の輸出に占める製造業製品の比率は激増し，最大級の発展途上経済の輸出品の大半を占めるようになった．

でも貿易自由化は輸入代替と同じく，それ自体が目的ではなく，一手段として意図されていた．すでに見たとおり，輸入代替は急速な経済発展という約束を果たせなかったために，人気を失った．もっとオープンな貿易への転換で，マシな結果は得られただろうか？

答は，結果は玉石混交というものだ．ブラジルなど中南米諸国では，実は 1980 年代末の貿易自由化以来，輸入代替工業化の時期よりも経済成長が鈍化している．これに対してインドは，驚異的な成長加速を経験している――でも本章の次の部分で見るように，その加速がどこまで貿易自由化のおかげかについては激しい論争がある．

さらに，発展途上国での格差増大についての懸念も高まっている．少なくとも中南米では，輸入代替工業化からの転換はブルーカラー労働者にとっては実質賃金低下につながったようだ．ただし高技能労働者の稼ぎは上がっているけれど．

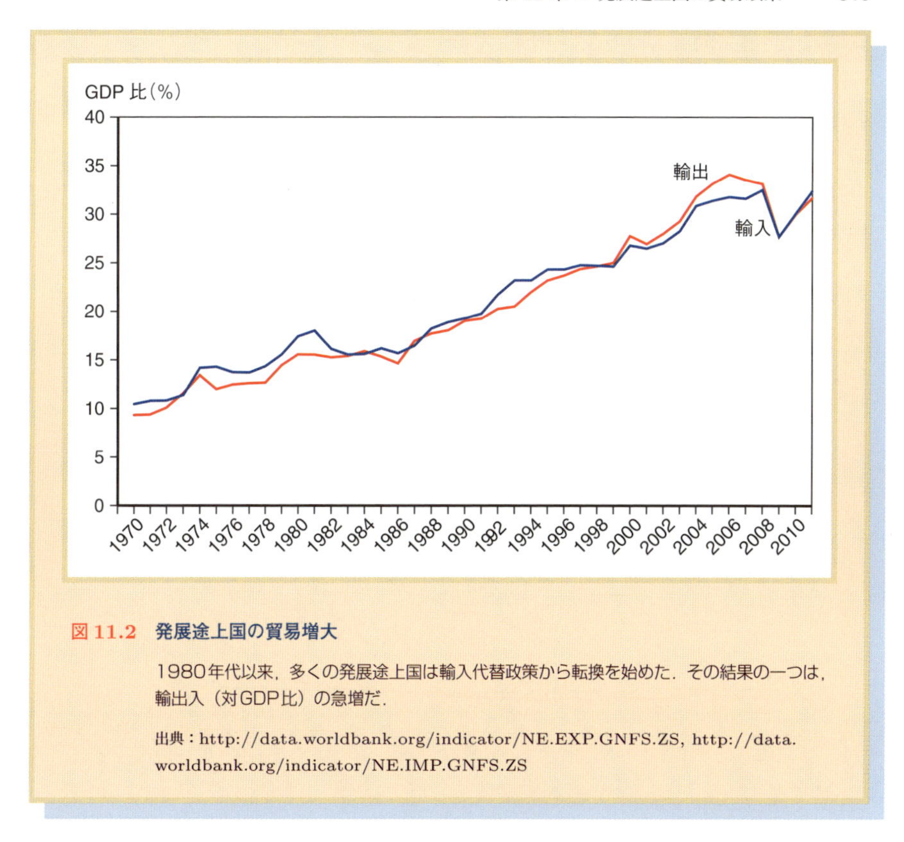

図 11.2　発展途上国の貿易増大

1980年代以来，多くの発展途上国は輸入代替政策から転換を始めた．その結果の一つは，輸出入（対GDP比）の急増だ．

出典：http://data.worldbank.org/indicator/NE.EXP.GNFS.ZS, http://data.worldbank.org/indicator/NE.IMP.GNFS.ZS

でも一つ明白なことがある．輸入代替こそが発展の唯一の道だという古い見方は，間違っていることが証明され，多くの発展途上国は貿易にもっとオープンになることで驚異的な成長を実現したということだ．

貿易と成長：アジアの離陸

すでに見たとおり，1970 年代になると，輸入代替工業化は開発戦略として広範な幻滅に直面していた．でも代わりにどんな戦略があるだろうか？

経済学者たちや政策立案者たちが，発展途上世界でのいくつかの意外な成功に注目するにつれて，答えらしきものが台頭してきた――成長率が劇的に高まり，先進国の所得に追いつきはじめた国々の事例だ．当初，こうした成功物語は比較的小さな東アジア経済の一群をめぐるものだった．韓国，台湾，香港，シンガポールだ．でもやがて，こうした成功は広がりはじめた．今日，驚異的な経済的離陸を経験した国々の一覧には，世界で最も人口の多い中国とインドも含まれている．

図 11.3 はアジアの離陸について，最初に成長をはじめたアジアの「虎」の中で最大の国である韓国，中国，インドの体験を示すことで示した．いずれの場合にも，一人あたり GDP を，アメリカのものとの比率で示している．この指標は，こうした国々の経済の「追いつき」ぶりを示している．ご覧のとおり，韓国が経済上昇を始めたのは 1960 年代で，中国は 1970 年代末頃，インドは 1980 年頃だ．

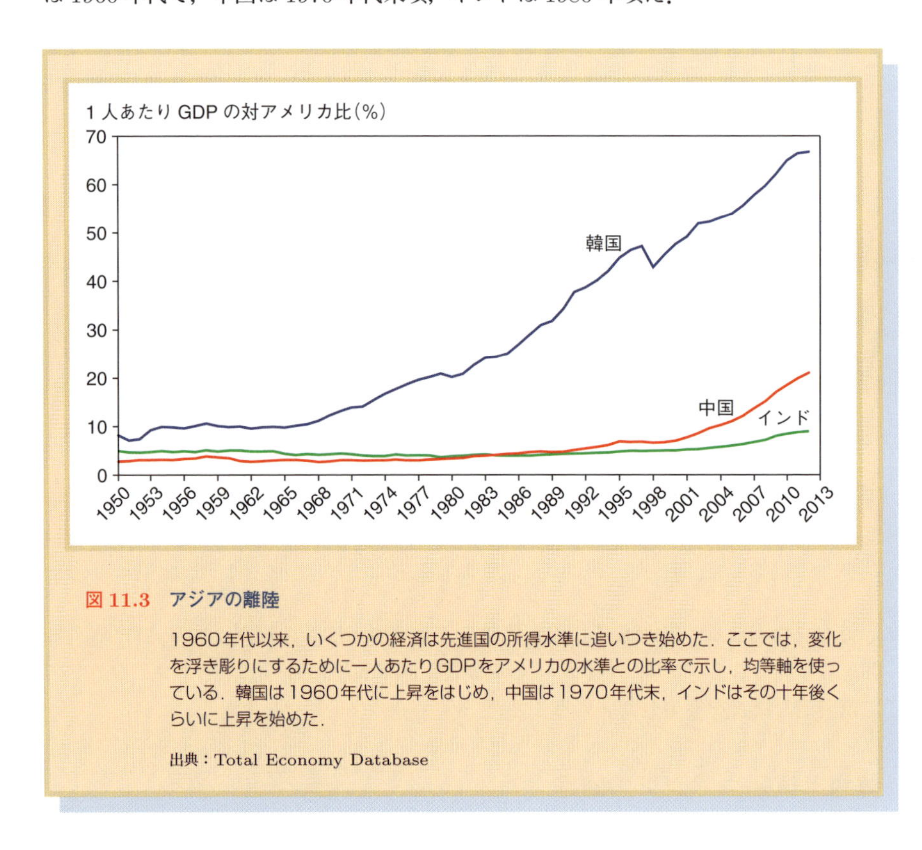

図 11.3　アジアの離陸

1960年代以来，いくつかの経済は先進国の所得水準に追いつき始めた．ここでは，変化を浮き彫りにするために一人あたりGDPをアメリカの水準との比率で示し，均等軸を使っている．韓国は1960年代に上昇をはじめ，中国は1970年代末，インドはその十年後くらいに上昇を始めた．

出典：Total Economy Database

こうした経済離陸の原因は何だろうか？　図 11.3 に示した各国は，離陸の頃に経済政策の大きな変化を経験している．この新政策は，各種の領域で政府規制を減らしており，もっと自由な貿易も採用されている．いちばんめざましい変化は中国で見られ，1978 年に政権をとった鄧小平が，中央計画経済を市場経済に変え，利潤動機が比較的自由に活動できるようにしたのだった．でも p.322 のコラムでも説明したとおり，インドの政策変化も劇的だった．

いずれの場合にも，こうした政策改革に続いて経済の開放性が激増した．これは輸出の対 GDP 比で示される（図 11.4 を参照）．だから，こうしたアジアの成功は，輸入代替工業化の支持者たちが間違っていたことを示すのだといっても問題ないようだ．輸出指向の成長を通じて発展を遂げることもできるのだ．

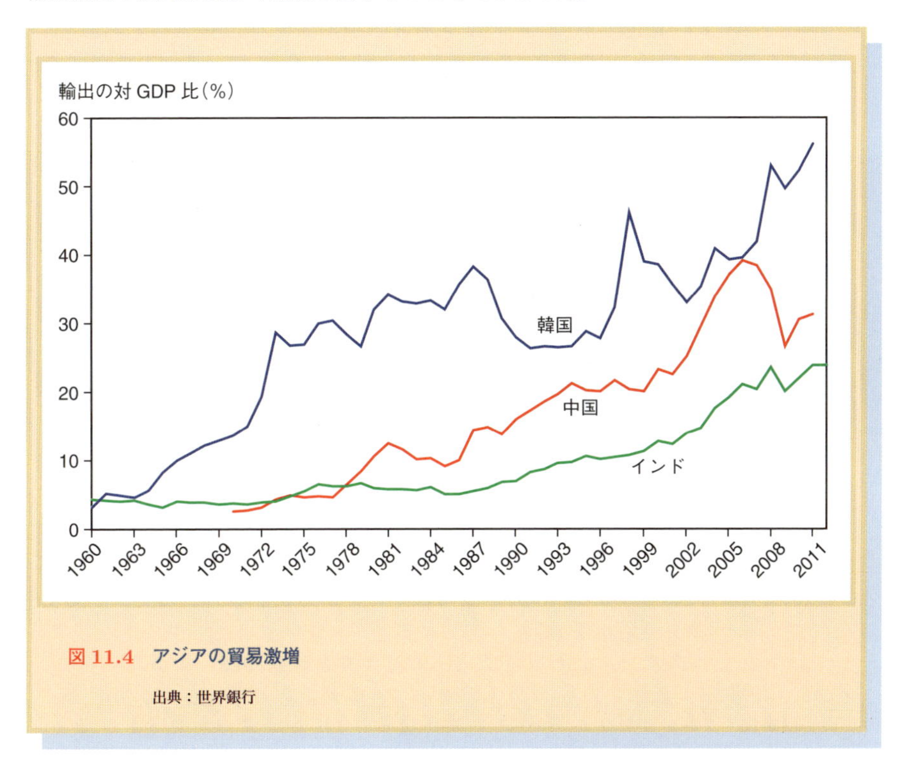

図 11.4　アジアの貿易激増

出典：世界銀行

それほど明確でないのが，貿易自由化がどこまでこの成功物語を説明できるのかという点だ．たったいま指摘したように，関税やほかの輸入制限の廃止は，こうした国々の実施した経済改革のごく一部でしかないので，貿易自由化そのものの重要性をみきわめるのはむずかしい．さらに，メキシコやブラジルのような中南米諸国も，急激に貿易を自由化して輸出促進に向かったけれど，アジアに見合うほどの経済的離陸はない．だから最低でも，アジアの奇跡にはほかの要因が重要な役割を果たしたと示唆される．

だからアジアの経済的離陸の意味合いは，いまだにいささか論争の種だ．でも一つはっきりしていることがある．世界経済が新規参入に不利に構築されていて，貧困国は豊かにはなれないというかつて広く普及していた見方は，見事に間違っていたことが証明されたということだ．人類史上で，これほど多くの人々が，生活水準のこれほどの上昇を経験したことはない．

コラム　インドの躍進

インドは人口 11 億人以上で，世界で 2 番目に人口の多い国だ．そして世界貿易で台頭しつつある勢力でもある――特に，物理財より情報を使った新しい貿易形態では目立つ存在だ．インドの都市バンガロールは，世界情報技術産業での役割を高めてきたことで有名だ．

でも 1 世代前のインドは，世界貿易ではきわめてマイナーな存在でしかなかった．その理由の一部は，インド経済が全般にひどい状況だったからだ．1980 年頃まで，インドは人口増加率よりも 1 ポイントほどしか高くない経済成長率――ときには「ヒンズー成長率」などとバカにされた――しかひねり出せなかったのだった．

この低成長率は，官僚的な制約による窒息効果だと広く考えられていた．観察者は「許認可ラジ」という表現を使った．ほぼあらゆるビジネス上の活動は，なかなか手に入らない政府許可証が必要で，これが投資とイノベーションを阻害した．そしてインドの遅々たる経済は，世界貿易にほとんど参加しなかった．1948 年の独立以来，その指導者たちは輸入代替工業化の中でもことさら極端なものを，開発戦略として採用した．インドは国内で生産できるものは，ほとんど何も輸入しなかった．その国内産品が海外で買えるものよりずっと高価で低品質だったとしてもそうなのだ．高い費用のため，輸出もできない．だからインドはきわめて「閉鎖された」経済だった．1970 年代には，輸出入は GDP の 5% ほどでしかなく，これはあらゆる大国の中でも最低水準に近い．

そこですべてが一変した．インドの成長率は劇的に加速した．一人あたり GDP は，1960 年から 1980 年にかけては年率 1.3% しか上昇しなかったのに，1980 年からは年 4% 近く上昇した．そしてインドの世界貿易への参加も，関税が引き下げられて輸入割当が廃止されるにつれて，おおいに高まった．要するに，インドは高パフォーマンス経済になったのだ．まだまだ貧困国ではあるけれど，急速に豊かになりつつあり，世界の注目という点で中国に迫りつつある．

もちろん大きな疑問は，なぜインドの成長率がこれほど劇的に高まったか，ということだ．この問題は経済学者たちの間でも白熱した論争が続いている．一部の経済学者は，貿易自由化でインドはグローバル経済に参加できるようになり，これが重要だったと論じている*．別の人は，インドの成長が 1980 年頃に加速しはじめたのに対し，貿易政策の大きな変化は 1990 年代初頭まで起こらなかったと指摘する†．

でも変化の原因が何であれ，インドの転換はありがたい発展だ．いまや 10 億人以上の人々にとって，まともな生活水準を実現する希望がずっと高まっている．

---

* Arvind Panagariya, “The Triumph of India’s Market Reforms: The Record of the 1980s and 1990s.” *Policy Analysis* 554, Cato Institute, November 2005 を参照.

† Dani Rodrik and Arvind Subramanian, “From ‘Hindu Growth’ to Productivity Surge: The Mystery of the Indian Growth Transition,” *IMF Staff Papers* 55 (2, 2005), pp. 193-228. を参照.

まとめ

1. 低開発国の貿易政策は，先進国を論じるのに使ったのと同じ分析ツールで分析できる．

でも**発展途上国**のもつ課題の特徴は，先進国とは違う．特に発展途上国の貿易政策は二つの目的を重視する．工業化の促進と，国内経済の不均等な発展への対処だ．

2. 工業化を促進しようとする政府政策はしばしば幼稚産業論で正当化されてきた．これは新産業が一時的に，外国の確立した既存産業との競争から保護が必要なのだという議論だ．でも幼稚産業論が有効なのは，それが介入の市場失敗論として提示できる場合だけだ．よくある正当化は，**不完全な資本市場**の存在と，先駆的企業が生み出す知識の**占有可能性**問題によるものだ．
3. 幼稚産業論を根拠にして，多くの低開発国は**輸入代替工業化**政策をすすめた．これは国内産業を，関税や輸入割当の保護下で立ち上げるものだ．こうした政策は工業促進には成功したけれど，おおむね経済成長や生活水準向上といった，期待された利得は生まなかった．多くの経済学者たちは今や輸入代替の結果にきわめて批判的で，それが高コストで非効率な生産をもたらしたと主張する．
4. 1985 年頃から，多くの発展途上国は輸入代替政策の結果に不満を抱き，工業製品の保護率を大幅に引き下げた．結果として発展途上国の貿易は急成長し，輸出品の中の工業製品比率も上がった．この政策変更の結果を経済発展からみると，その成果はよくても成功と失敗が入り交じっているとしかいえない．
5. 経済発展が輸入代替を通じてしか起こらないという見方と，輸入代替工業化がどうも失敗したために広がった経済発展に対する悲観論は，多くのアジア経済の急激な成長により狼狽を余儀なくされた．こうしたアジア経済は，輸入代替ではなく輸出を通じて成長した．その特徴は，貿易が国民所得に占める比率がとても高いことと，経済成長率がきわめて高いことだ．こうした国々の成功の理由は議論百出で，貿易自由化がどれだけの役割を果たしたかについてもかなりの論争がある．

重要用語

占有可能性 p.312　　不完全な資本市場 p.312　　輸入代替工業化 p.313
発展途上国 p.309

練習問題

1. 過去数十年で，国際貿易で最も恩恵を受けたように見えるのはどの国々だろうか？　そうした国々は，どんな共通点をもっているだろうか？　その経験は幼稚産業論を支持するだろうか，それともその反論になっているだろうか？[3]
2. 「日本の経験はどんな理論よりも幼稚産業論による保護主義を支持するものとなっている．1950 年代初頭，日本は繊維やオモチャを輸出して生き延びている貧困国だった．日本政府は，当初は非効率でコストも高かった鋼鉄と自動車産業を保護し，そうした産業が世界市場を支配するようになった」．これについて批判的に論じてみよう．
3. ある国は現在，自動車を 1 台 8,000 ドルで輸入している．その政府は，時間をかければ国内生産者たちは自動車をたった 6,000 ドルで生産できるけれど，当初は落ち着くまでの時間がかかり，その期間には自動車は国内生産するのに一台 1 万ドルかかると考えている．
   a. 自動車を生産しようとするどの企業も，この落ち着くまでの高コスト期間を自分で経験

[3] この問題は，生徒に挑戦をつきつけて，本章で示した理論を拡張するものとして意図している．

しなければならないとしよう．どういう条件があれば，初期の高コストの存在が幼稚産業保護論を正当化できるだろうか．

b. さてこれとは逆に，いったんある企業が学習の費用を負担して 1 台 6,000 ドルで生産できるようになったら，ほかの企業はそれを模倣して同じことができるとしよう．これが国内産業の発展をどのように阻害するか，そして幼稚産業保護がどうやってそれを助けられるか説明しよう．

4. インドとメキシコは第二次大戦後に輸入代替政策を採用した．でもインドはずっと先を行き，ほとんどすべてを自前で生産したのに対し，メキシコは資本財については輸入に頼り続けた．どうしてこうした違いが生じたのか，自分の考えを述べてみよう．

5. 輸入代替工業化が衰退し，オープンな貿易を促進する戦略に切り替わった理由をいくつかあげよう．

もっと勉強したい人のために

- W. Arthur Lewis. *The Theory of Economic Development.* Homewood, IL: Irwin, 1955. 1950 年代と 1960 年代の輸入代替絶頂期における，経済発展のための貿易政策をめぐるとても勇ましい見方の好例．
- I. M. D. Little, Tibor Scitovsky, and Maurice Scott. *Industry and Trade in Some Developing Countries.* New York: Oxford University Press, 1970. 1970 年代と 1980 年代に登場した，輸入代替についてのもっと控えめな見方の台頭における重要な著作．
- Barry Naughton. *The Chinese Economy: Transitions and Growth.* Cambridge: MIT Press, 2007. 中国の政策が時代とともにいかに激変したかを示すよい概説．
- Dani Rodrik. *One Economics, Many Recipes.* Princeton: Princeton University Press, 2007. 既存の主流学説に対する懐疑派の筆頭格による，貿易と開発に関する見方．
- T. N. Srinivasan and Suresh D. Tendulkar. *Reintegrating India with the World Economy.* Washington: Institute for International Economics, 2003. インドが輸入代替からどのように転向し，その結果として何が起きたか．

CHAPTER 12

貿易政策をめぐる論争

すでに見てきたように，国際貿易政策の理論は，国際貿易の理論そのものと同じく，長い知的伝統をもっている．経験豊かな国際経済学者たちは，貿易の「新しい」問題をもってくる人々に対して，嫌味な態度をとりがちだ——新しいと称される懸念のほとんどは，古い誤謬を新しい意匠にくるんだだけというのが，学者たちの一般的な気分だからだ．

でも時々，本当に新しい問題が実際に出てくる．この章では過去四半世紀で生じてきた，国際貿易をめぐる三つの論争を述べよう．いずれも，それまで国際経済学者たちが真剣に分析してこなかった問題を提起した論争だ．

まず 1980 年代に，先進国で政府介入を正当化する新しい高度な議論が登場してきた．こうした議論はシリコンチップの台頭の結果として主流になった，「ハイテク」産業に注目したものだった．こうした議論の一部は第 10 章の市場の失敗分析と密接に関連していたけれど，**戦略的貿易政策**という新しい理論は，別の発想に基づいていてかなり話題になった．貿易におけるハイテク産業をめぐる論争は，1990 年代には少しおさまったけれど，最近になってアメリカのイノベーションについての新たな懸念が登場するにつれて復活している．

第 2 に，1990 年代に国際貿易の増大が発展途上国の労働者に与える影響をめぐる，熱っぽい論争が生じた——そして，貿易協定が賃金率や労働条件に関する基準も含むべきかについて議論が生じた．この紛争は，しばしばグローバル化の影響に関するもっと広い論争に発展した．これは，学術誌上だけでなく，一部の例では街頭でも展開された論争だった．

もっと最近では，環境問題との交差について懸念が高まっている——環境問題はますます国境を越えるようになっている——そして貿易政策は，「炭素関税」といった政策が適切かどうかについての深刻な経済的，法的な紛争に巻き込まれている．

学習目標

この章を読み終わったら，こんなことができるようになる．

- 介入主義的貿易を支持するもっと高度な議論，特に外部性と規模の経済に関連するものをまとめられる．
- 反グローバル化運動の主張のうち貿易が労働者，労働基準，環境に与える影響に関する主張について，それらへの反論も踏まえて評価できる．
- 貿易紛争解決のフォーラムとしての世界貿易機構 (WTO) の役割を論じ，WTO の規定と個々の国民利益との関係を説明できる．
- 貿易政策と環境をめぐる論争の主要論点について論じられる．

活発な貿易政策を支持する高度な議論

第 9 章と 10 章で構築した分析の枠組みを見ても，貿易への政府介入が絶対に望ましくないという話はまったく出てこない．とはいえその枠組みを見ると，政府の積極的な政策は，正当化のために具体的な理由が必要だということは明らかに示される．つまり，それは何か既存の国内市場の失敗を相殺するものでなければならない．積極的な貿易政策を支持する多くの議論の問題は，まさにそれが，自由放任の主張が想定している前提の具体的な失敗と，政府介入支持の議論とをきちんと結びつけていないということだ．

市場の失敗による介入正当化の難しさは，市場の失敗を見分けられるのか，という点にある．工業国を調べている経済学者たちは，先進国に存在して貿易政策に関係ありそうな市場の失敗を二つ見つけている．(1) ハイテク産業の企業が，ほかの企業にスピルオーバーする知識への貢献分についての便益を捕捉できないこと，(2) 集中度の高い寡占産業における独占利潤の存在，という二つだ．

技術と外部性

第 11 章の幼稚産業論では，知識の占有が難しいので市場の失敗が起こる可能性があるとされた．ある産業の企業が，ほかの企業もまったく支払いなしに使えるような知識を生み出したら，その産業は実質的に追加の産出を生産している——知識の限界社会便益だ——そしてそれはその企業のインセンティブに反映されない．そうした**外部性**（生産者以外の企業が獲得する便益）が重要だと示されれば，その産業に補助金を出すべきだというよい議論になる．

抽象的な水準でみれば，この議論は低開発国の幼稚産業の場合でも，先進国の確立した産業の場合でも同じだ．でも先進国では，知識生成が多くの面で事業の中心的な側面となる重要なハイテク産業がある．ハイテク産業では，企業はその資源の相当部分を技術の改良に費やす．研究開発に明示的に支出することもあるし，新製品や新プロセスで損をしても経験を積む場合もあるだろう．こうした活動はほとんどすべての産業で起こるから，ハイテクとそのほかの経済の間にはっきりした一線はない．でもその度合いは明らかに違うし，知識への投資が事業の主要部分となるハイテク産業について議論するのも理にかなっている．

積極的な貿易政策の要点は，企業が知識への投資の便益の一部は占有できても（そうでなければそもそも投資をしないはずだ！）そのすべては占有できないということだ．便益の一部はほかの企業が獲得する．そうした企業は先駆企業のアイデアや技術を真似できるからだ．例えばエレクトロニクスでは，企業がライバルの設計を「リバースエンジニアリング」して，他社製品を分解してその仕組みや作り方を調べるというのはよくあることだ．特許法はイノベーターに弱い保護しか提供しないから，自由放任の下ではハイテク企業は，イノベーションのインセンティブを十分に得られないと想定しても無理はない．

ハイテク産業の政府支援支持論　アメリカ政府はハイテク産業に補助金を出すべきだろうか？　そうした補助金を支持する議論はなかなかしっかりしているけれど，ある程度の用心は必要だ．特に二つの疑問が生じる．(1) 政府は正しい産業を対象にできるだろうか？　(2) そうした集中支援の利得は，定量的にどの程度のものなのか？

ハイテク産業はたぶん，生み出す知識のおかげで追加の社会便益を生み出しているだろうけれど，そうした産業ですら，実施されていることのほとんどは，知識生成とはまったく関係ない．ハイテク産業の資本の雇用や非技術労働者の雇用に補助金を出す理由はない．一方では，イノベーションや技術のスピルオーバーは，ちっともハイテクでない産業でだって，ある程度は起こる．一般的な原則として，貿易と産業政策は，市場の失敗が起こる活動に的を絞るべきだ．だから政策は，企業が占有できない知識の生成に補助金を出すようにすべきだ．でも問題は，そういう知識生成を同定するのが必ずしも簡単ではないということだ．すぐに見るように，産業界の実務家たちは，名前にはっきり「研究」とついた活動にだけ注目するのはこの問題をあまりにせまくとらえすぎていると主張することが多い．

ハイテクの栄枯盛衰の懸念　アメリカこそがハイテク産業を促進する意図的な政策をもち，外国のライバルと競争する手助けをすべきだという主張には，奇妙な歴史がある．こうした議論は 1980 年代と 1990 年代初頭に広い注目と人気を集め，それから突然人気がなくなって，その後最近になって復活してきた．

1980 年代と 1990 年代初期のハイテク論争は，それまでアメリカの生産者が支配していた有力なハイテク部門で，日本企業が台頭してきたことで火がついた面も大きい．

特に 1978 年から 1986 年には，ダイナミック・ランダムアクセスメモリ (DRAM)——多くのエレクトロニクス装置の重要な部品——の生産に占めるアメリカのシェアが，70% から 20% ほどに激減し，日本のシェアが 30% から 75% に急増した．ほかのハイテク製品も同じ運命をたどるのではという懸念が広がった．でも p.332 のコラムで述べるように，半導体メモリ市場での日本の優位がコンピュータや関連技術の広範な支配につながるという恐れは，結局は無根拠なものだった．さらに日本の全体的な成長も 1990 年代には停滞したのに対し，アメリカ経済は急成長して新しい技術的な優位の時代へと突入し，インターネットのアプリケーションなどの情報産業で主導的な地位を得た．

でも，もっと最近になって，アメリカのハイテク産業の状況に関する懸念が再登場した．こうした懸念の中心的な部分は，通称先進技術製品——ATP——でのアメリカ雇用の減少だ．図 12.1 が示すように，ICT 財でアメリカは大規模な貿易赤字になっていて，図 12.2 が示すように，2000 年以来，アメリカでのコンピュータなど関連材の生産に関わる雇用も激減した．その減少速度は製造業雇用全体よりも速い．

これを問題視すべきだろうか？　アメリカは情報技術のイノベーション最先端を維持しつつ，ハイテク財の実際の生産は海外工場にアウトソーシングし続ければいいと

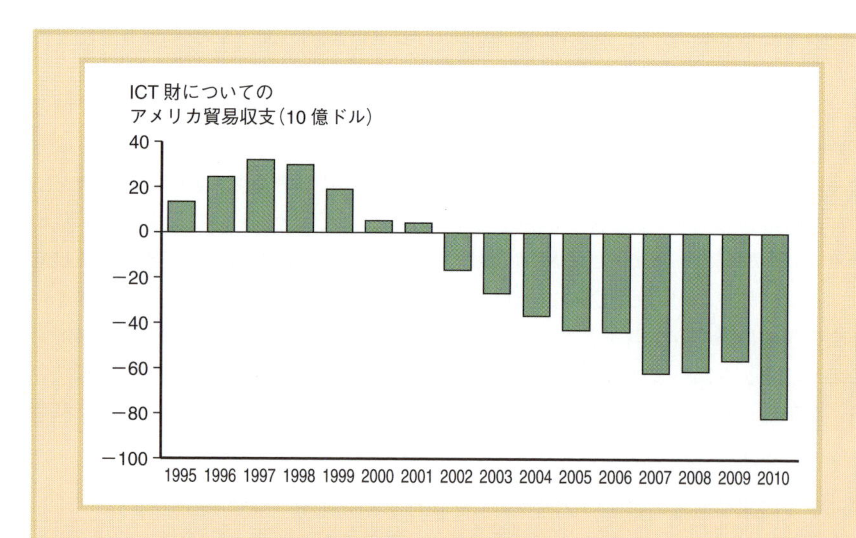

図 12.1　情報財でのアメリカ貿易収支

2000 年以来，アメリカはイノベーションの最先端だと広く考えられている先進技術製品で，大きな貿易赤字を生じている．

出典：全米科学財団 *Science and Engineering Indicators* 2012.

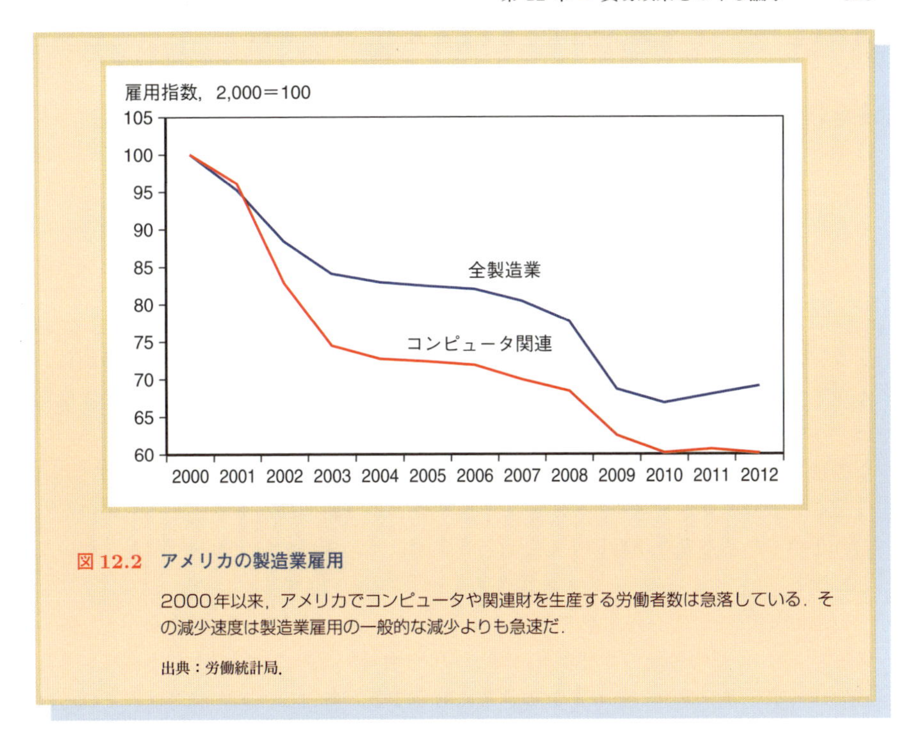

図 12.2　アメリカの製造業雇用

2000 年以来，アメリカでコンピュータや関連財を生産する労働者数は急落している．その減少速度は製造業雇用の一般的な減少よりも急速だ．

出典：労働統計局．

いう議論もできる．でも p.332 のコラムで説明しているように，一部の有力な人々は，イノベーションはイノベーターたちが物理的にも事業的にも，そのイノベーションを物理財に変える人々に近くないと花開かないと警告している．

これはなかなか決着のつかない論争で，その理由はこうした懸念をどう定量化すればいいのか，まるではっきりしないという点も大きい．でも，ハイテク産業が特別な配慮を必要とするかという論争は，今後ますます激しいものとなりそうだ．

不完全競争と戦略的貿易政策

1980 年代に，産業の集中支援を支持する新しい議論が，かなりの理論的な注目を集めた．もともとブリティッシュコロンビア大学経済学者バーバラ・スペンサーとジェームズ・ブランダーが提案したこの議論は，政府介入を正当化する市場の失敗は，完全競争の欠如だと述べる．その指摘だと，一部の産業では実質的に競争している企業はほんの数社しかない．そして企業数が少ないので，完全競争の想定が当てはまらない．特に，**過剰収益**が起こるのが通例だ．つまり，企業は経済のほかの分野で同じくらいのリスクをもつ投資から得られる収益より高い利潤を得る．だから，その利潤を誰が得るかをめぐって，国際競争が起こるというのだ．

スペンサーとブランダーは，そういう場合には原理的にいえば，政府がそうした過剰収益を外国から国内企業にシフトさせるよう，勝負のルールを変えてしまえることに気がついた．いちばん単純な例でいうと，国内企業に補助金を出せば，外国の競合企業は尻込みして投資と生産を控えるので，国内企業の利潤をその補助金額以上に高められる．消費者への影響を考えなければ——例えば企業が外国市場でしか販売していない場合など——外国の競合企業からの利潤獲得は，補助金によって外国を犠牲にして自国の所得を上げられるということになる．

ブランダー＝スペンサー分析の例示　**ブランダー＝スペンサー分析**は，別々の国にある企業 2 社だけが競争する単純な例を使うとわかりやすい．実際の出来事との類似性はすべて，まったくの偶然かもしれないという点にご留意いただいたうえで，その二つの企業をボーイング社とエアバス社，それぞれの国をアメリカとヨーロッパとよぶことにしよう．そしてスーパージャンボ航空機という新製品があり，どっちの企業もこれをつくれる．話を単純にするため，各企業はイエスかノーかの判断しかしないことにする．つまりスーパージャンボ航空機をつくるかつくらないかだ．

表 12.1 は，それぞれの企業の利潤がお互いの決断にどう左右されるかを示す（この構造は，第 10 章で各国の貿易政策の相互作用を検討するのに使ったものと似ている）．各列は，ボーイング社のそれぞれの判断に対応する．各行は，エアバス社のそれぞれの判断に対応する．それぞれの箱には二つの数字がある．左下はボーイング社の利潤，右上はエアバス社の利潤だ．

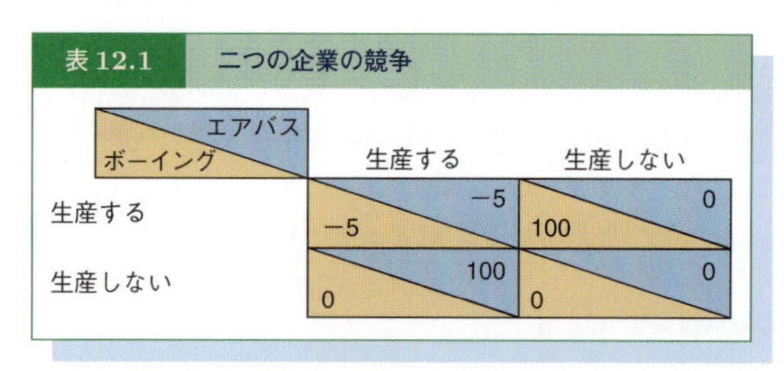

表 12.1　二つの企業の競争

エアバス ＼ ボーイング	生産する	生産しない
生産する	−5 −5	0 100
生産しない	100 0	0 0

仕掛けとして，この表は次の想定を反映している．どっちの企業も，単独ならスーパージャンボ航空機をつくって利潤が出るけれど，両方の企業がそれを生産したら，どっちも損をする．実際にその利潤を手にするのはどっちだろうか？　これは早い者勝ちだ．ボーイング社がちょっとだけ先手を打って，エアバス社より先にスーパージャンボ航空機の生産を開始したとしよう．するとエアバス社は，参入するインセンティブがなくなる．結果は表の右上だ．ボーイング社が利潤を得る．

さて，ここでブランダー＝スペンサーの論点がくる．ヨーロッパ政府はこの状況をひっくり返せる．仮にヨーロッパ政府は，自国企業が参入したら補助金を 25 支払うと約束したとしよう．結果として，利得の表は表 12.2 のものとなる．この場合，エアバス社はボーイング社が何をしても，スーパージャンボ航空機生産に参入する方が儲かる．

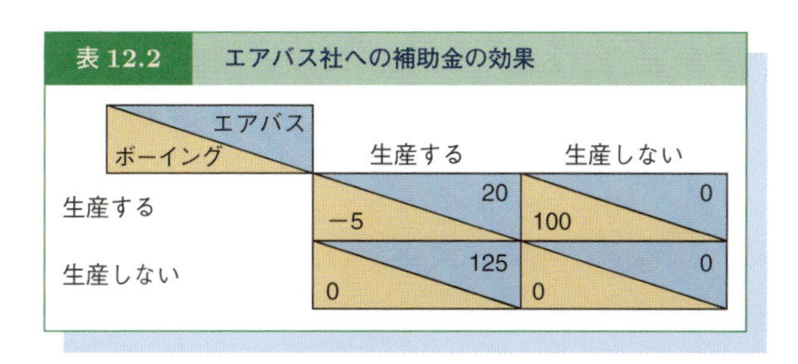
表 12.2　エアバス社への補助金の効果

ボーイング ＼ エアバス	生産する	生産しない
生産する	−5 ＼ 20	100 ＼ 0
生産しない	0 ＼ 125	0 ＼ 0

　このシフトの意味合いを考えてみよう．今やボーイング社は，自分が何をしようともエアバス社と競争するしかなく，すると生産すれば損をするのがわかってしまう．すると今度はボーイング社の方が尻込みして参入しなくなる．要するに政府補助金は，ボーイング社がもっていたはずの先手の優位性をなくしてしまい，エアバス社に優位性を与える．

　最終的な結果として，表 12.1 の右上から，表 12.2 の左下へと均衡がシフトする．エアバス社は利潤が 0 ではなく 125 になる．これは政府がたった 25 の補助金を出したおかげだ．つまり補助金は，外国競合の抑止効果をもつので，利潤を補助金額以上に高める．補助金がこの効果をもつのは，ボーイング社ではなくエアバス社が先手を打っていた場合の戦略的な優位性に比肩する優位性をエアバス社につくり出してあげるからだ．

ブランダー＝スペンサー分析の問題点　この仮想的な例は，戦略的貿易政策の主張が政府の積極活動に対する説得力ある支持論になることを示すようにも思える．ヨーロッパ政府による補助金は，外国の競合他社を犠牲にしてヨーロッパ企業の利潤を激増させる．消費者の利益を無視すれば，これは明らかにヨーロッパの厚生を増やすように見える（そしてアメリカの厚生を下げる）．アメリカ政府はこの議論を実践に移すべきでは？

　実は，貿易政策についてのこうした戦略的な正当化は，多くの関心を集めたものの，かなりの批判も受けた．批判者は，この理論を実践的に使うためには，たぶん実際には出回っていないほどの情報が必要となるし，そうした政策は外国の報復を招くし，そしていずれにしても，貿易と産業政策の国内政治によってこんな緻密な分析ツールは使いものにならなくなると主張した．

　情報不十分という問題には二つの側面がある．最初のものは，ある産業を孤立した状態でみた場合ですら，表 12.1 のような表の数字をそれなりの自信をもって埋めるのは難しいはずだというものだ．そして政府が間違えたら，補助金政策は高価な判断ミスになってしまう．例えば，ボーイング社に何か根本的な優位性があったとしよう——技術が優れているとかだ．そのため，エアバス社が参入しても，ボーイング社は実は生産すると儲かるかもしれない．でもエアバス社は，ボーイング社が参入したら利潤を出せない．

補助金がなければ，ボーイング社が生産してエアバス社は生産しないという結果になる．さて前の例と同じく，ヨーロッパ政府はエアバス社に生産を決意させるだけの補助金を出したとする．この場合，ボーイング社の根本的な優位性のおかげで，補助金はボーイング社を抑止できず，エアバス社の利潤は補助金の価値を下回ってしまう——要するに，この政策は高価な間違いだったということになってしまう．

要するに，この二つの例はとても似ているように見えても，一方では補助金がうまくいき，もう片方では補助金が大失敗に終わる．戦略的貿易政策の望ましさは，状況を厳密に読めるかどうかにかかっているらしい．だから一部の経済学者たちは，この理論をうまく使えるだけの情報なんか，どう考えても得られそうにないのではというようになった．

コラム　インテル創始者の警告

アンディ・グローブが技術の話をしたら，みんな耳を傾ける．1968 年にかれはインテル社を協同創設し，同社はマイクロプロセッサを発明した——みんなのコンピュータを動かすチップだ——そして何十年にもわたり半導体ビジネスを支配してきた．

だから多くの人々は 2010 年に，グローブがアメリカのハイテク産業の運命について厳しい警告を発したときには注目した．その説だと，技術産業での製造業雇用の減少は，将来のイノベーションの下地を潰してしまうのだという*．グローブはこう書いた：

> 新規起業は結構だが，それ自体では技術雇用は増やせない．同じくらい重要なのは，ガレージでの創造という神話的な瞬間の後にくるもの，技術がプロトタイプから量産に移るときに起こることだ．これは企業がスケールアップするフェーズとなる．設計の細部を詰め，安くモノをつくる方法をつきとめ，工場を建て，何千人もの人々を雇う．スケーリングはつらい仕事だけれど，イノベーションを重要なものにするためには不可欠だ．
>
> このスケーリングのプロセスは，もはやアメリカでは機能していない．そしてそうである限り，工場を外国に建設する若い企業に資本をつぎ込むのは，アメリカの雇用にとっては悪い見返りしかもたらさない．

要するにグローブは，技術スピルオーバーは研究者以上のものを必要とすると述べているわけだ．新しいアイデアをうまく機能させるための大量の労働者の存在が必要だというのだ．もしこれが正しければ，この主張は産業の集中支援の強い支持論となる．

* Andy Grove, “How to Make an American Job Before It’s Too Late,” Bloomberg.com, July 1, 2010.

この情報の要件をさらにややこしくするのが，ある産業を単独で考えるわけにはいかないということだ．ある産業が補助金をもらえば，それはほかの産業から資源を奪い，そちらの費用が上がってしまう．だからある産業でアメリカ企業に戦略的優位性を与えられる政策であっても，ほかの産業で戦略的劣位をもたらしかねない．この政策が正当化されるかを判断するには，アメリカ政府は相殺効果を考えないといけない．政府がある産業について厳密に理解できていても，それだけでは不十分だ．その産業が資源をめぐって競合する，ほかの産業についても同じくらい厳密な理解が必要になる．

提案された戦略的貿易政策がこうした批判を克服できても，まだ外国からの報復問題が起こる．これは関税を使って交易条件を改善する場合に直面したのと同じ問題だ（第 10 章）．戦略的政策は，**近隣窮乏化政策**であり，ほかの国を犠牲にして自国の厚生を高める政策だ．こうした政策は，万人が損をする貿易戦争のリスクを伴う．アメリカがそんな政策を口火を切るべきだと主張する経済学者はまずいない．むしろほとんどの経済学者がせいぜい認めるのは，ほかの国が戦略的な政策を派手に使っているような場合には，アメリカも報復の用意をしろと奨めることだ．

最後に，こういう理論は政治的な文脈で使われたりするだろうか？　この問題については第 10 章で論じた．そこでは政治的な懐疑論者がなぜ自由貿易を支持するかという観点から懐疑論を考えてみたけれど，ここでも同じことがいえる．

事例研究

シリコンチップをめぐる争い

戦略的貿易政策の有効性をめぐる議論が頂点に達していた頃，アメリカ側でもっと介入主義的な貿易政策を主張する人々は，しばしば日本が鍵となる産業を意図的に後押しすることで繁栄したと主張することが多かった．1990 年代初期になると，その中でも特に一つの例——半導体チップの例——が，重要産業の支援が「うまく行く」何よりの証拠とされるようになった．実際，評論家ジェームズ・ファロウズが 1994 年に一連の論説を発表して，自由貿易のイデオロギーを攻撃し，日本式の介入主義の優位性を主張し始めたとき，その皮切りの一篇は「チップの寓話」というものだった．でも 1990 年代末頃には，半導体の例は介入主義的な貿易政策の落とし穴を示す絶好の教訓に見えてきた．

半導体チップは，小さなシリコン片の上に複雑な回路がエッチングされたものだ．p.332 で見たように，この産業はアメリカで，米企業インテル社が初のマイクロプロセッサ（コンピュータの頭脳をチップに載せたもの）を発表したときに始まった．それ以来，この産業は急速ながらも不思議なほど予測のつく技術変化をとげてきた．だいたい 18 カ月ごとに，チップ上にエッチングできる回路の数は 2 倍になるのだ．これはムーアの法則とよばれる規則だ．過去 30 年にわたる情報技術革命の相当部分の根底にあるのがこの進歩だ．

日本が半導体市場に飛び込んだのは 1970 年代のことだった．日本政府は確かにこの産業を標的にした．日本政府は研究努力を支援して，それが国内の技術能力構築を支えた．この補助金の金額は，かなり少額だった．日本の積極的な貿易政策の主要な要素は，アメリカの批判者たちによれば，暗黙の保護主義だった．日本は正式な関税などの輸入障壁はあまりなかったけれど，アメリカ企業の調べたところでは，いったん日本がある種類の半導体チップを生産できるようになると，日本ではアメリカ製品がほとんど売られなくなってしまうのだ．批判者たちは，そうした消費者エレクトロニクスといった産業（日本はこの分野ではすでに主要な生産者だった）の日本企業の間には暗黙の了解があって，競合アメリカ製品より高価だろうと低品質だろうと，国産半導体を買うべきだということになっているのだと主張した．この主張は本当だろうか？　この一件をめぐる事実関係は，いまだに論争の的になっている．

オブザーバーたちはまた，保護された日本の市場――本当にそうであったとすれば――は間接的に，日本が半導体を輸出する能力を後押ししたのだと主張した．その議論はこんな具合だ．半導体生産は，急な学習曲線が特徴だ（第 7 章の動学的な規模の経済の議論を思い出そう）．大きな国内市場を保証されたことで，日本の半導体メーカーは自分たちがその学習曲線をたどれると確信していた．つまり輸出品を生産できるような新しい工場にも積極的に投資できたのだという．

日本が半導体市場の大きなシェアを獲得できたことに，こうした政策がどこまで貢献したかは，いまだにはっきりしない．日本の産業システムの特徴の一部は，日本に半導体生産について「自然な」比較優位を与えたのかもしれない．半導体生産では品質管理がきわめて重要な課題だからだ．1970 年代と 1980 年代の日本工場は，アメリカの基準よりもずっと低い不良品率しか容認しなかったことで，製造業に対して新しいアプローチを開発したのだった．

いずれにしても，1980 年代半ばになると，日本は一つの種類の半導体販売でアメリカを追い越した．それは産業の成功に重要だと広く思われていたもので，ランダムアクセスメモリ，または RAM とよばれるものだった．RAM 生産が半導体産業全体の支配にとって鍵だという議論は，それが強い技術的外部性と過剰収益をもたらすという信念に基づいていた．RAM は半導体の中で最も出荷量が多かった．業界専門家たちは，RAM 生産で得たノウハウは，マイクロプロセッサなどほかの半導体における技術を進めるにあたっても，その国の能力に重要な役割を果たすと主張した．だから，日本が RAM で支配的な地位になったら，それは半導体全般の生産を圧倒するようになるということだと広く考えられていた――そしてその優位性が，今度は半導体を使うほかの多くの財の生産でも，日本に優位を与えるだろうと思われた．

また，RAM 生産は 1990 年以前はそれほど儲かる事業ではなかったけれど，いずれは過剰収益を特徴とする産業になるという信念も広く行き渡っていた．その理由は，RAM 生産企業数がどんどん減っていたことだった．チップの世代が進むごとに，一部の生産者は退出し，新規の参入企業はいなかった．いずれ，RAM 生産企業は 2，3 社だけになり，それが非常に高い利潤を上げるだろうというのが多くのオブザーバーの考えだった．

でも 1990 年代を通じて，RAM を重視すべきだという根拠は両方とも――技術外部性も過剰収益も――明らかに実現しなかった．一方では，日本の RAM での優位性は，ほかの種類の半導体における優位性につながらなかった．例えば，アメリカ企業はマイクロプロセッサで悠々とリードを保った．その反対側では，RAM 生産者の数は減り続けるどころか，また増加を始めた．新規参入企業は韓国などの新興工業経済だった．1990 年代末になると，RAM 生産は「コモディティ」商売と思われるようになった．RAM は誰でもつくれるもので，この部門にことさら戦略的な部分は何もない，ということだ．

だいじな教訓はどうやら，促進すべき産業を選ぶのがどんなに難しいかということらしい．半導体産業は，一見すると，積極的な貿易政策に向いた産業部門の属性をすべて揃えていた．でも結局は，強い外部性も過剰収益も生み出さなかった．

グローバル化と低賃金労働

かなりの確率で，みなさんが着ている服はアメリカよりはるかに貧乏な国で生産されたはずだ．発展途上国の製造業輸出増加は，過去 1 世代の世界経済における大きなシフトの一つだった．バングラデシュのような，一人あたり GDP がアメリカの 5% に満たない極貧国ですら，今や伝統的な農業製品や鉱業製品よりも製造業輸出に大きく依存するようになっている（ある発展途上国の官僚が，著者の一人にこう述べた．「我々はもうバナナ共和国なんかじゃない――パジャマ共和国なんです」）．

発展途上国で，輸出向けの工業製品を生産する労働者が，先進国の基準からすればきわめて少額しかもらっていないというのは，意外でもなんでもないはずだ――時給 1 ドル以下，時には 0.5 ドル以下のことも多い．結局のところ，こうした労働者たちは全般に貧しい経済の中で，それにかわるよい働き口がないのだ．また，労働条件も多くの場合はとても悪いというのも，これまた意外ではないだろう――時には死に至るほどひどい，という話を p.342 の事例研究で紹介する．

低賃金と劣悪な労働条件は，懸念すべきことだろうか？　多くの人はそう考える．1990 年代に，反グローバル化運動は先進国の，特に大学のキャンパスで多くの支持者を集めた．発展途上国の輸出産業における低賃金と劣悪な労働条件をめぐる怒りが，この運動の大きな遡及点となっていた．もちろんほかの懸念（以下で説明する）も主張の一部にはなっていた．

ほとんどの経済学者たちは反グローバル化運動について，よくいっても見当違いだとしか考えていない．比較優位の標準的な分析によれば，貿易はそれを行う両方の国にとって便益があるはずだ．さらに，労働が豊富な国が，衣料のような労働集約工業製品を輸出したら，国民所得が上がるだけでなく，所得分配も労働に有利な方向にシフトするはずだとも示唆される．でも，反グローバル化運動はまったくのピント外れなんだろうか？

反グローバル化運動

1995 年以前まで，国際貿易をめぐって先進国の市民が苦情を述べる場合，それは同じ先進国市民への影響をめぐるものだった．アメリカでは，1980 年代の自由貿易批判者たちは，日本からの競争の脅威と称するものに専念していた．1990 年代初頭になると，アメリカとヨーロッパでは，低賃金国からの輸入品が自国の低技能労働者の賃金に与える影響について，かなりの懸念があった．

でも 1990 年代後半，国際貿易が発展途上国の労働者に与える被害なるものを強調する運動が急成長し始めた――そして大学生の支持をおおいに集めた．活動家たちは，西側諸国向けの財を生産する第三世界の工場での低賃金と劣悪な労働条件を指摘した．その見本のような出来事が，1996 年に百貨店ウォルマートで販売されている衣服が，ホンジュラスのきわめて低賃金な労働者によってつくられているという事実の発見で，これをテレビタレントのキャシー・リー・ギフォードが本当のことだと保証したのだった．

1999 年 11 月に，シアトルで世界貿易機構 (WTO) の総会が開催されたとき，反グローバル化運動が世界の見出しを飾った．この総会の目的は，第 10 章で説明したウルグアイラウンドを受けて，新しい貿易ラウンドを開始することだった．何千人もの活動家がシアトルに集結した．かれらを動かしていた信念というのは，WTO は各国の独立を踏みにじり，労働者に痛手を負わせる自由貿易思想を押しつけているというものだった．事前にたっぷり警告を受けていたのに，警察は準備不足で，デモ隊は総会にかなりの混乱を引き起こした．それがなくても WTO の交渉はうまくいっていなかった．各国とも事前に議題に合意できず，やがて新しい貿易ラウンドの方向性についても合意が不十分で，まだ新ラウンドを始められないということが明らかになった．

結局，総会は失敗とされた．貿易政策のほとんどの専門家は，デモがなくても総会は失敗しただろうと考えているけれど，反グローバル化運動は少なくとも，重要な国際会議を邪魔したという見かけは達成した．その後 2 年にわたり，国際通貨基金 (IMF) や世界銀行のワシントン総会や，ジェノヴァでの経済大国サミットも，大規模なデモにより震撼させられた．サミットのときには，イタリアの警察は活動家を 1 人殺した．

要するに，反グローバル化運動は，かなりの短期間でとても目立つ存在になった．でもこの運動の目標はなんだろう――そしてそれは正しいものなんだろうか？

貿易と賃金再訪

グローバル化に対する反対論の一勢力は，第 3 章の分析でお馴染みのものだ．活動家たちは，発展途上国の輸出産業の労働者がきわめて低賃金しか稼いでいないことを指摘する．こうした批判者たちは，低賃金（そしてそれに関連した劣悪な労働条件）が，自由貿易支持者の主張とは裏腹に，グローバル化が途上国の労働者を支援していない証拠なのだと主張した．

例えば，一部の活動家たちはメキシコのマキラドーラの例をあげる．これはアメリカ国境近くの工場で，NAFTA 調印から 5 年で急拡大して雇用をほぼ倍増させた．こうした工場での賃金は日給 5 ドル以下のこともあり，労働条件はアメリカの基準からすると劣悪だった．自由貿易論の反対論者たちは，NAFTA はアメリカの高賃金労働者をメキシコの低賃金労働者で置きかえやすくしたので，国境の両側で労働者たちに痛手を負わせたと主張した．

この議論に対する経済学者の標準的な答は，第 3 章での比較優位をめぐる誤解の分析に立ち戻る．そこで示したように，豊かな国の賃金に対して低開発国の賃金が低いなら，貿易は労働者たちの収奪を意味するはずだというのは，ありがちな誤解でしかない．

表 12.3 でその分析を手短におさらいしよう．ここでは，アメリカとメキシコという 2 カ国があるとする．そして産業は，ハイテクとローテクの二つだ．さらに生産要素は労働だけで，どちらの産業でもアメリカの労働はメキシコよりも生産的だとする．具体的には，どちらの産業でも，アメリカの労働力は産出を 1 単位生産するのに，1 時間しかかからない．メキシコでは，ローテク製品 1 単位の生産には 2 時間，ハイテク製品 1 単位の生産には 8 時間かかるとする．表の上半分は，貿易がないときにそれぞれの国の労働者が得る実質賃金を示す．いずれの場合も，実質賃金は労働者が 1 時間で生産できるそれぞれの財の量だ．

表 12.3　実質賃金

(A) 貿易前

	ハイテク財/時間	ローテク財/時間
アメリカ	1	1
メキシコ	1/8	1/2

(B) 貿易後

	ハイテク財/時間	ローテク財/時間
アメリカ	1	2
メキシコ	1/4	1/2

さてここで貿易が始まった．貿易後の均衡だと，アメリカとメキシコの労働者の相対賃金率は，両産業の相対生産性の中間くらいになる――例えばアメリカの賃金はメキシコの 4 倍とかになる．だから，ローテク財はメキシコで生産し，ハイテク財はアメリカで生産するのが安上がりだ．

グローバル化批判論者はこの貿易均衡を見て，貿易が労働者の利益を損なうと結論づけるかもしれない．まずローテク産業では，アメリカでの高賃金雇用がメキシコの低賃金雇用に置き換わっている．さらに，メキシコ労働者たちの賃金が低すぎるというもっともらしい主張もできる．ローテク製造業では，置き換えるアメリカの労働者に比べて生産性は半分なのに，賃金率はアメリカ労働者の（1/2 ではなく）1/4 しかないのだ．

でも表 12.3 の下半分を見ればわかるように，この例ではどちらの国でも賃金の購買力は実は上がっている．アメリカ労働者は今や全員がハイテクに雇用されており，以前よりもっと多くのローテク製品を買える．1 時間の労働で，昔は一つしか買えなかったものが今は二つ買える．メキシコの労働者は，今や全員がローテク産業で雇用されているけれど，1 時間の労働で前より多くのハイテク財を買える．前は 1/8 個だったのが今や 1/4 手に入る．貿易のおかげで，その国の賃金率でみた両国の輸入財価格は下がったことになる．

この例の論点は，実際の状況を厳密に再現することではない．グローバル化が途上国の労働者に痛手を与える証拠としてあげられているものが，まさに貿易が先進国でも途上国でも労働者にとって有益だと述べているモデルのとおりに世界が動いてもみられるはずのものだ，ということなのだ．

このモデルは生産要素として労働しか見ていないから話がおかしいと主張する人もいるだろう．確かに，リカードモデルから第 5 章の要素比率モデルに移行すると，貿易が労働の希少な高賃金国で労働者に痛手を与える可能性は出てくる——つまりこの例だとアメリカの労働者は損をするかもしれない．でも，貿易が発展途上国の労働者に痛手を与えるという主張には使えない．それどころか，貿易が低賃金国の労働者に有益だという主張は，かえって強まる．標準的な経済分析によれば，アメリカのような資本豊富な国の労働者は，メキシコのような労働豊富国との貿易で損をするかもしれないけれど，労働豊富な国の労働者は，所得分配が自分に有利になるから得をするはずだと述べる．

マキラドーラの具体的な例だと，そこでの賃金はアメリカよりずっと低いけれど，全体としての生産性がはるかに低いメキシコにはほかの機会がないから，その状況は仕方ないのだというのが経済学者の標準的な答えだ．そしてそこから，マキラドーラの賃金や労働条件はひどいものに思えるかもしれないけれど，それはメキシコで得られるほかの選択肢に比べればマシなのだということになる．実際，こうした工場での雇用が激増したということは，労働者たちはそこでの仕事の方が，ほかで見つかる仕事よりもよいと思ったということを示す（マキラドーラの新規労働者の多くは，実はメキシコの辺境極貧地帯からの農民だ．かれらは，極度ながら目に見えにくい貧困を離れ，目につきやすいけれどもっと軽い貧困に移ったといえるだろう．それにより，生活水準は改善されたけれど，以前の状態を知らないアメリカの居住者たちにとっては後ろめたさの源になったというわけだ.）

つまり標準的な経済学者の議論は，発展途上国の労働者の稼ぐ賃金は低いけれど，そうした労働者はグローバル化がなかった場合よりも状態がよくなっているということだ．一部の活動家はこの議論を受け入れない——貿易が増えると，先進国でも途上国でも労働者の状態は悪化すると主張し続けている．でも，なぜそういうことになるのかという仕組みの明確な説明はなかなか見つからない．いちばん人気ある議論は，資本が国際的に移動するのに，労働はそうではないということだ．そしてこの移動性により資本家は交渉面で有利になるという．でも第 4 章で見たように，国際要素移動がもたらす影響は国際貿易と似たようなものなのだ.

労働基準と貿易交渉

自由貿易の支持者と反グローバル化の活動家たちは，グローバル化が労働者にとっていいのか悪いのか，といった大きな問題をめぐって論争する．でもこれは，もっとせまい実務的な政策問題でも課題になってくる．国際貿易協定は，貧困国での賃金や労働条件改善に向けた条項を入れるべきか，そしてそれはどの程度のものにすべきか，という問題だ.

いちばんつつましい提案は，賃金と労働条件を監視して，その監視結果を消費者に公開するシステムをつくろうという経済学者たちの主張だ．この議論は，第 10 章の市場の失敗分析の一種といえる．先進国の消費者たちは，賃金の高い労働者がつくった製造業製品を買うと気分がよくなると考えてみよう．だったら，労働者が実際に高い賃金をもらっているか，情報収集にあまり手間暇かけずに消費者がわかるようにする仕組みは，双方にとって利益となる機会をもたらす（この章の参考文献であげたキンバリー・アン・エリオットは，あるティーンエージャーの発言を引用している．「ちょっと，あたしは買い物するたびに，なんだかご大層な政治活動家になるほどヒマじゃないのよ．買っていいのがどの靴かだけ教えてよ，わかった？」)．消費者たちは「認証」された財だけを買うようにできるから，買い物で気分がよくなるので得をする．一方，認証工場での労働者たちはほかの場合よりも生活水準が上がる.

こうした仕組みの支持者たちは，それが途上国の生活水準に大した影響を与えないことは認める．なぜかといえば，それが輸出工場の労働者の賃金だけにしか影響しないからだ．そうした工場の労働者は，きわめて輸出志向の経済ですらかなりの少数派でしかない．でも，多少は改善するし，害はほとんどないというのがかれらの主張だ.

もっと強い一歩は，貿易協定の中に公式な労働基準——つまり輸出産業が満たすべき労働条件——を記述してしまうことだ．こうした基準は先進国ではかなりの政治的な支持を得ている．さっき述べた，WTO の悲惨なシアトル会合で，ビル・クリントン大統領はまさにそうした基準を支持する談話を出した．

貿易協定に労働基準を含めるべきだという経済学的な議論は，国内労働者に最低賃金率を認めるべきだという議論と似ている．経済学理論は，最低賃金をつくると低技能雇用の数が減ってしまうと示唆するけれど，一部の（ただし決して全員ではない！）まともな経済学者たちは，そうした影響は小さいものだし，雇用されたままの労働者の生活水準を最低賃金が改善してくれる効果の方がずっと大きいと論じている．

でも貿易における労働基準は，ほとんどの発展途上国が強硬に反対している．かれらは，そうした基準が間違いなく保護主義の道具として使われると考えているのだ．先進国の政治家たちは，発展途上国には実現不可能な基準を設定し，おかげで途上国の製品は世界市場で競争力がなくなってしまうというわけだ．特に懸念されるのは――そしてこれはまさにシアトルでの WTO 総会決裂につながった懸念の一つだ――労働基準が外国企業に対する民事訴訟の根拠にされてしまうということだ．反ダンピング規制が民間企業によって，外国の競合他社への嫌がらせに使われてきたのと同じことになりかねないからだ．

環境問題と文化問題

グローバル化に対する文句は労働問題だけではない．多くの批判者は，グローバル化が環境によくないと論じる．確かに発展途上国の輸出産業における環境基準は，先進国の産業よりはずっと低い．また多くの場合，先進国市場に財をもたらすために，かなりの環境被害が引き起こされている．典型的な例は，東南アジアの森林で行われている大規模な森林伐採だ．これは日本や西洋市場に売られる森林製品をつくるためのものだ．

とはいうものの，グローバル経済と統合したがらない国々の「国内指向の」政策と称するものによる環境破壊も，決してひけをとらない．その典型的な例は，ブラジルの熱帯林の大規模な破壊だ．これは，内陸部の開発に補助金を出す国内政策のせいもある．この政策は輸出とは何も関係なく，ブラジルが自国完結型の発展をめざしていた時代から始まっている．

労働基準の場合と同じく，貿易協定に環境基準を含めるべきかという論争がある．一方では，その支持者たちはこうした協定が環境を多少なりとも改善し，関係者すべてにとって有益だと述べる．逆に反対者たちは，貿易協定に環境基準を含めたら，西側基準に近いものすら実現するだけの余裕がない貧困国の輸出産業は，実質的につぶれてしまうと主張する．

もっと面倒な問題は，グローバル化が地元や国民の文化に与える影響だ．確かに市場の統合が進むにつれて，世界中の文化が均質化しつつあるのは間違いなく事実だ．世界中の人々はますます同じような服を着て，同じ食べ物を食べ，同じ音楽を聴いて，同じ映画やテレビ番組を見ている．

こうした均質化の大半は，アメリカ化でもあるけれど，すべてではない．例えば，マクドナルドは今やほとんどどこにでもあるけれど，寿司も世界中にある．ハリウッドのアクション映画が世界の興行収入を席巻してはいるけれど，『マトリックス』などハリウッド大作の様式化された戦闘シーンは，香港の武闘映画の伝統に基づいたものだ．

こうした文化均質化の結果として何かが失われたというのは，なかなか否定しがたい．だから劇場で上映するアメリカ映画の数を制限したり，テレビ放映時間のうち外国の番組を流せる割合を制限したりといった手段で，自国の文化的な違いを維持しようという政策を，市場の失敗という観点から擁護することはできる．

でもこの議論を持ち出したとたん，別の原理がからんでくるのも明らかだ．自由な社会で個人が好きなように娯楽を享受する権利だ．アメリカの文化的独立を保護するためと称して，ローリング・ストーンズの音楽を聴いてはいけないとか，ジャッキー・チェンの映画を観るなとかいわれたらどう思うだろう？

WTO と国の独立

反グローバル運動でしょっちゅう出てくる話は，自由貿易と自由な資本移動への動きが国の独立主権を踏みにじったという主張だ．この苦情の極端なバージョンだと，世界貿易機関 (WTO) はなにやら超国家的な権力で，各国政府が自分の利益になる政策を実施できないようにしているということになる．この非難はどこまで中身があるんだろうか？

一言でいえば，WTO はどう見ても世界政府なんかにはほど遠い存在だ．その権限は基本的に，各国に大して国際的な貿易合意をちゃんと守ってねと要求するだけのものでしかない．でも WTO が超国家的権力機関だという見方にも五分の理はあって，その権限として伝統的な貿易政策のツール――関税，輸出補助金，量的制限――を監視するだけでなく，実質的な貿易政策として機能する国内政策も監視できるのだ．そして正当な国内政策と，実質的な保護主義との一線はあいまいだから，一部のオブザーバーから見ると WTO が国内政策に口出ししているとみられかねない事例はいくつかあった．

p.290 に，この問題の曖昧さを示す有名な事例をあげた．そこでみたように，アメリカは大気清浄法を改正して，輸入ガソリンの汚染物質が，国内精製所からのガソリン以上にならないよう義務づけた．WTO は，この要求は既存の貿易合意に違反すると決めた．WTO 批判者から見れば，この裁定は WTO が，民主的に選出された政府による環境改善の試みを妨害した見本となる．

でも WTO 擁護者が指摘するように，この裁定はアメリカが輸入品と国内生産ガソリンとに違った基準を適用していたという事実に対するものだった．実のところ，いくつかのアメリカ製油所は，平均以上に公害物質の多いガソリンを生産しているのに，操業継続が認められているのだ．だからアメリカの規定は実質的に，ベネズエラの汚染ガソリンをアメリカ市場では売らせないのに，同じくらい公害を出すガソリンでも国内製油所からなら認めるというものだった．新しい規定が国内と外国のガソリンに同じ基準を適用していたら，WTO だって文句はなかった．

事例研究　バングラデシュの悲劇

バングラデシュはとても貧しい国だ．世界銀行の推計だと，2010 年にはバングラデシュ人の 77% ほどが，1 日 2 ドル相当以下で暮らし，43% が 1 日 1.25 ドル以下で暮らしていたという．でも驚異的なことだけれど，この数字ですら，かなり最近の状態に比べて大幅な改善なのだ．1992 年には，人口の 93% が今日のドル換算で 1 日 2 ドル以下で暮らし，1.25 ドル以下で暮らしているのは 67% にものぼっていたのだから．

この貧困低下は，20 年にわたる驚異的な経済成長の結果，同国の一人あたり GDP が倍増したおかげだ．このバングラデシュの成長は，輸出の増加，特に衣料品の増加のおかげだった．第 11 章で述べたように，バングラデシュの衣料品産業は，比較優位の古典的な例だ．生産性は，ほかの発展途上国と比べてもかなり低いけれど，バングラデシュはほかの産業での相対生産性がもっと低いから，衣料品輸出の大国になったわけだ．

でもバングラデシュの衣料品の競争力は，低賃金と劣悪な労働条件に依存している．どれほど劣悪なのか？　2013 年 4 月 24 日，バングラデシュで，大量の衣料品工場が入居していた 8 階建てのビルが倒壊し，1,200 人以上が死んだと聞いて世界は震撼した．調べによると，その前日に建物にはひび割れが発生していたのに，衣料品労働者たちはそれでも仕事にくるようにいわれていたそうだ．また，この建物は構造的に製造業には向いておらず，しかも建築許可を受けずに何階分かが増築されていたらしい．

そしてこうした危険な状況で生産された衣服を買っていたのは誰だろう？　我々だ．その建物の工場は，多くの西洋人気衣料品ブランド向けに衣服を供給していたのだ．

明らかに，バングラデシュは労働者保護をもっと強化する必要があるし，手始めに自国の建築基準や労働者安全法の施行を強化すべきだ．でも，富裕国の消費者たち――つまりほかならぬみなさん――はどう対応すべきだろうか？

すぐに出てくる反射的な対応は，労働者がそんなにひどい扱いを受けている国の製品なんか買わないようにすべきだというものだ．でも今みたように，バングラデシュは衣服の輸出を続けることがどうしても必要だし，そのためには労働者たちが西洋の基準だときわめて低い賃金をもらうしかない．実際，アパレル産業の生産性が高い中国よりも賃金が低くなければいけないのだ．そして低賃金と劣悪な労働条件は，我々の嗜好はどうあれ，対になってやってくる傾向にある．

すると，バングラデシュの労働者にかえって有害にならないようなかたちでは，何もしてあげられないということだろうか？ そうじゃない．法律や，単純な消費者の圧力を通じて，バングラデシュだけでなくその競合国に対しても，基本的な労働基準を適用するよう訴えることはできる．それがあまりに過大な要求でなければ，そうした基準はバングラデシュの労働者の生活を改善し，同国が依存する輸出も破壊せずにすむ．

でもこれはなかなか大変だし，あまり多くを期待してもいけない．考えられるかなりの将来にわたり，貧困国との貿易では，二つの居心地悪い事実は避けがたいものとなる．そうした国の労働者たちは，西洋人たちがすぐに想像できるものに比べ，はるかに低い賃金と悪い労働条件に苦しみ続けるということが一つ．そしてそれでもそうした労働者たちが生産するものを買わないようにすれば，かれらの状況はさらに悪化するというのがもう一つだ．

グローバル化と環境

人間が環境に与える影響についての懸念は世界の多くで高まりつつある．そしてこうした懸念は国内政治でもますます大きな役割を果たすようになった．例えば 2007 年 11 月には，オーストラリア政府の首相ジョン・ハワードが罷免された．ほとんどの政治アナリストたちは，与党の決定的な敗因は，オーストラリアの自由党（実はこちらが保守的な党だ――労働党が左派となる）が環境的な脅威に対応した措置をとりたがらなかったことと大きな関係があるとみていた．

すると当然ながら，環境問題は国際貿易をめぐる紛争でもますます大きな役割を果たす．一部の反グローバル化活動家は，国際貿易の増大は自動的に環境を破壊すると主張する．そして一部は，国際貿易協定――そして特に世界貿易機関 (WTO) の役割――は環境的な活動を阻害するのが狙いなのだと主張する．ほとんどの国際経済学者たちは，前者の見方が単純すぎると考え，後者はまったくの間違いだと考えている．つまり，グローバル化と環境被害の間に単純な関係があるとはとらえないし，貿易協定が各国の啓蒙的な環境政策を阻止するものだとも考えない．それでも，貿易と環境の交点には，いくつか重要な課題が出てくるのは確かだ．

グローバル化，成長，公害

生産も消費も，副産物として，環境破壊を生み出すことが多い．工場は空中に公害を放ち，時には排水を川にぶちこむ．農民たちが使う肥料や殺虫剤は地下水などに入り込む．消費者たちは公害を出す自動車を運転する．結果として――ほかの条件が同じなら――経済成長は，生産と消費をどちらも増やす一方で，環境被害を増加させる．

でも，ほかの条件は同じではない．一つには，国は豊かになると生産と消費のミックスを変え，それがある程度は環境への影響を緩和させる．例えばアメリカ経済はますます財よりサービス生産に傾き，GDP 1 ドルあたりで使うエネルギーや原材料は減る傾向にある．

さらに豊かになると，環境の質に対する政治的な要求も高まりがちだ．結果として富裕国は，通常は貧困国よりも厳しい規制をかけて，きれいな大気や水を確保する——これは欧米の大都市と発展途上国の都市を行ったり来たりして，両方の場所で深呼吸してみた人なら誰でもすぐにわかることだ．

1990 年代初期に，プリンストン大学の経済学者ジーン・グロスマンとアラン・クルーガーは，各国の所得水準と二酸化硫黄などの公害物質の関係を調べる中で，経済成長のこうした相殺し合う影響により，一人あたり所得と環境被害との間には特徴的な「逆 U 字」関係があることを発見した．これが**環境クズネッツ曲線**として知られるものだ[1]．この概念は，その後多くの研究で正しいことが示されたもので，図 12.3 に図式的に示してある．

図 12.3
環境クズネッツ曲線

実証的な証拠を見ると，経済が成長するにつれて，最初のうちはますます環境に被害を与える——でも十分に豊かになったところで，もっと環境に優しくなってくる．経済発展につれて環境が悪化している中国は，要するに点Aから点Bに移動しつつある．もっと豊かな国は点Cから点Dに移行しつつあり，成長の一部を環境改善に使っている．

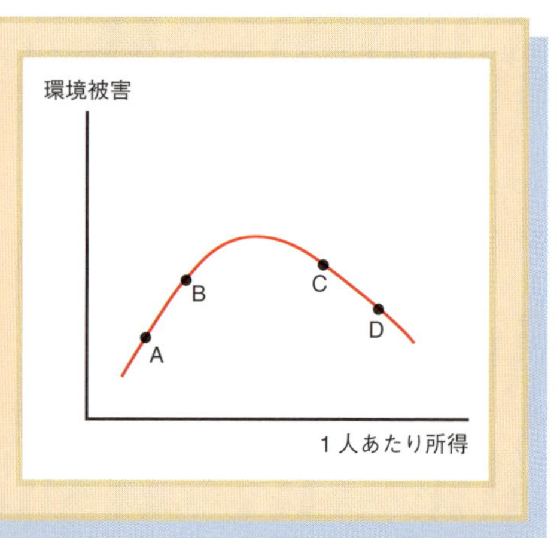

発想としては，国の一人あたり所得が経済成長のおかげで上がると，当初の影響は環境への被害が増えるというものだ．だから中国は，経済がここ数十年で急成長しているので，点 A から点 B に移動している．国が火力発電所で石炭を燃やし，工場で財をもっと生産すると，大気中にもっと二酸化硫黄を排出して，川にもっと汚水を流す．

でも国がそれなりに豊かになると，環境保護のために行動する余裕ができる．アメリカは最近の数十年で豊かになるにつれて，公害を制限する方向に動いた．例えば，

[1] Gene Grossman and Alan Krueger, “Environmental Effects of a North American Free Trade Agreement,” Peter Garber, ed., *The U.S. Mexico Free Trade Agreement.* MIT Press, 1994 所収.

自動車は触媒コンバーターをつけてスモッグを減らすよう義務づけられ，火力発電所からの二酸化硫黄排出は政府のライセンス方式で制限されている．図 12.3 でいえば，アメリカは局地的な大気汚染など一部の面で，点 C から点 D に移行したわけだ．豊かになりつつ，環境への被害を減らした．

これが国際貿易と何の関係があるのか？　貿易自由化はしばしば，経済成長を促進するからという理由で支持される．貿易がこの目的を達成できるなら，それは一人あたり所得を押し上げる．これは環境の質を改善するだろうか，悪化させるだろうか？それは，その経済が環境クズネッツ曲線のどっち側にいるか次第だ．グロスマンとクルーガーのもともとの論文は，北米自由貿易協定 (NAFTA) が環境破壊につながるという批判者に答えるために書かれたもので，メキシコは曲線の右側にいるかもしれない——つまり NAFTA がメキシコの所得を上げても，それは環境被害を減らす方向に向かうことだってあると論じるものだった．

でも環境クズネッツ曲線は決して，グローバル化が環境にとってよいことだなどと断言するものではない．実は，世界水準でみると，グローバル化は環境を確かに破壊してきた——少なくとも今までは——という主張をするのはかなり簡単だ．

この議論はこんな具合に進む．グローバル化の唯一最大の受益国は，議論の余地はあれ中国で，その輸出主導経済は 1980 年代以来すさまじい成長をとげた．一方で，唯一最大の環境問題といえば気候変動だ．二酸化炭素などの温室ガス排出が，地球の平均温度上昇につながっているという広い合意がある．

中国の急成長は，同国の二酸化炭素排出急増と関係してきた．図 12.4 はアメリカ，ヨーロッパ，中国の二酸化炭素排出を，1980 年から 2011 年まで示したものだ．1980 年の中国は地球温暖化の要因としてはマイナーだった．2008 年になると，それが圧倒的な差をつけて，世界最大の温室ガス排出国になっていた．

でもここでの問題はグローバル化そのものではないことを認識するのは重要だ——問題は中国の経済的な成功で，それがある程度はグローバル化の結果として生じてしまったということだ．そして環境的な懸念があっても，何百万人もの人々を極貧生活から引っ張りあげた中国の成長が，悪いものだと論じるのは難しい．

「公害ヘイブン」の問題

船が航行を続けられないほど古くなったら，解体されて金属スクラップなどの各種材料が回収される．「船舶解体」を見るやり方の一つは，それが一種のリサイクルだと考えることだ．船が朽ち果てるのを待つ代わりに，船舶解体はその部品を抽出して再利用する．最終的にこのサルベージのおかげで，採掘されねばならない鉄鉱石も減り，掘削する石油も減る．船舶解体は環境にとってよいはずだと思いたくなるだろう．でもこの作業自体は，環境的に有害なものとなりかねない．船のタンク内に残ったオイ

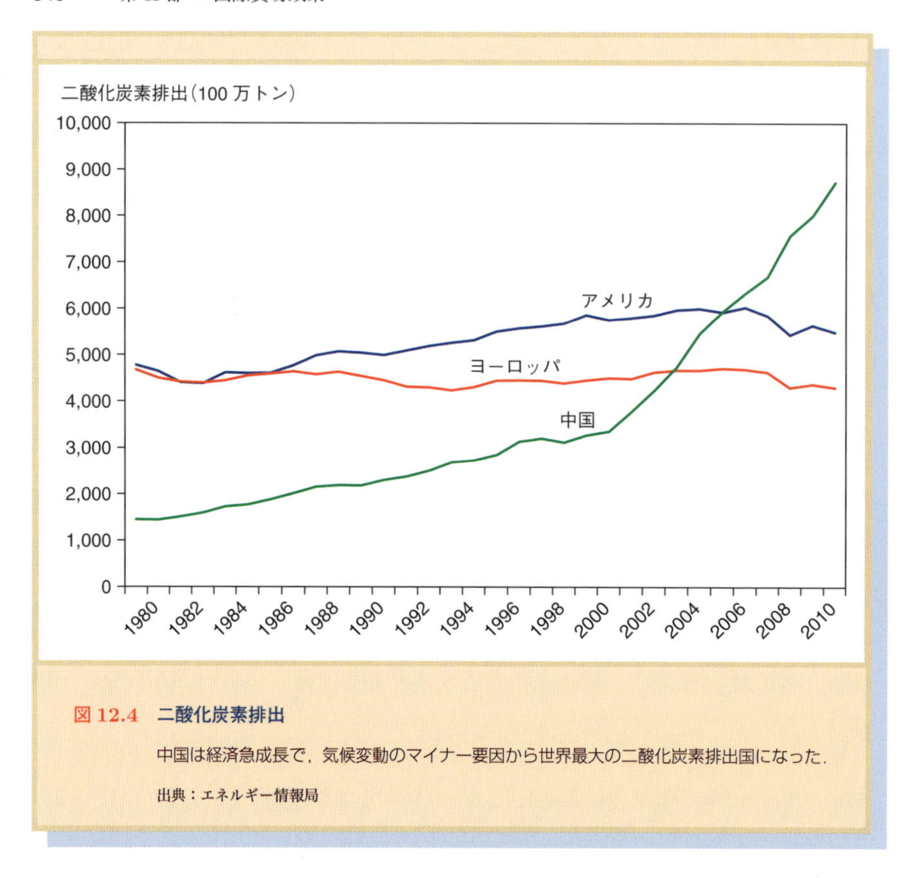

図 12.4　二酸化炭素排出

中国は経済急成長で，気候変動のマイナー要因から世界最大の二酸化炭素排出国になった．

出典：エネルギー情報局

ルや，椅子のプラスチックや内装材などは，慎重に扱わないと地元環境にとって有毒になりかねない．

結果として，先進国での船舶解体は，厳しい環境規制のもとにある．船がボルチモアやロッテルダムで解体されるときには，環境被害を避けるためにかなり気を遣う．でも最近では，船舶解体は先進国ではほとんどやらない．むしろそれはインドの船舶解体首都であるアラングなどで行われる．そこでは船が浜辺に引っ張りあげられ，それから金属バーナーをもった男たちがそれを解体し，そしてその後には大量の公害が残る．

要するにアラングは**公害ヘイブン**になったわけだ．国際貿易のおかげで，ある国では強い環境規制を受けている経済活動が，それほど規制の厳しくない国で行われたりする．一部の活動家集団は公害ヘイブンの問題をとても気にしている．実際，環境団体グリーンピースはアラングを大きく祭り上げて，もっと厳しい環境規制を課すべきだと要求するようになった．公害ヘイブンには，実は二つの問題がある．(1) これは本当に重要な要素なんだろうか？　(2) 国際協定の対象とするほどの話なのか？

最初の問題についていうと，ほとんどの実証研究によれば，国際貿易に対する公害ヘイブン効果は比較的小さい．つまり，「汚い」産業が環境規制のゆるい国に引っ越すという証拠はあまりない[2]．船舶解体産業の場合ですら，インドの低賃金の方がゆるい環境規制よりも誘因としては大きかった．

2 番目の，各国が他国の環境政策について正当な利害をもっているのか，という問題となると，これはどういう環境問題の話をしているのかで違ってくる．

公害は負の外部性の古典的な見本だ——負の外部性というのは，個人が他人にかける費用で，自分は負担する必要がないものだ．だからこそ，公害は政府介入の適切な理由となる．でも公害ごとに地理的な到達範囲はまったく違う——そして当然ながら，国境を越えて広がるものだけが，国際的な懸念を正当化できる．

インドの船舶解体がアラングの地元環境を汚染するだけなら，それはインドの問題だ．それが他国にとって問題かどうかははっきりしない．同様に，メキシコシティの大気汚染はメキシコの問題だ．なぜそれがアメリカの関心対象として正当なのかは説明しづらい．これに対し，二酸化炭素排出は万国の将来気候に影響する．そこには国際的外部性があるから，国際協議のテーマにする価値がある．

現時点では，公害ヘイブン現象が，起こるにしても国際的な負の外部性にまで発展した大きな例はなかなか思いつかない．でも，すべてではないが一部の主要経済が気候変動を抑える強い政策を採用したら，この状況は大きく変わりかねない．

炭素関税論争

2009 年にアメリカ下院は温室ガスのキャップ&トレード方式をつくりあげたはずの法案を可決させた．キャップ&トレードというのは，限られた数の排出ライセンスが発行され，各企業は自分の実際の排出をカバーするのに十分なライセンスを買わねばならず，実質的に二酸化炭素などの気体に価値づけが行われるようになる仕組みだ．上院はこれに相当する法案を何も可決できなかったので，気候変動法制は今のところ棚上げだ．それでも，下院法案には重要な貿易条項があって，これが将来の姿を予告するものとなっていたかもしれない．その法案は似たような政策を実施しない国からの輸出品に対し，**炭素関税**をかけるものになっていたのだ．

これはどういう話だろうか？　気候変動法制について登場する疑問の一つは，一部の国だけが行動しても有効性がないのでは，というものだった．アメリカは温室ガス

---

[2] 例えば Josh Ederington, Arik Levinson, and Jenny Minier, "Trade Liberalization and Pollution Havens," Working Paper 10585, National Bureau of Economic Research, June 2004 を参照．

の世界排出の一部しか占めない――それどころか図 12.4 でみたように，最大の排出国ですらない．だからアメリカによる一方的な排出削減は，グローバル排出には限られた影響しかもてず，ひいては将来の気候変動にもあまり影響しない．さらに，炭素に高値をつける政策は，公害ヘイブン効果をこれまでよりずっと大きくしてしまい，排出の多い産業が強い気候変動政策をもたない国に移転することで「炭素漏洩」が起こりかねない．

こうした懸念への当然の答えは，イニシアチブを世界的なものにして，あらゆる主要経済が似たような政策を採用するようにさせることだ．でもこうした合意がすぐに起こるとは考えにくい．特に中国のような国は，すでに高い生活水準を実現した富裕国に比べ，自分たちはゆるい環境政策をもつ権利があるはずだと思っている．

では答は？　炭素関税の背後にある発想は，気候変動政策がない国々からの材の輸入業者に対し，そうした材の生産で排出された二酸化炭素と比例する金額を課すことだ．排出 1 トンあたりの金額は，国内市場での二酸化炭素排出ライセンスの価格に等しくなる．すると外国生産者は，二酸化炭素排出を制限しようというインセンティブができて，規制のゆるい国に生産を移転しようというインセンティブもなくす．加えて，それはたぶんゆるい規制をもつ国々に対し，自分なりの気候変動政策を採用させるインセンティブを与える．

炭素関税の批判者たちは，それが保護主義的になるというし，国内と国外の製品を差別してはいけないという国際貿易ルール違反にもなるという．支持者たちは，それが単に輸入品の生産者と国内生産者を，国内消費者に販売するときに同じ立場に置くだけだと述べる．内外の生産者がどちらも，温室ガス排出について支払いを求められるからだ．そして炭素関税が公平な立場をつくり出すので，こうした関税は――慎重に適用すれば――既存の貿易ルールのもとでも合法なはずだ，とかれらは述べる．

現時点で，炭素関税の問題は仮想的なものだ．温室ガス排出に対して意味のあるほどの値段をつけた主要経済はまだないからだ．このため，WTO はこうした関税の合法性については何ら裁定を出していないし，実際の紛争が起きるまではたぶんそんな判断を下さないだろう．でも気候変動法制が復活すれば――そして遅かれ早かれそうなる可能性は高い――明らかに貿易政策での大きな新しい課題をもたらすはずだ．

ま と め

1. 貿易への政府介入を支持する新しい議論の一部が，過去 25 年で登場してきた．**戦略的貿易政策**の理論は，各国が特定産業支援で利益を得られるかもしれない理由を提供している．1990 年代には，グローバル化に対する新しい批判が生じた．これは発展途上国の労働者に注目した批判論だった．そして気候変動に対する行動として考えられるものが，大きな貿易問題を引き起こした．例えば**炭素関税**の望ましさと合法性をめぐる議論などだ．

2. 能動的な貿易政策を支持する議論は二つの考え方に基づいている．一つは，政府は技術**外部性**を生み出す産業を支援すべきだというもの．もう一つは，標準的な市場の失敗議論をもっと大きく逸脱するもので，**ブランダー＝スペンサー分析**だ．つまり，戦略的な介入により，国が**過剰収益**を捕捉できるという考え方となる．こうした議論は理論的には説得力がある．でも多くの経済学者たちは，それがあまりに細かすぎるし，必要な情報が多すぎるので，実務的には使いものにならないと心配している．
3. 発展途上国からの製造業輸出台頭に伴い，グローバル化に反対する新しい運動が台頭した．この運動の中心的な懸念は，途上国の輸出産業労働者に支払われる低賃金だけれど，ほかにも論点はある．ほとんどの経済学者はこれに対し，発展途上国は西側の基準からすれば低賃金でも，貿易のおかげでほかの仕事よりもたくさん稼げているのだと反論している．
4. 実際の事例を検討すると，グローバル化の議論がどれほど難しいかがわかる．特にそれを道徳的な問題としてみるならなおさらだ．人々が善意でやったことでかえって被害を出すという場合があまりに多い．活動家がいちばんお気に入りの主張，例えば労働基準などは，そうした基準が保護主義の道具として使われると考える発展途上国に恐れられている．
5. グローバル化が経済成長を促進する限りにおいて，環境への影響ははっきりしない．**環境クズネッツ曲線**によれば，経済成長は最初は国が豊かになるにつれて環境被害をもたらすけれど，でもある点を超えると，成長はかえって環境にとってよいものとなる．残念ながら，世界でいちばん急速に成長している経済の一部はまだかなり貧困なので，曲線の「よくない」側にいる．
6. グローバル化のせいで，大量に公害を出す産業が規制のゆるい**公害ヘイブン**に移転するのではという懸念が高まっている．少なくとも今のところ，これが立地判断で大きな要因だという証拠はほとんどない．でも厳しい気候変動政策が導入されたら，これは変わるかもしれない．その場合，**炭素関税**を支持する強い主張が成り立つ．でもこの概念に対する強い批判もある．

重要用語

外部性 p.326
過剰収益 p.329
環境クズネッツ曲線 p.344
公害ヘイブン p.346
戦略的貿易政策 p.325
炭素関税 p.347
ブランダー＝スペンサー分析 p.330
近隣窮乏化政策 p.333

練習問題

1. 国の厚生を増大すると示せる場合であっても，戦略的貿易政策を実施することで生じる不利益をあげよう．
2. 仮にアメリカ政府が，どの産業が今後 20 年で最も急成長するか見きわめがつくとしよう．どうしてこれは自動的に，国がそうした成長の産業を支援する政策をとるべきだということにならないのだろうか？
3. アメリカの思いどおりになるのであれば，日本がもっと科学の基礎研究にお金をかけるようにさせて，産業的な応用への応用研究へのお金を減らさせることだろう．なぜそういえるのかを，占有可能性の分析に基づいて説明しよう．

4. ブランダー＝スペンサーによるエアバス社とボーイング社の例で，戦略的貿易政策がうまく機能するための重要な前提とは何だろうか？

5. 仮に欧州委員会に，ヨーロッパでのスマートフォン向けソフト開発に補助金を出すことを支持するような報告書をまとめてくれと頼まれたとしよう．現在，この市場を支配しているのはアメリカ企業，特にアップル社とグーグル社だ（多くのスマホやタブレットではグーグル社のアンドロイドが使われている）．どんな議論で，ヨーロッパでの補助金を正当化すればいいだろうか？　そうした議論の弱点は何だろう？

6. 環境保護の面で WTO に対する主な批判論は何だろうか？　WTO は環境問題のからむ貿易紛争についての自分の立場をどう正当化しているだろう？

7. フランスは，たまに戦略的貿易政策を試したりするだけでなく，フランスの芸術，音楽，ファッション，料理などを支援する活発な愛国的文化政策を実施している．これは主にますます均質化する世界で国民アイデンティティを維持しようという試みかもしれない．でも一部のフランス官僚は，この政策を経済的な根拠で正当化する．こうした政策を一種の戦略的貿易政策として擁護するとしたら，どんな議論が考えられるだろうか？

8. 「気候変動を抑えようとするあらゆる試みの根本的な問題は，成長すると地球に最大の脅威をもたらしかねない国々こそが，まさに環境保護施策の費用をいちばん負担しきれない国々だということなのだ」．この一文を，環境クズネッツ曲線の考え方で説明しよう．

9. 多くの国は付加価値税をもつ——生産者が支払うけれど，実際には消費者に転嫁されるはずの税金だ．これは基本的に，売上税をかける間接的な方法でしかない）．こうした付加価値税は常に，輸入品に対する同額の税金を伴う．こうした輸入税が合法とされるのは，付加価値税と同じように，実は消費医者の購入を同じ率で課税するための間接的な手法でしかないからだ．この状況を炭素関税の議論と比べてみよう．どうして炭素関税の擁護者たちは，それが合法だと主張できるのだろうか？　それに対する反論は考えられるだろうか？

もっと勉強したい人のために

- James A. Brander and Barbara J. Spencer. "Export Subsidies and International Market Share Rivalry." *Journal of International Economics* 16 (1985), pp. 83-100. 補助金を戦略的貿易政策のツールにする可能性を論じた基礎文献．
- Kimberly Ann Elliott. *Can Labor Standards Improve Under Globalization?* Washington, D.C.: Institute for International Economics, 2001. 活動家たちの主張に好意的な経済学者たちによる課題のサーベイ．
- Edward M. Graham. *Fighting the Wrong Enemy: Antiglobalization Activists and Multinational Corporations.* Washington, D.C.: Institute for International Economics, 2001. 活動家にあまり好意的でない経済学者たちによる課題のサーベイ．
- Elhanan Helpman and Paul Krugman. *Trade Policy and Market Structure.* Cambridge: MIT Press, 1989. 戦略的貿易政策や関連課題に関するサーベイとまとめ．
- William Langewiesche. "The Shipbreakers." *The Atlantic Monthly* (August 2000). アラングの船舶解体産業とそれがもたらした論争をめぐるおもしろい記述．
- *Hearing on Trade Aspects of Climate Change Legislation, Before the Subcommittee on Trade*, 112th Cong. (March 24 2009) (Joost Pauwelyn 発言)．炭素関税をめぐる問題についての貿易弁護士による明瞭で手短な議論．かれの主張では，もし慎重にやれば既存の協定のもとでも合法といえるそうだ．

数学補遺

第5章数学補遺

POSTSCRIPT TO CHAPTER 5

要素比率モデル

この補遺では，第5章で説明した要素比率モデルの定式化した数学処理を扱おう．数学的な処理は，モデルの理解を深めるのに有益だ．

要素価格と費用

生産要素として資本と労働を必要とする財の生産を考えよう．その財が規模に対する収穫一定で生産されているなら，生産技術は**単位等量曲線**（図5P.1の II）でまとめられる．これは財の1単位生産に使える資本と労働のあらゆる組合せを示す曲線だ．曲線 II を見ると，産出1単位あたりで使われる資本の量 a_K 産出1単位あたりの労働量 a_L の間にはトレードオフがあることがわかる．単位等量曲線の曲がり方は，資本労働比率が高まるにつれて，資本を労働で置き換えるのはますます難しくなるし，その逆も成り立つという想定を反映したものだ．

競争市場経済では，生産者たちは生産にあたり，費用を最小化するような資本労働比率を選ぶ．こうした費用最小化選択は，図5P.1の点E，つまり単位等量曲線 II が，労働価格 w が資本価格 r に対してもつ比率のマイナスと等しくなる線との接点となる．

実際の生産費用は，資本投入と労働投入の費用の合計となる

図5P.1
効率的な生産

費用を最小化する資本労働比率は要素価格による．

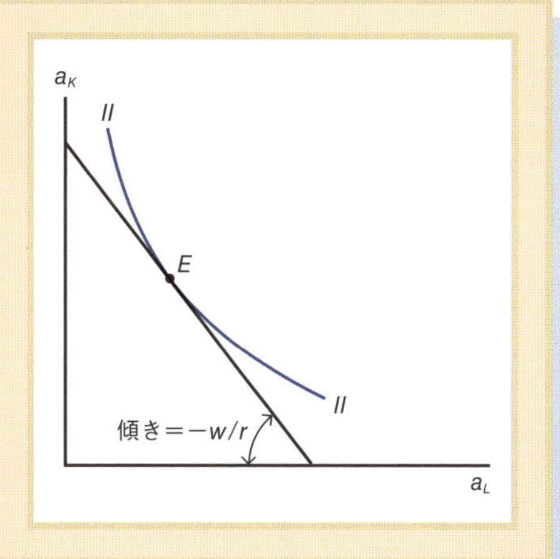

$$c = a_K r + a_L w \tag{5P.1}$$

ただし，投入の係数 a_K と a_L は，c を最小化するように選ばれる．

資本労働比率は費用最小化を考えて選ばれているので，その比率が変わってもそれ以上は費用は下がらないということになる．a_K を増やして a_L を減らしたり，その逆をやったりしても，費用は下がらない．すると，費用最小化の選択から，資本労働比率をごくわずか動かしても，費用には影響しないはずだ．da_K と da_L は，最適投入選択からの小さな変化だとする．すると，単位等量曲線に沿ったあらゆる移動については以下が成り立つ：

$$r da_K + w da_L = 0 \tag{5P.2}$$

次に，要素価格 r, w が変わるとどうなるかを考えよう．二つの影響が出る．a_K と a_L の選択が変わり，生産費用が変わる．

まず，産出 1 単位の生産に使われる，資本と労働の相対量に対する影響を考えよう．費用を最小化する労働資本比率は，労働価格と資本価格の比率で決まってくる．

$$\frac{a_K}{a_L} = \Phi\left(\frac{w}{r}\right) \tag{5P.3}$$

生産費用もまた変わる．要素価格のわずかな変化 dr と dw に対する生産費用の変化は以下のとおりだ：

$$dc = a_K dr + a_L dw + r da_K + w da_L \tag{5P.4}$$

でも式 (5P.2) から，式 (5P.4) の最後の 2 項は足すとゼロになるのがわかっている．だから要素価格が費用に与える影響は次のように書ける：

$$dc = a_K dr + a_L dw \tag{5P.4$'$}$$

実は，式 (5P.4) からちょっと違う式を導いておくととても便利だ．式の一部をかけたり割ったりして，次が得られる：

$$\frac{dc}{c} = \left(\frac{a_K r}{c}\right)\left(\frac{dr}{r}\right) + \left(\frac{a_L w}{c}\right)\left(\frac{dw}{w}\right) \tag{5P.5}$$

dc/c の項は，c の変化率と解釈できるから，$\hat{c}$ と書くと便利だ．同じように，$dr/r = \hat{r}$ で，$dw/w = \hat{w}$ と書こう．$a_K r/c$ の項は，総生産費用に資本が占める割合と解釈できる．だから θ_K と書くと便利だ．すると式 (5P.5) はもっと手短に書ける．

$$\hat{c} = \theta_K \hat{r} + \theta_L \hat{w} \tag{5P.5$'$}$$

ただし

$$\theta_K + \theta_L = 1$$

これは「ハット代数」の一例で，国際経済学で各種の関係を表現するとても便利な方法だ．

要素比率モデルの基本方程式　ある国が資本と労働という生産要素を使い，二つの財，布 C と食品 F を生産するとしよう．食品生産が資本集約的だとする．それぞれの財の価格は生産費用と等しくなるから，次が成り立つ：

$$P_F = a_{KF}r + a_{LF}w \tag{5P.6}$$

$$P_C = a_{KC}r + a_{LC}w \tag{5P.7}$$

ただし a_{KF}, a_{LF}, a_{KC}, a_{LC} は，資本と労働の価格がそれぞれ r と w のときに費用を最小化する選択肢だとする．

また経済の生産要素は完全雇用となる．

$$a_{KF}Q_F + a_{KC}Q_C = K \tag{5P.8}$$

$$a_{LF}Q_F + a_{LC}Q_C = L \tag{5P.9}$$

ただし K, L はそれぞれ資本と労働の総供給だ．

要素価格の式 (5P.6) と (5P.7) から，要素価格の変化率の式が得られる：

$$\hat{P}_F = \theta_{KF}\hat{r} + \theta_{LF}\hat{w} \tag{5P.10}$$

$$\hat{P}_C = \theta_{KC}\hat{r} + \theta_{LC}\hat{w} \tag{5P.11}$$

ただし θ_{KF} は，生産費用 F の資本シェアといった具合で，$\theta_{KF} > \theta_{KC}$ および $\theta_{LF} < \theta_{LC}$ となる．これは F が C より資本集約的だからだ．

生産量の式 (5P.8) と (5P.9) はもっと慎重な扱いが必要だ．単位投入 a_{KF} などは，要素価格が変化すると変わるからだ．でも，もし財の価格を一定とすれば，要素価格は変わらない．だから F と C の所与の価格について，要素供給と産出でハット等式をかける：

$$\alpha_{KF}\hat{Q}_F + \alpha_{KC}\hat{Q}_C = \hat{K} \tag{5P.12}$$

$$\alpha_{LF}\hat{Q}_F + \alpha_{LC}\hat{Q}_C = \hat{L} \tag{5P.13}$$

ただし α_{KF} は経済の資本供給の中で F の生産に使われる分の割合といった具合だ．そして $\alpha_{KF} > \alpha_{LF}$ で，$\alpha_{KC} < \alpha_{LC}$ となる．これは F の生産の方が資本集約的だからだ．

財の価格と要素価格

要素価格の式 (5P.10) と (5P.11) は，要素価格を財の価格の反映として表現するものとして解ける（こうした解は，$\theta_{LF} = 1 - \theta_{KF}$ であり $\theta_{LC} = 1 - \theta_{KC}$ だという事実を活用している）：

$$\hat{r} = \left(\frac{1}{D}\right)[(1 - \theta_{KC})\hat{P}_F - \theta_{LF}\hat{P}_C] \tag{5P.14}$$

$$\hat{w} = \left(\frac{1}{D}\right)[\theta_{KF}\hat{P}_C - \theta_{KC}\hat{P}_F] \tag{5P.15}$$

ただし $D = \theta_{KF} - \theta_{KC}$（つまり $D > 0$ を含意）．これらを並べ替えると次のようになる：

$$\hat{r} = \hat{P}_F + \left(\frac{\theta_{LF}}{D}\right)(\hat{P}_F - \hat{P}_C) \tag{5P.14$'$}$$

$$\hat{w} = \hat{P}_C - \left(\frac{\theta_{KC}}{D}\right)(\hat{P}_F - \hat{P}_C) \tag{5P.15$'$}$$

仮に F の価格が C の価格に比べて上がり，$\hat{P}_F > \hat{P}_C$ になったとする．するとここから以下がいえる：

$$\hat{r} > \hat{P}_F > \hat{P}_C > \hat{w} \tag{5P.16}$$

つまり，資本の実質価格はどちらの財をもとにしても上がり，労働の実質価格はどちらの財をもとにしても下がるということだ．特に，F の価格が上がっても C の価格が不変なら，賃金率は本当に下がる．

要素供給と産出

財の価格が所与とみなせる限り，式 (5P.12) と (5P.13) を解いて，それぞれの財の産出変化を，要素供給の変化の結果として表すようにできる．このためには $\alpha_{KC} = 1 - \alpha_{KF}$ および $\alpha_{LC} = 1 - \alpha_{LF}$ という事実を使う：

$$\hat{Q}_F = \left(\frac{1}{\Delta}\right)[\alpha_{LC}\hat{K} - \alpha_{KC}\hat{L}] \tag{5P.17}$$

$$\hat{Q}_C = \left(\frac{1}{\Delta}\right)[\alpha_{LF}\hat{K} - \alpha_{KF}\hat{L}] \tag{5P.18}$$

ただし $\Delta = \alpha_{KF} - \alpha_{LF}$, $\Delta > 0$.

これらの等式を書き直すと，次のようになる．

$$\hat{Q}_F = \hat{K} + \left(\frac{\alpha_{KC}}{\Delta}\right)(\hat{K} - \hat{L}) \tag{5P.17$'$}$$

$$\hat{Q}_C = \hat{L} - \left(\frac{\alpha_{LF}}{\Delta}\right)(\hat{K} - \hat{L}) \tag{5P.18$'$}$$

P_F と P_C が一定のままで，資本供給が労働供給に比べて増えたとする――$\hat{K} > \hat{L}$ だ．するとすぐにわかるとおり

$$\hat{Q}_F > \hat{K} > \hat{L} > \hat{Q}_C \tag{5P.19}$$

特に，K が上がって L が一定のままなら，F の産出はその割合以上に上がるし，C の産出は下がる．

第6章数学補遺

POSTSCRIPT TO CHAPTER 6

貿易する世界経済

需要，供給，均衡

世界均衡　図で示すときには，世界均衡は相対供給と相対需要が等しくなる点として表すのがいちばん簡単だ．でも数学的な処理としては，別の定式化を使う方がいい．このアプローチは，二つの財である布と食品のどちらかで需給が一致する条件に注目する．どっちの財を選ぼうがかまわない．布市場で均衡していれば，食品市場でも均衡しているはずだし，その逆も成り立つからだ．

この条件を見るには Q_C，Q_C^* をそれぞれ自国と外国の布の産出とする．D_C，D_C^* は各国の需要量だ．そして下添え字を C ではなく F にすると，食品市場についてのそれぞれの値になる．また p は食品に対する布の相対価格としよう．

すべての場合，世界支出は世界所得と等しくなる．世界所得は布の販売収入と食品販売収入の合計だ．世界支出は，布の購入額と食品購入額の合計だ．だから所得と支出が等しいというのは次の式のように書ける．

$$p(Q_C + Q_C^*) + Q_F + Q_F^* = p(D_C + D_C^*) + D_F + D_F^* \tag{6P.1}$$

さて，布の世界市場が均衡しているとしよう．つまり次が成り立つ：

$$Q_C + Q_C^* = D_C + D_C^* \tag{6P.2}$$

すると式 (6P.1) から次が導かれる．

$$Q_F + Q_F^* = D_F + D_F^* \tag{6P.3}$$

つまり，食品市場も均衡しているはずだということだ．明らかに逆も成り立つ．もし食品市場が均衡していれば，布市場も均衡している．だから均衡相対価格を決めるには，布市場にだけ注目すれば十分だ．

生産と所得　各国は，生産可能性フロンティアをもち，その上で布の生産と食品生産をトレードオフできる．経済はそのフロンティア上で，所与の布の相対価格で産出の価値が最大になる点を選ぶ．この値は次のように書ける：

$$V = pQ_C + Q_F \tag{6P.4}$$

前の後記で述べた費用最小化の場合と同じように，選ばれた産出ミックスが価値を最大化するという事実は，生産可能性フロンティアに沿って最適ミックスからわずかなシフトがあっても，産出の価値にはまったく影響しないということだ：

$$pdQ_C + dQ_F = 0 \tag{6P.5}$$

布の相対価格変化は，産出ミックスと産出の価値変化をもたらす．産出の価値変化は次のとおり．

$$dV = Q_C dp + pdQ_C + dQ_F \tag{6P.6}$$

でも，この式で最後の二つの項は，式 (6P.5) によればゼロなので，この式は次のように還元できる：

$$dV = Q_C dp \tag{6P.6$'$}$$

同じように外国ではこうなる：

$$dV^* = Q_C^* dp \tag{6P.7}$$

所得，価格，効用　各国は，一人の個人であるかのように扱われる．その国の嗜好は，布と食品の消費に基づく効用関数で示せる．

$$U = U(D_C, D_F) \tag{6P.8}$$

仮にある国が食品で所得 I を得ているとする．その総支出はこの所得と等しくなくてはいけないので，次が成り立つ．

$$pD_C + D_F = I \tag{6P.9}$$

消費者たちは，自分たちの所得と直面する価格の中で，効用を最大化しようとする．MU_C, MU_F を，それぞれ布と食品から消費者たちが得る限界効用だとしよう．すると消費が変わることで起きる効用変化は次のとおりだ．

$$dU = MU_C dD_C + MU_F dD_F \tag{6P.10}$$

消費者たちは所得と価格を所与として効用を最大化しているから，消費をここから変えても，いい目にあうことはできない．この条件から，最適な状態で以下が成り立つことがわかる．

$$\frac{MU_C}{MU_F} = p \tag{6P.11}$$

では，所得と価格が変わったら効用にどう影響するかを考えよう．式 (6P.9) を微分するとこうなる．

$$pdD_C + dD_F = dI - D_C dp \tag{6P.12}$$

でも式 (6P.10) と (6P.11) から以下が得られる．

$$dU = MU_F[pdD_C + dD_F] \tag{6P.13}$$

だから次が成り立つ．

$$dU = MU_F[dI - D_C dp] \tag{6P.14}$$

ここで新しい定義を導入すると便利だ．効用変化を食品の限界効用（これは所得を計測する商品となる）で割ったものは，**実質所得**の変化と定義できる．これを dy で表そう：

$$dy = \frac{dU}{MU_F} = dI - D_C dp \tag{6P.15}$$

経済全体として，所得は産出の価値に等しい．$I = V$ となる．だから布の相対価格変化が経済の実質所得に与える影響は次のとおりだ．

$$dy = [Q_C - D_C]dp \tag{6P.16}$$

$Q_C - D_C$ という量は，経済の布輸出だ．つまり布の相対価格上昇は，布を輸出する経済に便益をもたらす．だからその経済の交易条件の改善となる．この考えを，ちょっと違ったかたちで書き直すと示唆的だ：

$$dy = [p(Q_C - D_C)]\left(\frac{dp}{p}\right) \tag{6P.17}$$

四角いカッコに入った項は輸出の価値だ．丸カッコに入った項は，交易条件の変化率だ．だからこの式は，交易条件がある割合で変化したときの実質所得上昇は，交易条件の変化率に，最初の輸出品の価値をかけ算したものになる，と述べている．もしある国が最初は千億ドル輸出していて，その交易条件が 10% 改善したら，それは国民所得 100 億ドル上昇と同じことになる訳だ．

需要，供給，均衡の安定性

布の市場では，相対価格の変化は需給両方の変化をもたらす．

供給側では，p が上がると自国と外国の両方でもっと布をつくろうとする．この自国と外国のそれぞれの供給反応を以下のように書こう．

$$dQ_C = sdp \tag{6P.18}$$

$$dQ_C^* = s^* dp \tag{6P.19}$$

需要側はもっとややこしい．p が変わると，**所得**効果と**代替**効果の両方が起きる．こうした効果は図 6P.1 に示した．この図では，経済が最初は VV^0 で示した線の傾きで表現される相対価格に直面する．この相対価格に基づき，経済は Q^0 で生産し，D^0 で消費する．さて，仮に布の相対価格が，VV^2 で示される傾きの水準まで上がったとする．効用の増加がなければ消費は D^1 にシフトし，これは間違いなく布の消費低下を

図 6P.1
価格変化の合成効果

相対価格の変化は所得効果と代替効果の両方をもたらす．

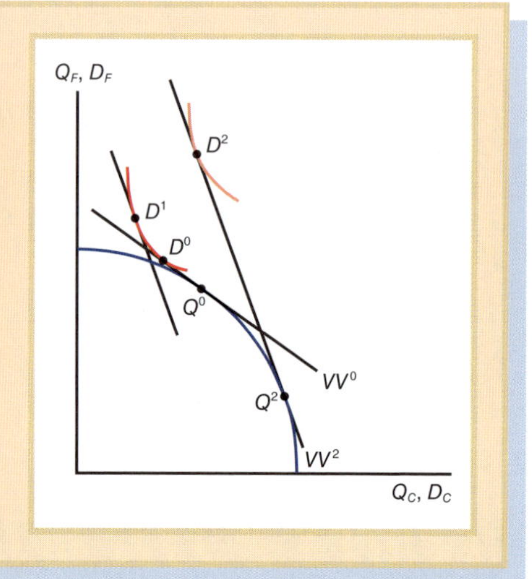

もたらす．でも，ここで経済の実質所得変化も起きる．なぜなら，経済は当初は布の純輸出国だから，実質所得も上がるからだ．この変化で，消費は D^1 ではなく D^2 になり，所得効果は布の消費を増やす傾向にある．p の変化が需要に与える影響を分析するには，実質所得を一定とした場合に起きる消費変化である代替効果と，実質所得が変わるという事実の結果として生じる消費の追加変化の両方を考慮しなければいけない．

代替効果を $-edp$ で表そう．これは必ずマイナスだ．また，所得効果は ndy で表そう．布が通常財で需要が実質所得とともに上がるなら，この国が布の純輸出国ならこれはプラスだし，純輸入国ならマイナスになる[1]．すると p の変化が布の自国需要に与える影響は次のとおり．

$$
\begin{aligned}
dD_C &= -edp + ndy \\
&= [-e + n(Q_C - D_C)]dp \qquad (6P.20)
\end{aligned}
$$

同じく，外国の布需要への変化は次のとおりだ．

$$
dD_C^* = [-e^* + n^*(Q_C^* - D_C^*)]dp \qquad (6P.21)
$$

$Q_C^* - D_C^*$ はマイナスなので，外国への所得効果はマイナスだ．

これで需要と供給効果をあわせて，p の変化が布の市場に与える全体としての影響

---

[1] もし食品が通常財でもあるなら，n は $1/p$ より小さいはずだ．この効果をみるには，もし I が dI だけ上がって p がまったく変化しなければ，布に対する支出は $npdI$ だけ増えることを考えよう．すると $n < 1/p$ でない限り，所得の 100% 以上が布に使われてしまうことになる．

をみることができる．布の**過剰供給**分は，望まれる世界生産と消費との差だ：

$$ES_C = Q_C + Q_C^* - D_C - D_C^* \tag{6P.22}$$

p の変化が世界の過剰生産に与える影響は次のとおり．

$$dES_C = [s + s^* + e + e^* - n(Q_C - D_C) - n^*(Q_C^* - D_C^*)]dp \tag{6P.23}$$

でも市場が最初は均衡していたなら，自国の輸出は外国の輸入に等しいから，$Q_C^* - D_C^* = -(Q_C - D_C)$ になる．だから過剰供給に対する p の影響は，次のように書ける．

$$dES_C = [s + s^* + e + e^* - (n - n^*)(Q_C - D_C)]dp \tag{6P.23$'$}$$

布の相対価格が，最初は均衡水準よりちょっと高かったとしよう．もしその結果が布の過剰供給だったら市場の力が布の相対価格を押し下げ，これにより均衡を回復させる．その一方で，布の高すぎる相対価格が布の過剰**需要**をもたらすなら，価格はさらに上がって経済は均衡から離れる．だから，均衡が**安定**するのは，布の相対価格のちょっとした増加が布の過剰供給につながる場合だけだ．つまり，以下が成り立つ必要がある．

$$\frac{dES_C}{dp} > 0 \tag{6P.24}$$

式 (6P.23′) を検討すると，均衡が安定するかどうかを決める要因がわかってくる．需要に対する供給効果と代替効果はどちらも，安定性に向かって作用する．不安定性の源として考えられるのは，所得効果だけだ．純所得効果の符号ははっきりしない．これは $n > n^*$ かどうかで決まる．つまり，実質所得が増えたときに自国の方が外国に比べ，布の高い限界消費性向をもつかどうかで決まる．もし $n > n^*$ なら，所得効果は安定を損なう方向に働き，$n < n^*$ なら，安定に向かうほかの要因を後押しする．所得効果は均衡の不安定化につながることもある．世界にとって，右肩上がりの相対需要曲線をもたらしかねないからだ．

この先の話では，式 (6P.24) が成立するとして，世界経済の均衡が安定しているものとする．

需給変化の影響

比較静学手法　世界経済に与える変化を評価するには，**比較静学**とよばれる手法を適用する．本文で検討したそれぞれの場合では，世界経済は何らかの変化を受け，それが布の相対価格変化をもたらす．比較静学の第一歩は，**もとの** p での布の過剰供給に対し，世界経済の変化がどう影響するかを計算することだ．この変化は $dES|_p$ で示される．そして，均衡を回復するために必要な相対価格変化は以下で計算できる．

$$dp = \frac{-dES|_p}{(dES/dp)} \tag{6P.25}$$

ここで dES/dp は，すでに述べた供給効果，所得効果，代替効果を反映している．

ある変化が国民厚生に与える影響は，二段階で計算できる．まず，その変化が実質所得に与える何らかの直接効果がある．これは $dy|_p$ で表そう．さらに，交易条件の変化から生じる間接的な影響があり，これは式 (6P.16) で計算できる．だから厚生への全体的な影響は次のとおりだ．

$$dy = dy|_p + (Q_C - D_C)dp \tag{6P.26}$$

経済成長

自国経済の成長の影響を考えよう．本文で指摘したように，成長というのは生産可能性フロンティアの外側へのシフトを意味している．この変化は最初の相対価格 p では，布と食品の産出の両方を変える．dQ_C, dQ_F をこうした産出の変化だとしよう．もし成長が強く偏向していたら，この変化のどちらかはマイナスになる可能性もある．でも生産可能性が拡大したので，当初の p での産出の価値は必ず増える：

$$dV = pdQ_C + dQ_F = dy|_p > 0 \tag{6P.27}$$

最初の p では，布の供給は dQ_C だけ増える．布の需要も $ndy|_p$ だけ増える．だから布の世界過剰供給に対する純効果は次のとおりになる．

$$dES|_p = dQ_C - n(pdQ_C + dQ_F) \tag{6P.28}$$

この式は，プラスにもマイナスにもなれる．まず，成長が布偏向だったとしよう．つまり $dQ_C > 0$ だと $dQ_F \leq 0$ になる．すると布の需要は次の分だけ増える．

$$dD_C = n(pdQ_C + dQ_F) \leq npdQ_C > dQ_C.$$

(脚注 1 を参照.)

だから過剰供給に対する全体的な影響は次のとおりだ．

$$dES|_p = dQ_C - dD_C > 0$$

結果として $dp = -dES|_p/(dES/dp) < 0$ になる．つまり，自国の交易条件は悪化する．

その一方で，もし成長が食品に強く偏向していて，$dQ_C \leq 0$ なら，$dQ_F > 0$ となる．すると最初の p での布供給への影響はマイナスだけれど，布需要への影響はプラスのままだ．ここから次が導ける．

$$dES|_p = dQ_C - dD_C < 0$$

すると $dp > 0$ だ．自国の交易条件は改善する．

これほど偏向が強くなければ，p はどちらに動く可能性もある．これはその偏向が，自国が限界で所得をどう分配するかに比べてどの程度強いかで決まる．

今度は厚生効果をみよう．外国への影響は，交易条件だけで決まる．でも自国への影響は，式 (6P.26) で示したように，最初の所得変化と，その後の交易条件変化の両方に影響される．もし成長が交易条件を自国にとって悪化させると，この条件は成長から生じる直接の有利な影響を相殺するように動く．

でも，成長が交易条件をそんなに悪化させて，成長国の状態が実際に悪化するなどということがありうるのだろうか？　本当にそれがありうることをみるには，まずは生産可能性が偏向したシフトを示し，Q_C が上がって Q_F が下がるけれど，当初の相対価格では産出は変わらないままだと考えよう（この変化は必ずしも成長とはよべないかもしれない．式 (6P.27) の前提を満たしていないからだ．でも，参照点としては便利だ）．すると，最初の p では何も変化がないけれど，布の供給は増える．だから p は下がるしかない．実質所得の変化は $dy|_p - (Q_C - D_C)dp$ だ．でもこの構成からして，これは $dy|_p = 0$ という場合だから dy は間違いなくマイナスだ．

さて，この国は通常の意味で成長した訳ではない．最初の価格での産出価値が増えていないからだ．でもどちらかの財の産出をほんのちょっとだけ増やすようにすると，成長の定義が満たされる例ができる．でも，もし追加の成長が十分に小さければ，それは p 低下に伴う厚生損失を上まわったりはしない．だから成長が十分に偏向していたら，成長国はかえって状態が悪くなる．

所得移転

今度は，所得移転（例えば ODA など）が交易条件にどう影響するかを記述しよう[2]．仮に自国が所得の一部を外国に移転したとする．移転の量を，食品で計測したものを da としよう．この援助は交易条件にどう影響するだろうか？

相対価格が変わらなければ供給には影響がない．唯一の影響は需要に対するものだ．自国の所得は da だけ下がり，外国の所得は同じ額だけ増える．この調整で D_C は $-nda$ だけ下がり D_C^* は n^*da だけ上がる．だから次がいえる．

$$dES|_p = (n - n^*)da \qquad (6P.29)$$

そして交易条件の変化は以下のとおりだ．

$$dp = -da\frac{(n - n^*)}{(dES/dp)} \qquad (6P.30)$$

$n > n^*$ なら自国の交易条件は悪化する．これは一般に通常の場合だと考えられている．でも $n^* > n$ なら交易条件は改善する．

---

[2] 第 6 章のオンライン補遺では，大規模な所得移転の重要な歴史事例と，それが贈り手と受け手の交易条件にどう影響したかを論じている．日本語訳は下記の専用サイトにて提供．
http://pub.maruzen.co.jp/space/International_economics/appendix/

自国実質所得への影響は，移転からの直接的なマイナスの影響と，プラスかマイナスかはっきりしない間接的な交易条件効果を組み合せたものになる．交易条件が有利になった分で所得損失を相殺できるだろうか？　このモデルだと不可能だ．その理由を理解するには次を考えよう．

$$\begin{aligned}
dy &= dy|_n + (Q_C - D_C)dp \\
&= -da + (Q_C - D_C)dp \\
&= -da\left\{1 + \frac{(n-n^*)(Q_C - D_C)}{s + s^* + e + e^* - (n-n^*)(Q_C - D_C)}\right\} \\
&= -da\frac{(s + s^* + e + e^*)}{[s + s^* + e + e^* - (n-n^*)(Q_C - D_C)]} < 0
\end{aligned} \tag{6P.31}$$

似たような代数処理をすると，移転により受け手の状態が悪くなることがありえないことが示せる．

この結果を直感的に説明すると次のとおり．仮に p が上がって，自国が何も移転を行わない場合と同じくらいよい状態となり，外国は移転後の状態と比べて何ら状態が改善しないものとする．すると，世界経済の需要に対する所得効果はゼロだ．でも価格上昇は布の産出増加と，需要代替による布需要低下を引き起こし，布の供給過剰になって価格は低下する．この結果から，移転の直接的な厚生効果をひっくり返すほど高い p は均衡 p よりも高いことが示される．

関税

仮に自国が輸入品に関税をかけ，価格に対して t の割合の税金をかけるとする．すると布の世界相対価格 p に対し，自国消費者と生産者たちは，国内相対価格 $\overline{p} = p/(1+t)$ に直面する．もし関税が十分に小さければ国内相対価格はおよそ以下に等しくなる．

$$\overline{p} = p \tag{6P.32}$$

関税は p に影響するだけでなく，税収も増やす．これは，経済のほかの部分に再分配されるものと想定される．

最初の交易条件では，関税は布の過剰供給に対して二つのかたちで影響する．まず自国内での布の相対価格下落は，布の生産を引き下げて，消費者たちに食品から離れて布で代替するよううながす．第 2 に，関税は自国の実質所得に影響し，需要の所得効果に影響する．もし自国が関税のない状態から初めて少額の関税をかけると，問題は単純化できる．関税が実質所得に与える影響は無視できる程度になるからだ．この関係をみるには，次を思い出そう．

$$dy = pdD_C + dD_F.$$

産出の価値と消費の価値は世界価格では常に等しくなるはずだから，最初の交易条件では次が成り立つ：

$$pdD_C + dD_F = pdQ_C + dQ_F$$

でも経済は関税導入前に産出の価値を最大化していたので，次が成り立つ．

$$pdQ_C + dQ_F = 0.$$

所得効果がないので残るは代替効果だけだ．国内相対価格 $\overline{p}$ の低下は，生産の低下と消費の上昇をもたらす：

$$dQ_C = -spdt \tag{6P.33}$$

$$dD_C = epdt \tag{6P.34}$$

ここで dt は関税の増分だ．だから以下が成り立つ．

$$dES|_p = -(s+e)pdt < 0 \tag{6P.35}$$

これはつまり，以下が成り立つことになる．

$$\begin{aligned} dp &= \frac{-dES|_p}{(dES/dp)} \\ &= \frac{pdt(s+e)}{[s+s^*+e+e^*-(n-n^*)(Q_C-D_C)]} > 0 \end{aligned} \tag{6P.36}$$

この式は，関税が間違いなくそれをかけた国の交易条件を改善していることを示す．

第8章数学補遺

POSTSCRIPT TO CHAPTER 8

独占競争モデル

市場規模の変化が独占競争産業で均衡に与える影響を考えたい．それぞれの企業は総コストの関係式として次をもつ．

$$C = F + cX \tag{8P.1}$$

ここで c は限界費用，F は固定費，X は企業の産出だ．ここから平均費用曲線は次のような形になる．

$$AC = C/X = F/X + c \tag{8P.2}$$

また各企業が直面する需要曲線は次のとおりだ．

$$X = S[1/n - b(P - \overline{P})] \tag{8P.3}$$

ここで S は産業全体の売り上げ（所与とする），n は企業の数，$\overline{P}$ はほかの企業がつけている平均価格（各企業はこれを所与としているものとする）．

それぞれの企業は利潤最大化をするように価格を選ぶ．典型的な企業の利潤は次のとおりだ．

$$\pi = PX - C = PS[1/n - b(P - \overline{P})] - F - cS[(1/n - b(P - \overline{P})] \tag{8P.4}$$

利潤最大化のためには，企業はこの微分 $d\pi/dP = 0$ とする．これは次を意味する．

$$X - SbP + Sbc = 0 \tag{8P.5}$$

でもすべての企業は対称的だから，均衡では $P = \overline{P}$ で $X = S/n$ だ．だから式 (8P.5) から次が得られる．

$$P = 1/bn + c \tag{8P.6}$$

これが本文中で導いた式だ．

$X = S/n$ だから，平均費用は S と n の関数だ．

$$AC = Fn/S + c \tag{8P.7}$$

ゼロ利潤の均衡では，典型的な企業が課す価格は平均費用と等しくなる．だから次が必ず成り立つ．

$$1/bn + c = Fn/S + c \tag{8P.8}$$

これはつまり次を意味する.

$$n = \sqrt{S/bF} \tag{8P.9}$$

これは，市場規模 S が増えると，企業数 n も増えるけれど，比例関係ではないということだ．市場規模が倍になったら，企業数はだいたい 1.4 倍になる．

典型的な企業がつける価格は次のとおりだ.

$$P = 1/bn + c = c + \sqrt{F/Sb} \tag{8P.10}$$

これは，市場規模の増加が価格低下につながることを示す.

最後に 1 社あたりの売り上げ X が以下で示されることもわかる.

$$X = S/n = \sqrt{SbF} \tag{8P.11}$$

これは，それぞれの個別企業の規模もまた市場規模とともに拡大することを示している.

索　　引

(注：p.1〜350 は【上巻】，p.351〜794 は【下巻】に収録されている索引語)

か行

さ行

た行

な行

は行

ま行

や行

ら行

クルーグマン国際経済学 理論と政策
〔原書第10版〕上・貿易編

平成29年 1 月15日 発　　行
令和 2 年 4 月30日 第3刷発行

訳　者　山　形　浩　生
　　　　守　岡　　　桜

発行者　池　田　和　博

発行所　丸善出版株式会社
〒101-0051 東京都千代田区神田神保町二丁目17番
編集：電話(03)3512-3264／FAX(03)3512-3272
営業：電話(03)3512-3256／FAX(03)3512-3270
https://www.maruzen-publishing.co.jp

組版印刷・製本／三美印刷株式会社

ISBN 978-4-621-30057-2　C 3033　Printed in Japan